한국영화사총서 1
한국영화, 세계와 마주치다

김소영 편

현실문화

한국영화, 세계와 마주치다

한국과 세계의
극단적 협상, 위협적 미래

①

일러두기

- 본문의 [ ]는 원문의 이해를 돕기 위해 옮긴이가 보충한 내용이다. 단 ( ) 안의 [ ]는 ( )의 중복을 피하기 위한 사용이다.
- 영화작품의 경우 영화 감독과 개봉/제작 연도는 원문에 없더라도 ( )로 처리했다.
- 외국 인명과 외래어의 표기는 국립국어원에서 펴낸 외래어표기법을 원칙으로 하되, 국내 또는 학계에서 널리 사용되는 것은 관행을 따르기도 했다.

서문

트랜스: 아시아영상문화연구소는 한국영화, 한국문화의 지배적 참조체계인 미국과 일본을 넘어서는 다른 세계와의 연결과 대안적 궤적을 이론적·역사적으로 탐색해왔다. 2013년 개최한 국제 학술 심포지엄 〈글로벌 컨텍스트 속의 한국 트랜스 시네-미디어: 아시아와 세계〉는 한국영화와 미디어 텍스트에 대한 새로운 인식론적 전환, 독해의 새로운 가능성을 모색하는 것이었다. 한국영화에 대한 연구를 트랜스내셔널한 맥락 안에서, 동아시아영화들과의 비교틀 안에서 진행했다.

2014년 〈세계 속의 한국영화: 한중 영화 커넥션과 그 너머〉 심포지엄은 재중동포 장률 감독의 영화를 중심에 두고 사유했다. 2015년 〈세계 속의 한국영화: 한국-중국-중앙아시아 커넥션〉은 고려인 2세 감독 송 라브렌티의 〈고려 사람〉(1992)을 중심으로 한국, 중국, 중앙아시아 커넥션의 이론적·역사적 장을 구성하고자 했다. 2016년 〈세계와의 연결을 위한 문화 사전: 트랜스〉에선 동시대 한국영화의 정치적 경계에 대한 비평 담론을 시도했다.

이 책 『한국영화, 세계와 마주치다: 한국과 세계의 극단적 협상, 위협적 미래』에 실린 글들은 위의 국제 학술회의, 워크숍과 더불어 포럼과 아카데미 등을 통해 생산된 것이다.

서울 서대문의 도원극장, 신양극장이 내 영화적 원초경의 자리다. 중간고사, 학기말고사가 끝나면 단성사나 대한극장으로 갔다. 겨울 극장, 난로 옆에 모여 담배를 피우는 아저씨들을 피해 영화를 보았다. 군사독재 시절, 영화는 세계문학과 더불어 내가 마주치던 빛의 세계다.

1970년대의 일이다. 박정희의 집권과 함께 시작된 내 삶과 독재정치와 영화의 얽힘이 낳은 글쓰기는 『근대성의 유령들: 판타스틱 한국영화』(2000)다. 1960, 1970년대의 한국 공포영화를 통해 젠더, 후기 식민지 근대성의 역사적 발화를 분석했다.

「주술적 근대와 미디어: 박정희라는 컬트, 박근혜라는 오컬트」는 위 작업을 재현(representation)과 제시(presentation)를 중심으로 잇는 것이다. 문화 형식, 표현의 실체인 컬트와 오컬트 영화를 통해 1960, 1970년대 박정희와 박근혜 통치 시기(2013~2017)의 그로테스크한 중첩과 치환의 과정을 돌아본다. 이 글이 김기덕·봉준호·박찬욱 등 세계적 한국 감독의 영화적·정치적·사회적 성장의 미장센에 대한 이해만이 아니라 그 시기 한국영화를 감싸고 있는 정치적 형세에 대한 이해를 제공하길 바란다.

2017년 6월 29일, "TV 쇼를 온라인으로, 영화들을 온라인으로(Watch TV Shows Online, Watch Movies Online)"라는 기치로 TV와 영화 콘텐츠를 온라인으로 제공하는 인터넷 스트리밍 서비스 넷플릭스(Netflix)가 봉준호 감독의 〈옥자〉(2017)를 스트리밍 했다. 이것은 한국 영화계라기보다는 한국 출신의 감독이 미국의 초국적 온라인 기업과 연결된 사례가 될 것이다. 하지만 봉준호 감독이 〈살인의 추억〉(2003), 〈마더〉(2009) 등에서 한국 현대사, 국가 장치와 개인, 가족의 긴장과 봉쇄의 지경을 다루어왔기 때문에 미국 와인스타인컴퍼니의 〈설국열차〉(2013) i-tunes 다운로드 등의 디지털 배급 이후 넷플릭스의 〈옥자〉 한국 내 배급을 둘러싼 극장 상영 스캔들은 한국영화사와 세계와의 얽힘을 다른 방식으로 정향할 수 있는 시네-미디어적 사건으로 보인다.

롭 윌슨의 「인류시학으로서의 〈설국열차〉: 킬러 자본주의, 인류세, 한국식 글로벌 영화」는 미국을 중심으로 한 환태평양 상상계에서 한국

영화의 세계 파편으로서의 혹은 그 역으로서의 〈설국열차〉를 선제적 시네-미디어의 산포와 폭주로 이해하게 한다. '킬러 자본주의'의 폭압적 속도를 맞받아치고 소비주의의 환각을 열락의 시적 언어로 치환하는 문학비평·문화비평을 해온 저자답게 〈설국열차〉는 다음과 같이 압축된다.

"열차가 속도를 높일 때 열차의 창밖으로 마치 [미국 화가] 프레드릭 에드윈 처치의 그림과도 같이 이상하게도 미학적으로 보이는 설국이 펼쳐진 극한의 지옥을 통과해간다. (…) 이 가속도 붙은 열차의 영구운동 엔진은 사실 터보충전된 자본주의의 항상적 텔로스를 나타내며, 그 자본주의가 안고 있는 대규모의 불평등, 도덕적 무관심, 환경적 잡동사니들이 지구라는 우주선을 기후적 재난, 탈구로 곤두박질치게 하는 것이다. 그리고 그 파멸을 지리-역사적(geo-historical) 문제틀 아래 총체화할 때, 그것은 오늘날 많은 이들이 인류세라고 부르는 게 된다."

한국영화 성좌는 신자유주의적 자본주의의 어떤 예후, 선제적 시네-미디어로 글로벌한 유통성을 갖는 것으로 분석된다. 혹은 역으로 글로벌한 것이 한국적인 무엇으로 번역된다. 정승훈의 「재앙영화의 한국적 출현: 재난 스펙터클에서 역사 판타지로」는 "선취 매개(premediation)"[1]의 기술 지배 현상과 재앙영화의 내러티브 구조 발전을 지적하면서 한국 재앙영화의 글로벌 호환성을 환기시킨다. 또한 필자는 대안적 재앙의 편린들을 박찬욱의 〈심판〉(1999)과 옴니버스영화 〈도쿄!〉(2008)에 실린 봉준호의 〈흔들리는 도쿄〉 등에서 발견한다.

마크 모리스의 「냉전 패닉과 한국전쟁 영화: 죽창에서 신체강탈자까지」는 남한의 반공주의와 미국의 냉전 편집증의 맥락에서 자신이

---

1   Richard A. Grusin, *Premediation: Affect and Mediality After 9/11*(Basingstoke, England: Palgrave Macmillan, 2010), pp. 8~61.

"전쟁 호러(war horror)"라고 개념화한 영화들을 시각적으로 몽타주하면서 한국의 죽창에서 외계 침입, 신체와 뇌의 강탈에 대한 미국의 공포를 다루고 있다.

제인 박의 「교차하기: 남한영화와 오리엔탈 스타일 그리고 '한류우드'」는 한국과 미국의 문화적 차이로 인해 한국판 〈엽기적인 그녀〉에서 웃음과 동일시를 유발시키는 요소들이 〈마이 쎄시 걸(My Sassy Girl)〉(얀 사뮤엘, 2008)에서는 젠더, 섹슈얼리티 그리고 가족 역학의 측면에서 혼란스럽게 치환되는 것을 논의하고 있다.

박제철은 정승훈이 "선취 매개"라고 번역한 리처드 A. 그루신의 "premediation"을 "전매개"로 번역하면서, 박찬욱의 영화 〈박쥐〉(2009)를 신자유주의적 "통치 권력화(governmentalization)"라는 맥락에 놓고, 이러한 장치들이 가치화될 수 없는 정서적 타자성을 재앙적인 것으로서 "전매개"하면서, 타자성과의 조우라는 여타 잠재적 형식들을 선(先)배제 한다고 분석한다.[2] 이러한 아시아 익스트림 영화의 글로벌한 유통은 그 영화들을 생산한 텍스트성에 기인한다기보다는 그 영화들이 가동시키는 정서의 죽음정치적 가치화 전략에서 유래한다는 분석을 시도한다. 이 영화들이 글로벌한 인기를 얻은 것은 2000년대 이래, 즉 미국의 9·11을 위시한 각종 대형 테러가 전 지구적으로 빈번해짐에 따라 각국이 보안을 강화하던 시기라는 것이다.[3] 아시아 익스트림 영화의 악의 재현에 대한 고찰에서 박제철은 알렌카 주판치치(Alenka Zupančič)를 빌려 악마적 악은 도덕법칙 그 자체보다 더하지도 덜하지도 않은 사드적 향유 명령에 상응한다고 지적한다.

---

2   Richard A. Grusin, *Premediation: Affect and Mediality After 9/11* (New York: Palgrave Macmillan, 2010).
3   한편 김소영은 『파국의 지도: 한국이라는 영화적 사태』(서울: 현실문화, 2014)에서 〈박쥐〉·〈황해〉와 같은 한국의 재난·재앙 영화를 근대 국민국가의 유사 주권 명령으로 작용한 다수의 비상사태, 그것의 종결 이후에도 지속되는 정동적 비상사태와 환상 사태, 그리고 인지·감정·돌봄을 노동력을 호출하는 포스트 포디즘으로 읽고, 폭력이 권력·힘·저항으로 치환되는 맥락의 중층성과 그 역학을 읽었다.

박제철의 해석은 하승우의 「맹목적 믿음과 '위협적 미래' 사이의 긴장: 〈곡성〉」에서 반향을 얻는다. 하승우는 "2000년 이후, 한국영화에서는 통상적 인식으로는 이해할 수 없는 절대악의 형상들이 만연하고 있다"며 영화 〈곡성〉에 대한 심층적 분석에서 "액션과 리액션의 선형적(linear, 線型的) 인과성은 앞으로 발생할 위협을 선취하는 '선제적(preemptive)' 행동으로 대체된다"라고 지적한다. 영화가 후반부에 이르면 시제는 현재와 미래의 가상적 선으로 바뀌고 미래의 위협이 현재를 규정하게 되는 정동적 현실성이 지배하게 된다는 것이다.[4] 동시대 한국영화들의 이러한 추세를 분석하면서 하승우는 역사성의 구조적 부재의 문제를 제기한다. 〈추격자〉의 경우 프레드릭 제임슨(Fredric Jameson)이 텍스트의 형식을 통해 역사성을 알아챌 수 있다고 주장한 부분을 환기시킨다.

역사성의 문제와 관련해 폴 윌먼은 「인덱스성, 판타지 그리고 디지털」[5]에서 제임슨의 「역사의 비평(Criticism in History)」(1988, p. 136)을 돌아본다. 윌먼은 제임슨이 17세기 중반 "프롱드의 난"이 역사서가 아닌 극작가 피에르 코르네유(Pierre Corneille)의 작품 안에 존속되며 이렇게 계급투쟁의 역사는 문학적 형식의 골수 속에 있다고 기술했음을 강조한다. 이때 문학적 비평의 테크닉은 역사적 현실 속에서 그 궁극의 기반을 찾는다. 제임슨이 "텍스트의 형식"이라고 부르는 것은 좀 모호한 반면, 루이 옐름슬레우(Louis Hjelmslev)는 실체는 표현 혹은 내용의 질료 위에 드리운 그림자 같은 것이라고 말한다. 표현의 가능한 수단의 메뉴가 물질세계(가용한 기술적 장치, 프린트 기술, 출판 포맷 등)에 존재하기

---

4 브라이언 마수미, 「정동적 사실의 미래적 탄생: 위협의 정치적 존재론」, 멜리사 그레그·그레고리 시그워스 편저, 최성희·김지영·박혜정 옮김, 『정동이론: 몸과 문화·윤리·정치의 마주침에서 생겨나는 것들에 대한 연구』(서울: 갈무리, 2015), 99쪽.

5 Paul Willemen, "Indexicality, Fantasy and the Digital," *Inter-Asia Cultural Studies*, Vol. 14, Iss. 1(2013).

때문에, 텍스트의 표현의 실체는 그것이 소여된 시간과 장소에서 실제화되므로 특정한 생산의 순간과 국면, 사회 구성체에 뿌리를 두고 있다. 여기서 비평은 텍스트의 "표현의 실체"의 차원을 독해하는 것이다.

"선취 매개", "전매개", '위협적 미래'의 세계상이 미국의 9·11사태를 중심으로 배치되는 미디어·현재·미래라면, 이러한 세계상과 마주하면서 역사성을 배태할 수 있는 이론적 방법론에 대해 크리스 베리는 「중-한 스크린 커넥션: 파편들의 역사를 향하여」에서 "우리는 어떻게 내셔널리즘이나 그 내셔널리즘의 제국주의적 연장으로 미끄러지는 것을 피하면서 트랜스내셔널 시네마 연구의 본래 목적으로 돌아갈 수 있을까? 이 글은 그 하나의 반증으로서 중-한 필름 커넥션에 초점을 맞추려 한다"라고 전제한다.

크리스 베리는 한-중 영화 커넥션이 트랜스내셔널 영화 연구 프레임워크 안에서 차지하는 위치와 그 사례들을 구체적으로 살핀 후(식민 시기 상하이의 한국 영화인들 활동과 더불어 또 다른 대항 예시로는 북한영화가 문화혁명 시기[1966~1976] 중국에서 인기를 끌었던 사례), 트랜스내셔널 영화 연구나 트랜스-시네마의 개념화에서 역사성의 누락을 성찰하면서 이러한 경향이 글로벌주의적 이념을 강화하고 있다고 비판하고 한-중 스크린 커넥션의 역사적 연구가 이를 벗어날 수 있는 방법론을 제시할 수 있음을 제시하고 있다.

한-중 스크린 커넥션의 방법론에 견줄 수 있는 트랜스내셔널적, 트랜스 아시아적 비교연구 요구에 대한 응답은 다음 글들에서 찾을 수 있다. 김정구, 「〈허삼관〉은 어떻게 「허삼관 매혈기」를 '한국영화'로 번역하(지 못하)는가?: 한중 비교연구의 조건들에 대하여」와 안민화의 글이 그것이다. 김정구는 '한국'영화 〈허삼관〉이 '중국'소설 「허삼관 매혈기」에 나타난 '평등'이라는 문제를 '가부장제 이데올로기'의 이야기로 번역하는 과정을 분석한다. 「허삼관 매혈기」가 신중국 이후, 새로운 중국 사회의 건설이라는 민족적 과제를 사회주의 체제의 이데올로기인 '평등'의 문제로 고민하고 있다면, 〈허삼관〉은 한국전쟁 이후, 새로운 사회 건설이라는 민족적 과제를 전통과 근대의 충돌에서 발생한 '가부장제 이데올로기'의 위기와 갈등을 환상적 화해로 치환하고 있다는 것이다. 김정구는 번역이론을 통한 세밀한 분석 작업으로 이와 같은 비교연구의 핵심을 지적한다.

안민화는 「김기영 영화들에서의 식민지적 차이들: 마술적 리얼리즘과 서발턴 여성 판타지―전후 일본영화들과 비교중심으로」에서 김기영 영화에서 "뒤엉킴"―김기영은 미군정 검열 아래서 영화적 경력을 시작했지만, 그 뒤 그의 몇몇 작품은 미군 점령과 전후(戰後) 군사주의 문화 정치학의 이데올로기와 영화적 미학에 반대해 일본과 한국의 영화 만들기의 뒤엉켜진 세계를 반영하는 스타일과 주제적 양상들을 강하게 표출하고 있다―을 방법론적 지표로 사용한다.

〈현해탄은 알고 있다〉(1961)와 〈육체의 약속〉(1975)과 일본영화의 비교분석을 통해, 이 글은 김기영의 영화가 어떻게 일본의 파시즘과 전후 한국 사회 안에서 은폐된 역사적 사실인 "다인종 제국으로서 일본"이라는 시스템을 상기시키며 일본 독립 프로덕션 영화에 주로 사용된 반일 군국주의와 반미 군사주의라는 주제와 "사회적 리얼리즘"이라는 형식을 "수치의 정동"과 "마술적 리얼리즘"으로 재번역하는가에 주목하고 있다. 미군정, 미국 헤게모니 하의 일본과 한국 그리고 다인종 제국으로서의 일본이 엉켜 있음을 가리키는 "식민지적 차이(colonial difference)"라는 논쟁적 개념은 앞으로도 지속적인 분석적·진단적 이해를 기다릴 것이다.

사이토 아야코의 「오시마 나기사와 한국」은 영화 관객, 관람에 배

태되고 (재)생산되는 시간의 정치성을 다룬다. 오시마 나기사의 영화 〈일본의 밤과 안개(日本の夜と霧)〉(1960)와 〈도쿄전쟁 전후 비사(東京戰争 戰後秘話)〉(1970)가 한국과 일본 관객에(게)서 어떻게 여러 번 비동시적 도착과 동시적 비도착의 역학을 무대화하는가를 논하면서, 오시마 나기 사가 "'한국의 문제들'과 마주치는 과정을 통해 발견한 동-시대성들 그 리고 그가 영화에서 추구해나간, 그리하여 관객들, 심지어 일본인들의 제한된 시각에서도 트랜스-시네마적 경험을 강렬하게 불러일으켰던 지 점들을 높게 평가"할 것을 제안한다.

마지막으로 「아시아영화제의 등장: 1950년대 미국의 냉전기 문화정 책과 일본의 아시아 영화산업으로의 재-진입」은 아시아영화제가 유엔 경제사회이사회나 지역 경제단체와 유사해 보일 만큼 냉전 시기 미국의 아시아 지역의 주도권을 위한 장이었음을 밝히고 있다. 1962년 5월 제 9회 아시아영화제에서 신상옥 감독의 〈사랑방 손님과 어머니〉(1961)가 최우수작품상을 수상하면서, 신상옥 감독과 박정희 정권의 뒤엉킴이 시작된 장이기도 했다는 지적이다.

이 책은 내셔널 시네마의 프레임을 넘어 세계 속 한국영화, 한 국영화가 세계와 마주치는 여러 장과 장면들을 기술하고 있다. 그동 안 트랜스: 아시아영상문화연구소의 2012년도 선정 토대연구지원사업 (NRF-2012S1A5B4A01035829)에 참여해주신 연구자 선생님들, 기고와 번역을 맡아주신 필자와 역자 여러분, 현실문화연구의 김수기 대표님, 좌세훈 편집자께 감사드린다.

『한국영화, 세계와 마주치다: 한국과 세계의 극단적 협상, 위협적 미래』를 시작으로 총 10권의 총서를 다음과 같이 기획하고 있다.
총서 1.『한국영화, 세계와 마주치다: 한국과 세계의 극단적 협상, 위협

적 미래』(김소영 편)

총서 2.『동아시아 지식인의 대화: 영화 이론/비평의 감정 어린 시간』(김소영 편)

총서 3.『경성과 도쿄에서 영화를 본다는 것: 관객성 연구로 본 제국과 식민지의 문화사』(정충실 지음)

총서 4.『한국영화와 번역의 정치』(하승우 지음)

총서 5.『한국 다큐멘터리의 역사와 쟁점』(김정구 편)

총서 6.『한중영화 커넥션: 장률』(김소영 편)

총서 7.『한국의 대안적 세계주의의 궤적: 최국인, 송 라브렌티, 고려인 영화인』(김소영·강진석 지음)

총서 8.『한국영화배우사』(김종원 지음)

총서 9.『한국영화, 삶의 경계, 정치』(이광일 지음)

총서 10.『한국영화산업사』(조준형 지음)

트랜스: 아시아영상문화연구소 소장 김소영

차례

서문   5

제1부 한국과 세계의 극단적 협상, 위협적 미래

1. 주술적 근대와 미디어: 19
   박정희라는 컬트, 박근혜라는 오컬트

   ― 김소영

2. 인류시학으로서의 〈설국열차〉:   35
   킬러 자본주의, 인류세, 한국식 글로벌 영화

   ― 롭 윌슨

3. 재앙영화의 한국적 출현: 재난 스펙터클에서 역사 판타지로   63

   ― 정승훈

4. 냉전 패닉과 한국전쟁 영화: 죽창에서 신체강탈자까지   91

   ― 마크 모리스

5. 교차하기: 남한영화와 오리엔탈 스타일 그리고 '한류우드'   119

   ― 제인 박

6. 죽음정치적 영화 장치들: 145
   아시아 익스트림 영화와 박찬욱의 〈박쥐〉

   ― 박제철

7. 맹목적 믿음과 '위협적 미래' 사이의 긴장: 〈곡성〉   167

   ― 하승우

제2부 아시아 스크린 커넥션: 파편들의 역사를 향하여

1. 중–한 스크린 커넥션: 파편들의 역사를 향하여 191

 — 크리스 베리

2. 〈허삼관〉은 어떻게 227
「허삼관 매혈기」를 '한국영화'로 번역하(지 못하)는가?:
한중 비교연구의 조건들에 대하여

 — 김정구

3. 김기영 영화들에서의 식민지적 차이들: 257
마술적 리얼리즘과 서발턴 여성 판타지
—전후 일본영화들과 비교중심으로

 — 안민화

4. 오시마 나기사와 한국 305

 — 사이토 아야코

5. 아시아영화제의 등장: 319
1950년대 미국의 냉전기 문화정책과
일본의 아시아 영화산업으로의 재–진입

 — 이상준

지은이 · 옮긴이 소개 353

한국과 세계의
극단적 협상, 위협적 미래

주술적 근대와 미디어

: 박정희라는 컬트, 박근혜라는 오컬트

김소영

미디어 황홀경과 사이비 종교

"황홀경"에서 시작해보자. 손들고 몸 흔들며 광란에 빠져 환호하는 사람들. 한 젊은 여자가 그 광경을 바라보다 연단으로 나온다. 23세의 박근혜다. 그녀는 홀린 듯 취한 듯 사람들에게 시선을 던진다.

대한구국선교회 영상, 그 나름의 황홀경이다. 격렬한 몸짓으로 신도들에게 연설하는 남자는 최태민. 영상은 기괴하다. 1975년 5월 4일에 일어난 일이다. 1974년 8월 15일 육영수가 피격된 후 1년이 채 지나지 않던 시기, 퍼스트레이디 대행 시절의 박근혜. 현기증 나는 장면은 대한구국선교회, 조악한 유사 십자군의 집합적 광기를 분출하고 있다. 비술, 주술적 제의가 대통령 영애, 영부인 대행인 젊은 여성을 중심으로 행해지고 있다. 최태민의 구국 선교와 박근혜의 정치 활동이 기복 신앙적 행태로 조우한다. 벽엔 예수상이 보인다. 불가사의한 순간이 포착되는 장면이다. 비술 제의가 비디오 시그널로 기록되면서 이것은 전근대

---

* 이 글은 『문화과학』 2017년 봄 호(통권 제89호, 2017. 3, 264~276쪽)에 실린 글을 수정·보완한 것이다.

컬트와 현대 미디어가 만나는 장이 된다. 〈엑소시스트〉 같은 오컬트 장르 픽션영화처럼 잘 연출된 이 동영상이 픽션이 아니라 기록이라는 데서 정치적 비극과 소극이 발생한다. 구국십자군의 조직 이념은 반공이었다.

이 영상은 2016년 대통령 탄핵이라는 정치적 국면 속에서 다시 출몰한 박근혜와 최태민을 둘러싼 추문의 원초경으로 보인다. 항간의 루머는 최태민이 당시 최면 등으로 어머니를 여읜 박근혜를 여러 측면에서 장악하고 압도했다는 것이지만, 내가 주목하는 것은 오히려 박근혜의 시선이다. 최태민은 명백히 광기를 유도하고, 군집한 사람들은 광란에 빠져 보인다. 반면, 박근혜는 그들을 경이롭게 응시한다. 이러한 경이의 정체는 무엇일까? 양식적 정의로 볼 때, 경이(the marvellous)는 판타스틱 양식과는 달리 이성과 초자연적인 것 사이의 경계, 문지방을 인지하지 않는 것이다.

23세의 박근혜가 어떤 시선으로 이들을 내려다볼 때, 이것은 독재자 아버지를 대행하는 시선이다. 하지만 그녀의 도취된 표정과 눈길은 사실 깡마른 군인의 투쟁적 표정을 시종일관 견지하던 아버지, 한복 차림으로 공식 행사에 등장하던 어머니와 다르다. 최태민의 무기는 원색적인 제스처와 고함이다. 하지만 박근혜는 그가 연출한 스펙터클을 향유하고 있다. 대한구국선교라는 표제 아래의 이 광경은 박근혜를 우회해 아버지 박정희에게 진상된 것으로, 이때만 해도 권력은 박근혜를 거쳐 박정희에 도달하는 것처럼 보인다. 박근혜는 그 우회로에 다름 아니었다. 그러나 최태민의 '정치적' 기획은 박근혜를 대한민국 최초의 여성 대통령으로 만드는 것이었다. 이 기획은 음모처럼, 주문처럼 현재의 우리에게 전해진다. 박정희 죽음 이후 1998년까지 19년 동안 박근혜는 이 주문 같은 음모 속에 있었던 셈인데, 이것이 기괴하게도 현실적으로 실현된 것이 2013년. 그 3년 후 2016년 이 주문은 추문으로 돌아오고 박근혜는 탄핵된다. 그러나 박근혜를 박정희라는 세속 권력과 최태민이라는 사이비 종교, 남성 권력 사이에서 출현한 인물이라고만 보는 관점은 잠깐 접어두기로 하자. 젊은 여성, 박근혜의 주체성과 대통령의 딸, 정체성 사이의 간극이 있었을 것이라고 가정하자. 아버지의 명예 회복만을 위해, 최태민의 종교를 경유한 정치적·종교적 야심과 욕망만으로 그녀가 정치계로 돌아왔을까?

박근혜는 유신 시기, 공포정치에서 떨어져 있는 예외적 인물이다. 독재자 아버지 역시 어머니를 불시에 잃은 큰딸을 불쌍히 생각했다는 후일담이 있다. 젊은 여성이며 퍼스트레이디며 딸인 박근혜는 공포정치술의 핵을 철저히 근접 관찰 한 인물이면서도 또한 그 공포 체제로부터 안전한 거리를 두고 있었다. 태풍의 눈의 자리다. 독재, 공포 정치로 유지되던 경제개발 시대. 1970년 11월 노동자는 기계가 아니라며 열악한 노동 조건 개선을 위해 분신·자살한 전태일 열사, 1978년 2월 동일방직 오물 투척 사건, 1979년 8월 YH무역 여성 노동자 신민당사 점거·농성 사건. 그녀는 이러한 노동 탄압 속에서 죽어가는 여성들의 세상으로부터도 멀찌감치 떨어져 있었다. 또한 사람들이 사는 일상, 사회로부터 거리를 두고 살았다.

예의 황홀경 속, 광란을 홀린 시선으로 지켜보던 이 젊은 여성은 이후 문화융성을 주요 정책으로 삼게 된다. 사상, 표현의 자유를 어긴 블랙리스트 작성과 함께 문화를 내세운 것이다. 김기춘과 같은 유신의 유물을 재활용해 공안 기조를 유지하는 축과 새로운 문화융성의 기조는 상식적으로 양립 불가능한 것이나, 이 상식을 뛰어넘는 곳에 청와대가 있다. 문화에 대한 부분은 이 글의 다른 곳에서 들여다보기로 하고, 다시 과거의 시각장으로 돌아가보면, 흥미로운 다른 동영상은 제1회 새마음제전이다. 1979년 6월 10일. 박근혜는 군집한 대중들을 바라본다. 경이로운 듯. 취한 듯. 최순실은 무릎 꿇은 채 말을 건넨다. 여기서 박근혜를 둘러싼 스펙터클의 흥미로운 구성 요소들을 다시 만난다. 몰아경. 카메라는 바라보고 있는 여성을 담는다. 그녀의 역할은 여전히 취한 듯 바라보는 것이다. 새마음제전을 이루는 집합들에 시선을 보내는 것이다. 유튜브를 비롯해 인터넷에서 유통되고 있는 이 1970년대 후반의 영상엔 많은 것이 응축되어 있다. 새마을운동의 쌍생아일 새마음운동을 주도하고 있는 박근혜의 그 영상에는 2017년 현재 탄핵된 대통령을 둘러싼 추문의 핵심 인물들이 보인다.

이후 우리가 만나게 되는 것은 박정희 죽음 이후 청와대를 떠나는 박근혜의 모습이다. 1979년 11월 21일의 일이다. 의전용, 이사용 검은 리무진들이 무리 지어 출발하고 박근혜는 도열한 사람들에게 마지막 인사를 한다. 스산한 정경이다. '불쌍한' 영애 박근혜의 이미지는 1998 제15대 국회의원으로 돌아와 정치인이 되고 2013년 대통령으로 청와대에 입성할 때까지, 지지층을 결속하는 감정의 기반이다. 여러 의미로 그는 사람들이 자신에게 던지는 불쌍한 '마음', 공감의 자리를 대중 정치의 소재로 사용하게 된다. 시해된 아버지가 노동 탄압, 정치 탄압을 자행한 독재자였다는 사실이 삭제된 채 박근혜를 향하는 길 잃은 연민, 마음의 정치가 소리 소문 없이 들어선 것이다. 부모를 총격으로 잃은 젊은 여자의 '한(恨)'의 전형이었을지도 모른다.

1970년대의 공포영화들, 〈반혼녀(返魂女)〉(신상옥, 1973), 〈원녀(怨女)〉(이유섭, 1973), 〈공포의 숨소리〉(박태원, 1974), 〈흑발(黑髮)〉(장일호, 1974)에서 주인공은 여자다. 이 여자들의 한은 처녀의 몸으로 죽었거나 남편에게 폭력을 당하는 것인데, 1970년대 공포영화의 자장 속에서 보자면 비명횡사한 부모를 추모하며 비혼(非婚)인 채 청와대를 떠나는 박근혜의 모습은 공포영화의 비천한 여귀(女鬼)를 넘어서는 비극의 여주인공이다. 박근혜는, 여곡성을 질러대는 여귀들과는, 달리 비극의 스크린 속에 머물다가 19년간 사라진 후 다시 정치계에 출현한다. 그녀의 재등장은 드라마틱하다. 박근혜에게 향하는 이 연민은 이후 현실적으로 사회적 약자들에게 향해야 할 공감의 정치 공간마저 침식해 들어가는 기괴한 전도로 변하고 비대칭의 거울이 된다. 약자, 피해자에 대한 연민, 공감의 정치를 박근혜 일파가 하이재킹 하자, 공중을 향한 전도된 거울상이 만들어진 것이다. 전유 전략 정치다.

2014년 4월 세월호 참사 후 박근혜는 자신도 부모를 잃어보아 슬픔을 안다고 말한 적은 있으나, 사실 공감의 정치는 이루어지지 않았다. 공감의 뉴런이라고 말해지는 거울(mirror) 뉴런은 그녀의 경우로 보아선 계급을 넘어서지 못한다. 이 거울은 오히려 이후 박근혜 전용 거울(1.5M x 1.5M), 배우들이 쓰는 분장용 화장대로 변모해 '세월호 7시간'의 이해 불가능한 행적을 탐문하는 사람들에게 미용·성형 의혹이 투사·반사되는 물질·상징으로 받아들여졌다. 65세 여성의 성과 성애와 공적 탐문의 대상이 된다. 나이 들어가야 할 신체가 시간을 거슬러 주름을 지워가는 것을 목격해야 하는 기이함과 더불어서 말이다.

박근혜라는 인물의 형상화는 이렇게 극심한 양가성의 감정을 낳는 두 개의 축 위에서 전개된다. 불쌍한 박근혜라는 상이 생산하는 연민과, 분장용 화장대에 비친 박근혜의 상에 대한 적대. 이 같은 두 이미지 속에서 그녀의 말은 조롱의 대상이다. 이미지만 있고, 언어적 소통이 부재한 대통령. 이미지 정치 쪽에서 보면 박근혜는 한국 첫 TV 방송이 시작된 1956년 이후, 시청각 미디어 환경 속에서 자신의 성장을 대중에게 보여주고 전시해야 했던 인물이다. 디지털 펫 다마고치처럼 말이다. 박근혜가 어린 시절 찍은 박정희·육영수와의 많은 기념사진, 유신공화국의 영애로서, 퍼스트레이디 대행으로서 참가한 수많은 공식 행사의 동영상, 1978년의 박정희 취임식 중계. 재현 과잉의 상태다. 흑백 TV에서 컬러 TV, 극장의 대한뉴스, 한류가 지배하는 대중문화에 이르기까지 그녀는 한국 근현대사 미디어의 재현 대상이며, 대중 엔터테인먼트의 향유자다. 세월호 참사 1주기를 맞아 유가족과 사람들이 한국에서 애도하고 있을 때, 남미 순방을 떠나 한류 공연에 취해 있는 그녀의 장면을 생각해보라. 많은 사람을 분노케 한 장면이었다.

위의 대한구국선교회, 새마을운동에서 보인 취한 듯한 박근혜의 시선은 스펙터클에 대한 몰입 상태를 보여준다. 그녀는 미디어 속에서 자라고 미디어에 심취한 한국 사회가 만나보지 못한 정치가다. 미디어를 활용하고 조작하는 정치가들은 많지만, 몰입·중독에 가까운 미디어 친연성을 갖고 있는 여성 정치가는 희귀하다. 영화에 대해서도 매우 뚜렷한 취향(?)을 가지고 『변호사』 대신 『국제시장』 같은 영화를 관람한다. 그녀의 미디어 활용법 중 특기할 것은 다른 정치가나 연예인처럼 화려한 언변 구사로 자신의 이미지를 만들어나가지 않았다는 점이다. 취임식 연설을 제외하곤 그런 방향으론 노력조차 하지 않는다. 박근혜의 어눌한 언변은 자신의 지지층인 60대, 소위 보수층에 오히려 신뢰감을 주는 자산이다. 많은 사람이 박근혜에게 정치적 언어가 없음을 지적하지만, 그녀의 베이비 토크는 정치적 탄압의 핵심에 늘 도달한다. 아버지의 후광 속에 자신의 아우라를 만들고 김기춘·우병우와 같은 공안 전략가의 재기용을 통해서다. 언어가 아닌 이미지와 신구 권력의 네트워크를 통해 그녀는 미디어 대중 정치를 끌어간다.

최순실, 박근혜 게이트 후 대통령이 최순실의 꼭두각시 인형이라고 말하지만, 누가 누구의 복화술사인지는 아직도 명확하지 않다. 최순실·박근혜만이 아니라 재벌, 다른 비선들이 이 복화술 무대에 올라 있다. 복화술은 한 사람이 인형(人形)을 가지고 연극(演劇)을 하면서 입술과 이를 놀리지 않고 전혀 다른 목소리를 내어 관중(觀衆)으로 하여금 그 인형이 말하는 것처럼 느끼게 하는 기술(技術)이다. 박근혜의 다중적 위치—권력자이면서도 희생자 코스프레가 통하는 전직 대통령의 딸, 나이 들어가는 여성—에선 그야말로 여러 층위에서의 강권과 협상과 절충이 가능하다. 복화술사의 인형으로 자신이 재현되는 시점에서도 최순실을 시녀 같은 사람이라고 말하는 사람이야말로 복화술사일 것이라고 난 생각한다. 복화술이 인형극의 무대나 다른 장소에서 이루어지는 것이라면, 박근혜식 복화술은 TV와 디지털 미디어에서 재매개된 상태로 사람들에게 전달된다. 복화술과 코스프레(피해자, 여성 사생활)가 결합되면 박근혜의 정체성과 주체성, 수행성, 에이전시 사이의 간극과 차이, 중첩은 거의 연산을 할 수 없을 정도로 복합적이 된다. 거듭 말하거니와, 이런 여성 공인, 여성 정치인을 우리는 대면한 적이 없다. 박근혜는 특수한 현상이다. 생물학적 여성이나 젠더 정치에서 여성 문제를 후퇴시켰다. 공인인 여성이 사적 영역을 특권화하는 것 역시 유례가 없었던 일이다. 자신의 사적 영역과 여성 인권을 동일시하면서 박근혜의 '여성'은 여러 측면에서 복화술의 특혜를 받는다. 또한 다른 여성들이 역사적으로 쟁취한 여성권리마저 침식한다.

영화 〈나를 찾아줘(Gone Girl)〉(데이비드 핀처, 2014)에는 어린 시절, 동화작가인 어머니가 쓴 동화 시리즈 '어메이징 에이미(Amazing Amy)'의 실제 주인공 에이미(로자먼드 파이크 분)가 등장한다. 에이미는 남편을 살인자로 몰기 위해 자신의 실종을 조작하고 TV와 CCTV 등을 이용해 심리전을 펼친다. 유년 시절부터 주목받는 대상으로 미디어 환경 속에서 자란 사람이 마치 자신의 피부처럼 미디어를 교묘하게 활용하는 상황들이 펼쳐진다. 어린 시절부터 미디어에 노출된 박근혜의 청와대를 성찰하기에 좋은 참조 영화다.

데이비드 핀처의 다른 작품들, 〈벤자민 버튼의 시간은 거꾸로 간다 (The Curious Case Of Benjamin Button)〉(2008)는 미용·성형 논란에서 언급되었고, 〈세븐(Se7en)〉(1995)은 세월호 사고 규명을 요구하며 단식 하던 유가족 앞에서 폭식 투쟁 하던 사람들 앞에서 이안 평론가가 참 조했던 영화다. 박근혜 정부의 불투명성 때문에 모든 것이 소문으로만 돌아, 이 사태들에 대한 분석은 소문에 근거한다기보다는 '소문'을 진단 적 이해의 조건의 하나로 참조하게 되는데, 할리우드의 익스트림한 영 화들이 줄줄이 떠오른다는 것은 사이비 종교와 미디어가 그녀의 이미 지와 거울을 구성해왔고, 문화융성이라는 슬로건과 블랙리스트는 이에 애매하게 조응하는 어떤 발화다.

한강의 기적, 유령의 시간

"지난[2012년] 4월 총선에서 당의 승리에 이은 박근혜의 당선은 이제 2007년에서 2017년에 이르는 보수정권의 10년 집권을 위한 토대를 마 련했다. 더하여 냉전의 독재 치하에서뿐만 아니라 그 이전의 혹독한 일 제 식민 시기에 나라를 통치한 엘리트의 지배를 안착시킨 것이다."[1]

2013년 2월 25일 박근혜의 대통령 취임식 장면을 보자. 대통령으 로 선출된 박근혜는 카키색 군복을 연상시키는 옷을 입고, 아버지 박정 희의 성과를 기리면서 취임사를 시작한다.

"(…) 하면 된다는 국민들의 강한 의지와 저력이 산업화와 민주화를 동시

---

1   Gray, Kevin, "Political Cultures of South Korea," *New Left Review* 79 (January-February 2013). http://newleftreview.org/II/79/kevin-gray-political-cultures-of-south-korea.

에 이룬 위대한 성취의 역사를 만들었습니다. 한강의 기적으로 불리는 우리의 역사는 독일의 광산에서, 열사의 중동 사막에서, 밤새 불이 꺼지지 않은 공장과 연구실에서, 그리고 영하 수십 도의 최전방 전선에서 가족과 조국을 위해 헌신하신 위대한 우리 국민들이 계셔서 가능했습니다. (…)."

박근혜 대통령은 제2의 한강의 기적을 약속하면서, 창조경제(과학기술과 IT산업)를 통한 경제부흥과 한류를 통한 문화융성을 이루자고 말한다. 취임사의 끝에서도 "우리 국민 모두가 또 한 번 새로운 한강의 기적을 일으키는 기적의 주인공"이 되자고 말한다. 박정희 시대 노동 착취와 수출 주도 산업을 여전히 "한강의 기적"으로 명명하고 기억할 때, 한국 근현대는 기적의 시간대에 포획된다. 다시 한 번 "새로운 한강의 기적을 일으키는 기적의 주인공"이 되라고 요구할 때, 이것은 주문과 주술이 된다.

이명박과 박근혜는 이 결박과 주박 속에서 출현한 형상이며 유령(specter)이다. 특히 박정희 딸, 박근혜는 아버지라는 정전(canon)의 팬텀(phantom)이다. 박정희의 유령은 그의 딸을 통해 되돌아왔고, 대한민국 최초의 여성 대통령이 된 그녀는 아버지의 뒤를 이어 두 번째 한강의 기적을 요구하는 것이다. 나는 1960년대와 1970년대 한을 품고 복수를 위해 돌아와 울부짖는 여귀들을 다룬 『근대성의 유령들』[2]이라는 책을 쓴 적이 있지만, 독재자의 딸이 최초의 대한민국 여성 대통령으로 귀환하리라고는 상상조차 하지 못했다.

여기서 유령의 뜻은 주체가 아닌 박정희의 비체(abject)라는 뜻이며 박정희의 아우라 속에서 나타나고 배회하는 자들이다. 김원의 『박정희 시대의 유령들』은 박정희 시대의 서발턴들 즉 지배세력으로부터도 배제

---

2   김소영, 『근대성의 유령들: 판타스틱 한국영화』(서울: 씨앗을 뿌리는 사람, 2000).

당하고, 대항 담론에서도 주변화·유령화된 도시 빈민, 기지촌 여성, 폭도, 소년원생, 범죄자 등을 다루는데,[3] 탈 박정희 시대라면 이들 서발턴이 접힌 역사의 주름에서 걸어 나와 민주주의와 정치경제를 발본적으로 생각하게 할 수 있었을 것이나, 지난 몇 년간 이러한 서발턴 대신 박정희의 유령 일당이 판을 쳤다. 박정희의 근대화가 수많은 서발턴을 만들어냈다면, 박근혜 시대 두 번째 한강의 기적이 전유하려 했던 것은 기왕에 선전하고 있던 한류였다. 박정희 정권 동안 긴급조치를 비롯한 여러 번의 비상사태가 선포되었으며, 독재가 끝난 후에도 이러한 상태는 정동(affect)적 비상 상태, 상례로 존재하는데, 한강의 기적을 끌어낸 정치적 비상사태는 제2의 한강의 기적이 요구되는 시대엔 창조경제, 문화융성이라는 정동적 사태로 연결된다. 한류의 기왕의 성공적 글로벌 유통은 창조경제 정책이라는 허언, 허상을 보지 못하게 했다.

대통령 취임식(2013년 2월 25일)에서 한류는 적극적으로 활용된다. 싸이가 〈강남 스타일〉을 공연하는 것을 보면서 나는 응축된 역사성과 역설적인 '지금시간(Jetztzeit)'의 폭발을 보았다. 취임식 공연 중 싸이가 그 유명한 말춤을 함께 추자고 권하는데도 권위주의적으로 보이는 내빈과 관료들은 그대로 자리를 지키고 있었다. 몇몇 여성과 젊은 자원봉사자들만이 호응을 보냈다. 박근혜 대통령은 보수의 재-헤게모니화 과정에서 싸이의 강남 스타일, 한류를 동원해 일종의 디지털 쇄신(digital refurbishment)을 보여주려고 했다.

취임식에서 박근혜 대통령이 특히 감격에 겨운 시선을 보내는 장면은 안숙선, 인순이, 나윤선, 최정원 네 여성 가수가 〈아리랑 판타지〉를 부르는 장면이다. 이전 사이비 종교의 구국선교에 홀린 듯 보내던 시선은 최초의 여성 대통령을 위해 노래 부르는 국악, 가요, 재즈, 팝을 대표

3   김원, 『박정희 시대의 유령들: 기억, 사건 그리고 정치』(현실문화, 2011).

하는 네 여성에 꽂혀 있었다. 2013년 처음 이 장면을 볼 때만 해도 나는 다른 여성들을 흥미롭게 쳐다보는 그가 여성 정책을 여성 친화적으로 바꾸어낼 수 있을지도 모르겠다는 희망을 일순 갖기도 했다. 그러나 여성주의나 여성 정책에 대한 어떤 견해도 피력하지 않았던 조윤선이 여성가족부 장관으로 임명되었다. 이후 세월호 사건에 대한 대응, 유가족에 대한 박해 그리고 2015년 한일 위안부 협상을 보면서 여성 정책에 대한 부분에도 마음을 접었다.

2013년 박근혜 여성 대통령의 등장 이전, 이명박 정부에선 대중영화 재현의 영역에서 보자면 영화들은 여성들의 감정노동을 그려냈다. 〈마더〉(봉준호, 2009), 〈박쥐〉(박찬욱, 2009), 리메이크 〈하녀〉(임상수, 2010) 등이 젠더화된 노동, 감정노동을 재현하고 있다. 이 영화들은 1997년을 전후로 신자유주의적 금융자본이 탄생시킨 한국형 블록버스터라는 한류 흐름 속에 있는 글로벌하면서 지역적인 문화 생산 양식의 결과물들이다. 주요 감독들이 다시 여성을 스크린 위에 재현하는 것은 주목할 만하다. 한국형 블록버스터와 포스트 IMF 시기가 만나면서 남한 여성들이 재현 영역에서 사라졌다가, 한국을 세계 영화시장에서 대표하는 위의 감독들에 의해 '여성'이 문제화되는 영화들이 만들어졌기 때문이다. 〈마더〉에서 어머니(김혜자 분)는 국가나 사회가 제공하지 못하는 복지나 보살핌을 주는 어머니로 등장한다. 〈하녀〉와 〈박쥐〉의 여성 주인공들도 파멸로 가기 전 감정과 보살핌 노동을 제공한다. 여성 대통령 박근혜의 출현은 상당 부분 박정희 통치에 대한 집합 기억에서 비롯되지만 신자유주의의 공세 속에서 국가나 사회의 안전망이 부족한 시대, 여성의 기존의 젠더 역할에 대한 기대와 유추로부터도 기인했을 것이다. 준비된 여성 대통령이라는 구호 속에서 사람들이 의식적 무의식적으로 그런 젠더 코드를 읽을 수도 있었을 것이다. 도대체 박근혜의 통치성은 무엇이었는가? 정치적, 합리성 통치성이라는 것이 있기나 했던 것인가?

　"통치는 타자에 대한 힘의 즉흥적 행사가 아니라, 행위의 목표나 혹은 그것을 성취하기 위한 적절한 수단을 정의하는 이성(합리성)이라는 특정한 형식을 따르는 권력(테크놀로지)의 어느 정도 체계적, 통제적, 반영적 양태들을 지칭"[4]하는데, 박근혜 정부의 통치 양태에서 이런 이성을 찾기는 어려웠다. 그러나 이성 부재의 통치가 곧바로 사이비나 주술적인 것으로 이어지는 것은 아니기 때문에, 박근혜-최순실 게이트를 비이성·비합리에 위치시켜보면 타자에 대한 힘의 즉흥적 행사, 폭력이 출현한다. 세월호 참사와 노동운동 현장을 둘러싸고 수많은 폭력적 상황이 상용되었다. 이와 함께 2016년 후반부터 2017년 봄까지 촛불 정국을 흔들어놓고 있는 것은 주술성과 결합한 유사 통치성에 대한 의혹이다. 광장 촛불 시위에 수백만을 불러 모은 "이게 나라냐"라는 탄식과 질타는 사이비 종교나 주술성의 매개와 발현이 아니라면 현재의 사태가 어떻게 가능할 것이냐는 합리적 추론에서 나온 것이다. 무속, 무당은 이러한 비상사태에서 불려 나오는 전 근대적 매개와 형상에 다름 아니다. 최태민이 자신을 목사로 내세우고 대한구국선교회 역시 신도를 십자군으로 명명하며 예의 동영상에 예수가 보이지만 이 현상을 무속으로 갈음하는 것은, 이를 전근대적 잔여로 인지하는 믿음체계 때문이다. 민주공화국 대한민국에서 잔여, 사라져야 할 것이 지배적인 것으로 부상할 때 사람들은 민주주의의 기반을 새롭게 묻게 된다.

　사실 근대의 시간성 속에는 전근대와 근대의 시간이 중첩적, 중층적으로 배치되어 경합하고 있다. 에른스트 블로흐는 독일 파시즘의 등극을 분석하면서 다음과 같은 주장을 제출한다.

4　Barry Hindess, *Discourses of Power: From Hobbes to Foucault*(Oxford: Blackwell, 1996), p. 106.

"모든 사람이 동일한 현재에 존재하는 것은 아니다. 오늘날 볼 수 있는 것처럼 오로지 외부적으로만 그러하다. 하지만 그렇다고 해서 그들이 다른 사람들과 동일한 시간대를 사는 것은 아니다. 그들은 이전의 요소들을 짊어지고 가고 있다. 이것이 개입한다."[5]

이전 시간, 앞선 시간, 비동시성(Ungleichzeitigkeit)은 블로흐의 독일 사회, 히틀러의 권력에 대한 분석의 핵심어다. 대중이 견딜 수 없는 현재에 비해 히틀러가 모든 사람을 위한다며 그려내는 그 좋은 오랜 것에 마음이 동했다는 것이다.

IMF 이후 신자유주의 시대의 비정규직, 여성, 청년 세대 등의 그야말로 견딜 수 없는 현재의 시간 위로 박정희라는 과거의 시간은 두 번 도래한다. 박정희의 근대화의 시간은 노동 착취와 표현의 자유 말살로 점철된 응축된 것이다. 이명박은 박정희 토건국가의 상속자다. 박근혜는 취임 시 예의 제2의 한강의 기적을 도래를 촉구했다. 1975년 이후 사이비 종교 집단의 일원으로 통합된 듯 보이는 박근혜가 통치 집단으로 등극할 때, 구국선교나 새마음 등 종교성이나 마음을 동원해 수동적으로 대중을 전환시키고자 하던 정동 정치는 예의 문화융성으로 선회한다. 계몽과 신화의 변증법의 어떤 버전이라고 볼 수도 있다.

상품의 물신주의, 페티시즘을 이야기할 때 마르크스는 상품의 자본가와 노동자의 사회적 관계가 상품이라는 환상적 형식으로 변화는 것에 주목하는데, 이때 자본주의 근대는 상품이 페티시즘의 치환적 망에 포획되는 상품, 주술적 근대의 특성을 갖게 된다. 취임사에서 박근혜가 창조경제를 통한 경제부흥과 한류를 통한 문화융성으로 예의 우리 국민 모두가 또 한 번 새로운 한강의 기적을 일으키는 기적의 주인

---

5   Ernest Bloch, "Non-contemporaneity of Obligation to its Dialectic," in Neville and Stephen Plaice(trans.), *Heritage of Our Times*(Berkeley: University of California Press, 1990), p. 97.

공이 되라고 '우리'에게 주문할 때 과거와 현재는 환영처럼, 환상처럼 주술적으로 뫼비우스 띠 속으로 감겨든다. 제1의 한강의 기적이 레비아탄의 큰 구멍을 벌려 뫼비우스란 띠를 뱉어내고 거기에 이주노동("독일의 광산, 열사의 중동 사막")과 철야 노동("밤새 불이 꺼지지 않은 공장과 연구실"), 의무 병역과 군사체제("그리고 영하 수십 도의 최전방 전선")가 비선형 회로를 따라 달려 창조경제와 문화융성을 다시 뱉어내야 하는 것처럼 말이다. 이주, 외부, 내부의 노동이 다 국가 단위의 애국주의로 수렴되고, 여성 노동(파독 간호사, 여공 등)은 삭제되며 참여정부에서 부상했던 IT와 한류 문화 사업들이 마치 새롭게 창조되고 융성되어야 하는 것처럼 미래 시제로 엮여든다. 과거 제1의 한강의 기적을 되살리기 위해 미래가 오는 것인지 그 역인지 이 취임사는 말해주지 않는다. 이후 발생한 국정교과서 집필 강행을 보면 과거는 미래보다 우선한다.

박정희란 컬트, 박근혜라는 오컬트

대한구국선교회 영상을 오컬트 장르로 읽으며, 박근혜의 황홀경을 가지고 시작했으니 2016년의 오컬트 영화 〈곡성〉(나홍진, 2016)에 대한 해석을 참고한다.

"어쩌면 〈곡성〉은 사회적 적대가 무한하게 분열하고 증식하는 시대적 상황에서 적/동지 전선의 단순한 설정을 둘러싼 믿음, 그리고 그 믿음이 가능했던 시대에 대한 열망을 우회적으로 그려내는 영화일지도 모른다. 오컬트 영화의 기능은 혼돈과 불안의 시대에 헌신과 믿음을 강조함으로써 "믿음이 가능했던 시대에 대한 향수"[6]를 재현하는 것이다. 영화 〈곡성〉에서 인물들은 곡성 외부로 나아간 적이 없다. 모든 인물은 곡성이라

---

6   프레드릭 제임슨, 남인영 옮김, 『보이는 것의 날인』(서울: 한나래, 2003), 198쪽.

는 공간의 내부에 존재한다. 외지인은 외부에서 곡성으로 이주해온 사람이지만, 영화는 그가 곡성에 살고 있는 순간부터 시작한다.[7]"

　　박근혜는 박정희라는 컬트(숭배)에 대한 오컬트(비술, 주술, 불가사의)적 현상이라고 볼 수 있다. 박정희의 봉쇄된 냉전 체제의 적과 동지라는 이분법이 더는 적용될 수 없는 글로벌한 신자유주의 자본주의 체제에서 박근혜와 최순실, 비선들과 재벌 기업의 주술적 근대의 전유, 오컬트 현상은 이제 종영을 앞두고 있다. 컬트와 오컬트의 변주 속에 여전히 2017년의 벽두를 맞고 있지만, 종결의 시간은 올 것이다. 광장 집회에서 밝힌 촛불과 횃불 속에서, 민주주의와 발본적 분배의 정치에 대한 요구 속에서 지난 반세기 넘게 지배와 잔존 및 출현을 반복했던 냉전 속 주술적 근대, 컬트와 오컬트의 저주 받은 반복을 끝내려는 열망을 본다. 새로운 사회의 형식과 장르는 무엇일까?

7　하승우, 「맹목적 믿음과 '위협적 미래' 사이의 긴장: 〈곡성〉」, 『한국영화, 세계와 마주치다: 한국과 세계의 극단적 협상, 위협적 미래』(서울: 현실문화, 2018), 184~185쪽.

참고문헌

김소영, 『근대성의 유령들: 판타스틱 한국영화』, 서울: 씨앗을 뿌리는 사람, 2000.

김원, 『박정희 시대의 유령들: 기억, 사건 그리고 정치』, 서울: 현실문화, 2011.

프레드릭 제임슨, 남인영 옮김, 『보이는 것의 날인』, 서울: 한나래, 2003, 198쪽.

Barry Hindess, *Discourses of Power: From Hobbes to Foucault*, Oxford: Blackwell, 1996.

Ernest Bloch, "Non-contemporaneity of Obligation to its Dialectic," in Neville and Stephen Plaice(trans.), *Heritage of Our Times*, Berkeley: University of California Press, 1990.

Gray, Kevin, "Political Cultures of South Korea," *New Left Review* 79, January-February 2013. http://newleftreview.org/II/79/kevin-gray-political-cultures-of-south-korea.

인류시학으로서의 〈설국열차〉

: 킬러 자본주의, 인류세, 한국식 글로벌 영화

롭 윌슨
황미요조 옮김

> "지구는 비-오류의 비-세계로 등장한다.
> 존재 역사적 용어법으로 볼 때, 그것은 오류적 행성이다"
> —마르틴 하이데거, "형이상학의 극복"

폭주 자본주의 기관차

이 글에서 시도하는 한국영화의 독해 혹은 맥락적 정교화 작업은 자본주의적 신체의 형상화와 비판을 이끌어내는 한편, (물론 그와 함께) 봉준호(1969~)라는 복잡하게도 세계적으로 알려져 있는 동시에 글로벌의 회로 속에서 로컬한 위치를 차지하는 감독 겸 시나리오 작가의 작품에 재현된 도시/농촌의 변증법과 남한/미국/글로벌의 공간적, 유령적, 그리고 월딩(worlding)하는 형상과 공간들에 대해서도 형상화 및 비판을 이끌어내려 한다. 내포적 혹은 상호텍스트적 의미에서, 이 글은

• 원문의 기울임체는 강조체로 옮겼다.

내가 『컴패러티브 아메리칸 스터디스(Comparative American Studies)』 와 『바운더리 2(boundary 2)』에서 한국의 글로벌-로컬 영화들에서의 '유령적 미학(spectral aesthetics)'과 '마이너 시네마(minor cinema)'에 대해 다루었던 에세이와, 두 영향력 있는 한국 영화감독 임권택(『인터아 시아 문화연구Inter-Asia Cultural Studies』)과 (여기서 한층 더 다뤄지는) 박찬욱(『바운더리 2』)의 작품 속 글로벌하고 로컬한 영화적 변증법에 대 해 다루었던 이전의 학문적 작업을 기반으로 한다.[1] 한국영화는 ─ 봉 준호의 〈괴물〉(2006), 〈마더〉(2009), (이 글에서 논의할) 〈설국열차〉(2013) 등 장르적 특성이 명확한 작품들에서 나타나듯이 ─ 신체의 신경망 위 에, 그리고 도시·시골·지구의 공간 속에, 영화와 네이션, 그리고 지구라 는 행성의 형태를 보여주는 한편, 그것을 일그러뜨리는 내셔널/트랜스 내셔널 합작, 혹은 글로벌-로컬의 혼종적 인터페이스가 폭주하는 순간 을 기록한다.

　　남한에서 포스트-억압적인(post-repression) 그러나 분단 상태의 환태평양은 테크노-크리에이티브한 새로움과 항상적인 창조적-파괴 의 언캐니한[친숙하면서도 낯선] 글로벌-로컬적인 공간으로 체험되어왔 고, 그 공간에서 모든 것은 혼합되고, 흐르고, 그리고 기호, 스타일, 언 어, 〈설국열차〉·〈괴물〉·〈마더〉 등 장르영화들이 야단스럽게 접점을 이 뤄 코스모폴리탄 시민들은 이 수행적 글로벌/로컬의 연행(global/local enactment)을 따라 하고, 그 속에서 살아가고, 시뮬레이트 하며 그 기 호를 풀어내왔다. 필자는 이를 포스트모던 후기 자본주의의 사회적 변

1　이 에세이들과 글로벌 시네마와 문학에 대한 관련 작업들은 Academia.edu 사이트에서 확인할 수 있다(https://ucsc.academia.edu/RobWilson). 이 글은 「환태평양에서 킬러 자본주의로 걸어가 기: 봉준호의 〈마더〉와 〈괴물〉에서의 후기 자본주의적 신체 및 글로벌/로컬 공간에 대한 형상화와 진 단(Waking to Killer Capitalism on the Pacific Rim: Figurations & Diagnostics of the Late Capitalist Body & Global/Local Space in Bong Joon-ho's *The Mother* and *The Host*)」(2009년 뉴욕대 한국영화 콘퍼런스의 토론 세션을 위한 개요문)과도 관련이 있다.

형이라 칭해왔으며, 여기서 다시금 인류세(Anthropocene, 人類世)[2]라는 좀 더 끔찍한 끝장내기 게임(endgame)을 조건으로 두고서 '환태평양에서의 킬러 자본주의(killer capitalism)'에 대해 다시 설명하고자 한다.[3]

기후변화 이후의 대재앙과 전 지구를 둘러싼 재난 즉 얼어붙은 지구를 거침없이 헤쳐 나가는 한편, 계급투쟁에 휩싸인 기관차가 등장하는 한국영화 〈설국열차〉는 글로벌하게 배급되었으며, (페이스북 또는 트위터 같은 사이트에서 보이는) 생기 넘치는 다원주의와 (월스트리트는 아닐지라도 실리콘밸리에서 보이는) 기술-낙관주의라는 동시대적 순간들에 들러붙은 킬러 자본주의[4]라는 일종의 종말론적 알레고리다.

시각 면에서 강렬하고 주제 면에서 환원주의적인 이 어두운 측면이 가득한 영화는 환태평양이나 (봉준호의 좀 더 장소에 기반을 두었던 이전 영화들처럼) DMZ로 나뉜 한반도뿐만 아니라, 생존과 생물계의 절멸 사이에 내던져진 인류의 생존자들과 함께 일견 달처럼 보이기도 하는 행성이 처한 운명의 끝자락을 배경으로 진행된다. 필자는 이 영화[〈설국열차〉]의 적절한 분석틀로 인류세의 에코스페이스(ecoscape)와 텔로스(telos)를 설정했다. 그런 만큼 이 글은 이어지는 분석을 통해, 문화비평

---

2 [옮긴이] 지구의 역사를 지질상에 남겨진 변화 즉 지층의 변화에 따른 고생대·중생대·신생대 등 기존의 고고학적·지리학적 시대 구분에 이어 현생 인류의 영향 아래 급격한 변화를 겪고 있는 지구의 현재 시대를 지칭하는 용어. 성층권 오존층의 파괴 메커니즘 연구로 1995년 노벨 화학상을 수상한 네덜란드의 대기화학자 파울 J. 크뤼천(Paul J. Crutzen)이 2000년대 들어 처음 제안한 개념이다.

3 다음을 참조하라. Rob Wilson, "Killer Capitalism on the Pacific Rim: Theorizing Major and Minor Modes of the Korean Global," *boundary 2* 34(2007), pp. 115~133.

4 영화나 사진보다 훨씬 더 비물질적으로 보이는 실리콘밸리와 그 기술 및 미디어 집합체는 지구에 지질학적 측면에서 막대하면서도 지속적 영향을 주고 있다. "(산업적 측면에서 광물 추출이 드물다는) 이러한 이유로 실리콘밸리의 오래 지속되는 유산은 기업·브랜드·창조성·개성 등에 이르는 것이 아니라 그[지구의] 토양에 영향을 끼칠 것이다. 그 산업보다도 그리고 디지털 과대광고의 지질학적 잔광의 여운보다도 즉 우리가 사용하는 디바이스를 제조하는 과정에서 하이테크 기업들이 사용하는 화학물질의 잔류물은 고농축 독성물질로 훨씬 오래 남아 있을 것이다. 벤젠·트라이클로로에틸렌·프레온 등은 디지털 미디어 문화의 찰나성과 연관 지을 때, 언뜻 생각나는 '물질'은 아니지만, 그 물질들은 디스크 드라이브 생산 과정에서 발생하는 건강 위험 물질의 역사적 사례 가운데 일부다." 이에 대해 다음을 참조하라. Jussi Parrika, "The Geology of Media," *The Atlantic*(Oct, 11, 2013). http://www.theatlantic.com/technology/archive/2013/10/the-geology-of-media/280523/(이 맥락에 대해 환기시켜준 라이언 비숍에게 감사를 표한다).

가 마거릿 론다(Margaret Ronda)가 '인류발생론적 시학(anthropogenic poetics)'이라고 부르는 것(이 글에서는 **인류시학Anthropoetics**이라 부르는 것)의 역학·위험·정동에 대해 고찰하려 한다.

〈설국열차〉는 자크 로브(Jacques Lob)와 장 마르크 로셰트(Jean-Marc Rochette)의 동명의 프랑스 그래픽 노블 〈설국열차(Le Transperceneige)〉를 원작으로 하여 2013년에 개봉한 남한의 사이언스-픽션 액션 영화로 미국과 영국의 영화평론가들 및 좌파 문화이론가들에게 일반적으로 좋은 평을 받았다. 영화는 〈괴물〉과 〈마더〉에서 능수능란하게 장르를 변신시켜온 한국의 작가감독 봉준호가 감독을 맡았으며, 시나리오 역시 켈리 매스터슨(Kelly Masterson)과 함께 봉준호가 직접 참여해 작업했다.[5] 스타일·본질·언어 측면에서 대놓고 매너리즘적인 이 영화는 봉준호의 영어 데뷔작이다. 영화의 대략 80퍼센트를 영어로 찍었고, 그 촬영은 프라하 바란도프스튜디오(Barrandov Studios)의 기관차 세트에서 진행되었다. 그 기관차 세트에서 마치 세계-체제라는 죽음-충동의 사회적 적대를 향한 대안 없는 폐쇄 구조를 표현하는 듯, 분노에 휩싸인 채, 정신없이 분주하며, 자동운항 중인 이 세계 순환 열차를 시뮬레이션 하는 영화 제작이 진행된 것이다.

〈설국열차〉는 계급투쟁의 비전과 환경적으로 예레미야적인 연출로 폭넓은 층위에서 찬사를 받았으며, 종종 2014년 평론가들의 영화 톱 10 리스트에 자주 호명되기도 했다. 해외 배급을 담당한 와인스타인컴퍼니(The Weinstein Company)는 본래 제한적인 스크린 공개를 생각했지만,

---

5   평론가 피터 숍친스키(Peter Sobczynski)는 〈설국열차〉의 리뷰에서 이렇게 기술한다. "[설국열차는] 봉준호가 (테리) 길리엄에게서 영감을 받았을 수는 있지만 어떤 측면에서도 베낀 작품은 아니다. 전작에서 봉준호는 표준적 장르의 전제들을 취해서는 매번 새롭고 평범하지 않은 방식으로 그 장르적 전제들을 전복시키며 장르에 대한 기대감을 충족시키는 데 타고난 재주를 보여준 바 있다. 폭주 기관차 속에서 앞으로 나아가려 하는 사람들을 보여준다는 아이디어는 일정한 시각적·극적 한계 지점들이 있으나, 봉준호와 [〈설국열차〉의] 공동 작가 매스터슨은 항상 영화 속 사물들을 (시각적이며 주제적으로) 흥미롭게 하는 데 성공했다." 로저 에버트 영화리뷰 사이트의 2014년 6월 24일 자 기사를 보라. http://www.rogerebert.com/reviews/snowpiercer-2014.

평론가와 일반 관객이 이 **한국형-글로벌** 영화에 보이는 반응을 보고서 전 세계 극장들로 영화 배급을 확장했고, 봉준호가 상영 시간을 줄이고, 충격적인 부분을 완화하기 위해 20분을 들어내라는 와인스타인컴퍼니의 요구를 거부하자 마지못해 디지털 스트리밍 서비스로 돌렸다.[6] 영화는 감정·액션의 극한, 그리고 하이브리드 트랜스-언어적 제작이라는 한국형 글로벌 블록버스터 모드의 코스모폴리탄 스타일의 극한을 향해 폭주하는 한편, 남한 내/너머의 관객에게 글로벌 워밍(global warming)이라는 암울한 상황에 대해, 그리고 (앞으로 논의하게 될) 인류세적 틀에서 더욱 커다란 지정학적 지평에 대해 생각해볼 것을 재촉한다.[7]

틸다 스윈턴(Tilda Swinton)과 에드 해리스(Ed Harris)부터 송강호, 제이미 벨(Jamie Bell)에 이르기까지 스타들로 수놓은 국제적 캐스팅이 이루어진 이 영화는 그리 머지않은 미래인 2031년 지구를 가로지르는 '설국열차'에서 벌어지는 일을 다룬다. 후기-후기(late-late) 자본주의적 인류세를 거쳐 운행하는 이 저주받은 레비아탄은 나쁜 역사와 일상적 흉포함에 이끌려간다. 글로벌 워밍을 멈추려 했던 어설픈 시도가 새로운 빙하기와 파국적 미래를 초래해버린 이후, 각 객차는 최후의 하층민(꼬리칸), 거짓-귀족(머리칸) 등 인류의 소수 생존자로 채워져 있다. 이 상황을 두고서 동시대인들은, 그저 기분 좋게 기후에 대해 아무런 걱정

---

6 "기사에 따르면, 와인스타인은 봉준호의 126분 버전을 좋아하지 않았고 배급 전에 20분을 들어내길 요구한 것으로 보인다." 같은 기사.

7 〈죠스(Jaws)〉, 〈타이타닉(Titanic)〉, 〈터미네이터(Terminator)〉, 〈글라디에이터(Gladiator)〉, 〈반지의 제왕(Lord of the Rings)〉 등의 작품 이후로 유사-글로벌 규범화된 할리우드-블록버스터 산업의 제작-순환 양식, 그리고 오늘날 다펜(大片) 스펙터클 영화를 선호하는 거대한 중국시장이 열리면서 더욱더 헤게모니화된 이 양식에 대해서는 다음을 참고하라. Julian Stringer(ed.), *Movie Blockbusters*(London and New York: Routledge, 2003).

로컬화된 반대 시각은 이 책의 다음을 보라. Chris Berry, "What's Big About the Big Film?: 'De-Westernising' the Blockbuster in China and Korea," in Julian Stringer(ed.), *Movie Blockbusters*(London: Routledge, 2003), pp. 217~229; Kirsten Moana Thompson, "Once Were Warriors: New Zealand's First Indigenous Blockbuster," in Julian Stringer(ed.), *Movie Bockbusters*(London: Routledge, 2003), pp. 218~241. 한국영화로는 박찬욱의 〈공동경비구역 JSA〉(2000)가 최초의 한국형 블록버스터 영화로 알려져 있다.

도 하지 않는 사람이 아닌 바에야, 심각한 문제를 맞닥뜨린 비정상적 행성의 자연환경 너머로 불균질적 규제를 통해 글로벌 기후를 바꾸려는 엉망진창의 시도나, 석유 추출, 대지와 대양에서의 탄소 및 자원 과추출, 농화학적 조작, 종들의 멸종 등을 통해 이미 기후를 바꿔버린 기술주도적 과학을 떠올리게 될 것이다. 마지막 외톨이 기차만이 존재하고 그 바깥 기후가 극지점의 혹한이라면, 기차 내부의 기후는 (마치 『네이키드 런치Naked Lunch』[윌리엄 S. 버로스, 1959]를 『파리대왕Lord of the Flies』[윌리엄 골딩, 1954]과 『마천루The Fountainhead』[에인 랜드, 1943]와 함께 교차시킨 듯) 일상적 새디즘, 정신 나간 유머, 펄프 픽션 식의 캐리커처, 마약 중독, 인사불성 지경의 난동, 광기, 죽음 등 불길함으로 자욱할 것이다. 우리는 "난 사람고기 맛이 어떤지 알고, 애기들이 제일 맛있다는 것도 알지"라는 대사가 그저 일상적 진술로 들리는 끝장내기 게임적인 기계 세계로 인도되는 것이다. 눈-기호(snow-sign)의 에코스케이프를 꿰뚫는다는 것은 기관차의 탈선까지는 아니더라도 글로벌 자본주의와 혁명적 필요성에 대한 코드를 꿰뚫는 것이며, 좌파 멜랑콜리를 극복하고, 자유주의적 개량주의를 거부한다는 것이다. 이 영화는, 에런 베이디가 『뉴 인콰이어리』에 기고한 「〈설국열차〉에 대한 소고, 영화를 너무 심각하게가 아니라 매우 진지한 이유들로 받아들이기」에서 논한 것처럼, 글로벌 양극화라는 지금껏-규범적이었던 변증법을 굴절시키며 "자본주의와 혁명에 대한 하나의 알레고리"[8]로 꽤나 선명하게 읽힌다.

　　열차 안의 계급-알레고리는 주인공과 그가 속한 집단에까지 녹아

8　좌파 웹저널 『뉴 인콰이어리』의 다음 기사를 참고하라. Aaron Bady, "*A Snowpiercer* Thinkpiece, Not to Be Taken Too Seriously, But for Very Serious Reasons," *The New Inquiry* (July, 2014). http://thenewinquiry.com/blogs/zunguzungu/a-snowpiercer-thinkpiece-not-to-be-taken-too-seriously-but-for-very-serious-reasons-or-the-worst-revenge-is-a-living-will/. 자본주의 글로벌 체제와 구체화한, 혹은 승화된 일상생활로서 그 체제의 '보이지 않는' 현존에 대해 좀 더 폭넓게 초점을 맞추고 있는 글로는 다음을 참고하라. Adam Rothstein, "How to See Infrastructure: A Guide for Seven Billion Primates," *Rhizome* (July 2, 2015).http://rhizome.org/editorial/2015/jul/2/how-see-infrastructure-guide-seven-billion-primate/.

들어가지는 않지만, 그 자체로 분명하게 공간화되어 있고 공간화·무기화되어 있다. 커티스 에버렛(크리스 에번스Chris Evans 분)은 기차 앞쪽 칸에서 이죽거리는 엘리트에 맞서 봉기하는, 열기 가득한 밑으로부터의 혁명을 도우며 하층민 꼬리칸과 그 승객들을 이끄는 인물을 연기한다. 기차가 속도를 내 어둠을 통과해가며 피가 흩뿌려지고 더욱더 깊은 어둠속으로 빨려들어가고 또 피가 흩뿌려지는 사이, 객실은 어둑해져 앞은 전혀 보이질 않는다. 이 열차에 중간계급 칸은 존재하지 않는다. 이 열차의 사회체는 동시대의 자유주의적 국가처럼 자원적 풍요와 기아적 가난으로 양극화되어 있다. 자본은 럭셔리한 삶과 쾌락주의적 스릴 근처에 머무는 데 비해, 노동은 극빈·고통·죽음의 근처에 머문다. 열차는 그런 상황에 아무런 신경도 쓰지 않고서, 마치 가속화한 자본주의 체제의 하나의 종적 징후(species-symptom)라도 되는 듯, 속도를 올린다. 사실 봉준호는 글로벌 체제의 발흥, 그것이 불러온 충격 및 붕괴와 마주하며, 이 영화와 그 밖의 영화에서 정동으로써, 인물로써, 형식으로써 그 변화를 (셰익스피어의 리어 왕을 예로 들자면) **촉으로 알아챌** 수 있는 예술적 선지자 가운데 한 명이다.

열차가 속도를 높일 때 열차의 창밖으로 마치 [미국 화가] 프레드릭 에드윈 처치(Frederic Edwin Church)의 그림과도 같이 이상하게도 미학적으로 보이는 설국이 펼쳐진 극한의 지옥을 통과해간다. 이 음울하게 광기와 우울로 채워진 열차 위로 재난과 영구 불안정성(precariousness)의 상태가 구체화되고, 상연되며, 그 속도를 높여간다. 이 가속도 붙은 열차의 영구운동 엔진은 사실 터보충전 된 자본주의의 항상적 텔로스를 나타내며, 그 자본주의가 안고 있는 대규모의 불평등, 도덕적 무관심, 환경적 잡동사니들이 지구라는 우주선을 기후적 재난, 탈구로 곤두박질치게 하는 것이다. 그리고 그 파멸을 지리-역사적(geo-historical)

문제틀 아래 총체화할 때, 그것은 오늘날 많은 이들이 인류세라고 부르는 게 된다.

인류세를 정의하기

배우 옥타비아 스펜서(Octavia Spencer)는 영화 속 자신의 캐릭터 타냐를 다음처럼 묘사한 바 있다. "우리 모두는 몇 년이고 씻지 못한 채, 공기 중에 떠도는 입자들로 가득한 매연과 재에 덮여 있어서, 피부색에 대해 말하자면 우리는 모두 같은 색인 것이다." 우리 모두는, 비록 그 정도에서 베이징에서 할렘까지 또 부산까지 불균질적으로라고는 해도, 인류세적 때와 먼지, 오수, 더러운 공기, 산성의 대양에 덮여 있다. 그러나 오직 최근 20여 년 동안에, 지질시대의 틀로 등장한 이른바 인류세란 무엇인가? 여기서 필자는 인류세 개념을 가장 열렬히 지지하고 비평적으로 옹호해온 두 학자 도나 해러웨이(Donna Haraway)와 나오미 클라인(Naomi Klein)을 가져와 이 용어와 이 용어의 다면적 수치의(multi-scalar) 맥락적 활용법을 이론화하는 한편, 론다의 견해를 참고해 〈설국열차〉의 정동·플롯·전략을 조명하는 데 도움이 될 시학과 문화적 정치학을 절합해나가려 한다.

사회과학자이자 해체주의적 사이보그 학자인 해러웨이는 우리의 현재 지구 상황을 경고한 바 있다. "사람들은 (지구의 생존이라는) 오만한 논쟁에 일찍 그리고 역동적으로 뛰어들었다. 그들/우리가 나중에 호모사피엔스라고 불리는 동물이 되기도 전에 말이다." 하지만 필자는 이 (이른바) 인류세, 식생세(Plantationocene), 자본세(Capitalocene)[9] 등의

---

9 [옮긴이] 자본세란 자본의 시대의 지구 환경의 변화를 지칭하는 지질시대적 개념이다. 지구 자연의 변화가 단순한 화석연료나 환경오염 등의 직접적 이유뿐만 아니라 식민주의·산업화·글로벌리제이션 등 글로벌 자본주의 체제의 전개와 확산에서 비롯하는 복합적이며, 상호 연관적인 경제적·정치적 조직의 영향이라고 보는 관점에서 만들어진 개념이다. 식생세는 자본세의 하위 범주로 기업 자본주의, 노예노동, 자연의 상품화 등 신경망을 갖추며 식생을 이룬 상황과 그에 따른 지질학적 변화를 지칭하는 개념이다. 그다음 예상할 수 있는 지질 시기인 절멸세(Homogenocene)는 글로벌리제이션이 식

개념과 연관한 개념 명명법의 문제는 규모·비율/속도·동시성·복합성 등과 관련이 있다고 생각한다. (이와 같은) 체제에 일어나는 현상들을 고려할 때 끊임없이 드는 의문점은, 양적 변화가 종적 변화로 전환될 것이며, 여타의 종적 집단과 생물적/무생물적 힘이 미치는 영향과 관계있고, 또 함께 결합되어 있는 생물문화적으로, 생물기술학적으로, 생물정치학적으로, 역사적으로 위치해 있는 (인간 전체가 아니라 개별) 사람들에게 미칠 결과란 무엇인가 하는 것이다. 그 어떠한 종도, 심지어 소위 근대의 서구적(혹은 아시아적) 각본 속에서 착한 개인들인 척하는 우리들 자신의 오만한 종조차도 홀로 행동하지 않는다. 유기적 종들의 집단, 그 집단과 함께하는 무생물적 행위자들이 함께 역사를 즉 진화적 종류와 또 다른 종류의 역사를 만든다. 그러나 지구상 만인과 만물에 대해 생명이라는 '게임'의 이름을 바꿀 영향력을 지닌 변곡점은 존재하는 것일까? "그것은 기후변화 이상의 것이다. 그것은 주요 체제 붕괴 이후, 또 이어지는 주요 체제 붕괴 이후의 주요 체제를 위협하는 체계적으로 연관된 패턴 속의 독성 화학물질, 채굴, 지표 상하 호수와 강의 고갈, 에코시스템의 단순화, 사람들과 여타 동물들의 대량학살 등 엄청난 부담이다."[10] 바로 이것이 이제야 올바르게 ─완벽하게 역사적으로 아이러니하면서도 목적론적으로 신중하게 말해─ **인류세**라고 지칭할 수 있는 극적 평형 상태에 이른 지구-행성 규모의 치명적 **붕괴**(라고 해러웨이가 지적한 것)이며, 거대 규모의 결과론적인 극적 비평형 상태인 것이다. 자본주의 체제를 2031년에 이르기까지 힘차게 밀어붙이는, 걱정하고 상처 입고 불안에 떠는 시민으로서 우리 모두가 마주하는 비극적인 가까

생세를 통해 자연을 착취·변형함에 따라 생물적 다양성이 사라지며 거대 단위의 멸종을 맞는 시기다. 더 자세한 내용은 다음 주 10에 나오는 도나 해러웨이의 논문을 참고하라.

10 Donna Haraway, "Anthropocene, Capitalocene, Plantationocene, Chthulucene: Making Kin," *Environmental Humanities*, Vol. 6(2015), pp. 195~165. 다음 사이트도 참고하라. http://www.environmentalhumanities.org.

운 미래로서의 이러한 인류세는 봉준호가 폭주 기관차를 위해 설정해 놓은 지표의 빙산들이 보여주는 육체적이며 동물적인 **신**(scene)들이다. 그 음울하고 권리를 박탈당한 객차들은 소돔과 고모라와 같은 혼란 속의 승객들을 불편하게, 혹은 이 글로벌한 환경학적 재앙의 암울한 정도에 대해 이해하거나 조절하거나 영향을 줄 수 없게 붙잡아두고 있다.

〈설국열차〉의 포스터에 적힌 슬로건은 지배하거나 지배당하는 사회적 다윈주의식 규범적 충동으로서의 액션으로 이끌리는 계급투쟁의 플롯을 암시한다. 우리는 **앞으로 너의 길을 싸워 열어라**(Fight Your Way to the Front)라는 포스터의 슬로건을 기차선로를 따라 줄곧 마음속에 새기며 앞으로 나아가거나, 그렇지 않으면 죽게 되는 것이다. 99퍼센트에 이르는 하층의 가난한 승객들이 비참한 조건의, 이 테크노-바디(techno-body) 열차의 비좁은 꼬리칸에 살고 있는 반면, (〈지옥의 묵시록 Apocalypse Now〉[프랜시스 포드 코폴라, 1979]의 등장인물 윌러드[마틴 신 분]의 이름을 떠오르게 하는) 열차의 실력자인 윌포드[에드 해리스 분]와 1퍼센트 지지 엘리트들은 지나치게 사치스러운 머리칸의 객차에 살고 있다.

아래칸의 노예들은 윌포드의 위협적이고 일상적으로 폭력을 남용하는 간수들의 감시하에 있으며, 이들 간수는 체계적 킬러 자본주의의 악랄함을 물질화하는 존재로서, 로버트 스톤(Robert Stone)의 제국이라는 귀신에 홀린 듯한 상황을 묘사한 소설 『일출을 알리는 깃발(A Flag for Sunrise)』(1981)에서 한 문구를 끄집어낸 듯, 순식간에 폭력적으로 변할 수 있는 사회적 현실이다. 스톤의 1960년대 메리 프랭크스터스(Merry Pranksters)[11]식 공동체주의가 아니라, 1950년대 에인 랜드(Ayn

---

11 [옮긴이] 1964년 미국의 작가 켄 키지(Ken Kesey)와 프랭크스터스를 중심으로 형성된 일군의 문화 공동체. 창단되던 해 여름 이후 1960년대 내내 사이키델릭 스타일로 채색한 '퍼더(Furthur)'라는 이름의 스쿨버스를 타고 미국을 횡단하는 긴 자동차 여행을 하며 긴 머리, 특이한 드레스코드, 사회체제 부정, LSD 사용 등 1960년대 중반 히피 문화 운동을 선도한 상징적 공동체다.

Rand)[12]의 반소비에트 정서가 [〈설국열차〉 속에] 아무렇지도 않게 장착된 니힐리즘 코드와도 같이 비도덕적 잔인함 위로 부유하고 있다. 이를테면 이런 정서다." **죽여라, 아니면 죽임을 당할 것이다.** 먹어라, 아니면 먹히게 될 것이다. 지배하라, 아니면 객차 안의 살육을 위한 서발턴 고깃덩어리가 되어 객차 밖 지구라는 냉동고에 처박히게 될 것이다." 벌거벗은 생명의 인류세적 폐쇄-효과는 복고풍 포드주의 산업시대의 선로를 따라 펼쳐지는 유베날리스[13]적인 고딕적이며 숭고한 경주로서 극화된다. 피억압 계층이 생산수단을 점거하는 것도 있을법해지면서 교수대처럼 으스스한 유머는 때때로 소비자적 환각과 미친 듯 섞여 들어가고, 우리가 **열차를 점거**하면서 헤겔주의적 승리를 직면하는 순간 신경안정제를 맞은 듯 멍한 공포가 섞여 들어간다. 그러나 미래가 이미 저당 잡혀 있는 이 지평선에는 그 어떠한 천년왕국의 공동체주의 따위도 깃들 수 없으며, 그저 벌거벗은 생명과 바싹 말라버린 꿈만이 존재할 뿐이다.

네이선 리(Nathan Lee)는 해러웨이가 지구세 사고의 틀을 마련하기 위해 다양한 접근법을 사용하는 것을 지구의 **문제적** 지평(planetary horizon of trouble for kith and kin)이라고 요약하는 한편, 인간의 지

---

12 [옮긴이] 미국 작가·철학자. 제정러시아 말기인 1905년에 러시아의 유복한 집안에서 태어났으며, 본명은 알리사 로젠바움(Alisa Zinov'yevna Rosenbaum, 1905~1982)이다. 1917년 볼셰비키혁명으로 재산을 몰수당한 뒤, 20대 시절 미국으로 건너와 극작가로 집필 활동을 시작하고, 할리우드 배우 프랭크 오코너(Frank O'Connor)와 결혼해 미국 시민권을 얻게 되며 이후 에인 랜드라는 필명을 사용했다. 이름을 문학계에 알린 작품은 소설 『마천루』(또는 『파운틴 헤드』)가, 대표작으로는 『아틀라스(Atlas Shrugged)』(1957)가 있다. 『아틀라스』는 분배와 형평을 강조하는 사회 풍조에 맞서 기업가·발명가·예술자·학자 등 사회 엘리트들이 사회적으로 파업을 벌인 뒤 자신들의 비밀 장소인 '아틀란티스'에 은둔하면서 이후 발생하는 미국의 몰락에 대해 그리고 있다. 랜드는 개인의 이익과 개인주의가 윤리적·경제적으로 귀중한 가치를 지닌 것이라는 객관주의(Obejctivism) 철학의 철학자로도 널리 알려져 있으며, 현대 미국 자본주의의 이론적 상징이 되는 인물이기도 하다. 1947년 매커시즘과 관련해 의회 증언을 하기도 했다.

13 [옮긴이] Decimus Junius Juvenalis. 1세기 후반에서 2세기 초반 사이 주로 활동한 로마의 시인. 당시 로마 사회의 집권층과 도시생활의 불편함을 풍자했으며, 그 내용은 15권에 이르는 풍자시집으로 남아 있다(16권은 미완의 형태). 특히 그 풍자 시집의 내용 가운데 "빵과 서커스"라는 구절로 유명한데, 이 구절은 당시 평민들에게 밀을 무상 배급 하는 한편, 검투장에서 경기를 관람할 수 있는 입장권을 나눠주는 소맥법(小麥法)을 활용해 먹을 것과 볼거리 등 기초적 욕구 해소를 통해 민심을 다스리는 방식에 대해 풍자·비판한 것으로 알려져 있다.

배, 인간의 위태로움에 대한 모든 남성 중심적 가정과 단순한 인간적 파토스를 지금 일어나고 있는 일에 대해 부적절한 것으로 보고 그에 저항한다. 리는 다음처럼 이야기한다. "과학 연구, 과학소설, 환경운동적 예술 실천으로부터 해러웨이는 인류세에서 **인류**라는 부분을 문제시하며, 그 문제시를 위해 근대적 종합으로서 과학은 생명을 복제와 경쟁 측면에서 개념화하는 데 강력한 도구를 제공했으나 필수적 공생에 대해서는 설명하지 못한다고 주장한다. 해너웨이만의 공생적 접근이란 인류세를 자본주의의 심층 역사와의 관계 속에 (그녀 용어로는 '자본세'라는 용어로), '크툴후세(cthulhucene)'라는 시적이고 파괴적이며 강력한 생명력 실천의 잠재적 측면 속에 위치시키는 것이다. 호러소설 작가 H. P. 러브크래프트(H. P. Lovecraft)의 작품에 등장하는 고대의, 언어로 표현할 수 없을 만큼 신비로우며 오징어와도 같은 형체를 지닌 신의 이름을 따서 만든 크툴후세는 아직-끝마쳐지지 않은 것의 가능성, 현재진행형의 무엇, 인간 속에 있는 비인간적인 무언가 두렵지만 생성적인 힘을 뜻한다.[14] 봉준호의 영화는 계급투쟁을 자본주의 역사로 인해 생성된 것으로 상상하는 '그 곤란함과 함께 머문다(stay with the trouble).' 〈설국열차〉는 심지어 그 마지막 부분, 열차가 전복된 후 북극곰이 돌아오는 모습을 보여주며 트랜스-종적 유대를 향한 몸짓을 취하기에 이른다. 하지만 이러한 문제틀은 크게 보아 남성 중심적인 것으로, 인간 지배를 향한 의지로 들떠 있으며, 열차와 선로를 사회적 제유(提喻, synecdoche)로 보는 계급 분석과 그 기술에 도취된 해결 방안에서 다소 노스텔지어스러운 면이 있다.

　　이 기관차에 그려진 '자본세' 내부의 계급투쟁과 함께 영웅이라 말

14　비디오 대담 "Donna Haraway: Anthropocene, Capitalocene, Chthulucene—Staying with the Trouble"에 대한 리의 답변을 참고하라. http://www.artandeducation.net/videos/donna-haraway-anthropocene-capitalocene-chthulucene-staying-with-the-trouble/.

하기에는 다소 아쉬운 에버렛은 비밀스럽고, ((브라질Brazil)[1985] 같은 테리 길리엄Terry Gilliam 감독이 만든 디스토피아적 사이파이 영화를 떠올릴 수밖에 없는 바로 그 이름을 가진) 길리엄(존 허트 분)이란 억지 마르크스주의 멘토의 지도를 받는다. 길리엄의 명령은 '소일렌트 그린(soylent-green)'[15]스러워 보이는 조그마한 단백질 블록을 매일 배급하는 시간에 맞춰 서발턴 승객들을 이끌고 폭동을 일으키라는 것이다.[16] 꼬리칸의 객차 몇 개를 점거한 커티스와 그의 계급에 속하는 동료들은 남궁민수(송강호 분)를 극저온 수면 감옥칸에서 풀어준다. 남궁민수를 풀어준 이유는 그가 약에 취해 살기 전에 열차의 보안 시스템을 만든 기술노동자였기 때문이나, 지금 그는 자신의 투시 능력을 지녔으며, 정치적으로 말하자면 어디로 튈지 모르는 까칠한 딸 남궁요나(고아성 분)와 함께 약에 취해 인사불성인 상태다.

커티스는 남궁민수와 요나에게 문학비평가 사이앤 능가이(Sianne Ngai)라면 후기 자본주의적 **숭저**(崇底, stuplimity)[17]의 효과라고 부를 상태로 유도하는 크로놀을 더 주겠다고 제안한다. 크로놀은 포스트모던 마약판매소의 자가 치료나 월스트리트의 늑대인간 뽕(wolf-man dope)과 크게 다르지 않은 멍청한 숭고함으로 꽉 찬 정신을 잃게 할 정도의 환각제다.[18] 이 부녀는 중독된 상태고, 그래서 어리석은 환각을 위해 똑똑한 노동을 하며 약과 노동을 교환한다. 남궁민수만이 유일하게 한국어를 하는 캐릭터라는 점 또한 주목할 만하다. 약물중독자이며, 기술

---

15 [옮긴이] 미국 리처드 플라이셔(Richard Fleischer) 감독의 1973년 작 SF영화.
16 윌리엄 허트는 봉준호 감독의 전작들과 이 작품을 두고 "사실, 그는 히치콕만큼이나 영리하다"라고 말하며 대단히 감탄했다. 이 내용은 영문 위키피디아의 'Snowpiercer'와 '봉준호' 항목에서 옮겨왔다.
17 [옮긴이] 능가이가 칸트가 『판단력 비판』에서 낭만주의 시대, 거대하고 경이로운 물체 앞에서 느끼는 놀랍고 압도되는 경험을 숭고(崇高)라 일컬었던 것과, 그 숭고의 경험이라는 것이 그 물체의 본질과는 아무 관련 없는 표면 효과에 대한 관찰자의 반응이라는 점에 착안해, 현대 포스트모던 시대의 표면 효과에 압도되는 현상을 설명하기 위해 만든 용어. stupidity와 sublimity의 합성어다.
18 능가이가 포스트모던 '숭저함'에 대해 다루는 장(章)을 참고하라. Sianne Ngai, "6. Stuplimity," *Ugly Feelings*(Cambridge, Mass.: Harvard University Press, 2007), pp. 248~297.

천재이며, 전반적으로 과묵한 카리스마를 보여주는 설정 덕분에 남궁민수는 마치 그 캐릭터가 권력에 미친 이 얼음세상을 늦추거나, 거기에 머무르거나, 그것을 설명하기보다는 그 정동들을 변화시키고 싶어하는 한국인 감독 자신을 대신이라도 하듯, 이상하게도 초월적인 존재감을 과시한다. 봉준호는, 전 세계를 시장으로 삼는 이 영화에서 한국어 사용이 농담이라도 된다는 듯 밝지만, 뭔가 알 수 없는 아이러니를 담고서 말한 바 있다. "외국인들이 발음하기 어려운 이름을 찾고 있었어요. 남궁… 이건 어렵죠. 영화 속에 이름과 관련된 농담도 있어요." 한국 언어를 첨가한 부분은 봉준호가 타자성을 고집스럽게 상기시키기 위한 것이다.

아래로부터의-글로벌리제이션을 대표하는 서발턴 그룹은 이 폐쇄공포증적 열차의 중간에서 우리의 친애하는 2인자인 메이슨[틸다 스윈턴 분]이 이끄는 간수부대와 마주쳐 지옥을 맛보게 된다. 그들은 즉시 전투에 나서고, 샘 페킨파(Sam Peckinpah)의 미국 웨스턴이나 김기덕의 한국 호러영화에 필적하는 피칠갑 과잉살상을 겪게 된다.[19] 커티스는 싸움을 끝내기 위해 어쩔 수 없이 부사령관 에드거를 희생시키지만, 메이슨은 커티스·남궁민수·남궁요나와 그들 계급의 동료들을, 라캉식으로 말해 자본주의 이데올로기의 숭고한 실체를-안다고-가정되는-주체와 같은, 그들이 목을 베기로 마음먹은, 인간 위에 군림하는 수석 주체를 향해 앞으로 데리고 가기로 동의한다.

윌포드의 (사악한 반면, 고루한 여교사처럼 보이기도 하는) 오른팔 메이슨이 보낸 무장 간수들이 보기만큼 위협적이지 않음을 알게 된 커티스와 남궁민수는 에드가·타냐·요나(이 한국어 이름은 지금은 기계 고래

---

19 한국의 전후(戰後) 글로벌 집착을 풍성히 이론화하고 넓은 범위에서 다루는 연구는 다음을 참고하라. Allison Peirce and Daniel Martin(eds.), *Korean Horror Film*(Edinburgh, Scotland: Edinburgh University Press, 2013). 특히 한국의 글로벌 혼종성과 공동 제작 양식에 대해서는 위 책의 제3장 "Contemporary 'International' Horror"를 참고하라.

의 뱃속에서 고난을 겪고 있는, 구약성경 속 예언자 요나의 수난을 떠올리게 한다) 등을 포함하는 반란 집단과 그 어떤 아름다움이나 생각도 잘려 나가는 어둡고 밀폐된 공간으로 최후의 결전을 향해 출발한다. 그들은 지구의 운명까지는 아니더라도 자신들의 운명을 결정하기 위해 휴 헤프너(Hugh Hefner)스러운 관리자이며, 엔진의 창조자인 부도덕한 가장(patriarch) 윌포드(이상하게도 평범하지만, 여전히 위협적인)와 전투를 벌일 것이다.

언캐니하게 지정학적으로 연관이 있으면서도 유령적 환기를 일으키는 포스트모던 패스티시(pastiche)를 연기한 스윈턴은 영화 속 자신의 페르소나가 마거릿 대처 여사, 카다피 대령, 아돌프 히틀러, 실비오 베를루스코니(Silvio Berlusconi) 등을 섞어 요크셔 악센트로 연기했다고 말한 바 있다. 고아성은 이러한 패스티시의 역사적 연대기와 함께, (에블린 친의 칭글리시Chinglish와 관련 용어들을 떠오르게 하는) 자신의 '이상한 영어'는 세계의 끝자락에서 마치 경계-붕괴의 언어 상황에 어울린다는 듯, 미국·필리핀·인도 악센트가 마구잡이로 섞여 만들어진 것이라고 말한 바 있다. 이는 마치 한국계 미국 시인 캐시 파크 홍이 『댄스 댄스 레볼루션』(2008)과 『엔진 엠파이어』(2014)에서 불안정한 효과를 만들어내기 위해 사용한 여행자-노동자 피진어(tourist-worker pidgin)와 닮아 있다.[20] 예컨대 파크 홍의 『댄스 댄스 레볼루션』에 등장하는 화자인 가이드가 "I'mma double migrant. Ceded from Koryo, ceded from/Merikka"[21]라고 이야기하는 것과 닮아 있다.

그러나 이 열차의 계급 체계는 세계 자본주의의 제유로서 궁극적

---

20 Evelyn Chin, *Weird English*(Cambridge, Mass.: Harvard University Press, 2005); Cathy Park Hong, *Dance Dance Revolution: Poems*(New York: W. W. Norton, 2008); Cathy Park Hong, *Engine Empire*(New York: W. W. Norton, 2014)를 참조하라. 고아성의 인터뷰 내용은 위키피디아 'Snowpiercer' 항목에서 발췌했다.

21 의도적으로 이상한 영어를 사용한 문장이기에 번역을 하는 것이 조심스럽지만, 굳이 뜻을 파악하자면 "나는 이중의 이민자입니다. 코리아에서 왔고, 아메리카에서 왔습니다" 정도로 읽힐 수 있을 듯하다.

으로 오토-카니발리즘(auto-cannibalism) 즉 이동 중인 강제수용소인 것처럼 끔찍하게 밀폐된 생태 속에서 지탱되는 벌거벗은 삶의 어떤 결합을 통해서 작동한다. 베이디가 주장하듯, "심지어 혁명조차 열차의 통합적 부분이다. (…) 오직 엔진만이 영원하다." 다시 말해, 세계-혁명의 가능성조차도 이 세계-역사적 기차 위에서 끝장내기 게임을 치른다. 여기서 **결핍**과 충족은 냉소적 계획, 시스템적인 동기로서 마치 환영처럼 시스템 안에 빌트인 되어 있다.

베이디는 인류세의 장소를 순환 운동 하는, 필자가 줄곧 주장해온 이 킬러 자본주의 열차에 나타나는 봉준호식 지배계급 권력의 데카당하며 세상만사에 싫증난 듯한 니힐리즘적 묘사를 포착한다. 베이디는 이어서 이렇게 쓴다. "결국 잊지 말아야 할 것은 우리의 영웅들이 자본주의의 창자를 통해 앞으로 나아가는 동안, 편안하며 데카당한 마약에 찌든 일등석 승객들은 스스로를 쾌락 속에서 소멸시켜가는 모습을 바라보기도 하지만, 동시에 이들 역시 최소한 검은 가면을 뒤집어쓰고 도끼를 휘두르는 경비단원들만큼이나 살인을 저지를 준비가 되어 있고, [그렇게] 할 준비가 되어 있으며, [그렇게] 할 능력도 있으며, 또 일견 그 명령을 **위해** 살아가고 있는 것 또한 보게 된다. 파티광 승객마저도 그렇게 할 기회가 주어지자 사람을 죽이려는 폭도로 돌변한다. 심지어 틸다 '에인 대처' 스윈턴 역시 아래로 향하던 주먹을 그토록 쉽게 방향을 바꿔 위로 향해버린다. 기회가 주어지자, 그녀는 승객들을 죽이며 살던 것처럼 윌포드를 죽임으로써 행복하게 살 수 있는 것이다. 그들은 하나의 동일한 전체다. 살육이 그녀를 생동하게 한다."

베이디의 논의를 따르면, 우리가 오늘날 **글로벌 프레카리아트**(global precariat) 계급이 이 열차에서만큼이나 나쁜 앞날을 맞이하게 될 것이나, 그들이 자코뱅의 천사들[22]을 해방시킬 가능성을 별로 없을 것이다.[23] 다시 한 번 베이디를 인용하자면, 봉준호의 영화는 "후기 자본주의 즉 피억압 다수의 기능이 제외당하고 고통당하기보다는 [그들이] 점차 덜 일하고 덜 착취당하는 기술적으로-진보한 상황의 심리적 지리학과 관련해 두려운 무언가를 결정화해서 보여준다." 봉준호의 프레카리아트는 욕망하도록 지배계급처럼 되도록 이끌리지만, 그 충격이란 부족하고, 고통스럽고, 카니발화되고는 내파한다. 여기에는 〈설국열차〉가 그려내는 포스트-폴리티컬한 현기증이 존재한다. 다시 말하자면, 마치 글로벌 체계가 이미 너무 멀리 와 있어서, 출구도 대안도 없고, 그저 모든 면을 가득 채운 자본주의적 인류세와 인간이 사라지고, 행성이 인간 절멸 이후의 영광을 향해 폭발할 때까지 기본적인 조정만이 가능한 시대로 보이는 것이다.

봉준호의 알레고리는, 사유와 정동을 촉발하는 한편, 결국 다소 지나치다 싶게 명확하며, 딱 들어맞고, 문자 그대로이며 그 암울한 전체성과 닫힌 생태계 속에서 갇혀 있는 반면, 그러한 이유로 희망, 변화, 생태계적 희망, 민족-언어, 사회 정책 등 어떤 개혁주의 외관에서 떨어져 나오는 남성 중심적 문제틀을 제공한다. 베이디는 〈설국열차〉의 영화적 "혁명 후 시간"을 이론화하며, "봉준호의 열차가 말 그대로 영화 속에서 기후변화 이후로 자본주의가 택한 형태일 때, [그것이] 어떤 식으로 후

---

22 [옮긴이] 여기서 자코뱅은 프랑스의 정치가 루이 앙투안 드 레옹 드 생쥐스트(Louis Antoine Léon de Saint-Just, 1767~1794)와 같은 강경파를 뜻한다. 생쥐스트는 프랑스혁명이 발발하자 자코뱅파에 가입해 반대파 처벌과 숙청을 강력히 주장하며 공포정치의 주역으로 활동했다. 그 활동으로 당시 "죽음의 천사"라는 별칭을 얻기도 했으나, 프랑스혁명 5년 후인 1794년 자코뱅파의 강경주의자였던 로베스피에르와 함께 단두대에서 처형된다.

23 프레카리아트가 집단적 연합으로부터 풀려나와 전후 포디즘 아래 규범이 되어온 장소, 연금제도, 노동 혜택, 의료보험 등의 매듭을 중요하게 생각하지 않는다는 점에서, 이를 두고 '새로운 위험계급(the new dangerous class)'으로 보는 노동계급의 관점에 대해서는 다음을 참고하라. "Working-Class Perspectives: Commentary on Working-Class Culture, Education, and Politics." https://workingclassstudies,wordpress.com/2014/10/27/the-precariat-the-new-dangerous-class/.

기 자본주의에 대한 은유일 수 있겠는가? 그것은 최후의 가능한 자본주의의 형태로서, 고통과 괴로움 외에는 그 무엇도 생산하지 않는 자본주의를 보여주는 것이다. 이 열차는 전 세계를 먹어치워 버린 자본주의이며, 그렇게 저장해놓은 지방을 가지고서 삶을 이어갈 뿐이다."

열차의 기관실로 향하는 길을 따라 남궁민수와 요나는 술에 취한 승객들이 숨겨둔 크로놀을 받아 모은다. 기관실 앞에 있는 마지막 열차는 커다란 문으로 보안 장치가 되어 있다. 남궁민수는 크로놀을 한데 모으는데, 사실 그것은 기차의 운행 과정에서 생산된 폭발성의 부산물이었고, 그것을 이용해 열차의 측면부를 날려버릴 생각이다. 약에 취해서인지, 아니면 단순히 우주적 의식을 지녀서인지 남궁민수는 열차 바깥의 얼음이 녹고 있고 인류가 이젠 생존할 수도 있다는 사실을 관찰한 듯하다. 커티스는 여전히 윌포드를 만나 어떻게 그리고 왜 이 열차 속에 이렇게나 고딕적인 방식으로 죽거나 죽임을 당하는 사회를 창조했는지 설명을 들어야겠다고 주장한다.

노년이면서, 에로틱할 정도로 슬림한 윌포드는 커티스에게 그가 이끌어온 혁명이 윌포드 자신과 자신의 외견상 적수 길리엄 사이에서 처음부터 미리 계획된 것이었다고 말한다. 혁명을 통해 인구수를 조절하고 희소한 자원을 관리하려 했다는 것이다. 윌포드는 이어 차갑게 살아남은 꼬리칸 인구의 74퍼센트를 죽이라는 명령을 내리고, 이상하게도 커티스가 자신의 자리를 넘겨받아 열차의 감독자가 되는 계획을 세웠다고 이야기한다. 이 순간 요나는 마루판을 뜯어 윌포드가 꼬리칸의 아이들을 데려다가, 망가져가는 엔진의 부품 대체물로 사용해왔음을 폭로한다. 커티스는 윌포드를 때려눕히지만, 아무런 일도 일어나지 않는다. 한편 남궁민수는 승객들이 자신을 완전히 에워싸려는 순간 가까스로 크로놀 폭탄의 퓨즈에 불을 붙이고는 기관실 안쪽으로 뛰어 들어간다. 남궁민수와 커티스는 자신의 육체로 요나와 티미를 감싸면서 기차의 폭발로부터 그들을 지켜낸다. 폭발의 소음이 열차 바깥에 광폭하며 숭고한 눈사태(오랫동안 기대하고 기다려온 재난!)를 일으키고, 이 때문에 기관실이 있던 객차는 선로를 이탈하게 된다. 요나와 티니는 난파된 열차로부터 나타나고, 아마도 지구가 재생하고 있다는 미약한 신호인지 광활한 눈밭을 따라 움직이는 북극곰을 보게 된다. 절멸 운명의 열차 바깥에도 (눈표범과 같은) 동물 생명체의 일부가 존재할 수 있다는 트랜스종적 신호인 것이다.

그러나 근대성의 죽음-충동이라는 일종의 잠재적 텔로스가 장소, 상황, 어떤 가능한 정치학이나 희망의 자원 모두를 떨쳐낸 채 시학과 정치학 모두를 작동시키며, 봉준호의 한국식 글로벌 비전 한가운데 남아 있다.[24] "그러한 이유 때문에 이 영화는 모든 것을 폭발시키며 끝을 맺는다. 그리고 그러한 이유로 전체 열차가 파괴되는 것을 보는 게 그렇게 안심이 된다"라고 베이디는 재치 있는 해석을 내놓는다. 체제의 종말에 대해 희망을 품는 것에 반대하는 행동을 하며, 그 희망 품기를 꿈꾸는 좌파-멜랑콜리 너머의 여러 사람처럼 자본주의 체제의 전멸을 기뻐하는, 이 지나치게 기분이 좋아 보이는 베이디를 인용하자면 "좋은 것이란 그 어떤 것도 그 열차로부터 비롯할 수 없으며 앞으로도 비롯하지 않을 것이며, 그 총체적 파괴란 안심이 되는 사건이다. 관람객들로서 우리는 죽음 없는 죽음을 얻는다. 즉 우리가 잊히는 하나의 종으로서 우리 스스로에 대해 증오하는 그 모든 것의 판타지를 즐기는 인류 전체를 파괴할 필요는 사실 없는 것이다. 〈설국열차〉는 후기 자본주의의 끔찍한 모든 것을 결정화해 담아놓은 열차를 만들어 우리가 그것[글로벌 체

---

24 여전히 이렇게 질문할 수 있다. "봉준호의 '대형 영화(big movie)' 비전과 그 영화가 인류에게 취하는 것에 특별히 한국적이라거나 한국의 로컬한 무언가가 있는가?" 한국어 제스처와 이름들은 블록버스터 양식에 차이 및 타자성에 작고 실질적으로 무의미한 신호만을 주고 있다.

제]이 불에 타는 것을 보도록 보게끔 했다."

글로벌 언메이킹(unmaking)의 인류시학을 향하여

이와 같이 강렬한 시각적·극적·청각적 형태로 글로벌 체제를 묘사하는 것은, 즉 아무리 암울하고 펑크(punk)식으로 부정적이며 병리학적으로 비인간적이라고 해도 지구의 인류세를 자본세 내의 시학과 정치학으로 상상하는 것은 소소한 형식적 혹은 개념적 재주가 아니다. 주요 인류세 인류학자 브뤼노 라투르(Bruno Latour)의 이론을 염두에 두는 한편, 동시대의 과잉개발된 세계에서 비서사적 실험 시들 즉 '인류발생론적 시학'의 범위를 적용할 때 론다가 재주(feat)라고 부른 것으로 이 영화를 어떻게 생각해볼 수 있을 것인가. 줄리아나 스파(Juliana Spahr)나 에블린 라일리(Evelyn Reilly), 마이클 렁(Michael Leong), 재스퍼 반스(Jasper Barnes), 조슈아 클로버(Joshua Clover), 브렌다 힐먼(Brenda Hillman) 등의 작가에 대해 언급하며 론다는 다음처럼 요약한다. "아마도 인류세의 인류학적 **포이에시스**(poesis)[25]와 관련해서 명확한 점은 그 비가역성과 끝이 없어 보이게 만들어진 것을 되돌리는 언메이크(unmake)의 능력 이 두 가지 모두다."[26] 론다는 **언메이크** 개념을 통해 신자유주의적 경건함과 위안, 감상(sentimentality), 봉쇄(containment) 등 내러티브 전략에 대해 거의 총체적인 부정을 시도하며, 소거, 탈구(disjuncture), 종들의 서로 겹침, 예상치 못한 병치, 의미론적 탈창조(decreation) 등 새로운 전략을 제시한다.

봉준호는 시인은 아니지만, 그의 영화는 우리가 **탈숭고적 부정**(de-

25　[옮긴이] 만드는 행위를 뜻하는, 시학의 어원이 되는 그리스어. 본래는 세계를 변형시키고 지속시키다는 뜻의 동사였으며, 신이 세상을 창조하는 따위의 창조 개념이거나 인간이 기술적으로 무언가 만들어내는 행위보다는 질료와 시간을 사고와 결합하고, 따라서 인간을 세계와 결합하는 행위를 말한다다. 하이데거식으로 정신의 세계내적 표현 혹은 예술적 표현 작업을 포함하며, 존재하지 않던 것으로부터 스스로 솟아오름으로써 존재하게 되는 자연의 창작을 포함하는 개념이다.
26　Margaret Ronda, "Anthropogenic Poetics," *Minnesota Review* 83(2014), pp. 102~111.

sublimating negation)이라고 부를 만한 무언가를 펼쳐 보이고 있다. 그의 영화들은 낙관론, 결혼, 개인적으로 상상하는 성공, 공동체적 승리 등과 같은 일상적 위안거리를 거부하고 언메이크 한다. 이때 그의 영화들이 거부하는 것은 로렌 벌랜트가 자유주의 자본의 "잔인한 낙관주의(cruel optimism)"라고 부르는 것 아래 위치하는, 황금을 꿈꾸는 제도로서 따분한 샐러리맨의 인상을 취하는 일상적인 할리우드식 행복한 동의의 코드다.[27]

그와 같은 지구 재앙, 경제적 내핍, 엄청난 암울함의 서사는 폴 보브(Paul Bove)가 이러한 지구적 위기 상황의 문학과 미학에 대해 표현하듯 "우리의 새로운 숭고"가 되었다. 시민들은 전면적 붕괴라는 경제 위기 혹은 환경 재앙을 너무도 일상적으로 접하고 있다.[28] 이것이 우리가 단순히 그냥 이름 붙여주고서, 그 더 진행된 결과를 기다려야만 하는 **킬러 자본주의적 숭고**인가? 혹은 이것은 긴축적 숭고하에 위치하는 생명의 비유적 통치일 뿐인가? 혹은 이 모든 게 클라인이 **재난 자본주의**(disaster capitalism)라 부르는 것이 신자유주의적 생명 규범으로서 발흥과 확산으로 한데 섞여 들어가는 것인가? 클라인은 폭넓은 기록과 환경적 영향에 대한 환경적 한탄의 기록인 『이것이 모든 것을 바꿔놓고 있다』에서 인류세 내의 초기와 후기 단계에 위치하는, 자원 추출로 위험에 이른 장소 가운데 하나로 태평양의 작은 섬 나우루의 사례를 들면서 다음처럼 주장한다. "(…) 나우루가 우리에게 가르쳐줘야만 하는 교훈이란 탄소 연료 배출의 위험성만이 아니다. 그것은 우리들 가운데, 우리 가운데, 우리 선조 가운데 그렇게도 많은 사람에게 그러한 폭력과

---

27 Lauren Berlant, *Cruel Optimism* (Durham, NC: Duke University Press, 2011). 로렌 벌랜트 역시, 론다처럼, 신자유주의 자본주의하 일상생활에서의 정동·저항·통사론 등을 추적하기 위해 종종 클라우디아 랭킨(Claudia Rankine)이나 스파와 같은 비서사 시인뿐 아니라 포스트-자유주의 영화감독들에 관심을 두고 있다.

28 2015년 7월 2일 포브의 페이스북 코멘트 "유럽부터 그리스까지 통치권을 얻은 재긴축 정책"(허락하에 인용).

지구를 연관 지을 수 있게끔 한 바로 그 정신성(mentality)에 대한 것이다. 우리는 뒤에 남겨질 쓰레기에 대해선 거의 생각하지 않은 채, 흙을 파내고, 구멍을 뚫고, 우리가 원하는 물질들을 긁어냈다. (…) 이런 경솔함이 일부 정치학자가 채굴주의(extractivism)라고 부르는 경제 모델의 핵심에 위치한다. 채굴주의는 지구와의 관계에 기반 한 비상호적 지배로, 순전히 취하기만 하는 행위다. 그것은, 취하나, 재생과 향후의 생명이 지속될 수 있도록 돌봄을 제공하는 관리의 반대에 위치한다."[29] 윌리엄 E. 코넬리(William E. Connelly)가 「나오미 클라인: 인류세의 시선으로(Naomi Klein: In the Eye of the Anthropocene)」에 대한 리뷰에서 여러 강력한 사례와 예시 가운데 나우루의 경우를 들며 요약하듯, 클라인은 한때 번창했으며 지리적으로 거의 고립되어 있다시피 한 오세아니아 근처 태평양의 한 섬에 집중해, 그 섬이 글로벌 자본주의 하의 생명 즉 인류세의 시선으로 볼 때, 극한의 상황과 치명적 위험 속에서 소모되어버린 생명을 보여주는 "안팎으로 완전히 파괴되어버렸으며, 그러한 이유로 슬픈 현실인 동시에 강력한 메타포가 되는 것이다"[30]라고 주장한다.

한국은 글로벌 자본주의 하의, 또 글로벌 자본주의 그 자체로서 과잉활성화된, 오직 미래주의적이기만 한 삶의 양상을 향해 그 스스로 걸어 나가고 있으며 그 도시 시민들의 양상을 받아들이고 있다. 이런 이

29 Naomi Klein, *This Changes Everything: Capitalism vs. the Climate*(New York: Simon & Schuster, 2014), p. 169. '재난 자본주의'와 그 환경적 재난, 창조적 파괴, 자원 약탈 등의 역학에 대해서는 다음을 참조하라. Naomi Klein, *The Shock Doctrine: The Rise of Disaster Capitalism*(New York: Picador, 2008).

30 코넬리의 *This Changes Everything*에 대한 리뷰는 다음에서 확인할 수 있다. http://contemporarycondition.blogspot.com/2015/03/naomi-klein-in-eye-of-anthropocene.html. 트랜스학제적 충격에서 더 큰 영향력이 있는 강의로는 브뤼노 라투르가 가이아 가설을 가지고서 인류세에 대해 2013년 에딘버러 대학에서 진행한 강연 "가이아 마주하기: 자연종교에 대한 새로운 질문(Facing Gaia: A New Enquiry into Natural Religion)"을 참조하라. http://www.ed.ac.uk/schools-departments/humanities-soc-sci/news-events/lectures/gifford-lectures/archive/series-2012-2013/bruno-latour.

유로 서울 시민들은 코스모폴리탄적 마비 상태와 정동 속으로 때때로 걸어 들어가고 있으며, (사실) 글로벌 군사주의뿐만 아니라 〈설국열차〉가 보여주는, 글로벌 기후 전체를 가로지르지는 않더라도 환태평양을 가로 질러 초국적 단위에서 글로벌리제이션화하고 있는 미국의 탈중심화된 힘 또한 깨닫고 있는 것이다. 이 지점에서 여기의 시민들은 다른 어딘가 의 시민으로서 나우루와 남한에서처럼 캘리포니아와 독일에서 공유되 는 행성적 지평으로서의 인류세에 서서히 눈뜨고 있다. 지구라는 행성 의 죽음은 오세아니아를 거쳐 퍼져나가고, 허먼 멜빌(Herma Melville) 이 『모비딕(Moby-Dick)』에서 표현하듯 "전체 세계를 구역으로 삼는" 막 대한 태평양의 양극을 넘어 멀리 퍼져나가고 있다. 그러한 환지역대에서 나타난 〈설국열차〉나 〈괴물〉과 같은 영화를 DMZ라는 냉전시대의 차가 운 광도 속 카나리아와 같은 존재로 생각해본다면, 이 영화적 열차는 불과 얼음이라는 극단을 거쳐 재난, 파국, 자본주의적 공포로 향해 다 가가는 것이다. (예컨대 북극곰과 같은) 예상치 못한 구원의 잔여물이 이 영화의 너무나도 인간적인 철로 사이에서 등장했다고 하더라도 말이다.

필자는 지금껏 봉준호의 〈설국열차〉의 전략과 배치상에 대해 논하 느라 문학과 시학을 끌어다 썼으니, 독자 여러분께 영화적 독해(혹은 영 화적 **월딩**)에 해당하는 이 글의 끝맺음 역시 고전문학사 정전 가운데 하 나를 가져와 마무리할 수 있도록 허락을 구하고 싶다. 미국 샌프란시 스코와 뉴햄프셔 출신의 유명 미국 전원시인 로버트 프로스트(Robert Frost, 1874~1963)의 짧지만, 선견지명이 빛나는 시 한 편이 있다. 이 시 는 행성천문학이라는 근대 과학뿐만 아니라, 단테의 『지옥편(Inferno)』 에서 얼음 형벌을 받는 배신자와, 불 형벌을 받는 정부들의 묘사에 영감 을 얻어 지어진 것으로, 그 제목은 간단하게도 '불과 얼음(Fire and Ice)' 이다. 인류세라는 것이 그 이름을 얻거나 세계기후 위협이라는 것으로 아직 구체화되기 훨씬 이전 시기인 1920년에 지어졌고, 출판되었다.

> 어떤 이는 세상이 불로 끝장나리라 말하고
> 어떤 이는 얼음으로 끝장나리라 말한다.
> 내가 맛본 욕망에 비춰보건대
> 나는 불을 택한 사람들 쪽의 편을 든다.
> 하지만 세상이 두 번 멸망해야만 한다면,
> 나는 파멸에는 얼음 역시 훌륭하다고
> 또한 충분하리라 말할 수 있을 정도로
> 증오에 대해서도 충분히 알고 있다고 생각한다.

참고문헌

Adam Rothstein, "How to See Infrastructure: A Guide for Seven Billion Primates," *Rhizome*, July 2, 2015.http://rhizome.org/editorial/2015/jul/2/how-see-infrastructure-guide-seven-billion-primate/.

Margaret Ronda, "Anthropogenic Poetics," *Minnesota Review* 83, 2014, pp. 102~111.

Aaron Bady, "*A Snowpiercer* Thinkpiece, Not to Be Taken Too Seriously, But for Very Serious Reasons," *The New Inquiry*, July, 2014. http://thenewinquiry.com/blogs/zunguzungu/a-snowpiercer-thinkpiece-not-to-be-taken-too-seriously-but-for-very-serious-reasons-or-the-worst-revenge-is-a-living-will/.

Allison Peirce and Daniel Martin(eds.), *Korean Horror Film*, Edinburgh, Scotland: Edinburgh University Press, 2013.

Cathy Park Hong, *Dance Dance Revolution: Poems*, New York: W. W. Norton, 2008.

Cathy Park Hong, *Engine Empire*, New York: W. W. Norton, 2014.

Chris Berry, "What's Big About the Big Film?: 'De-Westernising' the Blockbuster in China and Korea," in Julian Stringer(ed.), *Movie Blockbusters*, London: Routledge, 2003, pp. 217~229.

Donna Haraway, "Anthropocene, Capitalocene, Plantationocene, Chthulucene: Making Kin," *Environmental Humanities*, Vol. 6, 2015, pp. 195~165

Evelyn Chin, *Weird English*, Cambridge, Mass.: Harvard University Press, 2005.

Julian Stringer(ed.), *Movie Blockbusters*, London and New York: Routledge, 2003.

Jussi Parrika, "The Geology of Media," *The Atlantic*, Oct, 11, 2013. http://www.theatlantic.com/technology/archive/2013/10/the-geology-of-media/280523/.

Kirsten Moana Thompson, "Once Were Warriors: New Zealand's First Indigenous Blockbuster," in Julian Stringer(ed.), *Movie Bockbusters*, London: Routledge, 2003, pp. 218~241.

Lauren Berlant, *Cruel Optimism*, Durham, NC: Duke University Press, 2011.

Naomi Klein, *The Shock Doctrine: The Rise of Disaster Capitalism*, New York: Picador, 2008.

Naomi Klein, *This Changes Everything: Capitalism vs. the Climate*, New York: Simon & Schuster, 2014, p. 169.

Rob Wilson, "Killer Capitalism on the Pacific Rim: Theorizing Major and Minor Modes of the Korean Global," *boundary 2* 34, 2007.

Sianne Ngai, "6. Stuplimity," *Ugly Feelings*, Cambridge, Mass.: Harvard University Press, 2007, pp. 248~297.

"Working-Class Perspectives: Commentary on Working-Class Culture, Education, and Politics." https://workingclassstudies.wordpress.com/2014/10/27/the-precariat-the-new-dangerous-class/.

http://contemporarycondition.blogspot.com/2015/03/naomi-klein-in-eye-of-anthropocene.html.

http://www.artandeducation.net/videos/donna-haraway-anthropocene-capitalocene-chthulucene-staying-with-the-trouble/.

http://www.ed.ac.uk/schools-departments/humanities-soc-sci/news-events/lectures/gifford-lectures/archive/series-2012-2013/bruno-latour.

http://www.environmentalhumanities.org.

http://www.rogerebert.com/reviews/snowpiercer-2014.

https://ucsc.academia.edu/RobWilson.

재앙영화의 한국적 출현

: 재난 스펙터클에서 역사 판타지로

정승훈

왜 재앙인가?[1]

오늘날 세계 곳곳을 덮치는 재앙들은 글로벌 시대의 양가성을 시사하는 징후와 같다. 세계는 점점 동일한 전 지구적 문명권으로 편입되고 있지만 이 현실이 가리고 있는 '실재(the Real)'의 파국적 출현을 수반하고 있다. 글로벌화된 세계는 전 지구성을 지향하는 동력으로 인해 스스로를 위협하는 전 지구적 역효과를 계속 산출해내기 때문이다. 베를린장벽의 붕괴와 냉전 질서의 해체로 본격화된 세계화는 서구식 민주주의, 신자유주의적 자본주의, 뉴미디어 네트워크 등 '포괄적 체제'를 통해 정체성 차이를 기반으로 한 성적·인종적·계급적·이념적 대립을 무지갯빛 공동체의 관용적 조화 속으로 통합해가는 듯했다. 그러나 새천년 벽두에 터진 세계무역센터 폭파는 지구촌의 전 방위적 연결망에 속하지 못한 잔여들이 자신의 존재감을 알린 사건이었다. 이처럼 포괄적 체제의 실패를 증거 하듯 '배제의 징후들'은 다문화주의에 대항하는

---

1 이 도입부는 아시아 문화전당 비전포럼 발표문 일부를 수정한 것이다. 정승훈, 「글로벌 아시아의 재앙영화」, 『국립 아시아 문화전당 비전포럼』(광주: 국립아시아문화전당, 2015a), 130~151쪽.

극단주의 테러리즘뿐 아니라, 초국적 자본주의가 배태하는 전 지구적 양극화, 연쇄적 재정 위기, 증가하는 비정규직 및 이민/난민, 신종 전염병 및 기후변화 등 정치적·경제적·환경적 재앙의 형태로 다양하게 등장한다. 그 자체로 글로벌한 규모와 속성을 띠면서 글로벌리티의 통합성을 심문하고 해체하는 재앙은 화려한 세계화 체제가 불가피하게 생산하는 자기모순적 부산물에 다름 아니다.

한국은 이때 일종의 호환 가능한 국지성의 사회로 변모한 채 다른 국가들과 함께 글로벌한 지평에 동시 접속 한 상태라 볼 수 있다. 이는 한국이 겪는 재앙 역시 한국적 특수성에 국한된 것이기보다 글로벌한 현상의 한국적 체현에 가까우며, 로컬리티는 더는 특정 시공간에 대한 본질주의적 표지가 아니라 전 지구적 보편성의 우발적 도약판으로 작동함을 내포한다. 일례로 2008년의 미국산 소고기 수입 문제는 자본주의적 대량 도축을 위한 동물성 사료로 인해 급증한 초식동물의 퇴행성 질환이 인간의 먹이사슬 속으로 전염될 가능성이 낳은 전 지구적 공포가 국지적으로 터져 나온 사례다. 생태계의 문명적 교란, 자연과 산업의 재앙적 결탁은 지구온난화와 이상기후 변동에서 가장 초국적으로 암시된다. 세계가 하나로 엮여가는 만큼 국지적 산물이나 사건은 국제적 네트워크를 타고 전 지구적 문제나 현상으로 공유되며, 바로 이 네트워크 전체를 위협하는 재앙으로 예기치 않게 폭발한다.

재앙은 그래서 글로벌 시대의 근본적인 화두다. 그것은 모든 인간적 경계와 표지를 넘어 궁극적으로 인류의 생존 자체를 시험대에 올린다. 재앙을 통해 인간은 공동체가 부여한 정치사회적 주체성의 보호막이 무너지는 경험을 하게 되고, 맨몸의 동물과 다를 바 없는 무방비의 자연 상태, 취약하기 짝이 없는 '헐벗은 생명(bare life)'으로 노출된다. 주체에서 '비체(abject)', 비참한 비-주체로 전락하는 것이다. 정신분석에서 비체는 막 잘린 머리카락처럼 주체로부터 탈각되었으나 완전히 물화된 대상은 아닌, 산 것도 죽은 것도 아닌 중간적 육체를 뜻한다.[2] 온전한 시민권이 유보되거나 박탈된 이등시민 혹은 하위주체(subaltern)는 체제로부터 배제되는 상징적 죽음 이후 생물학적 삶만을 이어가는 '사회적 비체'라 할 수 있다.[3] 그래서 자연적·산업적 재앙뿐 아니라 정치사회적 재앙 역시 비체를 낳게 되고, 비체가 정치사회적으로 통합되지 못할 경우 공동체 전체에 재앙을 초래하기도 한다.

정치의 성격 변화는 이런 점에서 시사적이다. 정치는 사회 내부의 이질적 구성원들이 논쟁적 공공 역에서 자신들의 권리를 요구하고 이를 제도적으로 절충해가는 행위의 총체로 여겨진다. 그 과정을 통해 사회는 더 많은 타자를 포괄하고, 그 결과 차이의 관용에 입각한 글로벌 커뮤니티에서는 교육·환경·자유·평등에의 보편적 인권이 목숨 걸고 쟁취해야 할 정치적 목표라기보다 점차 당연히 주어져야 할 윤리적 기본 가치로 받아들여진다. 하지만 정치의 이 부드러운 윤리화의 배면에는 매우 강경한 윤리화가 들어선다. 사회 내적 차이에서 비롯하는 갈등보다, 다문화 되는 공동체나 글로벌 자본 체제 자체와 그것들이 끝내 포용할 수 없는, 그래서 기본권을 박탈당한 비체들 사이의 갈등이 훨씬 더 적대적인 양상을 띠면서, 테러와 대테러전쟁처럼 타자에게 가해지는 초법적 폭력이 도덕적 악에 대한 무한 정의의 행사로 정당화되는 것이다. 법적 갈등 조정을 무력화하는 재앙이 만연하게 되자 생명 자체에 대한 미시적이고 광범위한 권력적 통제 및 비체적 폭력이 관건이 된 것이다. 이에 따라 제도권 대의정치보다 윤리적 생명정치(biopolitics), 그리고 이 생명정치를 법의 가장자리에서 집단적 직접 참여로 실험하는 하

2　Julia Kristeva, *Powers of Horror: An Essay on Abjection*, translated by Leon S. Roudiez(New York: Columbia University Press, 1982).

3　Imogen Tyler, *Revolting Subjects: Social Abjection and Resistance in Neoliberal Britain*(London: Zed Books, 2013).

위정치(subpolitics)가 부각된다. 광우병 촛불시위는 민주화나 정권 교체 같은 기존의 정치적 목표 이전에 시장과 권력이 생물학적 신체에 미치는 부정성에 대항해 생명 자체의 윤리적 보호권을 요구하면서 생명정치 윤리의 프레임을 아래서부터 설정한 사례다.

이와 같은 재앙적 사태에 전 세계의 '다중'이 SNS를 광장 삼아 분노와 공감을 표출하고 논쟁과 개입을 서슴지 않는 것은 각 상황에 이해관계나 전문적 관심이 지대해서라기보다, 폭압적 권력 체제에 의해 시민권을 상실한 비체들이야말로 누구에게나 내재하는 연약한 생명의 고통을 대면하기 때문일 것이다. 이런 순간 로컬한 정치적 갈등은 글로벌한 정치적 재앙으로 확장된다. 재앙은 주권적 권력이 동물적 상태로 전락한 비체의 몸뚱이를 합법적 절차와 책임 없이 살해할 수도 있는 법적예외 상태를 내포한다. 이는 전 세계 어디서나 작동하는 보편적 권력 메커니즘이며, 대규모 집단 살해인 테러와 학살은 그래서 대표적인 정치적 재앙이다. 최근 10여 년간의 테러와 대테러전쟁이 빚은 악순환은 예외 상태의 일상화를 초래해 미지의 재앙 요소에 대한 전체주의적 감시와 이에 따른 민주주의의 위축을 가져오기도 했다. 폭력의 악순환은 점점 궤도가 넓어지는 재앙적 나선 하강 곡선을 그리며 글로벌 커뮤니티를 휘감고 있는 셈이다.

글로벌 시대의 영화는 다른 그 어떤 예술이나 매체보다 글로벌 현상으로서의 재앙을 다양하게 숙고·반영해왔다. 한국영화 또한 재앙 일반의 정치 미학적 담론화를 촉발할 광범위한 사례들을 제공한다. 이와 같은 영화들을 매핑하기 위해선 장르로서의 재난영화(disaster film)보다 포괄적 의미에서 '재앙영화(cinema of catastrophe)'를 생각할 필요가 있다. 재난은 어원상 부정적인(*dis-*) 별(*astro*)의 기운을 받은 불운한(ill-starred) 사건을 뜻하는데, 통상 규명 가능한 원인과 수습 가능한 결과로 설명되는 특정 시공간에서 일어나는 재해를 사건 자체의 국면에서 칭하는 말이다. 대체로 재난영화는 이런 사건의 발발로 시작해 이를 잠재우거나 사건에서 구조되는 것으로 끝난다. 반면 재앙은 발 딛고 선 기반 자체가 아래로(cata-) 뒤집어지는(strophe) 전복(overturning)의 경험, 극단적 참화나 정치사회적 대격변을 가리키곤 한다. 재앙은 재난보다 더 포괄적이고 압도적이며 우발적이며 무차별적이다. 세월호 침몰이 재난이었다면, 도대체 납득할 수 없는 희생자 전원 구조 실패라는 사후 대처는 너무나 난망하게 뒤얽힌 인과들의 총체가 오직 거대한 불투명함으로만 덮쳐온 재앙이었다. 그래서 재앙은 형태나 경계가 부재하는, 인간의 경험적 상상력을 뛰어넘는 비재현적 혼돈으로서의 '숭고(sublime)'를 띤다. 세월호 참사는, 이마누엘 칸트(Immanuel Kant)의 표현을 빌면, 마치 측정 불가능한 양에서 비롯하는 '수학적 숭고'와 극복 불가능한 힘이 자아내는 '역동적 숭고'의 사회적 결합을 암시하듯 수많은 문제가 엄청난 무력함을 안겨준 경우다. 실종자가 사망자로 바뀌는 순식간의 속도로 다가온 파국은 인간적 한계를 넘어선 만큼 기적 같은 초월적 출구만 남겨놓았다. 숭고로서의 재앙은 이처럼 현실을 무참히 갈아엎는 실재다. 이때 구원받지 못하는 절대적 비체인 재앙의 희생자에 대해선 무엇보다 윤리적 태도를 취할 수밖에 없게 된다.

한편, 재앙의 전복성은 판이 뒤집어지면서 보이지 않던 이면이 드러난다는 점에서 발현(revelation)을 의미하기도 한다.[4] 재난으로서 세월호가 질서를 일시적으로 파괴했다면, 재앙으로서 세월호는 질서를 위한 체제 자체가 혼란임을 폭로한 것이다. 카타스트로피는 그리스 비극의 대단원 즉 모든 것이 파탄 나는 시학적 파국을 뜻하기도 하듯, 모든 것이 더는 어떻게 할 수 없는 종결적 국면으로 터져 나오는 광경이다. 그

---

4   Régis Debray, *Du Bon Usage des Catastrophes*(Paris: Gallimard, 2011), p. 78.

런데 여기엔 시간성의 착종이 잠재한다. 재앙은 배에 탄 학생들의 천진한 동영상 속에, 국가의 미비한 사태 파악 속에, 사고 이전부터 존속한 비리와 악습 속에 이미 도래해 있었지만, 그것이 파국적으로 인지되기 이전에는 아직 도래하지 않은 것과 같다. 달리 보면, 재앙은 재앙적 실재와 그 인식 사이의 간극이 커지거나 길어질수록 재앙으로 인식될 때 되돌리거나 피하기엔 더욱더 늦어버리게 되는 인식론적 사태다. 카산드라 신드롬은 그래서 재앙영화에 전형적인 모티프다. 예지력을 갖고 있지만 사람들이 믿어주지 않는 그리스 신화의 카산드라 같은 인물은 닥쳐오는 재앙을 알림에도 불구하고 미치광이처럼 치부되는 것이다.

이와 같은 '인지 부조화'는 인터넷 등으로 시뮬레이션화한 현실이 일상을 압도하면서 실체험보다 가상공간의 정보를 더 신뢰하게 되는 현대적 징후기도 하다.[5] 배가 침몰하는 걸 느끼면서도 아이들은 "가만히 있으라"는 유사과학적 권위의 목소리를 따르고, 정말로 배가 침몰하는지 인터넷으로 확인하거나 부모 등에게 문자를 보내며 스스로 괜찮다고 믿은 것이다. 지구온난화와 방사능의 영향을 체감한다 해도 과학자들의 확증 이전에는 우리의 실체험은 미덥지 못한 것이 된다. 미디어로 매개된 전문가적 담론에 체험을 의탁하는 경향은 글로벌 테크노크라시로 구축된 현실이 재앙으로 파탄 날 위험 또한 증가시키며, 그런 만큼 아직 발발하지 않은 미지의 재앙을 온갖 가상 시나리오 속에서 포착·예방하려는 '선취 매개(premediation)'의 기술 지배 현상을 가중한다.[6] 영화는 이러한 재앙적 시간성의 복잡성을 반영하듯 다양한 내러티브 구조를 발전시켜왔다. 초반에 발발하는 재앙 이후 그 극복 과정을 보여주는 후재앙 구원 서사가 주류지만, 사전에 감지된 재앙을 막으려

5　Paul Virilio, *The University of Disaster* (Cambridge, UK; Malden, MA: Polity, 2009).
6　Richard A. Grusin, *Premediation: Affect and Mediality After 9/11* (Basingstoke, England: Palgrave Macmillan, 2010), pp. 8~61.

는 선재앙 예방 서사나, 이 둘을 결합한 듯 이미 일어난 재앙 이전의 시점으로 돌아가 재앙의 원인을 제거하려는 시간 여행 서사도 SF에서 종종 등장한다. 반면, 체제에 대한 저항 혹은 심판으로 비체들이 재앙을 촉발하거나 어쩔 수 없이 일으키게 되는 경우도 있다. 재앙을 통해 불가능한 희망을 꿈꾸거나 대안적 세계를 경험할 때 그것은 반드시 부정적이지만은 않다. 재앙은 이처럼 영화적 상상력을 만개시킨다.

재난영화의 한국적 채택과 적용

이 글은 이러한 의미론적 배경 하에 한국적 재앙영화가 진화해온 양상을 추적하고자 하는데, 이를 위해 우선 재난영화 문법의 일반 공식에서 출발해 그것이 국지화되는 과정을 단계적으로 접근할 필요가 있다. 지금은 가장 큰 규모로 제작되고 소재적으로는 영화 탄생기까지 거슬러가지만, 재난영화가 일정한 미학적·산업적 동일성을 띠고 현재 형태로 확립된 것은 할리우드에서 1970년대 들어서고부터다.[7] 여기서 재난은 극의 배경이나 부차적 요소가 아니라 그 자체로 영화의 중심적 사건으로 등장하며, 사실적으로 가능하고 전반적으로 무차별적인 만큼 예상치 못할 광범위한 규모로 들이닥치면서도 대체로 탈역사적 성격을 띤다. 특히 천재지변이나 기술적 과실에 따른 난파·파괴 등 언제라도 발생할 수 있는 참변이 영화의 주요 소재가 된다는 점은 특정 시대의 정치사회적 문제나 해결 방안을 초월하는 신화적 차원에서 재난이 구조적으로 반복 재현됨을 암시한다. 재난은 인류 문명의 영원한 일부인 것이다. 이런 점에서 이 신생 재난 장르도, 웨스턴·액션·스릴러·호러 등 기존 장르와 마찬가지로 고전 할리우드 시스템에 기반 해 영화 내적 측면에서 크게 내러티브와 스타일 면에서 보편적 형식을 구축했다.

---

7 Stephen Keane, *Disaster Movies: The Cinema of Catastrophe*(London: Wallflower, 2006), pp. 1~43.

내러티브는 분명한 인과율에 따라 원인과 결과가 명료한 사건과 상황, 행위와 심리의 연속적 총체로 정의된다. 이를 위해 언제나 한두 핵심적 주인공을 중심으로 조연과 단역이 배치되고, 주인공은 어떤 문제에 봉착해 이를 해결해야 하는 일종의 미션을 부여받고 목표에 이르기 위해 행동한다. 대체로 목표가 달성되는 해피엔드는 재난영화에선 재난으로부터의 구원과 파괴된 일상의 회복으로 나타난다. 즉 인물 중심적, 목표 지향적, 문제 해결적 인과율이 할리우드 재난영화 내러티브의 핵심이다. 여기서 재난은 다양한 사회 구성원 간의 보이진 않던 차이와 갈등이 터져 나오는 계기이자 이를 극복하면서 공동의 운명적 상황에 대응케 하는 통합의 계기기도 하다. 이 통합의 구심점인 주인공은 대개 전문가 혹은 특출한 육체적·지적·인격적 자질을 갖춘 영웅으로서 나머지 일반인을 보호하고 이끈다. 슈퍼히어로 영화가 기본적으로 재난영화인 것은 이런 구도 속에서다. 내러티브는 또한 늘 이중 플롯 형태로 작동한다. 메인 플롯은 이성적 추론과 행동을 통한 문제 해결을 통상 남자 주인공이 악당과 싸우며 난관을 벗어나는 과정을 보여준다. 이를 통해 악에 대한 선의 승리, 재난의 극복을 통한 질서의 복구 등 시학적 정의가 추구된다. 한편, 거의 언제나 수반되는 낭만적 서브 플롯은 주인공의 러브스토리나 성적 모험 등을 평행적으로 펼쳐가며 주 내러티브를 보충하면서 때로 그것의 은밀한 동기나 욕망으로 작동한다. 해피엔드의 관습적 키스신은 주인공의 공적 활동에서뿐 아니라 사생활에서도 갈등의 해소나 온전한 결합 등으로 서사를 말끔하게 종결시키는 역할을 한다.

내러티브의 인과율에 상응하는 스타일의 기저는 매끄러운 연속성이다. 편집을 지배하는 연속성은 사건을 인과적으로 연쇄해가는 이미지의 배열에서 관객의 이해와 몰입을 방해하지 않기 위해 숏-역숏의 180도 규칙 등 다양한 테크닉을 통해 컷이 없는 양 자연스럽게 숏을 이어가는 원칙이다. 고전기에 비해 최근 들어 컷이 많아지고 숏이 짧아지면서 현란한 카메라워크와 역동적 편집이 액션 중심의 영화에 부각되어왔지만, 이 역시 궁극적으로는 관객의 몰입도를 높이며 이해 가능한 수준에서 실험적 테크닉을 유연하게 도모한다는 점에서 오히려 '강화된 연속성(intensified continuity)'의 구현으로 불린다.[8] 이를 보여주는 대표적인 사례가 재난 스펙터클인데, 아무리 폭력적이고 비극적인 사건도 관객에겐 매력적인 볼거리로 체험되듯, 스펙터클은 내러티브의 시간성을 일시 중지시키면서 몰입보다는 경탄의 관객성을 자아낸다. 잠시 이야기를 멈추고 봐야 하는 쇼 같은 장면이 중간중간 삽입되는 것이다. 할리우드는 이런 스펙터클을 내러티브에 통합시키는 효과적 방안을 끊임없이 모색하면서 '어트렉션의 영화(cinema of attractions)'로 진화해왔다.[9] 1970년대에 본격적으로 등장한 재난영화는 〈포세이돈 어드벤처(The Poseidon Adventure)〉(로널드 님, 1972)나 〈타워링(The Towering Inferno)〉(존 길러민, 1974)에서 보듯 재난이 갖는 규모의 스펙터클을 상업화하기 시작했고, 〈죠스(Jaws)〉(스티븐 스필버그, 1975)에서 촉발된 블록버스터 제작 경향의 주류로 부상했다. 이처럼 수많은 관객을 끌어들이는 매혹적 볼거리를 위해선 첨단 영상 기술에 들어가는 엄청난 예산과 이를 통해 수익을 내야 하는 마케팅 전략이 필요하다. 소위 기획 영화들이 제작되고 성공한 경우 속편과 아류들이 등장해 재난 장사를 위한 시장을 키우기도 한다. 한국에서는 특히 이 트렌드 파워가 강하고 그 사이클도 짧다. 이는 시장의 불안정성을 보여주기도 하지만 빠른 시일 내에 역동적으로 장르가 성장하게 된 배경이기도 하다.

---

8 David Bordwell, "Intensified Continuity: Visual Style in Contemporary American Film," *Film Quarterly*, Vol. 55, No. 3(Spring, 2002), pp. 16~28.

9 Tom Gunning, "The Cinema of Attraction[s]: Early Film, Its Spectator and the Avant-Garde," *The Cinema of Attractions Reloaded*, edited by Wanda Strauven(Amsterdam: Amsterdam University Press, 2006), pp. 381~388.

그럼 한국 재난영화로 들어가보자. 할리우드에서처럼 가시적으로 재난 장르가 확립되기 시작한 것은 한국영화 전반이 산업적·콘텍스트적으로 풍성해지면서 국제적으로도 널리 소개되기 시작한 2000년대 들어서면서다. 제작자 입장에선, 한국영화도 글로벌 패권을 구가해온 할리우드 재난영화에서와 같은 소재와 볼거리에 도전해보고자 하는 주변부 로컬리티의 욕망이 일련의 재난영화를 출현시킨 동력이었다. 2000년대 초반, 〈리베라메〉(양윤호, 2000)는 〈분노의 역류(Backdraft)〉(론 하워드, 1991)처럼 화재를 다룬 할리우드 소방영화를 참조했고, 〈튜브〉(백운학, 2003)는 달리는 버스를 폭탄 테러로부터 구하는 〈스피드(Speed)〉(얀 드봉, 1994)의 지하철 버전을 시도했다. 이전 한국영화에서의 깡패나 간첩 같은 익숙한 악당과 달리 한때 정부 요원이 국가로부터 버림받은 후 테러리스트로 변한다는 〈튜브〉의 설정은 2001년 9·11테러 이후 글로벌해진 테러에 대한 공포가 한국에도 소재화하기 시작한 징조로 볼 수 있다. 비교적 최근의 〈퀵〉(조범구, 2011)은 시한폭탄을 실은 오토바이가 도시를 질주하는 스릴을 선사하며 스펙터클을 역동화한다.

　　다른 소재의 영화로, 〈7광구〉(김지훈, 2010)는 산유국의 꿈을 안고 건설한 제주도 남단의 시추선에 그 꿈의 과거 망령에서 배태된 해저 괴물이 덮친다는 공포 재난극을 보여주는데, 〈어비스(The Abyss)〉(제임스 캐머런, 1989)나 〈에일리언(Alien)〉(리들리 스콧, 1979)뿐 아니라 한국영화인 〈괴물〉(봉준호, 2006)을 상기시키는 비주얼과 설정이 역력하다. 그 괴물 즉 외부의 적과 사투를 벌이는 과정은 재난영화에서 흔히 보듯 닫힌 공간 내에서 다양한 성격을 가진 사람들의 갈등이 첨예화되는 집단 내부적 드라마를 동반한다. 63빌딩 근처의 실제 건물을 배경으로 삼은 〈타워〉(김지훈, 2012)는 고전기 재난영화의 또 다른 주요 소재인 고층 빌딩 화재를 다룬다. 거슬러 가자면 고대 바벨탑 신화에서 기원하는, 신의 영역에 도달하려는 인간의 오만함(hubris)에 대한 징벌인 타워의 붕괴는 할리우드에선 이젠 9·11을 가장 직접적으로 연상시키는 재난 이미지다. 역시 과제는 폐소공포증을 불러일으키는 격실 구조의 층들을 방향 상실감 속에서도 비디오게임에서 레벨을 높여가듯 하나하나 방해물을 피하며 헤쳐가는 것이다. 이 구조 과정은 또한 한 사람씩 한 사람씩 희생되는, 그럼으로써 누가 살아남는지를 통해 선악 판별의 시학적 정의를 끌어내는 서바이벌 게임이기도 하다. 〈디 워〉(심형래, 2007)는 아예 LA를 배경으로 괴수와 고층 빌딩이라는 두 모티프를 합쳐놓은 가장 글로벌하게 야심적인 한국 재난영화였으나, 진정 재앙이었던 건 내용 없는 글로벌 블록버스터에의 욕망 자체였는지 모른다.

이런 영화들은, 그 광고 카피에서 보이듯, 무엇보다 할리우드에서 이미 확립된 장르 관습과 재난 소재들의 이식 즉 한국적 채택(adoption)을 의도하고 목표로 한 기획물들이다. 내러티브의 중심에 놓인 화재나 건물 붕괴 등은 현실적으로 가능하면서도 탈역사적 재난이며, 가상의 괴물이 등장해도 그 형태와 운동은 그럴 법한 핍진성을 띠고 최대한의 현실 효과를 자아내는 동시에 인간의 한계와 구원에 관한 신화적 메시지를 위해 소용된다. 인물들은 전형적으로 경찰이나 소방관 등 전문가적 액션 히어로와 희생자 혹은 방관자가 되는 평범한 시민 및 재난을 초래하거나 악화시키는 악당으로 구성된다. 여기에 추가되는 테러 같은 글로벌한 소재나 해외 로케이션은 한국형 재난영화의 세계화를 겨냥한다. 이무기가 나오는 SF영화를 만들 수 있는지가 〈디 워〉의 관건이듯, 재난 장르의 하위 범주들을 소재적으로 모방하려다 보니 재난의 실감 나는 재현이야말로 영화의 승부처가 되고, 파괴적 장면들은 화려한 영화적 스타일의 향연을 통해 경탄스러운 볼거리로 둔갑한다. 이러다 보니 재앙의 비재현적 본질인 숭고는 가시적 사건이나 대상의 스펙터클로 응축·축소된다. 형상화할 수 없는 공포(dread)를 자아내는 재앙은 특정한 공포(fear)를 유발하는 작은 타자, 고질라 같은 괴물이나 테러리스트 같은 악당으로서 시각적으로 환원되어, 그를 처치하면 구원되는 듯한 심리적 안정을 선사한다. 그래서 관객은 재앙의 막대한 비극성을 강 건너 불구경하듯 안전한 거리에서 시청각적 쾌감 속에 문화상품으로 소비하게 된다. 할리우드의 모방과 그에 맞설 경쟁력 확보를 위한 글로벌 스탠더드의 체화는 결국 재난 장르를 상업적 소재주의로 정착시킨다.

하지만 여기서 조금 더 한국적으로 토착화된 영화들로 눈을 돌려볼 수 있다. 〈해운대〉(윤제균, 2009)의 포스터 카피("쓰나미도 휩쓸지 못한 그들의 이야기가 시작된다")는 쓰나미를 내세워 관습적 재난영화의 소재를 취하면서도 재난 자체보다 사람들의 이야기가 핵심임을 강조한다. 물론 모든 재난영화는 인간 드라마이지만, 〈해운대〉의 주인공은 특별한 능력을 가진 전문가 영웅이 아니라 바다에서 겪은 상처를 지닌 동네 건달 같은 인물이며 그의 애인 및 주변 인물들 역시 평범하거나 덜떨어지기도 한 소시민 혹은 사회적 약자다. 그들은 엄청난 해결사가 아님에도 끝까지 생존을 향한 힘을 발휘하고, 재난에 직간접적 책임이 있는 권력자들 뒤에서 서민적으로 고군분투하며 유대의 정을 싹틔운다. 이 점은 한국적 재난영화의 중요한 특징으로 뿌리 내린다. 〈연가시〉(박정우, 2102)에서 물을 통해 신체로 파고드는 변종 바이러스 연가시에 떼죽음을 당하는 참사에 대항해 마지막까지 싸우는 주인공도 주식 투자로 망한 남성 가장인데, 감염된 자신의 가족을 구하려는 그의 몸부림은 일반 감염자들 전체를 구하는 결과로 이어진다. 전직 제약회사 직원인 그의 의학적 지식이 발휘되지 않는 건 아니지만, 핵심은 그의 비체화다. 온전한 사회적 주체가 재난을 통해 비체로 전락하는 상징적 죽음을 겪고 나서 상실된 주체성을 회복하기 위한 노력의 일환으로 일종의 임무를 수행하면서 마지막에 닥칠지 모를 실질적 죽음 직전까지 비체적 에이전트(abject agent)로 활동하는 것이다. 이때 주체성(subjectivity)은 고정된 정체성을 잃고 가변적 상황에 반응하는 행위의 원동력, 동인으로서의 에이전시(agency)로 화하는데, 여기에 비체성(abjectivity)의 역량이 내재한다.

〈연가시〉와 유사한 〈감기〉(김성수, 2013)에서 일상 공간을 순식간에 초토화하는 독감 바이러스는 포착 불가능하고 어디든지 침투할 수 있는 테러리스트적 특징을 가진다. 그런데 여기서도 눈여겨볼 카피 문구가 있다. "진짜 재난은 바이러스가 아니다!"라니. 그럼 무엇인가? 바이러스가 국가적 비상사태를 촉발하자 정부는 집단수용소를 만들어 감염자들을 격리·통제하며 심지어 '살처분'까지 하는데, 바이러스보다 더 폭압적인 진짜 재난은 이를 빌미 삼아 현실을 통제하려는 권력으로 응축된다. 정부의 공권력이 감염자뿐만 아니라 감염 추정자까지 대책 없이 탄압하고 심지어 죽여버리는 장면은 법적 예외 상태를 선포하며 마구잡이로 시민들의 인권을 박탈하고 비체들을 양산하는 국가 주권의 횡포를 비현실적일 만큼 노골적으로 드러낸다. 미국이 잠재적 테러리스트들까지 자의적으로 추출해 관타나모 수용소에 감금하고 고문한 것처럼, 공권력은 테러적 감염 공포를 역이용해 공포정치적 대테러전쟁을 집행하는 셈이다. 그래서 사람들은 권력에 정면으로 맞서 집단 시위를 감행하고 바리케이드 앞에서 군경에 헐벗은 생명으로 맞선다. 현실 정치의 장에서 보아온 장면이 허구적 재난 국면에 환기되고 적용되는 이러한 모습은 할리우드 재난영화 장르의 기계적 채택이 아닌 한국적 적용(adaptation)을 시사한다. 변용하고 각색해 로컬리티에 맞춰 토착화하는 한국형 재난영화가 등장하는 것이다.

이와 같은 로컬리티는 역으로 앞서 살펴본 글로벌 할리우드의 한 국적 이식보다 글로벌한 현상을 더 적실하게 반영한다는 점에서 글로 벌 코리언 시네마의 지형도를 그려보게끔 한다. 〈해운대〉를 덮치는 쓰나 미는 일본 지진으로 시작되고, 〈연가시〉에서 치명적 변종 기생충은 치 료약을 독점 판매 하려는 제약회사에 의해 유포되듯 재난 자본주의가 득세한다. 〈감기〉의 독감은 동남아에서 밀항하던 이주노동자를 실은 컨 테이너에 사고가 나면서 국내로 유입되는데, 이는 다문화적 통합 지향 체제를 깨뜨리는 잔여의 습격을 예시한다. 이때 체제는 일상적 법질서 를 중지시키고 계엄령 같은 초법적 비상 상태에서 공권력에 의한 폭력 을 정당화하며, 체제로부터 배제된 자들은 정당한 주권을 박탈당한 비 체로 전락한다. 하지만 비체적 다중 사이에서 저항적 결속과 연대가 일 어나면 다중으로부터 비체적 에이전트가 된 영웅적 캐릭터가 태어난다. 고전적인 전문가적 영웅이 아닌 반영웅의 생명정치적 투쟁은 이렇게 시 작된다. 결국 생명정치는 대의정치 제도가 아닌, 생명을 위협하는 권력 과 그것을 유지하기 위한 비체들 간의 직접적이고 근본적 적대를 들추 어낸다. 이 적대는 보편적 권력 구조의 산물이자 매우 글로벌한 현상이 다. 재난을 넘어 재앙인 것이다.

재앙영화의 출현

이러한 점에서 가장 의미심장하고 완성도 있는 재앙영화로 〈괴물〉 을 꼽을 수 있다.[10] 흥미롭게도 영화의 영어 제목인 'The Host'는 '주인' 이라는 의미에서 파생된 '숙주' 즉 바이러스가 기생하는 몸체로서 영화 속 괴물을 가리키지만, 정작 바이러스는 존재하지 않는 것으로 판명된 다. 그렇다면 이 숙주에 기생하는 것은 과연 무엇인가? 영화 초반 괴물

---

10 이하 〈괴물〉에 대한 언급을 확장적으로 포함한 자세한 영화 분석으로는 정승훈, 「괴물의 추억: 봉준 호의 〈괴물〉 다시 읽기」, 『현대문학』, 제630호(2007), 271~278쪽을 참조할 것.

의 습격 장면 때 주인공이 딸을 놓치고 뒤돌아보는 순간 괴물이 딸을 낚아채려 뒤에서 달려들고 딸은 공포에 질려 멍해 있는 장면을 담은 포스터는 매우 시사적이다. 어떤 이는 1980년대 가두시위 상황에서 백골단이 들이닥칠 때 무참히 짓밟힐 찰나의 여대생 이미지를 떠올리는데, 이는 결코 우연한 설정이 아니다. 관객은 괴물에 압도당하는 희생자의 공포를 담은 괴물의 시점 숏 대신, 괴물을 뒤돌아보며 괴물에 쫓겨 달아나는 사람들과 그 모습을 평행하게 따라가는 버스 승객들의 시점 숏을 주로 보게 된다. 호러영화나 괴수영화의 가학적/피학적 쾌락 대신, 공권력의 극악무도함을 피해 무력하게 도주하는 1980년대 시위대와 시민들의 처지에 이입되는 것이다. 〈괴물〉은 진정 386세대의 기시감을 자극하는 영화다. 괴물에 맞서 더할 나위 없이 비장하면서도 주먹구구식으로 즉 1980년대식으로 싸우는 주인공 가족은 충청도 출신 아버지에 경상도와 전라도 억양이 섞인 두 아들, 체전 경기도 대표인 딸에서 보듯 전국에서 모여든 오합지졸 시위대를 대변하며, 이들의 주 무기는 화염병과 쇠파이프다. 88올림픽 때 거리로 내몰린 상계동 철거민과 도시빈민마냥 한강변 노점이 거처인 이들은 허름한 골목길에 붙은 수배 전단지 속 반체제 인사들이자 어처구니없이 고문당하고 필사적으로 도망치며 부실한 지도를 들고 지하로 잠행하는 비체적 투사들이다. 이들은 비밀조직(청부업자들) 및 노숙자와 손잡고 비천한 존재들의 민중적 연대를 이끈다.

이 모든 정황 속에서 괴물은 분명 1980년대 독재 권력을 환기하는 타임머신 같은 알레고리다. 그럼 왜 그 비체적 투사들은 정부를 직접 공격하지 않고 정부도 대치하고 있는 괴물과 싸우는가? 사실 그 과정에서 치안을 빌미 삼아 시민들을 통제·억압하는 공권력의 허술하지만 무자비하고 어설프지만 막강한 속성이 폭로된다. 회고적으로, 당시의 권력은 그러했음을 괴물을 통해 풍자하는 것이다. 그 권력 배후에는 빅 브라더인 미국이 있다. 2000년 미군의 독극물 방류 사건에서 괴물의 기원을 착안한 봉준호에게 1980년대의 비상식적 권능으로 표상되는 공권력에 스며든 신식민지적 대미 종속화는 현재까지 지속하는 역사성을 방류해온 셈이다. 여기서 괴물은 언캐니한 비체(uncanny abject)의 성격을 띤다. 체제가 방류한 폐기물, 그 버려진 것으로부터 불안을 자아내며 낯설지만 억압된 것의 귀환처럼 뛰쳐나온 괴물은 체제가 감추어야 할 터부적 배면이다. 이때 괴물을 제거하는 대신 바리케이드로 격리하고 응급 대처만 하는 정부는 괴물을 예외적 상태에 유지함으로써 그것의 공포 효과를 활용해 체제를 강화한다. 체제는 언론 통제나 생명정치적 담론 구축을 위해 외부의 적인 괴물을 내적으로 필요로 한다. 이 적대적 공생 관계 속에서 외부의 숙주, 호스트에 기생하는 것은 바로 체제 자체이며, 예외 상태의 지속은 초법적 주권 발동을 가능하게 한다. 남한 군부가 빨갱이 바이러스 공포를 유포하면서도 정작 북한이라는 주적에 기생했고, 미국이 자신이 길러낸 빈 라덴에 기생하며 부재하는 테러 바이러스의 진원지로 이라크를 지목해 공포정치를 주도했던 것처럼. 체제는, 영화 후반부에 등장하는 시위 진압용 옐로 에이전트가 괴물의 형상을 띠듯, 그렇게 괴물을 내면화한다. 시위대는 '괴물을 죽이자'가 아니라 '우리를 통제하지 말라'는 구호를 외친다. 공권력이야말로 민중의 투쟁 대상이 되어버린 것이다. 결국 괴물은 1980년대 체제와 더불어 그것이 적대적으로 기생하던 외부의 언캐니한 비체를 동시에 표상한다.

이러한 점에서 비체성은 괴물과 주인공 가족 모두를 교묘하게 관통한다. 끈적거리면서도 미끈거릴 것 같은 괴물의 몸뚱이는 낙태한 태아 같은 형상을 띠는 동시에, 한강 다리 내부의 더럽고 습한 하수구에 자리 잡아 여성 생식기처럼 벌어지는 입으로 마구 사람들을 먹어치우고 하수구처럼 배설물을 내뱉는다. 모성적 비천함(abjection)의 돌연변이적 현현 같은 이러한 부정적 자궁 이미지는 주체의 자아 형성과 상징계 진입을 위해 떨쳐내야 할 비체로서 엄마의 몸을 연상시킨다.[11] 봉준호의 전작 〈살인의 추억〉(2003)에서 끝까지 남성 주체들의 수사망에 블랙홀을 내던 하수도/터널의 그 여성적 어둠이 〈괴물〉에도 질척하게 드리워져 있다. 하지만 거꾸로, 이 비체적 장소는 자궁이 그렇듯 생명을 키워가는 공간이기도 하다. 부정적 비체로서의 괴물 바로 옆 하수구 구멍에서, 납치된 소녀는 자기보다 더 어린 꼬마를 엄마처럼 돌본다. 비체들의 유대는 여기서도 부재하는 슈퍼히어로를 대체하는 생존과 투쟁의 에이전시로 작동한다. 영화는 주인공이 죽은 딸 대신 그 딸이 보살핀 꼬마를 자식처럼 품어 밥을 먹이는 장면으로 끝난다. 여기서 '먹이다'는 먹고 먹히는 괴물과 인간, 체제와 비체 사이의 포식 관계를 넘어 피동태가 불가능한 수여동사로 비체들 사이의 선물 관계를 형성한다. 서로를 잡아먹는 것이 아니라 서로에게 먹을 것을 선사하고 선사받는 것이다. 한국 (서민/빈민) 가족의 생존 행위를 함의하는 한솥밥 공동체로서의 '식구'는 그렇게 혈연을 넘어 대안가족으로 확장된다.[12]

물론 〈괴물〉은 전면적이면서도 주인공들조차 투철하게 의식하지 못하는 수준에서 작동하는 권력 메커니즘의 실재를 가시적 스펙터클로 치환해 명료하게 제거함으로써 재난 장르의 관습적 가족주의와 휴머니즘을 소환한다. 하지만 영화 마지막에 밥 먹기 전 밖에서 뭔가 이상한 분위기가 전해지자 주인공이 총을 들고 일어나듯, 완전히 박멸되지 않은 실재의 귀환 가능성이 여전히 어른거린다. 이런 괴물의 암존하는

---

11 Barbara Creed, *The Monstrous-Feminine: Film, Feminism, Psychoanalysis* (London: Routledge, 1993).

12 딸의 죽음을 통한 일종의 양자 입양 결말이 성정치적으로 여성의 희생을 전제한다고 비판할 수도 있겠지만, 영화 전개상 딸이 아닌 아들로 설정되었다 해도 마찬가지 결말에 이르렀을 것이라 볼 때, 비체들의 우발적 공생과 섭생은 여전히 유의미하며 한국 재앙영화의 윤리를 성격화한다.

그림자와 가족의 사회적 확대는 영화를 괴물 퇴치 가족드라마로 말끔히 봉합되지 않게 하는, 시대적 상처에 대한 파라프락시스(parapráxis)로 보게 하는 흔적과 같다. 즉 영화 속 허구적 외상-기억은 재현 속에 부재하는 것, 재현 불가능한 것의 징후로 작동한다. 끝내 잡히지 않은 〈살인의 추억〉의 연쇄 살인범처럼, 1980년대의 진정한 결과는 포착하기 어렵지만 망각할 수도 없는 어떤 실재로 남아 있고 그것은 이제 환상적 스펙터클의 대체물로서만 비스듬히 환기된다. 〈괴물〉에서 문제는, 단지 미군의 파렴치가 아니라 무수한 정치적 결과의 총체이자 불균질적이고 산포적인 효과들로서만 간접 체험 되는, 그러나 여전히 한국 사회 저류를 이루는 어떤 지속적인 한국적 조건이며, 이는 과거의 역사적 재현만으로 드러날 수도 없고 또 드러난다 해도 부분적이거나 부실할 수밖에 없기 때문일 것이다. 그래서 전대미문의 괴물이라는 디지털 인덱스는 부재하는 지시 대상의 자리에 징후적으로 1980년대와 그 정치적 결과의 지속 전체를 끌어들인다. 여전히 현재로 방류되는 이 지속적 과거는 2000년의 미군 독극물 방류 사건 속에서 다시 뚜렷한 징후를 남겼는데, 영화에서 그와 같은 사건을 통해 괴물이 탄생했다면 이에 대한 국가의 설득력 부족한 대응에서 포착해야 할 진정 숨은 핵심은 괴물 같은 역사적 체제다.

〈괴물〉은 그러나 1980년대에 대한 1990년대식 후일담이 아니다. 봉준호는 과거를 넘어 대과거로 돌아가지만 명백히 2006년의 현재적 관점으로 노스텔지어를 걸러낸다. 주인공 동생의 운동권 선배가 카드빚에 시달리다 어제의 후배를 낯 두껍게 배신하고 그 후배마저 '꽃병' 던지기 '빽사리'로 실속 없는 무능력만 과시할 때, 괴물 체제가 결국은 1980년대부터 국가적 효녀 종목이 된 양궁의 딸의 억눌리고 지연된 결정타로 무너질 때, 〈괴물〉은 다른 측면의 시대착오를 위트 있게 상쇄한다. 게다가 이 과거-현재의 교차는 존재하지 않는 SF적인 것의 형상을 둘러싸고 벌어진다. 마치 괴물을 쫓아 과거의 지속을 현재적으로 되짚고 그 행위 자체로 미래를 열어야 한다는 듯. 과거에 대한 이처럼 다면적인 시선은 한국영화에 특유한 세대적 변증법을 내포한다. 1980년대의 비판적 정치성, 1990년대의 문화적 감수성, 2000년대의 글로벌 환경과 테크놀로지가 계속 융합적으로 교섭하는 것이다.

386세대(언저리)의 주축 감독들이 이끌어온 한국영화 르네상스는 그러나 바로 이러한 역사적 맥락의 영화적 상상력에서 교착 상태에 처하고 있는지 모른다. 봉준호의 〈설국열차〉(2013)는 인류의 마지막 도피처로서 기차라는 폐쇄된 공간 속에 인류의 보편적 문제들을 응축해, 외부의 눈보라가 아니라 기차 내부의 권력 구조가 진정 재앙적이며 우리를 재앙적 사건에 이르게 함을 보여준다. 미국 배우들이 대부분이지만 한국의 1980년대 정치성이 제일 강하게 드러나는 프랑스 원작의 이 SF는 극도로 양극화된 계급 갈등 및 좌파 혁명을 노골적으로 다시 업데이트해 보인다. 하지만 혁명 지도자가 결국 새로운 권력자로 등극할 것으로 설정되듯, 계급 질서는 아무리 해도 불가피한 보편적 섭리이며 그 어떤 혁명도 기존의 억압적 체제를 재생산하게 될 뿐이라는 부정적 전망이 유토피아적 공동체의 꿈을 파탄 낸다. 그래서 영화는 더는 희망 없는 세상에 대한 유일한 대안인 양 기차를 아예 폭파해버린다. 환경 재앙 이후의 이 2차 재앙은 현행 인류 체제의 사망 선고와 다를 바 없이, 비체들의 후재앙 구원 서사를 더 큰 재앙으로 종결시킨다. 그렇게 되돌아간 '그라운드 제로'의 설원에는 흰 곰 한 마리가 유이하게 살아남은 한국 소녀와 흑인 꼬마를 물끄러미 지켜본다. 〈괴물〉에서 소녀와 꼬마가 맺는 비체적 연대가 다인종 다문화적으로 확장되면서 인간 체제의 바깥에 있던 동물과도 연결되는 셈이다. 그러나 묘하게 낭만적인 이 조우만으로 정처도 목적지도 없는 잠재적 노마드들이 어떤 관계를 맺고 생존해갈 수 있을지에 대해선 아무런 답도 없다. 희망은 결국 판타지일 뿐이다.

장준환 역시 봉준호의 세대성을 공유한다. 한국영화에는 드문 또 다른 문제적 SF인 〈지구를 지켜라!〉(2003)에서 주인공은 외계인을 자신의 지하실에 가두고 지구 침략의 비밀 계획을 캐기 위해 고문한다. 하지만 알고 보면 외계인은 주인공이 일했던 회사의 사장이다. 어머니는 병들고 같은 동료 노동자였던 애인도 산업재해로 죽자 비체적 주인공은 자본 권력에 대항할 수 있는 유일한 방법으로 자신의 과대망상적 상상력 속에서 사장을 악한 외계인으로 둔갑시켜 그를 제거하고 지구를 지켜야 하는 임무를 스스로에게 부여한 것이다. 현실적 무기력을 허구적으로 보상하려는 이 가상현실적 출구는 비체적 에이전트가 최면적 플라세보 효과를 통해 '갑질'의 횡포에 맞서려는 자기 구원의 판타지에 불과한 셈이다. 그런데 엉뚱하게도 사장은 정말 외계인으로 판명되고, 그는 인류의 탐욕과 파괴 성향에 낙담한 나머지 지구를 폭파해버린다. 현실 각성이 빚어내는 비관적 삶으로의 회귀를 거부하고자 〈설국열차〉에서처럼 현실 자체를 완전히 무화해버리는 또 다른 환상적 선택인 것이다. 지구가 사라진 우주 공간에는 이제 주인공의 풋풋한 일상적 행복을 담은 TV 하나가 미래 없는 노스탤지어의 기억처럼 떠돌 뿐이다.

〈더 테러 라이브〉(김병우, 2013)는 SF와 반대로 가장 사실주의적으로 현재의 재앙을 SF와 비슷한 서사 구조에서 더 극단적으로 무대화한다. 테러리스트가 생방송 뉴스를 진행하는 앵커에게 전화를 걸어 자신의 요구를 들어주지 않으면 한강 다리를 폭파하겠다고 협박하자 앵커는 이를 믿지 않지만, 폭파는 실제 일어난다. 그러자 이전 프로그램에서 퇴출되어 일종의 비체적 상태에 있던 앵커는 테러리스트와의 협상을 독점 생중계 해서 자기 명성을 되찾고자 한다. 하지만 다리 보수 공사 중 억울하게 사망한 노동자의 아들인 테러리스트 즉 또 다른 비체가 요구하는 대통령의 사과 한마디를 정부는 결코 들어주지 않는다. 용산 참사나 쌍용사태 같은 국가 공권력 투입으로 인한 희생자들의 반격을 담고 있는 대사회적 메시지로서의 테러는 결국 방송국 건물과 국회의사당 폭파로 끝난다. 그 직전 무너지는 건물에 매달린 테러리스트를 끌어올리며 앵커 역시 비체화를 통한 체제 저항적 연대의 몸짓을 보이지만, 그 결말은 조금의 대안이나 향수도 없는 완전한 초토화다.

주목할 점은 재앙영화의 한국적 출현이 역사 판타지의 성격을 띤다는 점이다. 관습적으로는 비역사적 여러 재난의 외피를 두르고 있지만 그 안에선 역사적 현실이 집요하게 작용·반영된다. 계급 갈등은 그 핵심이며, 좌파 혁명을 노골화하기도 하고 트라우마를 허구적으로 치환하기도 한다. 엉뚱하게 괴물이나 외계인이 재난의 기원으로 지목될 때, 정작 대면해야 할 진짜 재앙은 그 옆에 은폐되어 있는 차마 대면하기 어려운 어떤 것이다. 가시적 스펙터클은 이 비가시적 트라우마의 환유적 대상, 파라프락시스의 수행적 산물이다. 이 수행의 주체는 스스로 부여한 미션을 달성하려는 비체다. 더는 보장된 주권을 갖지 못하는 비체적 요원, 하위주체적 테러리스트, 그의 발언권 요구는 세월호 유족의 목소리처럼 처절하고 절박하다. 후재앙 구원 서사는 결국 허허벌판의 막막하기만 한 낭만적 생태주의나 공허한 우주를 떠도는 노스탤지어의 메모리, 아니면 자폭적 비체화로 마감된다. 이는 곧 체제의 법이 야기하는 폭력을 능가하는 유일한 힘은 '신적 폭력'뿐임을 암시하기도 한다. 신적 폭력은, 기존의 법을 유지하거나 새로운 법을 제정하(여 기성화 되)는 대신, 법질서의 기반 자체를 파괴하고 무화한다.[13] 테러뿐 아니라 혁명의

---

13 Walter Benjamin, "Critique of Violence," *Walter Benjamin: Selected Writings Volume 1: 1913-1926*, edited by Marcus Bullock and Michael W. Jennings(Cambridge, MA: Belknap

역사에도 발현된 신적 폭력은 하지만 영화 속에서는 그다음이 존재하지 않는 진정한 파국으로서의 데우스 엑스 마키나처럼 재현될 뿐이다. 어쩌면 이런 점에서 재앙에 대한 넘치는 상상력은 현재 한국 사회에서 부재하는 대안 공동체에 대한 상상력 부재의 징후인지 모른다. 재앙영화의 출현은 유토피아 부재의 파라프락시스인 것이다. 여기에 한국영화가 처한 역사적 난국, 미학적 아포리아가 있다.

역사 판타지가 현대사에만 착종하는 것은 아니다. 다수의 사극 역시 유사한 징후를 보인다. 병자호란을 다룬 〈최종병기 활〉(김한민, 2011)의 주인공은 아버지가 역적으로 처형당해 고아 상태가 된 비체로, 청나라와 맞서 싸우지만 끝내 돌아가야 할 주권 조국이 없다. 심지어 같은 감독의 〈명량〉(2014)에서도 이순신은 권력자들의 모함으로 백의종군한 비체 상태에서 다시 장군으로 복귀하지만 아무리 공을 세워도 군주 앞에선 초법적 주권에 의해 언제라도 목이 날아갈 수 있는 헐벗은 생명, 잠재적 호모 사케르일 뿐이다.[14] 그가 진정 두려워하는 것은 12척의 배로도 이길 자신이 있는 외부의 왜적이 아니라 바로 이 내부의 권력 구조다. 김훈 소설 『칼의 노래』(2001)에서 더 절절하게 묘파되는 장군의 비체적 정체성이 이순신의 실존적 뿌리인 것이다. 충은 임금이 아니라 백성에게 바치는 것이라 할 때 그 백성 역시 그와 다름없이 국가로부터 버림받은 비체들이다. 이 비체들이 해전 중 좌초의 위기에 빠진 이순신을 구하고 전투의 곳곳에서 힘을 합친다. 그래서 애국 마케팅에 호소하는 이 블록버스터 상업영화의 재난 스펙터클 뒤에는 박정희식 민족 영웅화로부터 이순신을 구제해 그를 비체적 연대의 구심점으로 재해석할 여지가 존재한다. 역사적 재앙이 영화의 화려한 포장지로 은폐된 현재

Press, 1996), pp. 236~254.

14 Giorgio Agamben, *Homo Sacer: Sovereign Power and Bare Life*, translated by Daniel Heller-Roazen(Stanford, CA: Stanford University Press, 1998).

현실과도 접속할 가능성이 바로 여기 있다. 그러나 희망적 공동체의 전망은 명량해전 후 역사가 보여주었듯 여전히 어둡고, 현재의 관객은 세월호 정국의 무기력을 승리 서사로 날려버리는 허구적 대리 보상에 잠시 통쾌해한 뒤 변함없는 현실로 돌아간다.

재앙의 대안에서 대안적 재앙으로

이와 같은 딜레마에도 불구하고 한국의 재앙영화는 나름 장르적 두께를 쌓아가며 진화하고 있고, 다양한 변이형을 실험해나가는 중이다. 여기서 에필로그처럼 언급할 만한 단편영화가 몇 있다. 박찬욱의 〈심판〉(1999)은 삼풍백화점 붕괴를 배경으로 보험금 때문에 발생하는 사람들 간의 갈등을 보여주는데, 죽음의 의미는 산 자들의 재난 자본주의적 탐욕으로 뒤덮이다가 마지막에 이에 대한 심판이기라도 한 듯 갑자기 지진이 일어난다. 옴니버스영화 〈도쿄!〉(2008)에 실린 봉준호의 〈흔들리는 도쿄〉에서는 일본의 히키코모리 즉 아무런 사회생활 없이 집 안에서 유폐된 자신만의 세계에 자족하며 사는 외톨이가 피자 배달 소녀에 이끌려 바깥세상으로 나오지만 소녀를 포함해 모든 사람이 히키코모리로 변했음을 알게 된다. 이때 지진이 발생하자 잠시 사람들이 웅성웅성 나왔다 다시 들어간다. 역시 옴니버스인 〈인류멸망보고서〉(2011) 속 임필성의 〈해피 버스데이〉는 지구의 행성 충돌 예고로 일어나는 사회적 천태만상을 풍자적으로 보여주다가 정작 지구가 행성과 충돌하자 황폐하지만 새롭게 빛나는 세계로 귀속 없는 비체가 된 주인공 가족이 새 출발하듯 발을 내딛는 것으로 끝난다. 그날은 주인공의 생일이다.

재앙이 대안적 공동체 상상력의 부재에 대한 알레고리적 징후라면, 이 단편들은 재앙 자체를 다르게 상상할 가능성을 실험한다. 재앙의 대안 이전에 일종의 대안적 재앙을 상상하는 것이다. 이전에 몰랐던 사람들의 욕망과 권력 투쟁, 온갖 사회적 히스테리들이 재앙을 통해 그 자체로서 재앙의 징후로 드러나거니와 또 다른 층위의 재앙이 있다. 그것은 사회 전체 시스템을 리부팅하듯 심판할 수도 있지만, 사회의 잠재적 네트워크를 우발적으로 리세팅하듯 각성시킬 수도 있으며, 일어날 만한 일이 일어나는 것으로 받아들여져서 삶을 리포밍하듯 쇄신할 계기가 될 수도 있다. 재앙의 수행성(performativity)이 여기 작동한다. 주어진 과제나 알려진 과정을 행하는 것이 아니라, 주체와 세계에 내재해 있지만 알지 못했던 잠재적 가능성이 재앙이라는 사건을 통해 우발적으로 발견되고 실행되며 새로운 것들로 연결되는 것이다. 이때 열리는 새로운 관계의 공간은 유토피아가 아니라 말하자면 아토피아(atopia)적이다. 좌표 없는 대지로 현실을 지워가는 과정에서만 생성되는 장소, 영토적 경계도 위상학적 표지도 없는 움직임으로서의 '탈-장소'를 뜻하는 아토피아는 체제 내의 어떠한 자리도 차지하지 않으며, 자리를 차지하는 순간 그것은 스스로를 탈각시키는 영속적 탈주의 흔적으로만 감지되는 '말소된' 처소가 된다. 그래서 아토피아는 유토피아로의 이동을 가능하게 하는 수행적 조건이자 그곳에서의 정착을 불가능하게 하는 내재적 아포리아로 기능하며, 말하자면 '아토피안(atopian)'의 형용사적 역동성으로만 존재한다.[15] 후재앙 구원을 위한 한시적 에이전시를 매개로 일어나는 비체들의 유대와 연대는 무엇보다 아토피아적이다. 비체의 부정된 주체성이 아닌 그 자체로 긍정적인 비체적 주체성은 현실적 유용성을 떠나 그렇게 함으로써 이전에 겪지 못한 주체의 내재적 비체성과 생명의 취약함을 공유하며 거기서 미지의 역량을 길어낸다. 아무리 일시적이고 무기력해 보여도 이 가능성은 전에 없던 공간을 체제의 빈자리에 창

---

15 어떤 정체성의 처소에도 고정되지 않는다는 의미에서 소크라테스에게 붙여진 '아토포스'는 롤랑 바르트의 후기작들에 간헐적으로 나타나지만 통용되는 개념은 아니다. 이 글에서의 아토피아 언급을 포함한 확장된 논의는 정승훈, 「세월호와 영화 속의 배: 유토피아, 헤테로토피아, 아토피아」, 『문화과학』, 제81호(2015b), 337~363쪽 참조.

출할 수 있는 소중한 것이다. 여기에 앞으로 한국영화가 더 보여줄 수도 있을 재앙의 긍정성이 있을지 모른다.

참고문헌

정승훈, 「괴물의 추억: 봉준호의 〈괴물〉 다시 읽기」, 『현대문학』, 제630호, 2007, 271~278쪽.

_____, 「글로벌 아시아의 재앙영화」, 『국립 아시아 문화전당 비전포럼』, 광주: 국립아시아문화전당, 2015a, 130~151쪽.

_____, 「세월호와 영화 속의 배: 유토피아, 헤테로토피아, 아토피아」, 『문화과학』, 제81호, 2015b, 337~363쪽.

Barbara Creed, *The Monstrous-Feminine: Film, Feminism, Psychoanalysis*, London: Routledge, 1993.

David Bordwell, "Intensified Continuity: Visual Style in Contemporary American Film," *Film Quarterly*, Vol. 55, No. 3(Spring, 2002), pp. 16~28.

Giorgio Agamben, *Homo Sacer: Sovereign Power and Bare Life, translated by Daniel Heller-Roazen*, Stanford, CA: Stanford University Press, 1998.

Imogen Tyler, *Revolting Subjects: Social Abjection and Resistance in Neoliberal Britain*, London: Zed Books, 2013.

Julia Kristeva, *Powers of Horror: An Essay on Abjection*, translated by Leon S. Roudiez, New York: Columbia University Press, 1982.

Paul Virilio, *The University of Disaster*, Cambridge, UK; Malden, MA: Polity, 2009.

Régis Debray, *Du Bon Usage des Catastrophes*, Paris: Gallimard, 2011, p. 78.

Richard A. Grusin, *Premediation: Affect and Mediality After 9/11*, Basingstoke, England: Palgrave Macmillan, 2010, pp. 8~61.

Stephen Keane, *Disaster Movies: The Cinema of Catastrophe*, London: Wallflower, 2006, pp. 1~43.

Tom Gunning, "The Cinema of Attraction[s]: Early Film, Its Spectator and the Avant-Garde," *The Cinema of Attractions Reloaded*, edited by Wanda Strauven, Amsterdam: Amsterdam University Press, 2006, pp. 381~388.

Walter Benjamin, "Critique of Violence," *Walter Benjamin: Selected Writings Volume 1: 1913-1926*, edited by Marcus Bullock and Michael W. Jennings, Cambridge, MA: Belknap Press, 1996, pp. 236~254.

냉전 패닉과 한국전쟁 영화
: 죽창에서 신체강탈자까지

마크 모리스

배주연 옮김

　　남한과 미국에서 만들어진 한국전쟁 관련 영화 사이에는 유사점이 많다. 일례로, 이강천의 초기 전쟁극 〈격퇴〉(1956)는 남한군 부대의 핵심 고지 점령 및 방어에 초점을 맞추고 있는데(〈고지전〉[장훈, 2011]과 같은 작품의 영화적 대부라 할 수 있을 것이다), 이는 또한 〈포크 촙 힐(Pork Chop Hill)〉(루이스 마일 스톤, 1959)과 같은 할리우드 '고전'의 주요 특징을 예견하고 있다. 그러나 남한영화와 미국영화는 그 유사성보다는 차이점을 즉 다른 종류의 정치적·문화적 이데올로기―냉전 패닉(Cold War panic)의 스타일―를 보다 더 드러내는 듯하다. [남한영화와 미국영화 사이] 냉전 패닉 스타일의 차이는 특히 한편에선 남한의 반공주의라는 맥락에서 다른 한편에선 미국의 냉전 편집증이라는 맥락에서 한국전쟁의 공포를 다루는 영화에서 두드러진다. 이 글은 이강천이 〈격퇴〉에 앞서 만든 〈피아골〉에서 내가 개념화한 '전쟁 호러(war horror)'[1]의

1　Mark Morris, "War Horror and Anti-Communism," in Alison Peirse and Daniel Martin(eds.), *Korean Horror Cinema*(Edinburgh: Edinburgh University Press, 2013), pp. 48~59.

초기 사례를 고려하는 것에서 시작한다. 〈피아골〉은 빨치산에 관한 서사영화 중 최초로 성공한 영화였다. 한국전쟁을 다룬 남한영화는 이 시기부터 1970년대를 거쳐 그 이후에 이르기까지 일반적으로는 공산주의의, 무엇보다 북한의 무자비한 비인간성을 재현하는 데 극한의 물리적 폭력 신(scene)이라는 문법을 발전시켰다.

다음으로 한국을 배경으로 하고 일부는 한국에서 촬영되기도 한 중요한 미국영화 한 편을 다룰 것이다. 초기 전쟁영화 〈영호작전(Korea)〉에 드러나는 북한 간첩의 실제적이고 명백한 위협은 이후에 다른 것으로 치환된다. 1950년대 초반부터 중반에 이르는 매카시 시기의 미국영화는 미군 포로의 운명에 대한 공포와 패닉에 주목했다. 1950년에 이르기까지, 미국중앙정보국(CIA) 소속 저널리스트 에드워드 헌터(Edward Hunter)의 노력을 통해 세뇌(brain-washing)라는 말이 고안·대중화되었다. 저널리즘적이면서 사이비-과학적인 복잡한 담론이 확산되었다. 세뇌, [그리고] 정치체와 더 나쁘게는 군인과 민간인의 마음속에 공산주의 제5열(fifth column)[2]의 침투를 우려하는 패닉, 이 모든 것이 1950년대 미국의 주제음악을 구성한다. 외부인의 침투/마인드컨트롤에 대한 공포는 공상과학(SF) 호러 장르의 출현으로 자연스럽게 옮아갔다. 이러한 것의 '고전'은 돈 시겔(Don Siegel)의 〈신체강탈자의 침입(Invasion of the Body Snatchers)〉(1956)이다. 이 냉전 순간의 극도의 패닉(summa panicorum)은 존 프랑켄하이머(John Frankenheimer)의 1962년 영화 〈꼭두각시([또는 맨추리언 캔디데이트], The Manchurian Candidate)〉에 등장한다.

이 글은 원래 냉전 패닉의 구체적 시각언어를 강조하기 위해 영화 클럽에 초점을 맞춘 비주얼 프레젠테이션(visual presentation)에서 시작

---

2 [옮긴이] 내부에서 적에 협력하는 무리.

되었다. 한국의 죽창에서부터 외계 침입, 신체와 뇌의 강탈에 대한 미국의 공포에 이르기까지, 지그재그로 된 경로를 따라가려는 노력의 일환으로, 몇몇 대표적 영화에서 개별 장면의 시각적 레지스터를 구체화하려 시도할 것이다.

죽창 끝의 공포

장면 1: 〈피아골〉
　　　　(이강천, 1955)

지리산에서 활동하는 한 무리의 빨치산 단원이 마을을 습격하고 돌아온다. 그들은 송아지, 쌀, 여러 약탈품과 함께 마을 사람 몇을 죄수로 데려온다. 그들 중 한 명은 마을의 유명 인사로, 빨치산 활동 정보를 제공한 죄로 고발당한다. 가엾은 마을 사람 둘이 죽창으로 그를 찌르도록 강요당한다.

촬영은 이강천의 핵심 동료 강영학 덕에 비범하게 완수되었다. 이 장면에서, 인물들은 오래된 산사의 텅 빈 마당에 놓인다. 데이-포-나이트 필터(day-for-night filter)³로 촬영해, 몇몇 불가피한 그림자가 효과를 감소시키긴 하지만 으스스한 밤 분위기를 잘 살려냈다. 강영화는 이 가엾은 농민들이 마을의 유명 인사를 죽창으로 죽일지 아니면 그곳에서 농민들 자신들이 총살당할지 선택을 강요받는 장면을 극도의 클로즈업으로 촬영했다. 죽창 끝이 총구 바로 옆에 일렬로 놓여 있다. 그리고 죽창 끝에서 불길하게 반짝이는 빛에 의해 이 모든 것이 선명하게 드러난다. 실제 살인은 중요하게 다뤄지지 않는다. 남자는 무릎이 꿇린 채 빨치산을 저주하고 있고, 두 농민은 형식적으로 그의 등을 찌른다. 폭력의 충격

3　[옮긴이] 낮에 밤 장면을 촬영하기 위해 사용하는 필터.

을 전해주는 것은 이처럼 반짝이는 죽창 끝의 이미지다.

〈피아골〉은 반공 전쟁 영화에서 표준적 토포스(topos)가 되는 첫 영화적 재현일 것이다. 가엾은 소작농들은 무고한, 정치적인/존경받는 한국인을 죽창을 이용해 가능한 가장 잔인한 방법으로 죽이도록 강요받는다. 사회질서의 도착(perversion)은 전적으로 농민의 무기인 죽창이 공산주의가 사용하는 억압의 무기로 변질되는 것과 일치한다. 반공영화 감독으로서 그의 경력이 〈대좌의 아들〉(1968)과 같은 영화들에 의해 탄탄해지는 것에서 볼 수 있듯 이강천 감독은 [〈피아골〉] 이후 동일한 소재로 되돌아간다.

돌이켜보건대, 이때는, 남한영화의 황금기가 시작된 시기다. 〈피아골〉은 남한 반공주의의 공통감각을 진정시키는 한편, 전쟁의 주요 국면이 막다른 궁지에서 종결되고 1953년의 휴전협정이 현재의 참혹한 상태를 확정 지은 이후 남한에 남아 있던 좌익/공산당 투사들에 대한 역사적으로 주어진, 상대적으로 균형을 갖춘 재현을 제시하려 노력했다. 이강천의 영화는 극심한 공적 논쟁을 불러일으켰고, 이는 검열로 특정 장면들이 대체되고 나서도 계속되었다. 이강천이 시나리오를 쓰는 데 사용한 자료는 전라북도 경찰이던 김종환이 제공했다. 비록 실제로는 이강천이 시나리오의 대부분을 썼지만, 크레디트에는 김종환의 이름이 각본으로 올라가 있다. 이는 고마움을 표하는 하나의 방식이었지만, 영화가 좌편향이라는 원치 않는 의심을 미리부터 차단하는 현명한 수단이기도 했다. 경찰의 도움을 받아 이강천이 구조화한 서사는 생포되거나 투항하거나 죽음을 맞기까지 지리산에서 저항했던 빨치산들이 쓴 일기와 편지에서 모은 것들이다. 이 파편들, 무결점의 반공 자료[4]에서

---

4   [옮긴이] 경찰에게서 제공받은 자료.

얻은 파편들[5] 때문에, 누군가는 이강천이 [빨치산의] 내부로부터 나오는 경험을 재현할 수 있는 시나리오에 사로잡혔다고 생각할지도 모르겠다. 〈피아골〉 검열 문제의 시작은 여기에 있었을 것이다.

마침내 〈피아골〉이 1955년 9월에 공개되자, 영화는 상업적으로나 예술적으로나 큰 성공을 거두었다. 여름 동안 신문에 실린 논쟁[6]이 영화에 대한 관심을 촉발했다. [〈피아골〉은] 서울의 한 극장에 영화 상영을 알리는 포스터가 내걸렸다가 검열에 의해 상영이 취소되고, 또 다른 극장에 잠시 걸렸다가 내려지는 식으로 해서 기다림이 지속되었다.[7] 영화는 남한에서 처음으로 제정된 영화 시상식인 금룡상[제1회, 1956]에서 최우수영화상, 감독상, 여우주연상(애란 역의 노경희)을 수상했다. 이후 수년 동안 영화산업의 대들보가 될 두 배우도 이 영화에서 소개되었다. 바로, 떠오르는 별 김진규와 유명한 성격파 배우이자 전천후 악당 이예춘이다.

장면 2: 〈장마〉

(유현목, 1979)

인민군 주력 부대가 남쪽 깊숙이 침투해 들어오면서 마을의 삶을 재편하게 된다. 어리숙한 순철(이대근 분)은 지역 반동분자 처벌대에 가담한다. 순철은 국군—하필이면 순철의 친척이다—의 탈출을 도와준 것이 아니냐는 의심을 받게 되고 반동으로 고발당한다. 반공영화에서 '반동(reactionary)'은 [반동이라고] 낙인이 찍힌 사람들의 운명을 결정한다. 순철 역시 이 사실을 잘 알고 있다. 그는 사람들의 존경을 받는 마을 어

---

5   [옮긴이] 빨치산들이 직접 쓴 일기와 편지들.
6   [옮긴이] 영화는 빨치산들을 인간적으로 그렸다는 점 때문에 '용공 논쟁'을 불러일으켰다.
7   [옮긴이] 〈피아골〉은 1955년 8월 24일 서울 국도극장에서 개봉이 예정되었다가 검열에 의해 상영이 취소되고, 이후 단성사와 수도극장에서도 역시 잠시 걸렸다가 내려지는 상황이 반복되었다. 결국, 주인공 애란이 백사장을 걸어가는 영화 마지막 장면에 태극기를 삽입한 후에야 검열을 통과해, 같은 해 9월 23일 국도극장에서 개봉되었다.

른 넷을 처형하는 데 동의하는 것으로 자신의 간절한 충성심을 증명해 내려 한다. 순철은 자신의 옆에 있던 죽창을 쥐고서 말뚝에 묶여 있는 이 불쌍한 마을 사람들을 향해 돌진한다. 그러나 죽창은 빗나가고 순철은 그들을 지나쳐 자갈밭으로 고꾸라진다. 하지만 다음 순간, 죽창은 제대로 목표물을 찌르고, 연이어 다음 희생자를 향한다.

이 장면 대부분이 말뚝에 묶여 있는 마을 사람들의 등 뒤에서 촬영되었지만, 그럼에도 순철의 비극적 절규와 희생자들의 죽음의 고통이 으스스하게 드러난다. 순철의 얼굴과 그의 손에 들린 죽창의 클로즈업이 고향 마을에서 마지막 순간을 맞게 될 순철의 땀, 공포, 피의 뒤얽힘을 강조하고 있다. 폭력은 〈피아골〉보다 더 직접적으로 표현된다. 이 장면은 대낮의 빛을 충분히 받으며 촬영되었고, 당연히도 컬러 필름은 [폭력을 드러내는 데] 보다 직접적인 역할을 한다. 감독은 순철의 손에 들린 죽창을 강조하기 위해 프레이밍을 하거나 조명을 쓰기보다 영리하게도 줌을 사용해 죽창과 순철의 얼굴 및 손에 묻은 붉은 인공 피(artificial blood)를 포착해낸다.

전쟁 테러의 토포스는 〈피아골〉 제작 이후 4반세기가 흐른 후에 훨씬 강렬해졌다. 〈장마〉의 제목·플롯·인물의 기본 요소는 윤흥길의 인기 단편에서 가져왔다. 그러나, 어린 소년의 눈을 통해 말해지는, 너무나 슬프지만 서정적인 윤흥길의 단편에서는 폭력이 단호하게 배제된다. 어린 소년 화자는 전쟁을 가족에게 전해져 내려오는 전염병과 같은 것으로 경험한다. 소년의 삼촌 중 한 명은 시신으로 돌아오고, 다른 한 명인 순철은 결국 퇴각하는 북한군과 함께 산속으로 사라져버린다.

어느 날 빨치산들이 마을을 습격하지만, 결과는 참혹했다. 그들의 시신은 여기저기 널려 있다. 그러나 이 잔인한 사건에 대해 우리가 아는 것은 소년이 들은 바대로, 소년의 아버지가 가족에게 들려주는 내용이 전부다. 유현목 감독과 각본을 담당한 윤삼육은 서스펜스와 액션 그리고 반공 정서에 대한 예방책을 지닌 영화를 제시하기 위한 실마리로, 소년이 언급했던 말을 영화에 가져오는 듯 보인다. 전체 문장은 이러하다. "이따금씩 하늘 어두운 구석에서 번개가 튀어나와 그 언젠가 마을 앞 둑길에서 어떤 사내가 어떤 사내의 가슴에 쑤셔박던 그때의 그 죽창처럼 건지산 아니면 그 근처 어딘가를 무섭게 찔러댔다."[8] 이 문장은 시적이고 차분하게 서술되어 있지만, 한때 순수했던 소년에게 일생을 유령처럼 배회할 원초적 장면이 되는 그 모든 것을 아우르는 서늘함을 담고 있다. 전반적으로 윤흥길의 이야기에 유현목이 가져다준 긍정적 요소를 발견하려는 평론가 대다수는 공산주의의 사악함에 대한 감독의 목소리보다는, 전쟁을 겪고 있는 민중의 분열을 치유할 힘을 한국의 고유 신앙 안에 위치 지으려는 감독의 시도를 강조한다.[9]

주인공 순철은 이대근이 맡았다. 이대근은 1960년대 후반에 등장한 새로운 신체 유형의 배우들에게 있는 어떤 특징을 대변했다. 1970년대를 거쳐 1980년대로 넘어가기까지, 옹골진, 사각턱의, 순진무구하지만 자연스럽고, 정직한 남성성이라는 유형은 액션영화와 사극의 대들보가 된다. 남성 주인공의 원형 창조에서 이대근과 유사한 계열은 김희라·백일섭과 같은 배우들이었다. 그들 중 누구라도 체육관을 다니거나 개인 트레이너를 두고 있었으리라 생각되지 않는다. 확실히 이대근의 10여 년에 걸친 연기 이력이 그를 순철이라는 인물에 자연스레 어울리게 했다. 위 장면에서 순철이 보여주는 배신행위와 순진무구한 남성성을 일치시키는 것은 모순인 듯 보일지 모른다. 그러나 이중의 엑소시즘을 수행하는 마지막 장면이 이런 모순을 해결해준다. 순철의 사돈이 —

---

8   윤흥길, 「장마」, 『문학과 지성』(1973년 봄 호).
9   KMDB의 〈장마〉 해설 참조.

한국인의 어머니로 불리는 황정순이 연기했다— 뱀의 형상으로 집에 돌아온 죽은 순철의 영혼을 달래어 돌려보낸다. 영화는 한국을 집어삼킨 갈등과 더불어 순철에게서 악령을 몰아내는 것으로 절정에 이르는 듯 보이는데, 이를 통해 본질적이고 오염되지 않은 한국적임(Koreaness)이라는 순철의 영혼의 가장 중요한 가치들이 복원된다.

침입자: 내부의 적들

장면 3: 〈영호작전(Korea 또는 One Minute to Zero)〉
(테이 가넷Tay Garnett, 1952)

미군 장교 스티브 자노스키(로버트 미첨 분)는 명백히 무고한 하얀 옷의 피난민 무리가 미군의 전선을 뚫고 북한군을 침투시키는 데 이용되고 있음을 알게 된다. 자노스키 병사들은 피난민 무리를 마주하자 그들의 길을 막아선다. 한 노인이 소리 높여 저항하는데, 이는 영화에서 들리는 몇 안 되는 실제 한국인의 목소리 중 하나다. 이내 병사들은 기관총을 숨겨둔 유모차를 발견한다. (잔뜩 겁먹은 농민들이 1950년 여름 한국의 거리 위로 유모차를 밀고 다닐 가능성이 얼마나 될까?) 그러고 나서 그들은 여장한 북한군을 붙잡는다. "대령님, 모스크바에서 누가 왔네요." 병사 하나가 농담을 한다.

이제 시퀀스는 봉쇄된 길로부터 약간 거리를 두고 있는 자노스키 포병대의 시점으로 이동한다. 자노스키는 자신의 병사들이 있음에도, 피난민 무리가 만에 하나 미군 전선을 향해 돌진해올 때 [그들을] 어떻게 저지할 것인가를 결정해야만 한다. 피난민들 바로 앞으로 포탄이 떨어지기 시작하고, 인명 살상의 폭격은 점점 더 가까이 다가온다. 여기에 무기와 군복을 최대한 감춘 채, 두려움에 떨고 있는 피난민들을 앞으로 밀어붙이는 결의에 찬 사람들의 숏들이 끼어든다. 마침내 자노스키는 어쩔 수 없이 그러나 단호하게 이 절박한 상황에 놓인 피난민들의 머리 바로 위로 폭격을 명한다.

영화의 주제는 한국전쟁의 비극이다. 그리고 이 두려움에 떠는 무고한 '한국인들'에 대한 폭격 장면은 오늘날까지도 충격을 준다. 군중 속의 개인들 혹은 작은 집단에 대한 폭격 장면은 긴장을 높이기 위한 인터컷이다. 그러나 후자는 종종 인격을 하얗게 지워버리는 흐릿함으로 프레임 되는데, 동아시아를 배경으로 하는 영화들의 흔한 엑스트라인 중국인·필리핀인·멕시코인 등 다양한 국적의 사람들이 이 집단을 연기한다. (콜로라도에서 촬영한 장면에 실제 피난민들의 푸티지를 섞어 넣는 속임수에도 불구하고 그렇다.) 할리우드 스타일이 실제로 포착하는 유일한 고통은 클로즈업을 통해 이뤄진다. 그것은 덩치 큰 미첨의 검게 그을린 훌륭한 외모를 가로지르며 깜빡이는, 시민 무리를 파괴하라는 고통스럽지만 추정컨대 피할 수 없는 명령과 관련된 죄의식에 대한 클로즈업이거나, 혹은 아름다운 옷과 두건을 걸친 그의 여자 친구 역의 앤 블리스의 커다랗고 푸른 눈에 투영된 슬픔에 대한 클로즈업이다. 그녀는 한국에서 유엔 소속으로 일하다 이 폭격을 목격한다. 그녀의 현명함은 이 폭격으로부터 미국의 발명품이 얼마나 잔인한지가 아닌, 자신의 연인이 공산주의자들의 침략을 막으려 노력하는 와중에 얼마나 고통 받고 있는지를 배운다는 데 있다. 격전에 사로잡힌 한국 민간인들의 운명에 관한 어떤 교훈도 ─일례로 노근리 마을에서 일어났던 일과 같은 것들도─ 미래의 일일 뿐이다. 그것들은 한국에선 크게 문제가 될 테지만, 단기간의 관심과 어마어마하게 많은 전쟁을 치른 미국엔 별 문제가 되지 않을 것이다(이 거대한 주제에 대한 간략한 업데이트는 핸리와 멘도사[10]를 참고하라).

　한국전쟁을 스크린에 옮기려는 초기 할리우드의 시도는 무수한 [미국의] 애국주의적 임무를 수행하려 했다. 여기에 거의 말해지진 않았지만 미 육군과 공군의 화력 남용에서 비롯하는 남한의 민간인 사망에 대한 우려의 고조는 인식되는 동시에 기각되는 것처럼 보인다. 즉 반역적 공산주의자들은 자신들의 인민들을 성전(聖戰)의 입속으로 밀어 넣는 걸 신경 쓰지 않고 있으며, 미군 부대는 이에 응수해야만 한다. 군인과 민간인들의 마음 및 정신으로 공산주의가 침투하는 것에 대한 미국인들의 공포에 앞서 공산주의의 교활한, 침략의 무자비함을 보여주는 외부적 '증거'가 등장했던 것이다.

　대부분의 미국 스튜디오들은 한국전쟁에 관해 혹은 한국전쟁을 두고 무엇을 해야 할지 몰랐다. 1950년 6월에 전쟁이 시작되었을 때, 그들은 여전히 제2차 세계대전에 관한 영화들을 내놓는 데 주력했다. 그해 [미국] 박스오피스 상위 50위에 든 영화 중, 존 웨인의 오욕과 영광의 서사시인 〈유황도의 모래(The Sands of Iwo Jima)〉(앨런 드완, 1949)를 포함해 8편이 전쟁영화였다. "이 단계에서, 영화사 대표 대다수는 당시 제작 중이던 제2차 세계대전 영화의 범람에 정통성을 부여하기 위해 꼭 필요한 군대와 자신들의 협력 관계를 방해하는 유감스럽고 성가신 것 이상도 이하도 아닌 것으로 한국을 보았다."[11] [한국전쟁에 관한] 저예산 장편영화들이 일찍부터 있긴 했지만, 이런 분위기 속에서 하워드 휴스(Howard Hughes)와 RKO[12]가 메이저 프로젝트를 개발한 것은 흔치 않

10　Charles J. Hanley and Martha Mendoza, "The Massacre at No Gun Ri: Army Letter Reveals U.S. Intent," *Japan Focus*, Vol. 5, Iss. 4(2007).

11　Steven Casey, *Selling the Korean War: Propaganda, Politics, and the Public Opinion in the United States 1950-1953*(Oxford: Oxford University Press, 2008), pp. 219~220.

12　[옮긴이] Radio-Keith-Orpheum Pictures 혹은 RKO Radio Pictures로 불린 미국의 메이저 영화 제작 및 배급사. 〈영호작전〉 제작 당시 RKO의 대표로 있던 이가 휴스였다.

은 일이었다. 1952년 8월에 〈영호작전〉이 공개되자, 제작에 협력했던 미국방부가 영화와의 관계를 부인했다. 그들은 "미첨이 포병대에 북한군이 포함된 피난민 대열을 향해 발포하도록 명령한 마지막 장면을 난감해했다."[13] 영화에 대한 미국영화협회(AFI)의 노트가 보여주듯, "〈영호작전〉은 메이저 영화 스튜디오에서 제작 기간 동안 군대의 협력을 받다가, 개봉 무렵 그 관계를 상실한 첫 영화로 기록된다."[14]

물론 후방으로의 적의 침투는 〈나는 FBI를 위한 공산주의자였다(I was a Communist for the F.B.I.)〉(고든 더글러스, 1951) 등 매카시 시절에 만들어진 수많은 반공영화의 핵심 주제이자 플롯 장치였다. 그러나 미국인의 편집증이 ―국외건 국내건― 물리적이고 직접적인 침투에 초점을 두던 것에서 마인드컨트롤에 대한 집착으로 옮아간 것은, 그리고 세뇌로 표현되는 거의 신화적 과정으로 옮아간 것은 한국전쟁의 경험과 더불어 중국 교도관, 심문자 혹은 다른 '교육자들(educators)'의 통제 하에서 북한에 억류된 미군 포로의 운명 때문이었다.

고문받는 육체들, 사로잡힌 마음들

장면 4: 〈전쟁 포로(Prisoner of War)〉

　　　　(앤드루 마턴Andrew Marton, 1954)

훈장을 가득 단 소련 장교가 포로수용소의 중국인(혹은 한국인?) 지휘관 김 대령의 조언자로 일하고 있다. "동무, 이제 여기 우리가 당신이 포로들의 세부적인 일상을 관리하는 걸 도우러 왔소. ―물론 당신이 책임자고― 우리는 그저 당신의 손님일 뿐이요." 김 대령은 자신에게 붙잡힌 미국인들이 여전히 저항하며, 그들의 정신을 수호하고 있다는 사실에 당

13　Steven Casey, *Selling the Korean War*, p. 408.
14　AFI의 〈영호작전〉 설명 참조.

혹스러워 한다. 영화의 어느 지점에서 소련 장교는 '세계의 위대한 과학자 중 한 명인, 이반 페트로비치 파블로프'에 대한 짧은 헌사를 바친다. 파블로프는 고양이와 개에 관한 실험을 했지만 이제 "우리는 파블로프를 넘어서고 있습니다. 왜냐하면 보다 고차원적 유기체인 인간을 다루고 있기 때문이죠, 대령." 김 대령이 묻는다. "동무, 이게 미국인들한테 통할까요?" 소련 장교는 확신에 차서 대답한다. "누구한테나 통하지요."

이 우스꽝스러운 냉전 '클래식'의 스타는 미래의 미국 대통령이었다. "〈전쟁 포로〉가 나왔을 때, 마흔두 살이던 로널드 레이건(Ronald Reagan)은 (…) 다소 침체기를 겪고 있었다. 1950년 이후, 그는 스튜디오를 여기저기 옮겨 다녔고, 미국영화배우조합(Screen Actors Guild) 의장직을 막 사임했다. 레이건은 이 기간 자신에게 제안 들어온 그다지 매력적이지 않은 영화들을 대부분 거절하고 있었다. 그러나 MGM이 〈전쟁 포로〉의 시나리오를 레이건에게 보냈을 때, 그는 매우 흡족해했고 당장 계약했다."[15]

〈전쟁 포로〉에서 레이건은 포로들의 참담한 여건과 제네바조약 위반에 대한 정보를 캐내러 북한에 침투한 군 정보장교를 연기한다. 그는 공산주의의 대의명분에 동조하는 척하고 '진보(Progressive)'가 되는데, [여기서] 진보는 사악한 공산주의자들에 의해 그 반대명제가 '반동'이라고 불리게 되는, [공산주의자들에게] 협력하고 협조하는 포로들을 나타내는 카테고리다. 영화 초반에 등장하는 파블로프와 조건반사에 관한 이야기처럼, 중국인 교도관들은 심리적 전술을 거의 고려하지 않은 채 포로들을 때리고 고문한다. 그들의 광적 잔인함은 무기력한 전쟁 포로 앞에서 포로의 애완견을 두들겨 패는 장면에서 최고조에 이른다. 웨브

15 TCM(Turner Classic Movies)의 〈전쟁 포로〉 설명 참조.

슬로언 역의 레이건은 이를 '오랜 중국의 관습'이라고 평한다.[16]

〈전쟁 포로〉는 오랜 수용 생활을 겪은 미군 전쟁 포로의 귀환을 이용할 기회를 잡으려 기획되었다. 그들이 얼마나 심한 고통을 겪었는지를 둘러싼 루머들로 우리 아이들이 집으로 돌아왔다는 단순한 기쁨조차 제대로 만끽할 수 없던 혼란스러운 시기였다. 더 심각한 것은, 모든 이가 완전한 영웅처럼 행동하지는 않았다는 사실이 알려졌다는 점이다. 신체적 구금(혹은 심리적, 정신적이었을까?) 하에서, 많은 이가 미국의 제국주의적 야망을 반대하는 진술에 서명하거나 자신들의 정부를 비난하는 방송을 했다. 다른 이들은 미국이 세균전을 벌이고 있다는 주장에 자신의 이름을 올리기도 했다. 어떤 이는 적군에게 동료 포로를 밀고하기도 했다. "전쟁 포로였다 돌아온 4,428명 중 565명은 그 행동을 심각하게 의심받았다."[17] 최악은 송환을 거부하고 중국으로 간 21명의 확실한 반역자들이었다.

텔레비전이 먼저 이 베일에 싸인 귀국자들에 대한 혼란스러운 곤경을 드라마화했다. 1953년 가을에는 NBC의 〈반역자(The Traitor)〉와 연이어 경쟁사의 〈전쟁 포로(POW)〉가 방영되었다. 8월에 MGM은 영화 프로젝트를 시작해도 된다는 군의 승인을 얻었다. "이틀 뒤, 328명의 전쟁 포로를 실은 첫 수송선이 샌프란시스코 항에 닿았을 때, 시나리오 작가 앨런 리브킨(Allen Rivkin)은 인터뷰를 위해 항구에서 대기하고 있었다." 1954년 5월에 〈전쟁 포로〉가 공개되었을 때, "MGM은 4개월 이틀이라는 '오리지널 각본부터 실제 영화 촬영에 이르기까지 영화 개발의 속도 기록'을 갱신했다고 자랑했다."[18]

[그러나] 아마도 그들은 속도를 늦췄어야만 했다. 〈전쟁 포로〉는 모

---

16 Susan L. Carruthers, *Cold War Captivities*(Berkeley: University of California, 2009), p. 198
17 Charles Young, "Missing Action: POW films, Brainwashing, and the Korea War, 1954-1968," *Historical Journal of Film, Radio and Television*, Vol. 18, Iss. 1(1998).
18 Susan L. Carruthers, *Cold War Captivities*, pp. 196~197.

든 이의 심기를 건드렸다. 군은 처음에 구미를 갖고 지원했지만, '별 도움 되지 않는' 프로덕션으로부터 거리를 . (…) 반면, 영화평론가들은 민감한 소재를 그렇게 거침없이 다룬 영화에 혹평을 보냈다."[19] 위 장면에서, 소련 장교는 할리우드에서 종종 러시아인으로 등장하는, 호주 배우 오스카 호몰카(Oscar Homolka)가 맡았고 그의 아둔한 교섭 상대는 아시아계 미국인 성격파 배우 레너드 스트롱(Leonard Strong)이 맡았다. 스트롱은 제2차 세계대전 동안 일본 악당과 같은 작은 배역을 맡은 반면, 냉전 기간에는 주로 중국인으로 캐스팅되었다. 심지어 그는 1950년대 중반 푸-만추(Fu-Manchu)[20]의 텔레비전 버전에도 출연했다. 이들의 과장된 대화는 미국 반공주의의 주술을 담은 만화책으로 가시화되는데, 이 속에서 한국전쟁과 그 여파는 모스크바가 계획하고 재정 지원을 하며, 공산주의의 중국인들은 이 음모의 파트너로서 지시에 따라 행동한 반면, 북한 사람들은 공산주의 위협의 드라마에서 작은 역할을 담당한다. 정통성을 주장하는 주권국가로서 조선민주주의인민공화국의 실재성이 사라진다는 것은 대한민국과 그 동맹국의 지도자들이 공유하는 '북진' 정책과 조화를 잘 이룬다. 레이건은 자신의 노력으로 미화 3만 달러를 모았고, 우리가 알다시피, '악의 제국(evil empire)'에 맞선 더 큰 싸움을 향해 나아갔다.

장면 5: 〈중공 포로수용소(The Bamboo Prison)〉
(루이스 세일러Louis Seiler, 1955)
교도관 동무 리칭(찰리 챈Charlie Chan의 적자Number One Son라는 별칭을 가진 위대한 중국계 미국인 배우 케예 루크Keye Luke가 연기했

19 같은 책, p. 198.
20 [옮긴이] 20세기 초반 영국 작가 색스 로머(Sax Rohmer, 1883~1959, 본명은 아서 헨리 사스필드 워드Arthur Henry Sarsfield Ward)가 만들어낸 중국인 악당 캐릭터.

다)이 너저분하고 무모한 한 무리의 미군 포로에게 미국 자본주의의 사악함에 대해 설명하려 애쓰고 있다. 오늘의 주제는 '왜 우리가 포로들을 잘 대우해주고 있는가'다. "천대받던 당신들, 억압받던 당신들, 노동계급의 공동 구성원 출신의 당신들." 그가 서툴게 입을 뗀다. 그의 옆에는 란트 하사(로버트 프랜시스 분)가 앉아 있다. 그는 세뇌를 받아들이고 교도관의 개가 됨으로써 '진보'[21]가 되었다. 군인들은 '그녀는 산을 돌아 올 거예요(She'll be Comin' Round the Mountain)'[22]를 '오! 우리는 예전에 그렇게 좋았던 적이 없었지요'라는 아이러니한 버전으로 바꿔 부르며 교도관을 조롱한다. 그들의 즉석 공연은 제지당한다. 란트가 끼어들어 이 운 나쁜 중국 교도관에게 [미국] 남부 출신의 백인 녀석들은 개과천선과는 거리가 멀다고 말한다.

〈중공 포로수용소〉는 한국전쟁에 관해 만들어진 가장 유별난, 거의 환희로 가득 찬 B급 영화다. 그 유머는 명백하게 겁먹지 않은 척하려는 속성을 지닌다. "〈중공 포로수용소〉의 시나리오는 (…) 분명 빌리 와일더(Billy Wilder)의 최근작인 (그리고 대성공을 거둔) 제2차 세계대전 코미디극 〈제17포로수용소(Stalag 17)〉(1953)의 영향을 받았다. 〈중공 포로수용소〉는 거리낌 없이 〈제17포로수용소〉의 플롯과 몇몇 캐릭터 유형을 '빌려왔'지만, 세뇌라는 동기 부여를 끌어들인다."[23] 포로들이 돌아오자 수용소의 참상이 알려졌다. 열악한 의료 환경, 음식이나 옷가지 혹은 난방의 부족, 폭행, 그리고 더 나쁜 점은 이런 것들로 인해 1950~1951년의 매서운 겨울부터 1953~1954년의 송환에 이르기까지, 포로들의 절반 정도가 죽어나갔다는 사실이다. 이러한 물리적 조건에

21 [옮긴이] '반동'의 반대 개념으로, 적에 협력하는 포로.
22 [옮긴이] 미국의 유명한 동요.
23 TCM의 〈중공 포로수용소〉 설명 참조.

더해 "중국은 전쟁 포로들의 추종 여부를 면밀하게 감시할 수 있는 포럼을 추가했는데, 바로 정치 교육 수업이다. 이 지극히 단조로운 수업은 전쟁 포로들의 평균적 일상에서 중요한 부분을 차지했다. (…) 또한 중국의 정치 훈련관들은 사람들을 꾀어내려 개인의 자전적 이야기와 대규모의 공개 고백을 이용했다."[24] 박탈, 집단 사고 강요, 개인사와 감정사 발설에 기초한 세뇌 과정은 자유로운 인간들의 마음과 정신에 대한 공산주의의 위협이라는 공상적이고 악몽 같은 주장의 배후에 있는 것들로 보인다. 한국전쟁의 경험을 통해 "세뇌라는 이슈는 전체주의 개념을 경찰국가의 단순한 강압에서 '개인 정신의 노예화(enslavement of the individual psyche)'로 옮아가도록 하는 역할을 했다."[25]

란트라는 인물은 사실 가짜 반역자이자 거짓 진보다. 란트는, 〈전쟁 포로〉의 레이건이 연기한 인물처럼, 학대를 조사하기 위해 수용소에 잠입했다. 그는, 초기 영화들이 그랬던 것처럼, '반동적' 죄수들 중에서 숙적을 가지는데 나중에 그 숙적 역시 침투한 정보관이라는 사실이 밝혀진다. 〈영호작전〉이 전장의 실제 위협으로서 공산주의 침투에 대한 공포를 그려냈던 반면, 1950년대 중반에 이르기까지의 시나리오 작가들은 양극단을 뒤집고 저항의 기호로서 포로수용소로의 은밀한 침투를 고안해냈다. 그러나 이런 전략은 이 영화들을 충분히 구원하진 못했다. 〈전쟁 포로〉와 〈중공 포로수용소〉의 애국심 충만한 스파이들은 확실히 미군에 환영받지 못했다. "어떤 미군 포로도 —군 정보국이 그렇게 하라고 요청한 사람들을 제외하고선— [적군에] 협력하지 '않았다'는 암시가 문제였다."[26] 그것은 본의 아니게 모든 미군 병사가 기본적으로 스파

---

24 Charles Young, "Missing Action: POW films, Brainwashing, and the Korea War, 1954-1968."
25 같은 글. 다음에서 인용. Abbot Gleason, *Totalitarianism: The Inner History of the Cold War*(New York: Oxford University Press, 1995). 또한 다음을 참조. David Seed, *Brainwashing: The Fictions of Mind Control, A study Novels and Films Since World War II*(Ohio: Kent State University Press, 2004), pp. 81~105.
26 Susan L. Carruthers, *Cold War Captivities*, p. 201.

이였다는 중국의 의혹을 확인해주는 것처럼 보였을 뿐만 아니라, 더 심각하게는, 수많은 귀환 전쟁 포로에 대한 군법회의를 진행하겠다는 군상층부의 결정과도 충돌했다. 미국인들은,『뉴욕 타임스』의 군 취재원이 기술한 것처럼, "'반드시 자신들에게서 감상을 없애야 하고 (⋯) 그리고 반드시 전쟁 포로 이슈를 전체로 보려고 애써야 한다.' (⋯) 시민들은 몇몇 '연약한, 잘 적응하지 못한, 불만 가득한, 미성숙한 어린 병사가'" 실제로 반역자처럼 행동했고, 수용소에서 그들이 겪은 것과는 상관없이 처벌받아야 한다는 점을 받아들여야만 했다.[27]

이 시기에 만들어진 어떤 할리우드영화도 물리적·심리적 강요의 조합이 인간 정신을 파괴해버릴 수 있다는 것에 대해 현실적 묘사를 시도하지 않았다. 즉 정지영의 2012년 작 〈남영동 1985〉와 견줄 만한 냉전의 묘사랄 게 확실히 없었다. 그러나 소수의 미국 작가들은 픽션이라는 수단을 통해, 특히 이제는 아주 오랜 기간 잊힌 소설의 형식으로, 이 경험에 관해 무언가를 전하려 했다. 프랜시스 폴리니(Francis Pollini)의 하드보일드물이자, 파편화된 서사물인『밤(Night)』(1960)은 파리에서 처음으로 출판해야만 했다. 뒤이은 영국과 미국 판본은 '세뇌라 불리는 악몽을 다룬 진정한 소설(A Truthful Novel of the Nightmare Called Brainwashing)'이라는 부제를 달았는데, 이는 뻔뻔하게 냉전을 팔아먹기 위해 원제목의 시사적인 단순함을 포기하는 것이었다.[28] 프랭크 G. 슬로터(Frank G. Slaughter)의『검과 메스(Sword and Scalpel)』(1957)는 더 매끄러운 작품이긴 했는데, 이차원적 캐릭터와 진부한 로맨스 서브플롯에 더해 주인공 폴 스콧 대위가 마주하게 된 군법회의 과정에 적어도 약간의 기교를 불어넣고 있다.

---

27 같은 책, p. 202.
28 David Seed, *Brainwashing*, pp. 88~89.

장면 6: 〈고문(The Rack)〉

(아널드 라벤Arnold Laven, 1956)

홀 대위(폴 뉴먼 분)가 군법회의에 회부된다. 그는 1951년 1월에 포로가 되었다. 외롭고 연약했던 그는 무너지고 말았고, 한국에서 포로로 있는 동안 적에게 협력하는 데 동조한다. 그전까지, 그는 자신이 중국인 멘토들보다 한 수 위라고 생각해왔다. 그는 '진보'의 역할을 맡아 선동 강의에 한몫했다. 그는 병사들이 자신의 농담을 알아차리리라 가정하고, 복잡한 유사-마르크스주의 용어들을 사용했다. 병사들은 군법회의에서 홀 대위에 반하는 증언을 한다. 홀 대위에 대한 심문과 그의 자전적 이야기는 어머니의 슬픈 운명에 대한 죄책감과, 직업군인인 아버지의 엄격한 규율에 그가 느꼈던 깊은 원망을 드러낸다. 오랜 기간의 고립감과 참담함 뒤에, 죄의식이 지렛대로 작용했을 때, 그는 무너지고 말았다. 그는 냄새 나는 담요와 약간의 숙면을 취할 수 있다면, 그때는 무엇에라도 서명할 수 있었고, 무슨 말이라도 할 수 있었다고 시인한다.

로드 설링(Rod Serling)의 텔레비전 각본을 바탕으로 한 〈고문〉의 대본은 B-무비(B-movie)의 유머 혹은 액션 플롯에 대해 정교하면서도 자유로운 반론을 제공한다. 이 각본은 [적에게] 협력한 죄수들조차 겪어야 했던 고통에 대한 연민, 굴하지 않았던 사람들의 영웅심에 대해 인식할 필요성, 냉전기 미국사회의 광범위한 정치체에 놓여 있을지 모를 궁극적 외로움과 연약함 사이에서 적정선을 유지한다. "1950년대 중반까지, 사회평론가들은 수용 중 포로들의 기록을 경고의 원천으로 즉 공산주의의 폭력에 대한 증거가 아닌 국가 붕괴의 지표로 과도하게 해석했다."[29] 미군은 처음에 "귀환한 포로의 11퍼센트에 해당하는 426명을

---

29 Susan L. Carruthers, *Cold War Captivities*, p. 201.

조사하며"[30] 협력이 의심되는 사람들에게 아주 강경한 입장을 취했다. 뉴먼과 같은 할리우드의 자유주의 배우들의 뛰어난 연기와 더불어, 설링의 각본은 이 가혹한 괴롭힘을 둘러싼 문화적 반감과 불편한 심기를 잘 드러내 보인다.

또한 영화는 세뇌 신화 "특히 '공산주의에 대한 악마적 관점, 그리고 그 반응들에 깔려 있는 인종주의'에 의해 형성되는 '불가해한 동양적 장치'라는 '무시무시한 신화'"를 비판해온 알버트 비더만이나 로버트 제이 리프턴과 같은 자유주의 심리학자 및 사회과학자들에 동조한다.[31] 홀 대위의 변호인단이 기술하듯, 피고와 여러 전쟁 포로가 마주했던 것은 "세뇌가 아니다. 세뇌란 것 자체가 없었고, 어떤 약물도 사용되지 않았다. 행해진 모든 시도는 마음 파괴가 아니라 단지 고통을 주기 위한 것이었다."

홀을 녹초로 만들어버린 진술이 끝난 후, 그는 슬픔으로 공허해졌지만 참아낸다. 배심원석에 있던 일곱 장교는 그에게 두 기소 건에 대해 유죄를 선언한다. 그러나 판결을 내리기 전에 영화는 끝이 난다. 홀은 파괴되었고 법적으로 군사적으로 유죄다. 그럼 이제 무엇이 그에 대한 정당한 판결일까? 설링은 관객에게 질문을 관객에게 남겨둔다.

지난 세기 중반 미국에서 프로이트의 지적 영향력은 대단했다. 귀환을 담은 오프닝 장면에서, 한국으로부터 집으로 돌아온 다른 귀환 군인들은 자신의 부모에게 따뜻한 환대를 받는다. 반면, 현역 육군 소령인 홀의 아버지는 아들이 기소되었다는 것을 알고 나서 잔인하게 반응한다.—홀이 그의 형처럼 거기에서 죽었으면 하고 바란 것이다. 홀은 오직

---

30 같은 책, p. 204..
31 David Seed, *Brainwashing*, p. 48. 인용은 각각 다음에서 했다. Robert Jay Lifton, *Thought Reform and the Psychology of Totalism: A Study of 'Brainwashing' in China* (New York: W. W. Norton & Co., 1961); Albert D. Biderman, "The Image of 'Brainwashing,'" *Public Opinion Quarterly*, Vol. 26, Iss. 4(1962), pp. 547~563.

자신의 형수에게만, 다정했지만 아픈 어머니와 냉정한 아버지 사이에서 갈기갈기 찢어지던 고통스러운 자신의 유년 시절을 말할 수 있다.

냉전 시기에 이르러, 미국은 점점 약해지고 있고, 평범한 사람들은 모든 종류의 정치 선전에 너무 쉽게 조종당하고 있으며, 광고 언어와 소비 자본주의의 공허한 약속에 쉽게 마음을 뺏긴다는 느낌이 사회평론가들 사이에 만연해 있었다. 이 문화적·정신적 진공 상태로 인해 미국은 고도로 동기 부여 된 무자비한 적들의 손아귀에서 제2차 세계대전 이후 첫 참전 군인이었던 한국 참전병들을 [정신적으로] 지탱시키는 데 실패했다.

물론, 이러한 의문이 들 때, 당신은 미국의 '어머니'를 비난할지도 모른다. 그녀는 아들의 삶에 감정적·심리적으로 지대한 영향을 끼치는 일종의 발견되지 않은 프로이트적 제5열[32] 즉 나약함의 원천일지도 모른다. 필립 와일리(Philip Wylie)의 악명 높은 [소설]『독사의 자식들(Generation of Vipers)』은 일찌감치 1942년에 '모친 중심주의(mom-ism)'[33]의 위협을 그리고 있다.

장면 7: 〈꼭두각시(The Manchurian Candidate)〉
　　　　(존 프랑켄하이머, 1962)

벤 마르코 소령(프랭크 시나트라 분)은 반복적으로 한국전쟁에서 자신의 경험과 관련한 악몽을 꾼다. 꿈은 여성 전용 클럽에서 나누는 수국에 관한 장황한 이야기가 동시에 (냉전의 악당 클리셰인) 동아시아인과 러시아인 관객 앞에서 사디즘적 중국인 과학자들이 세뇌의 힘을 잔인하게 전시하는 것과 겹쳐지는 이상한 세계다. 그의 부하 중 한 명인 쇼 하사

32　[옮긴이] 여기에서 '제5열'은 내부에서 적에 협력하는 자를 이르는 말로, 프로이트적 정신분석학의 영향력을 강조해 어머니가 아들의 무의식을 지배하고 내면을 파괴한다는 의미로 사용되고 있다.
33　[옮긴이] 어머니에 대한 과도한 애착 혹은 어머니의 과도한 영향력. 정신분석학에서는 신경증의 일종으로 본다.

(로렌스 하비 분)가 마르코의 눈앞에서 동료 둘을 죽인다.—혹은 죽이는 것처럼 보인다.

쇼는 처음에 훈장을 받은 귀환 영웅으로 등장한다. 쇼는, 그의 동료들이 한결같이 말하듯, 적군이 그의 분대를 덮칠 때 분대원들을 구해냈다. 또한 초반에 광적 반공주의자인 쇼의 의붓아버지가 등장하는데, 그는 강철 같은 정신을 가진 쇼의 어머니에 의해 대통령직을 향해 나아가도록 조종당한다. 영화의 누아르 스릴러적 측면은 거짓 영웅에서 치명적 저격수가 되는 쇼의 역정(歷程)으로 관객을 안내한다. 그는 무자비한 아시아의 적들에 의해 정치적 암살범으로 프로그램 되었고, 더 심각하게도 그를 거세하고 있는 공산주의자 연맹 소속인 엄마의 최면에 의해 통제되고 있다. 이것은 가장 치명적인 '모친 중심주의'다.

이상의 길고 복잡한 장면에서, 카메라 워크와 미장센의 영리한 결합은 케네디 암살 전야 미국의 불안정한 편집증으로 우리를 안내한다. 〈꼭두각시〉는 대담하게 냉전 미국의 무수한 테마와 공포를 요약해낸다. [그렇다면] 어떻게 푸-만추식의 악질 과학자가 단 3일 만에 건강한 병사들에게 약물을 주입하고 최면을 걸어 그들의 동료들을 살해하게 만들고, 쇼의 영웅심에 대한 이식된 기억을 진실로 받아들이게끔 조종하는가, 혹은 어떻게 쇼가 적절한 기폭제에 반응해 대통령 후보자 암살을 준비하도록 조종되는가.—영화에서는 그 어느 것도 설명되지 않는다. 이는 1958년에 쓰인 리처드 콘돈(Richard Condon)의 원작 소설에서도 명확하지 않다.[34]

1963년 11월의 케네디 암살은 한동안 편집증을 공통감각처럼 보이게끔 만들고, 프랑켄하이머 영화에 섬뜩한 예시적 감각을 부여하는 것

---

34 David Seed, *Brainwashing*, pp. 106~133

같다. 주장컨대, 1963년 11월의 사건에서 [케네디 암살범으로 지목된] 리 하비 오스월드를 공산주의자로 간주하는 사람들은, 따뜻하고 안락한 담요처럼 편집증에 사로잡힌 채, 냉전 패닉이 지속되기를 원했다. 정치 적 폭력이 내부에서 자라났다고 깨닫는 것은 이런 사고방식을 버리려는 한 걸음처럼 보일 수도 있다. 그러나 한국전 다음에는 베트남전이 기다 리고 있었다.

외계의 침입자

장면 8: 〈화성에서 온 침입자(Invaders from Mars)〉
    (윌리엄 캐머런 멘지스William Cameron Menzies, 1956)
상냥하고 가정적인 남자 조지(라이프 에릭슨 분)는 행복으로 충만한 자 신의 집 근처에 착륙한 낯선 물체를 조사하러 갔다가 완전히 다른 사람 이 되어 돌아온다. 그는 평범한 모습을 하고 있지만 성난 로봇처럼 행동 한다. 화성에서 온 침입자들은 그를 신비에 싸인 지하 실험실로 끌고 가 그의 뇌에 어떤 장치를 심어놓았다. 다른 이들도 해피엔딩이 오기 전까 진 외계인의 통제하에 놓이게 될 것이다.

장면 9: 〈신체강탈자의 침입(Invasion of the Body Snatchers)〉
    (돈 시겔, 1956)
베넬 박사(케빈 매카시 분)와 그의 친구 베키(다나 윈터 분)는 캘리포니 아 산타미라의 작은 마을에 뭔가 심상치 않은 일이 일어나고 있음을 감 지한다. 사람들은 거대 씨앗 껍질에서 나타난 도플갱어와 바꿔치기 되었 다. 그들의 외양과 목소리는 평범한 사람 같지만, 인간성이라고는 전혀 없다. 어느 한 장면에서, 베넬과 베키는 마을을 떠나기 전에 사무실 창밖을 응시하다가 마치 텔레파시 신호에 의한 것처럼 마을 광장으로 소환된 그들의 '이웃'과 닮은 형체들을 본다. 이 '사람들'은 씨앗 껍질을 운반하고 순환시키느라 분주하다. 베넬과 베키는 '악성 질병이 전국적으로 퍼지고 있다'는 현실을 목도한다. 그것은 정확히 마을 중심부로 옮겨가고, 그다음에는 미국 전역의 중심부로 옮겨간다.

일본에서 〈고질라(ゴジラ/ Gojira)〉(혼다 이시로, 1954)는 태평양에서의 핵실험에 대한 [일본의] 공포와 함께 미국의 핵폭탄 및 다른 폭격으로 인해 일본 도시 인구가 대규모로 파괴된 데 대한 [일본의] 반향을 전달한다. 할리우드 역시 새로운 공상과학 장르에서 방사능과 원자력 무기에 대한 공포를 활용했다. 그러나 미국에서 가장 극적인 공상과학 호러의 형태는 한국전쟁에 의해 생성되고 저널리즘과 대중문화 안에서 복잡하게 재가공된 침입과 마인드컨트롤에 대한 냉전 담론에 의존했다. 종종 공상과학적 망상과 냉전의 정치적 버전은 상호 교환 가능한 듯이 보인다. 시겔은 〈신체강탈자의 침입〉 발표 후 몇 년 뒤 찰스 브론슨(Charles Bronson)과 함께 〈텔레폰(Telefon)〉(1974)이라는 스릴러물을 만든다. 브론슨은 소련 정보국에 의해 미국에 침투된 일련의 미각성 요원들(sleeper agents)을 추적해야만 한다. 이 요원들은 특정 전화 메시지에 의해 각성되며, 자동적으로 행동을 취하게끔 되어 있다. 이 영화는 시겔의 1956년 작 〈신체강탈자의 침입〉을 일종의 마스터피스로 보이게끔 한다.

〈신체강탈자의 침입〉은 하나 이상의 해석을 열어두는 아주 정교하고 으스스한 공상과학 누아르물이다. 이것은 공산주의의 침입에 관한 알레고리인가? 혹은 ―아마도 그럴 것 같지만― 돌이킬 수 없을 정도로 순응적이고 별다른 주의 없이 냉전의 편집증에 사로잡혀버린 미국 사회에 대한 악몽적 비전인가?[35] 그러나 나는 적어도 그 시대에 자라났던 우리에게 〈신체강탈자의 침입〉의 영향력을 확신할 수 있다. 엄마가 나를 데리고 (멀티플렉스가 들어서며 오래전에 없어진) 동네 극장에 가서 이 영화를 보았을 때 나는 일고여덟 살쯤 되었을 것이다. 나는 혹시 몰라, 무릎을 구부리고 앞좌석을 방패 삼아 그 사이로 훔쳐보듯 하지 않고서는 무서운 장면을 계속 볼 수 없었다.

결론

한국전쟁을 다룬 남한영화들과 할리우드영화들에 드러나는 차이의 원인 중 하나는 근본적이고도 폭력적인 지정학적 환경에서 기인한다. 이강천·김기덕 혹은 이만희와 같은 1950년대 후반과 1960년대 영화감독들은 주로 제2차 세계대전을 재현하느라 발전했던 할리우드 전투영화의 주요 요소를 한국적 맥락으로 성공적으로 변형시켰지만, 그 끼워 맞춤이 언제나 쉽지만은 않았다. 미국 영화감독들에게 제2차 세계대전은, 미국 관객들과 마찬가지로, 산호섬과 야자수로 둘러싸인 열도나 동남아시아의 정글 혹은 전쟁을 치르던 유럽의 마을이나 도시처럼 다른 곳에서 일어나는 것이었다. 반면, 한국 사람들은 북이든 남이든 자신들의 전쟁이 되었을 때, 그러한 사치스러운 거리나 이국적 감각을 가질 수 없었다. 전쟁은 1946년의 국지적 분쟁이라는 시민전에서부터 시작해서 1948년의 반란으로 확대되었고, 1950년 6월 25일 남한 침투와 함께 전면적인 국제전이 되었다. 반도의 도시, 읍, 마을을 가로지르며 전진과 후퇴를 거듭하는 시소게임을 벌이며 대한민국 경찰, 군대, 자경단 일원들에 의한 포로 학살, 지역 단위로 자행된 보복의 잔인한 사례들, 북한군과 빨치산들의 복수, 미군 제트기와 폭격기를 이용해 일본

---

35 Barry Keith Grant, *Invasion of the Body Snatchers* (London: BFI, 2010), pp. 63~76.

과의 전쟁 전체에서 사용된 것보다 더 많은 양의 폭탄—이는 당시 선호되던 새로운 폭탄 네이팜을 포함한다—을 북한에 투하한 것. 이 모든 것이 20세기의 유혈 역사에서조차 비교할 만한 것이 거의 없는, 시공간이 압축된 실제적이고 물리적인 폭력의 경험에 더해진다.[36]

또 다른 구별 요소는 한국전쟁 영화는 작은 공동체와 가족을 강조한다는 점이다. 특히, 반공 전쟁 영화는 남한을 전면 부정 하려는 사악한 체제 요원들에 의해 자행되는 비공산주의적인, '민주적인' 정치 시스템의 파괴를 묘사하는 데에 강박이 덜하다. 그것보다는 가족과 마을/지역 사회의 구성원으로서 고통 받는 개인에게 초점을 맞춘다. 북한군 부대와 빨치산들은 자연스럽고 적절한 관계와 위계에 공격을 가한다. 소작농들은 지주와 시골 양반 계급에 대항하고, 가난한 이들은 부자들에 맞선다. 친구는 친구와 척을 지고, 형제가 다른 형제에게 혹은 아들이 아버지에게 등을 돌리는 등 '타고난' 한국의 가족 관계는 뒤틀린다. 그리고 어머니들은 보살핌과 쉼터를 제공하며, 궁극적으로는 자기희생적이다. 여기에 '모친 중심주의'란 없다.

위에서 분석한 미국영화들의 편린들로부터 분명히 해두자면, 미국의 패닉은 —심지어 집단적이고, 고도로 정치화된 경험조차— 종종 내부로 향한다. 그것은 —물리적 존재이자, 심리적 심지어 정신적 주체로서— 개인의 고결함이 위협받을 수 있다는 공포를 만들어내는데, 이 개인은 동시에 가장 미국적인 개인이기도 하다. 역사가 리처드 호프스태터는 미국의 냉전 패닉 정치 문화의 으스스한 분위기를 다음과 같이 탁월하게 요약하고 있다.

"정치에서 편집증에 걸린 대변인과 임상의학에서 말하는 편집증 환자

---

36 Bruce Cumings, *The Korean War: A History*(New York: Modern Library, 2010). 『브루스 커밍스의 한국전쟁: 전쟁의 기억과 분단의 미래』(조행복 옮김, 현실문화, 2017.]

사이에는 중요한 차이가 있다. 물론 둘 다 지나치게 흥분하고, 지나치게 의심하고, 지나치게 공격적이며 과장되어 있고, 표현하는 데 있어 계시적 성향이 있지만, 임상의학에서의 편집증 환자는 그 자신이 살아가고 있는 적대적이고 음모론적인 세계가 특히 자신과 맞서고 있는 것으로 본다. 반면, (정치에서의, 그리고 나는 여기에 문화를 추가하고 싶다) 편집증 스타일을 지닌 대변인은 그것이 민족, 그리고 그 운명이 단순히 자신에게만 영향을 미치는 게 아닌 삶의 방식 즉 문화를 향한다고 생각한다. (…) 자신의 정치적 열정이 이타적이고 애국적이라는 감각은 사실 그의 정의감과 도덕적 분노를 강화하는 데에 이른다."[37]

---

37 Richard Hofstadter, *The Paranoid Style in American Politics and Other Essays*(New York: Vintage Books, 2008), p. 4.

참고문헌

윤흥길, 「장마」, 『문학과 지성』, 1973년 봄 호.

Abbot Gleason, *Totalitarianism: The Inner History of the Cold War*, New York: Oxford University Press, 1995.

AFI, 〈One Minute to Zero〉, http://www.afi.com/members/catalog/DetailView.aspx?s=&Movie=50606.

Albert D. Biderman, "The Image of 'Brainwashing,'" *Public Opinion Quarterly*, Vol. 26, Iss. 4, 2003.

Barry Keith Grant, *Invasion of the Body Snatchers*, London: BFI, 2010.

Bruce Cumings, *The Korean War: A History*, New York: Modern Library, 2010.

Charles J. Hanley and Martha Mendoza, "The Massacre at No Gun Ri: Army Letter Reveals U.S. Intent," *Japan Focus*, Vol. 5, Iss. 4, 2005. http://www.japanfocus.org/-M-Mendoza/2408/article.html

Charles Young, "Missing Action: POW films, Brainwashing, and the Korea War, 1954-1968," *Historical Journal of Film, Radio and Television*, Vol. 18, Iss. 1, 1998.

David Seed, *Brainwashing: The Fictions of Mind Control, A study Novels and Films Since Warld War II*, Ohio: Kent State University Press, 2004.

Francis Pollini, *Night*, London: John Calder, 1960.

KMDb Jangma: http://www.kmdb.or.kr/movie/md_basic.asp?nation=K&p_dataid=03373&keyword=장마.

Mark Morris, "War Horror and Anti-Communism," in Alison Peirse and Daniel Martin(eds.), *Korean Horror Cinema*, Edinburgh: Edinburgh University Press, 2013.

Richard Hofstadter, *The Paranoid Style in American Politics and Other Essays*, New York: Vintage Books, 2008.

Robert Jay Lifton, *Thought Reform and the Psychology of Totalism: A Study of 'Brainwashing' in China*, New York: W. W. Norton & Co., 1961.

Steven Casey, *Selling the Korean War: Propaganda, Politics, and the Public Opinion in the United States 1950-1953*, Oxford: Oxford University Press, 2008.

Susan L. Carruthers, *Cold War Captivities*, Berkeley: University of California, 2009.

TCM The Bamboo Prison. http://www.tcm.com/this-month/article/313273%7C0/The-Bamboo-Prison.html.

TCM Prisoner of War. http://www.tcm.com/this-month/article/161300%7C0/Prisoner-of-War.html.

교차하기

: 남한영화와 오리엔탈 스타일 그리고 '한류우드'

제인 박

강진석 옮김

2010년대 초반, 『버라이어티(Variety)』와 『더 할리우드 리포터(The Hollywood Reporter)』 등 미국 영화 업계지들은 할리우드의 제작사들이 〈조폭 마누라(My Wife is a Gangster)〉(조진규, 2001), 〈장화, 홍련(A Tale of Two Sisters)〉(김지운, 2003), 〈올드보이(Oldboy)〉(박찬욱, 2003) 등 남한 블록버스터 영화들의 리메이크 판권을 사들이고 있다고 보도했다.[1] 한편, 한국계 미국인, 아시아계 미국인 배우가 늘어가는 것과 함께, 한국의 스타인 비·전지현·이병헌 등이 미국영화에 출연하기 시작했다.

미국의 한국영화 리메이크와 한국 배우들의 미국 진출이라는 두 사건과 더불어, 박찬욱·봉준호·김지운이 할리우드에서 영화를 연출하

---

* 2012년 10월 22일, 한국예술종합학교 트랜스: 아시아영상문화연구소에서 이 글의 일부를 발표할 수 있도록 해준 김소영 교수에게 깊은 감사를 표한다. 이 연구는 또한 한국학 연구기금의 지원을 받아 수행되었다(AKS-2011-R15).

** 원문의 기울임체는 강조체로 옮겼다.

1 Derek Elley, "Remake fever hits Pusan fest," *Variety.com*(December 1, 2002); David Rooney, "Overseas options," *Vareity.com*(July 20, 2003); David Chute, "Vertigo spins remake biz," *Variety.com*(May 14, 2005).

기 시작한 것은 한국영화가 국제적으로 '도래'했음을 알리는 신호처럼 보인다. 나는 〈엽기적인 그녀〉(곽재용, 2001)의 미국 리메이크 〈마이 쎄시 걸(My Sassy Girl)〉(얀 사뮤엘, 2008)과 비가 출연한 〈닌자 어쌔신(Ninja Assassin)〉(제임스 맥티그, 2009), 전지현이 출연한 〈블러드(Blood: The Last Vampire)〉(크리스 나옹, 2009)를 통해 남한영화의 요소들이 미국의 맥락 속에서 어떻게 전 지구화 되는지를 살펴보고자 한다.

나는 이렇게 만들어진 하이브리드 영화들이 한국영화의 장르, 서사, 스타들을 글로벌(이라 쓰고 미국이라 읽는) 관객들에 맞춰 번역하는 데 '실패'했다는 것에 흥미가 있다. 이 영화들의 문화적·미학적 교차(crossovers)가 어떻게 그리고 왜 '실패'했는지를 검토하기 위해, 내가 이전 연구에서 밝힌 바 있는 '오리엔탈 스타일(oriental style)'이라는 개념을 다시 논의하고자 한다.[2] 오리엔탈 스타일은 미국 대중매체에서 동아시아인의 신체·문화·장소가 배경 혹은 스펙터클로 일관되게 재현되는 경향을 가리키는 개념이다. 특히, 한국 영화와 배우들을 미국시장에서 소비하도록 리메이크하는 것이 한편으로는 오리엔탈 스타일 계보의 일부이자 가능한 변위(deviation)이면서 동시에 미국의 맥락을 필연적으로 넘어서게 됨을 생각해보고자 한다.

이 글은 두 부분으로 구성된다. 첫 부분은 '한류'의 고전이라 할 수 있는 〈엽기적인 그녀〉의 리메이크를 다룬다. 미국에서는 〈My Sassy Girl〉이라는 제목으로 리메이크되어 2008년 8월 미국에서 곧바로 DVD로 출시되었다. 〈My Sassy Girl〉은 몇 달 뒤 한국에서 개봉했으나 성적은 저조했다. 할리우드 관객들을 겨냥해 리메이크된 로맨틱코미디 〈엽기적인 그녀〉를 통해, 대중매체의 서사가 비교문화적으로 공명하는 데서 실패할 때 볼 수 있는 전 지구화의 한계에 대해 우리가 무엇을 배

2   Jane Park, *Yellow Future: Oriental Style in Hollywood Cinema*(Minneapolis: University of Minnesota Press, 2010).

울 수 있을지를 숙고하고자 한다.

다음으로 비와 전지현과 같은 한류 스타들의 다국적 활동을 분석한다. 두 배우는 2009년 각각 할리우드 판타지영화 〈닌자 어쌔신〉과 〈블러드〉에서 주연을 맡은 바 있다. 나는 아직까지는 태평양 양쪽의 평론가들에게 모두 인정받지 못했지만 한국 배우들이 수행한 역할들이 어떻게 테크노-오리엔탈리즘적 주제와 수사들을 재생산하는지를 고찰할 것이다. 동시에 이와 같은 포스트모던 양식이 동아시아의 차이를 그려내는 데 한계가 있음을 지적할 것이다.

'카피우드', 할리우드, 그리고 '리메이크 열풍'에서 장르의 역할

중국·인도·한국 등 아시아 국가의 영화제작자들이 할리우드 블록버스터를 로컬의 역사와 문화, 취향 및 경향에 맞게 수정하는 방식들은 (예전에는 그랬다고 하더라도) 전 지구화가 순전히 서구 중심적이거나 서구에 의해 추동된 현상이 아님을 보여준다. 마찬가지로 한국영화를 리메이크한 할리우드영화들 또한 미국영화의 면모뿐만 아니라 여타의 국가적·지역적 영화문화를 참조하고 있다는 점에서, 일방적인 혹은 쌍방향적인 것으로 여겨져온 전 지구적 문화의 흐름이라는 개념을 보다 복잡하게 한다.

아시아영화의 리메이크 〈링(The Ring)〉(고어 버빈스키, 2002)과 〈디파티드(The Departed)〉(마틴 스코세이지, 2006)의 상업적 성공은 미국의 프로듀서와 배급업자들을 '리메이크에 열광케' 했다. 그들은 세계 곳곳에서, 특히 아시아와 남미에서 이야깃거리들을 사들여 점점 따분해지고 뻔해져가던 미국 영화산업에 새로운 생기를 불어넣으려 했다. 할리우드 스튜디오들은, 앞서 언급했듯, 몇몇 한국영화의 판권을 사서 리메이크하기도 했다. 〈레이크 하우스(The Lake House)〉(알레한드로 아그레스티, 2006, 〈시월애〉[이현승, 2000] 원작), 〈안나와 알렉스: 두 자매 이야기 (The Uninvited)〉(찰스 가드, 토머스 가드, 2009, 〈장화, 홍련〉 원작)), 〈포제션: 중독된 사랑(Possession)〉(조엘 버그발, 사이먼 산퀴스트, 2009, 〈중독〉 [박영훈, 2002] 원작)) 등이 그것이다. 지금까지 만들어졌거나 기획 중에 있는 영화 중에는 로맨스나 멜로 드라마보다는 액션이나 공포 영화가 더 많다.

할리우드가 이처럼 폭력적이고 전통적으로 남성화된 장르영화들을 리메이크하는 데 관심을 갖는 까닭은 무엇일까? 할리우드에서 아시아영화 리메이크와 관련한 거래의 대부분을 맡고 있는 한국계 미국인 프로듀서 로이 리(Roy Lee)에 따르면, 이들 장르가 다른 영화들에 비해 단순히 좀 더 보편적이기(따라서 보다 각색이 쉽기) 때문이다.[3]

액션 및 호러 영화가 할리우드에서 각광받는 또 다른 이유로는 그것들이 아니메(anime)와 홍콩 액션영화의 전통 속에서 아시아와 미국을 연결하는 주요 장르로 자리 잡았다는 사실과, 팰리세이즈 타탄(Palisades Tartan)[4]이 '아시아 익스트림(Asia Extreme)'이라는 장르를 고안했기 때문일 것이다. 멜로드라마, 로맨스, 코미디 영화들은 액션, SF, 호러 영화들만큼 널리 배급되지 않았고, 이로 인해 그 영화들의 수사법, 내러티브, 연기 스타일이 리메이크 소재를 찾는 프로듀서와 배급업자들을 포함한 대부분의 미국 관객들에게 덜 알려진 것이다.

마지막으로, 전 지구화가 가속된다 하더라도 젠더와 섹슈얼리티, 가족과 정서적 유대감 등에 대해 한국과 미국의 대중 관객이 취하는 태도가 여전히 상이하기 때문에 특정 장르가 그다지 리메이크되지 않

---

3   Jane Park, Interview with Roy Lee(Los Angeles, California, December 5, 2008).
4   [옮긴이] 1984년에 해미시 맥알파인(Hamish McAlpine)이 영국에서 설립한 영화배급사. 아시아영화들을 '타탄 아시아 익스트림(Tartan Asia Extreme)'이라는 명칭으로 배급하고 있다. 한국영화로는 〈나쁜 남자〉(김기덕, 2001), 〈죤〉(안병기, 2002), 〈알 포인트〉(공수창, 2004), 박찬욱 감독의 '복수 3부작' 등이 배급되었다.

는다고도 볼 수 있다. 〈엽기적인 그녀〉와 그 할리우드 리메이크를 통해 로맨틱코미디의 리메이크가 어떻게 이루어지는지를 살펴보기에 앞서, 두 영화의 맥락을 설명하도록 하겠다.

〈엽기적인 그녀〉와 〈마이 쎄시 걸〉

2001년 한국에서 두 번째로 높은 흥행 성적을 기록한 〈엽기적인 그녀〉는 서울에서 176만 명의 관객을 동원하며 2,600만 달러의 수익을 냈다.[5] 영화는 아시아 지역에서도 좋은 성과를 얻었는데, 특히 중국에서는 젊은 여성들 사이에서 폭력적인 행동을 하는 유행을 낳기도 했다.[6] 영화는 김호식이 1999년 인터넷에 연재한 경험담 소설이 원작이며, 대학생 견우(차태현 분)와 그의 매력적이지만 폭력적인 연인, 익명의 그녀(전지현 분) 사이의 색다른 로맨스를 그려낸다. 아시아 문화적 향기(cultural odor)를 강하게 풍기는 영화를 리메이크하기 위해서는 동시대 한국의 청년문화를 이해해야 할 뿐만 아니라, 어떤 점을 미국 관객들에게 호소할 수 있을지에 대한 아이디어가 있어야 한다.[7]

드림웍스(Dreamworks)가 2002년 신씨네로부터 시나리오 판권을 구매하고 거린더 차다(Gurinder Chadha)와 연출을 계약했을 때만 해도 완벽한 흥행 공식을 찾은 것으로 보였다.[8] 당시 차다 감독은 여러 나라에서 흥행에 성공한 〈슈팅 라이크 베컴(Bend It Like Beckham)〉(2002)으로 평단의 찬사를 받고 있었으며, 강한 여성 인물을 그려내는 능력과

---

5 Derek Elley, "My Sassy Girl," *Variety.com*. Released online 30 November 2001; Kim, Mi Hui, "Local pix soared in 2001 B.O. derby," *Variety.com*(January 22, 2002).

6 Xiying Wang and Petula Sik Ying Ho, "My Sassy Girl: A Qualitative Study of Women's Aggression in Dating Relationships in Beijing," *Journal of Interpersonal Violence*, Vol. 22, Iss. 5(2007), pp. 623~638.

7 Koichi Iwabuchi, *Recentering Globalization: Popular Culture and Japanese. Transnationalism*(Durham and London: Duke University Press, 2002).

8 Pamela McClintock and Nicole Laporte, "'Sassy' sashays to Circle," *Variety.com*. Released online 4 December 2005.

문화적 차이에 대한 감수성의 측면에서 〈엽기적인 그녀〉의 리메이크를 연출하는 데 가장 완벽한 후보자로 보였다.[9] 하지만 3년 후, 골드 서클 (Gold Circle)이 드림웍스로부터 리메이크 판권을 사들인 후, 차다가 이 프로젝트에서 빠지고 프랑스 감독 얀 사뮤엘(Yann Samuell)이 연출 계약을 하게 된다.[10] 결국 〈마이 쎄시 걸〉은 2008년 8월 큰 주목을 받지 못한 채 미국에서 곧바로 DVD로 출시되었다. 그 후 10월 말 서울에서 극장 개봉 했으나 박스오피스 순위에서는 멀찌감치 밀려나 있었다.

　　제작사 신씨네는, 강경래가 지적하듯, 원작 인터넷 소설의 팬층인 10대에서 20대 중반 관객을 타깃으로 삼는 영리한 마케팅을 펼쳤다. 이는 〈엽기적인 그녀〉가 한국과 동아시아 각국에서 엄청난 성공을 거두는 데 핵심 역할을 했다. 반면 할리우드의 〈마이 쎄시 걸〉에서는 네티즌이라는 중요한 인구학적 요인이 배제되었는데, 타깃이 되는 미국 관객들이 한국의 원작 소설이나 영화를 잘 알지 못한다고 판단했기 때문이다.[11] 할리우드 리메이크 〈마이 쎄시 걸〉은 원작과 마찬가지로 20대 초반의 대학생들이 사랑에 빠지는 이야기를 [〈엽기적인 그녀〉와] 거의 동일한 플롯 장치를 통해 보여준다. 그러나 한국과 미국의 문화적 규범, 기대, 이 또래 집단에 대한 태도가 판이한 까닭에, 〈엽기적인 그녀〉에서 웃음과 동일시를 유발한 요소들이 〈마이 쎄시 걸〉에서는 이상하고, 혼란스럽거나 억지스럽게 보일 뿐이었다. 두 영화의 몇몇 핵심 장면을 통해서 젠더, 섹슈얼리티, 가족 역학의 측면을 특히 두드러지게 확인할 수 있는 변주들을 논의해보자.

9　Paula Nechak, "'Bride' director just loves a culture clash," *Seattle Post-Intelligencer* C1, February 10, 2005.

10　Chris Gardner, "Gold Circle getting 'Sassy,'" *Variety.com*. Released online 4 May 2006. Accessed 28 February 2009.

11　Kyoung-Lae Kang, "Novel Genres or Generic Novels: Considering Korean Movies Adapted from Amateur Internet Novels," MA Thesis, Department of Communication(Amherst: University of Massachusetts, February 2008).

남성성의 구축: 어머니, 아버지, 직업 목표

두 영화는 모두 남자 주인공의 유년 시절을 코믹한 몽타주로 보여 준 다음, 그가 여자 주인공을 만나게 되는 이야기를 내레이션으로 들려 주며 시작한다. 〈엽기적인 그녀〉에서 견우는 여자아이용 한복을 입고 있는 사진을 통해 자신의 유년 시절을 회고한다. 아들보다는 딸을 바랐던 견우의 부모는 그에게 일곱 살 때까지 여자아이처럼 옷을 입혔던 것이다. 이후, 갓 군 복무를 마친 20대의 견우는 친구들과 술을 마시다 어머니의 전화를 받고, 고모에게 연락을 하지 않는다고 큰소리로 혼이 난다. 이 통화를 통해 견우가 고모의 죽은 아들과 빼닮았으며, 고모는 그에게 한 여자를 소개해주려 한다는 사실을 알 수 있다. 마지막에 밝혀지지만, 고모가 소개해주려는 여자가 바로 작품의 여자 주인공이자 견우의 파트너인 (영화 내내 이름이 밝혀지지 않는) '그녀'다.

영화 초반의 사진 몽타주는 두 이유에서 주목할 만하다. 첫째, 여장을 하고 있는 견우의 유년 시절 사진은 문자 그대로 그를 여성화한다. 이는 지배적인 한국 남성성의 '마마보이' 같은 면을 부각하고, 견우가 '그녀'와 맺는 마조히즘적 관계를 예시한다. 둘째, 이 몽타주는 한국 여성들이 딸보다는 아들을 선호한다는 관념을 뒤집어놓는다. 또한, 견우는 영화의 마지막에 취직을 하고 가족들의 인정하에 그녀와 제대로 된 관계를 맺게 된 시점에서 (재)남성화되지만, 결국 그는 여성들의 도움을 통해서만 이러한 목표를 성취할 수 있다. 그의 어머니, 고모, 여자 친구 등 남성 인물보다 화면에 더 많이 등장하는 이들을 통해서 말이다. 클로즈업숏으로는 단 한 번도 등장하지 않는 견우의 어머니는 가사를 책임지면서 견우가 집에 몰래 숨어들 때면 늘 잔소리를 하고 그를 쥐어패는 역할이다. 영화에서 단 한 번 등장하는 견우의 아버지 역시 어머니에게 잡혀 사는 듯 보인다. 유사하게, '그녀'의 아버지는 가부장적 역할을 하고 있는 듯 보이지만, 항상 술에 취하는 모습으로 등장하며 오히려 옆에 앉은 '그녀'의 어머니가 그에게 할 말을 알려준다. '그녀'는 자신의 어머니처럼 견우에게 뭔가를 하라고 계속 지시한다. 바로 이 순간 그녀는 자신의 '터프한 사랑'을 물리적으로 보여주면서 **그의** 어머니를 모방하는 것이다.

이와 반대로 〈마이 쎄시 걸〉에서 어머니는 찰리의 남성성과 관해 어떠한 역할도 하지 않는다. 이 작품의 오프닝 몽타주는 미국 중서부에서 자란 찰리의 유년 시절을 풍자적으로 보여주는 로맨틱코미디 형식으로 연출되었다. 이 장면에서 우리는 찰리의 부모가 그에게 마을에서 가장 큰 농업 회사의 간부가 될 것이라는 기대를 가지고 있었음을 확인할 수 있다. 찰리는 가족 중 처음으로 대학을 나온 사람이 되라는 부모의 기대에 부응하기 위해 뉴욕으로 건너간다. 찰리의 어머니는, 견우의 어머니와는 달리, 찰리가 자신이 걸어온 길을 좀 더 낫게 이어가줄 것을 기대하는 아버지의 연장선에 있을 뿐이다. 의미심장하게도, 찰리의 양친은 모두 이 몽타주 장면에만 등장한다. [찰리가 만나는] 그녀인 조단의 어머니는 영화에 전혀 등장하지 않으며, 그녀의 아버지는 찰리에게 자신의 딸과 만나지 말라고 통보하는 부유한 폭군으로 그려질 뿐이다. 그는 ['그녀'의 아버지가 견우에게 했던 것처럼] 찰리에게 찰리 자신에 대해서나 찰리의 미래 계획에 대해서는 조금도 묻지 않는다.

따라서 두 영화는 유머를 끌어내는 남자 주인공의 남성성(혹은 그것의 결여)의 특징이 매우 다르다. 〈마이 쎄시 걸〉에서 코미디는 찰리가 조단의 학대를 견디는 것뿐만 아니라 그녀가 그들 관계에서 성적으로 순결을 고집하는 것에서 비롯한다. 아마도 이것이 미국 관객들에게는 더 놀라운 점일 것이다. 반면, 〈엽기적인 그녀〉는 견우가 '그녀' 앞에서 무력한 남성이 되는 것, 그리고 성적인 상황에 맞닥뜨리지만 그들이 오히려 결백하다는 사실이 웃음을 유발하는 코미디가 만들어진다. 영화의 마지막, 이 한국 남자 주인공은 목표가 없는 대학생에서 벗어나 프로 작가가 되며, 어느새 자신에 대한 가족들의 기대를 채워주고 있다. 대조적으로, 미국 남자 주인공은 의욕적인 학생에서 무기력한 청년으로 변하고, 관리자직을 거부하며 그의 가족이 그에게 걸었던 미래를 포기한다.

여성성의 구축: 섹스와 폭력, 알코올과 영화

두 영화의 여자 주인공들은 헌신적인 연인들을 가학적으로 시험하는 통제 불가능한 여자에서 성숙하고 자제력 있는, 그래서 오랜 관계에 기꺼이 정착할 수 있는 여자로 발전한다. 대부분의 로맨틱코미디에서처럼, 파트너의 힘이 커져감에 따라 그녀들의 힘은 줄어든다. 영화에서는 그들 주변의 여성 친구도, 그녀들과 어머니들 사이의 친밀한 관계도 보이지 않는다. 유일하게 그녀들이 유대를 맺는 여성 캐릭터는 남자 주인공을 소개해주는 고모로, 일종의 어머니-인물(mother figure)의 역할이자 부계 가족을 대변하는 잠재적 시어머니의 역할을 맡는다.

이러한 정식은 여자 주인공들이 남성들과 맺는 관계와 그 과정에서 정의되는 로맨틱코미디의 이데올로기를 따르는 것이다. 여자 주인공들은 영화 초반의 코미디 부분에서는 '제멋대로 구는' 젊은 여자로 소개되지만, 이별을 하는 시점에서는 연약하고 여성적으로 다루어지며, 마지막에는 좋은 아내이자 미래의 어머니로 포함될 수 있게 된다.[12]

폭음은, 공격적이고 여성스럽지 못한 행동에 더해 두 여자 주인공들을 특징짓는 요소다. 남자 주인공들은 만취한 그녀들이 지하철 선로에 떨어질 뻔하는 것을 구하고 연인이 된다. 미국에서는 알코올 남용이 사회적 문제이자 극복해야 할 개인들의 중독으로 제기되는 반면, 한국

---

12 Kathleen Rowe, *The Unruly Woman: Gender and the Genres of Laughter*(Austin: The University of Texas Press, 1995).

에서 음주는 특히 남자들 사이에서 중요한 사회적 윤활제로 여겨진다. 한국 여성들이 직장에 진출해 법적·경제적 힘을 키워왔음에도, 그들은 여전히 '부드럽고', '순결한' 여성성을 지킬 것을 기대 받는다. 이는 성적으로 자율적인 '포스트 페미니스트'가 되리라는 미국 여성들의 기대와는 배치되는 것이다. 한국의 맥락에서는 재미있는 것으로 받아들여지는 '그녀'의 음주에 비해 조단의 음주가 애처롭고 병적인 것으로 읽히게 되는 지점은 이러한 이유에서 기인한다. '그녀'의 폭음이 '그녀'에게 기대되는 여성적인 젠더 역할을 뒤집는 것인 반면, 조단의 그것은 그녀를 망가진 알코올의존증적 인물로 보이게 한다.

마지막으로, 두 여성 캐릭터는 모두 시나리오 작가를 지망하며, 유명 영화들의 시나리오를 가져와 남성과 여성 주인공의 젠더 역할을 유머러스하게 뒤집어놓는다. 따라서 여기서 중요한 것은, 그들이 [남성 캐릭터들과] 이별해 있는 동안에는 시나리오를 쓰지 않는다는 사실이다.

반면, 견우와 찰리는 이 이별해 있는 동안 훨씬 활발해진다. 찰리는 시간을 빨리 보내기 위해 다른 여자들을 만나고, [원작자] 김호식을 반영하는 캐릭터라 할 수 있는 견우는 '그녀'와의 경험을 인터넷에 연재해 자신의 고통을 공적으로 승화시킨다. 이를 통해 그는 의도치 않게 '그녀'가 원했던 작가의 역할을 얻게 된다. 다시 말해, '그녀'는 인터넷 소설과 영화적 각색 모두에서 이중으로 대상화된다. 그녀의 남자친구는 그녀가 합당한 여자 친구가 되었을 때, 그녀의 물리적 엽기발랄함(physical sassiness)뿐 아니라, 그녀의 이야기를 들려줌으로써 시나리오 작가가 되려는 '그녀'의 꿈을 억누르게 된다.

물론 두 영화 모두 마지막에 연인들이 운명적으로 다시 만나고, 우리는 그들이 계속 행복하게 살았으리라 생각하게 된다. 하지만 〈엽기적인 그녀〉의 결론은 좀 더 만족할 만한데, 이 인물들이 어떻게 그들의 관계를 통해 정서적으로 발전하게 되었는지를 볼 수 있고, 그들의 삶 속에 (좋은 식으로든 나쁜 식으로든) 그들의 가족들이 존재하고 있음을 영화가 재확인해주기 때문이다.

다른 한편으로, 〈마이 쎄시 걸〉의 결론은 관객들에게 여지를 남겨 둔다. 찰리가 그의 부모의 영향에서 '자유로워지고' 자신의 본래 진로를 포기한 점을 제외하면, 조단과 찰리는 영화의 시작에서와 같은 인물로 남아 있다. 견우와 '그녀'의 재결합이 그들의 가족들에게 인정받는다는 점이 명백한 반면, 찰리의 부모나 조단의 아버지가 그들의 관계에 대해 어떻게 반응하는지는 알 수 없으며 실제로도 그것은 신경 쓸 문제가 아닌 것이다. 두 작품에서 가족의 역할이 뚜렷이 구분되는 것은 로맨스가 미국에서는 개개인의 일로 여겨지는 반면, 한국에서는 공동체가 확장되는 것으로 여겨진다는 것을 확연하게 보여준다.

〈엽기적인 그녀〉가 한국 현지나 아시아 지역에서 인기를 끌게 한 특정한 종류의 인물들, 그들의 동기 및 연기를 〈마이 쎄시 걸〉이 포착하지 못한 것은 로맨스가 무엇인가 그리고 로맨스가 영화에서 어떻게 묘사되는가와 관련하여 한국과 아시아 그리고 미국 사이에 문화적 간극이 있음을 말해주는 것이다.

판타지와 오리엔탈 스타일

액션, 판타지, 호러, SF 장르는, 로맨틱코미디와 대조적으로 문화적 간극과 차이를 초월하는 듯 보인다. 로이 리가 할리우드가 이러한 장르들의 리메이크를 보다 선호한다고 말했던 것은 이러한 까닭에서였다. 나는 할리우드영화들의 아시아 재현에 관한 이전 연구에서 이들 영화 장르가 어떻게 동아시아를 디스토피아적이고 테크놀로지적인 미래에 대한 판타지로 그려내는지를 살펴보았다. 이 판타지는 미국에서 동아시아인들을 인종화하는 현재 진행 중인 역사적 **과정**과('오리엔탈'), 깊이와 주체성과 역사를 결여하고 있는 듯 보이기에 오히려 다양한 관객의 관심을 끌 수 있게 하는 미적 **생산물**로서의 아시아의 힘('스타일')을 모두 반영한다.

최근 할리우드에서 아시아의 이미지는 이전에 명백한 스테레오타입으로 그려졌던 그것과는 다른 듯하다. 이와 같은 변화의 신호로 주류 대중매체에 등장하는 아시아적 비유와 주제, 연기 양식과 함께, 할리우드에서 활동하는 아시아인 혹은 아시아계 미국인 배우·감독·작가가 증가하고 있음을 들 수 있다. 이는 미국 대중문화에서 한때 비천하고 바람직하지 않은 것으로 여겨졌던 동양적 타자가 이제는 매력적이면서 받아들일 수 있는 것이 되었음을 보여주는 듯하다.

하지만 아시아적인 것에 대한 참조는 모두 미국에서 아시아 재현을 구조화해온 인종주의의 독특한 오리엔탈리즘적 형식의 흔적들 또한 담지하고 있다. 예를 들어, 영화에 출연한 아시아인 배우를 전면에 내세운 광고가 있다 하더라도, 이것이 그 영화가 인종적 스테레오타입을 활용하지 않는다거나 혹은 스테레오타입들이 줄어들었다는 보장을 하는 것은 아니다. 그와 같은 스테레오타입들은 여전히 자주 스펙터클과 코믹한 효과를 위해 상당히 많이 쓰이고 있다. 아이러니하고 포스트모던한 '시치미(wink)'와 함께 생산·소비되면서, 그런 효과는 인종·젠더·섹슈얼리티의 문화적 기표들을 그것들이 전통적으로 언급해온 권력과 종속의 잔혹한 역사와 분리한다. 이렇게 양식화된 인종적 이미지들은 미국, 캐나다, 호주 그리고 여타의 서구 국가들의 '허울 좋은 다문화주의'라는 보다 큰 문화적 추세의 일부이며, 현재 할리우드에서 인종적·종족적·문화적 차이를 재현하는 것이 얼마나 복잡한지를 전형적으로 보여준다.

반항적인 닌자와 뱀파이어

이제 최근의 사례로 눈을 돌려, 한류 스타 비(Rain)와 전지현(Gianna Jun)이 연기한 테크노-오리엔탈리즘적 연기에서의 오리엔탈 스타일을 살펴보겠다.

2011년 동아시아 문화 생산의 역설에 관한 『파라독사』 특집호에서 지나 김은 한류 스타들이 성공하기 위해서는 미국시장에 진입해야 한다는 생각이 만연한 것을 토대로, "할리우드와 미국이 어떻게 한국에 대한 의존을 유도하는지" 좀 더 연구할 필요가 있다고 주장했다. 그녀는 글의 같은 페이지에 달린 주석에서 정지훈(레인)과 전지현(지안나 전)의 최근 시도를 언급하며 다음처럼 지적한다. "할리우드 진출과 관련해 흥미로우면서도 문제가 되는 것은 이러한 한국 배우와 연예인들이 모두 판타지영화의 인물로 캐스팅된다는 점이다."[13] 지나 김의 의견을 다루기 전에, 비와 전지현이 주연을 맡은 할리우드영화들에 관한 배경을 설명하고자 한다.

〈닌자 어쌔신〉은 호주 감독 제임스 맥티그(James McTeigue)가 연출하고 워너브라더스와 워쇼스키 형제가 제작을 맡은 작품이다. 고아인 라이조(비 분)는 사악한 일본 닌자 오즈누(쇼 코스기 분)에 의해 거둬져, 고대부터 암살자를 배출해온 다민족 닌자의 집단에 들어가게 된다. 무자비한 킬러로 훈련받은 라이조는 오즈누가 자신의 연인을 죽이는 것을 목격하고 조직을 나와 베를린에 숨어들지만, 결국 조직에서 그의 라이벌이었던 다케시(릭 윤 분)에 의해 발견되고 만다. 다케시는 영국의 흑인 여배우 나오미 해리스가 연기한 인터폴 요원인 미카를 죽이려 한다. 그녀가 조직의 비밀을 추적하고 있었기 때문이다. 영화는 비가 다케시와 그의 사디스트 아버지를 죽이는 것으로 끝난다. 제작에 5,000만 달

13　Jina Kim, "Introduction to Three Asias: South Korea. Korea's In-Betweeness," *Paradoxa*, No. 22(2010), p. 167.

러가 투입되었지만 미국에서 3,810만 5,077달러의 수익을 올려 제작비를 회수하는 데 실패했다(박스 오피스 모조Box Office Mojo).

〈블러드〉는 그야말로 국제적으로 제작되었다. 프랑스의 파테(Pathe)사와 홍콩의 에드코(Edko)사가 공동 제작 하고 중국과 아르헨티나에서 촬영되었으며, 프랑스 감독 크리스 나옹(Chris Nahon)이 연출을, 중국계 크리스 초(Chris Chow, [저우준周隼])가 각본을, 코리 윈(Corey Yuen, [윈콰이, 위안쿠이元奎])이 무술감독을 맡았다. 더불어 한국·일본·미국·유럽의 배우들이 캐스팅되었다. 이 작품은 또한 기타쿠보 히로유키(北久保弘之)가 2000년에 연출한 동명의 일본 애니메이션의 리메이크이기도 하다. 사야(小夜, 전지현 분)는 고대의 뱀파이어/요괴 킬러로, 그녀의 인간 아버지가 요괴인 오니겐에 의해 살해당한 후 가토(구라타 야스아키 분) 손에 자란다. 그녀는 요괴들을 찾아내기 위해 1970년대 일본의 미 공군 비행장 기지의 고등학교에 10대 여고생으로 위장 잠입 하는 임무를 받는다. 그곳에서 그녀는 또 다른 아웃사이더인 미군 장성의 딸 앨리스(앨리슨 밀러 분)와 친구가 된다. 결국 사야는 자신의 아버지의 원수를 갚지만, 아버지를 죽인 원수가 바로 자신의 어머니임이 밝혀진다. 제작에 3,000만 달러가 들었지만 영화는 895만 6,000달러의 수익을 올렸을 뿐이다. 가장 높은 박스오피스 수익을 낸 것은 프랑스에서다(박스 오피스 모조).

〈닌자 어쌔신〉과 〈블러드〉와 같은 노골적인 상업영화들은 낯익은 테크노-오리엔탈 변주를 보여준다. 일본 아니메와 닌자영화에서 가져온 판타지 캐릭터들이나 중국과 일본 무술을 극도로 디지털화해 연출하는 식이다. 이와 같은 변주는 산업적으로 만들어진 장르인 '아시아 익스트림'의 폭력적 미학을 의식적으로 찾아 활용한다. '아시아 익스트림'은 영미권의 10대 백인 남성 관객들이 주로 보는 동아시아와 동남아시아의 라이브 액션(live-action), 스릴러, 호러 영화들과 동의어가 되기도 한다.[14] 더불어 할리우드에서 만들어지는 '힙합 쿵푸' 장르와도 같이 취급된다. '힙합 쿵푸'는 프로듀서 조엘 실버(Joel Silver)가 〈매트릭스(The Matrix)〉(라나/래리 워쇼스키, 릴리 워쇼스키, 1999)나 〈로미오 머스트 다이(Romeo Must Die)〉(안드레이 바르코비악, 2000), 정교한 무술 장면과 흑인 힙합 스타일을 묶어놓은 여타의 영화들을 설명하면서 만들어낸 용어다.[15]

판타지 캐릭터라는 점 외에도 라이조와 사야는 몇 가지 공통된 특성을 띤다. 두 캐릭터는 모두 고아이며, 존재론적으로 사악한 양부모 혹은 만날 수 없는 부모에게 대항한다. 둘 다 가족과 커뮤니티를 결여한 채 두 세계 사이에서 살아가며 미국인이 이끄는 국제적인 군사조직(인터폴과 "위원회")을 위해서 일한다. 라이조와 사야가 그들의 일본인 부모에 (그리고 그들이 미군과 맺고 있는 결탁 관계에) 대항하는 것은, 한국이 일본의 식민 지배 그리고 미국의 "의식적 식민화(colonization of consciousness)"와 맺는 양가적 관계에 대한 느슨한 알레고리로 읽을 수도 있을 것이다.[16]

이런 독해를 확장하거나 무색하게 하는 것은 이 배우들이 미국인 보조 캐릭터들과 관련해 연기하는 의존적 역할 때문일 것이다. 비와 전지현은 계속해서 구해줄 필요가 있으며 관객들이 동일시하게끔 되어 있는 여성 미국인 조수들의, 신시아 웡이 "유색인 보호자(caregivers of color)"라 부르는 역할을 맡게 된다.[17] (얼핏 일본인 이름처럼 들리는) 미카

14 Chi-Yun Shin, "Art of Branding: Tartan 'Asia Extreme' Films," *Jump Cut*, No. 50(Spring 2008). http://www.ejumpcut.org/archive/jc50.2008/TartanDist/text.html.

15 Jane Park, *Yellow Future: Oriental Style in Hollywood Cinema*.

16 Choi, Chungmoo, "The Discourse of Decolonization and Popular Memory: South Korea," *Positions*, Vol. 1, No. 1(Spring 1993), pp. 77~102. Print.

17 Cynthia Sau-ling Wong, "Diverted Mothering: Representations of Caregivers of Color in the Age of Multiculturalism," in Evelyn N. Glenn, Grace Chang and Linda R. Forcey(eds.), *Mothering: Ideology, Experience, and Agency*(New York: Routledge, 1994), pp. 67~94.

는 〈로미오 머스트 다이〉에서 알리야(Aliyah)가 맡았던 역할을, 앨리스는 냉정한 사야의 가장 친한 친구 역할을 수행한다.

마지막으로, 두 배우는 모두 자신의 이름을 미국 관객들에 맞추어 영어식으로 바꾸고—비는 레인(Rain)으로, 전지현은 지안나 전(Gianna Jun)으로—, 배역을 위해 영어를 성실하게 공부하는 한편 육체적으로 힘든 트레이닝을 감내했다. 실제로 한국 언론들은 계속해서 그들의 강한 유교적 윤리를 강조하며 그 증거로 세계 무대에서 성공하고 국가의 위상을 높이려는 그들의 의지를 제시했다.

한국 배우들에게 주요한 과제 중 하나는 배역을 위해 영어를 배우는 것이다. 전지현은 영어를 배우고 영어로 연기하는 것을 다음과 같이 설명한다.

영어로 소통하는 게 정신적으로 스트레스를 가져왔어요. 내가 해야 했던 스턴트 액션은 육체적으로 부담이 있었구요. 둘 다 힘든 일이었죠. (…) 촬영 중에 감정을 영어로 표현하는 게 쉬운 일이 아니어서 영어로 말하는 걸 엄청나게 연습해야만 했어요. 가장 힘든 부분은 대사를 외우는 게 아니라, 제가 연기하는 캐릭터의 감정을 다른 언어로도 확실하게 표현하는 것이었어요. (『뉴 스트레이츠 타임스New Straits Times』, 2009. 6. 7)

그녀가 다른 언어로 **감정**을 습득하는 것의 어려움을 강조했다는 점에 주목하자. 지금까지 다국적적으로 가장 성공한 한국인 배우인 이병헌은 〈지.아이.조(G.I Joe)〉에서 스톰 섀도 역을 계속 맡아왔는데, 역시 같은 난관을 표현한 바 있다. 그는 다른 언어로 연기를 하면서 언어적으로만이 아니라 문화적으로 번역을 수행하는 것에 대해 설명한다.

촬영에 들어가기 전에 모든 대사를 완벽하게 외웠죠. 그래도 연기 중에 단어 하나를 잘못 발음했다는 얘기를 들으면 곧바로 모든 대사를 까마 득하게 잊어버렸습니다. 어떻게든 발음을 고쳐야만 한다고 생각하는 것이 세트장에서 완전히 자신감을 잃게 한 겁니다. 외국어로 단순히 대화를 하는 것과 연기를 하는 것에는 엄청난 차이가 있습니다. 한국문화를 토대로 한 작품을 연기할 때가 가장 마음이 편해요. 작품이 한국영화였다면 훨씬 더 잘할 수 있을 텐데라는 생각을 하지 않을 수 없죠. (『코리아 헤럴드The Korea Herald』, 2012. 5. 6)

물론 미국(이라고 쓰고 국제적이라고 읽는) 관객들이 **일본인** 판타지 캐릭터로 인지할 것이 자명한 배역을 연기하는 전지현과 이병헌에게 완벽한 미국 악센트의 **영어**가 요구되는 것은 아이러니다. 하지만 그들의 노고는 성과가 없었다. 비평가 대부분이 두 영화 모두 양식적으로 진부하고 서사적으로 난삽하며, 인상 깊은 대사도 잘 구축된 캐릭터도 없다고 혹평했다. 『가디언』지에 실린 피터 브래드쇼의 〈닌자 어쌔신〉 리뷰가 대표적이다. 그는 "하드코어 액션과 무술영화 팬들은 이 DVD에서 무언가 흥미로운 것을 발견할지 모르겠지만, 내 경우에는 살풍경한 지루함밖에 없었다."[18] 사실 그는 〈닌자 어쌔신〉 첫 장면에서 죽음을 맞는 한국계 미국인 배우 성 강(Sung Kang)과 한국인 주연 비를 혼동하고 있다. 이 실수가 특히 흥미로운 점은 오프닝 장면에서 아시아계 미국인의 존재를 의도적으로 삭제해놓았고, 두 젊은 주연 배우에게서 한국적 요소를 모두 생략시켜놓은 지점이다.

성 강은 닌자들의 존재를 경고하는 동양인 문신 장인을 노골적으로 모욕하는 아시아계 미국인 갱을 연기했다. 배역의 이름은 그에 어울리는

---

18 Peter Bradshaw, "Film Reviews: Ninja Assassin," *The Guardian*(22 January 2010). http://www.theguardian.com/film/2010/jan/21/ninja-assassin-review-sung-kang.

할리우드였다. [영화 시작] 바로 몇 초 지나지 않아 할리우드는 오즈누파의 상징인 검은 모래가 들어 있는 봉투를 건네받는다. 오즈누파의 닌자들은 그림자로만 나타나 할리우드와 여러 아시아계 미국인 갱들의 머리 및 사지를 산산조각 낸다. 오리엔탈리즘의 전형을 비웃는 '정통적이지 않은' 아시아계 미국인들이 죽어나가는 이 장면은 (아시아인으로서) 닌자들의 '정통성'을 아이러니하게 증명한다.

아시아계 미국인으로서의 성격과 함께, 성 강, 비, 릭 윤이 지닌 디제시스 외적(extradiegetic) 한국성은 서사적 수준에서 지워진다. 성 강의 캐릭터가 죽임을 당한 후, 한국인 그리고 한국계 미국인 배우는 그 민족적 배경이 불분명한 일본 스타일의 닌자를 연기한다. 유사하게, (원작인 기타쿠보 히로유키의 단편 아니메에서 인종적으로나 문화적으로 모호하게 등장하는) 사야는 표면적으로는 그녀가 입는 페티시적인 제복(일본 교복)과 그녀가 휘두르는 사무라이 칼로 표현된다.

결론

이 배우들이 인종화된 전형을 연기했다는 것에는 의문의 여지가 없다. 내가 흥미로운 것은 바로 이들이 어떻게 스테레오타입을 수행하는 데 실패했는가 하는 지점이다. 이와 같은 스테레오타입은 판타지와 호러라는 의도적으로 **비정통적이고** 포스트모던한 장르를 태평양 양안의 평론가들이 —시각적, 서사적, 정동적으로— 납득할 만한 **정통적** 방식으로 뒷받침해준다. 나는 이런 자기-오리엔탈리즘적 퍼포먼스들을 허위의식 혹은 '팔려가는 것'으로 단순히 일축하기보다는 다른 독해를 제안하고자 한다. 즉 '나쁜' 퍼포먼스들을 전략적 본질주의의 형식으로가 아니라, 글로벌 시장뿐만 아니라 로컬·지역 시장에서 살아남고 '성공하기' 위해 사용된 혼종적인 모방 행위로 읽는 것이다.

예컨대 다음의 세 인용문을 사례로 들어보자. 처음 두 인용문은 비의 매니저 박진영이 자신의 시장 전략에 대해 설명한 것이다.

미국의 5퍼센트가량인 아시아시장을 제외한 모든 시장이 개발된 상태죠. 아시아시장이 현재 우리의 기반입니다. 하지만 저는 우리가 그 너머로 나갈 수 있다고 믿습니다. 마찬가지로 미국 음반 시장 역시 아시아로 진출하기 위해서는 우리와 같은 파트너가 필요하리라 생각합니다. (『뉴욕 타임스The New York Times』, 2006. 1. 29)

역설적이지만 아시아시장을 계속 잡기 위한 것이다. (…) 미국이라는 최고의 무대에서 성공해야 '아시아 공인 1등'으로 자리를 굳힐 수 있다. 거대한 인구를 지닌 아시아시장을 다 먹기 위해 미국 진출이 필수다. (『조선일보』, 2006. 2. 10)

미국시장보다는 아시아시장에 집중하는 것을 강조하는 다국적적 레토릭에 주목하자. 첫 번째 인용 기사는 비의 팬층이 아직까지 개발되지 않은 아시아계 미국인 시장에서 미국인 관객들에게로 옮겨가고 있으며, 그 대가로 미국 음반산업은 광대한 **아시아**시장에 진출하게 된다고 말하고 있다. 두 번째 인용 기사에서, 비는 그의 아시아 관객들을 **유지하기** 위해 미국시장을 사로잡아야만 한다. 아래의 세 번째 인용 기사는 이병헌이 자신의 캐릭터인 닌자가 아시아인 남성에 대한 또 다른 미국의 스테레오타입으로 여겨질 수 있는가 하는 질문에 답한 것이다.

이 배역을 굉장히 좋아한 터라 이 캐릭터를 연기해야 할지 말아야 할지 고민할 필요가 없었습니다. 현재로서는 제가 할리우드에서 선택할 수 있는 바가 많지 않습니다. 이 캐릭터는 제가 그 세계에 진입하기 위한 첫 걸음으로서 해야만 하는 것이라고 생각했습니다. 그것이 아시아 남성의 스테레오타입이 될 수 있다고 하더라도, 제가 이 캐릭터를 잘 소화해낸 다면 더 많은 선택지를 가질 수 있겠죠. (『코리아 헤럴드』, 2012. 5. 6)

이 과정에서 진행되는 것을 설명하기 위해 호미 바바의 "식민지적 모방(colonial mimicry)" 개념을 사용코자 한다. 이 개념은 식민자의 언어를 차이를 가지고 반복하면서 "거의 동일하지만 완전히 같지는 않은 차이의 주체"[19]를 만들어내는 것의 전복적 가능성을 가리킨다. 하지만 바바의 모델이 이 경우에 정확히 해당되는지는 확신할 수 없다. 수행된 모방이 적극적이지도 의도적이지도 않을 수 있으며, 살만 루슈디(Salman Rushdie), 사라 술레리(Sara Suleri), 응구기 와 티옹오(Ngugi wa Thiong'o)와 같은 작가들이 쓴 다양한 문학작품과 〈알제리 전투(The Battle Of Algiers)〉(질로 폰테코르보, 1966), 〈내 작은 프랑스인이 얼마나 맛있었던지(How Tasty Was My Little Frenchman)〉(넬슨 페레이라 도스 산토스, 1971), 〈라가안(Lagaan: Once Upon A Time In India)〉(아슈토시 고와리케르, 2001)과 같은 영화에서처럼 '포스트식민적'이지 않을 수도 있기 때문이다. 대신, 마이클 터시그가 『모방과 타자성』에서 정의한 모방이 한류의 할리우드와의 교차(crossover) 시도에 담긴 역학을 보다 밀접하게 설명할 수 있는 듯하다. 즉 "문화가 제2의 자연을 만들기 위해 활용하는 자연, 복제하고 모방하며, 모델을 만들고 차이를 탐구하고, 항복하고 타자가 될 수 있는 능력"[20]으로서의 모방 말이다. 메간 모리스는 『정체성과 일화』에서 한쪽의 관객이 문화적이고 미학적 번역에서 결

---

19 Homi Bhabha, *The Location of Culture*(London: Routledge, 1994), p. 86.

20 Michael Taussig, *Mimesis and Alterity: A Particular History of the Senses*(New York: Routledge), 1992, p. 5.

정적으로 연결되는 것을 설명한 바 있다. 그녀는 "정체성은 항상 소구의 문제다. 즉 [정체성은] 욕망 그리고 의심의 여지 없이 타자와의 마주침의 역사를 통해 생산되는 것이다"라고 설명한다.[21]

이와 같은 의미에서 —지리적으로는 중국과 일본 사이에, 시간상으로는 냉전과 포스트 냉전 사이에 위태롭게 자리 잡은— 분단된 한국은 타자와의 관계에서 소구의 문제를 끊임없이 고민해야 하는 국가라는 점에서 흥미로운 사례를 제공해준다. 한류가 표면적으로는 한국 '문화'를 자축하는 듯 보이지만, 한류의 지역적이고 트랜스내셔널한 인기는 모방과 장르, 형식, 스타일을 재빠르게 변형할 수 있는 문화의 능력을 요구하는 것이기도 하다. 차이와 함께 진행되는 이 기술은 이러한 영화에서 수행되는 모방의 다층적 수준에 반영된다. 모방되는 것은 일본적 스타일이 아니라 미국이 일본 대중매체를 해석하는 테크노-오리엔탈 스타일이다. 한류의 스타일, 서사, 문화는 이들 영화를 탈색시켜 미국 관객들의 시장까지 가로지를 수 있게 한다. 그 순간 글로벌한 팬-아시아적 텍스트로서 스타들의 신체가 제시되고 마케팅 되는 것을 통해 한국은 스펙터클하게 가시적이 된다.

마지막으로, 지나 김이 판타지 장르의 모호성이라 설명한 것으로 되돌아가보자. 이 모호성은 특히 할리우드 블록버스터의 상업적 형식으로 표현되는 판타지 장르가 아시아계 미국인, 유색인 그리고 일반적으로 소수자들을 왜곡하고 탈인간화시킬 수 있는 강력한 가능성이 있다는 생각을 토대로 한다. 나는 그와 같은 사고에 동의하면서도, 동시에 다음의 두 지점을 고려하고 있지 않음을 지적하고 싶다.

첫째, 나는 정통성 있고 단일한 국가, 인종 혹은 문화가 그 자체로 판타지라는 생각이 부풀려진 사례로 이 영화들을 보았다. 방금 논의한

---

21 Meaghan Morris, *Identity Anecdotes: Translation and Media Culture*(London: Sage, 2006), p. 6.

(국제적 투자, 배경, 제작진들의 측면에서) 할리우드영화들은 그 자체로 하이브리드 하고 트랜스내셔널 하지만, 비와 전지현을 '한국인'으로서 구별되게 해주는 한류 스타일 또한 마찬가지로 동양과 서양의 기표들을 혼합한다.

둘째 지점이 아마도 좀 더 중요할 듯한데, 이 세계에서 상당수 사람들이 다큐멘터리나 드라마 그리고 여타의 '진지한' 매체 형식보다는, 그것이 좋은 것이든 나쁜 것이든, 판타지영화를 더 많이 보고 즐긴다는 점이다. 그들 중 일부는, 내가 〈닌자 어쌔신〉을 빌린 시드니의 동네 비디오 가게의 젊은 필리핀 여자와 같은 이들에게는 아시아의 유명 인사들 특히 비와 같이 블록버스터 영화의 주연급 배우들을 보는 것이 즐거운 일이면서 동시에 막연하게나마 자신에게 힘을 불어넣는 일이다. 어떻게 '아시아인의' 재현이 지리적 그리고 문화적 경계를 넘어 이동하고 변형되는지를 논의하면서, 일견 개인적인 즐거움으로 보이는 이와 같은 행위를 어떻게 잠재적으로 **정치적인** 힘의 부여로 이해할 수 있을지에 대해 보다 직접적으로 다뤄질 필요가 있다고 생각한다.

특히, 어떻게 그리고 왜 특정한 서사·장르·배우·연기가 다른 문화들을 가로질러 **번역되는 데 실패**하는지를 면밀하게 검토함으로써 소위 신속하게 '글로벌화되는' 세계에 계속해서 존재하는 문화적 그리고 내셔널한 차이들을 조명하게 될 것이다. 아시아가 할리우드의 가장 큰 수출 지역(전문가들에 따르면, 다음 10년간 미국시장의 60퍼센트를 차지하게 될 것이라고 추정된다[22])이 됨에 따라, 배우·스타일·이야기들이 점차 아시아에서 할리우드로 그리고 다시 아시아로(또한 세계의 다른 영화산업과 관객들로) '교차(crossover)'될 것이다. 이러한 차이를 이해하고 인식하는 일이 점차 더 중요해질 것이다.

---

22 Christina Klein, "The Asia Factor in Global Hollywood: Breaking Down the Notion of a Distinctly American Cinema," *Yale Global Online*(2003). Released online 25 March 2003.

참고문헌

"*Blood: The Last Vampire*," *Boxofficemojo.com*. Box Office Mojo. http://www.boxofficemojo.com/movies/?id=bloodthelastvampire.htm.

"*Ninja Assassin*," *Boxofficemojo.com*. Box Office Mojo. http://www.boxofficemojo.com/movies/?id=ninjaassassin.htm.

Chi-Yun Shin, "Art of Branding: Tartan 'Asia Extreme' Films," *Jump Cut* 50, Spring 2008. http://www.ejumpcut.org/archive/jc50.2008/TartanDist/text.html.

Choi, Chungmoo, "The Discourse of Decolonization and Popular Memory: South Korea," *Positions*, Vol. 1, No. 1, Spring 1993, pp. 77~102.

Choi, Seunghyun. "The Man Behind Rain's New York Concert, Jinyoung Park," *Chosun Ilbo*, 10 February 2006. http://www.chosun.com/culture/news/200602/200602100397.html.

Chris Gardner, "Gold Circle getting 'Sassy,'" *Variety.com*. Released online 4 May 2006. Accessed 28 February 2009. http://www.variety.com/article/VR1117942598.html?categoryid=13&cs=1.

Chris Nahon(Dir.), *Blood: The Last Vampire*, 2009. DVD.

Christina Klein, "The Asia Factor in Global Hollywood: Breaking Down the Notion of a Distinctly American Cinema," *YaleGlobal Online*, Released online 25 March 2003. Accessed on 15 June 2009. http://yaleglobal.yale.edu/display.article?id=1242.

Claire Lee. "Lee Goes to Hollywood," *The Korea Herald*, 6 May 2012. http://www.nationmultimedia.com/opinion/Lee-goes-to-Hollywood-30181377.html.

Cynthia Sau-ling Wong, "Diverted Mothering: Representations of Caregivers of Color in the Age of Multiculturalism," in Evelyn Nakano Glenn, Grace Chang and Linda Rennie Forcey(eds.), *Mothering: Ideology, Experience, and Agency*, New York: Routledge, 1994, pp. 67~94.

David Chute, "Vertigo Spins Remake Biz," *Variety.com*. Released online 14 May 2005. Accessed 15 June 2009. http://www.variety.com/article/VR1117922828.html?categoryid=1912&cs=1.

Deborah Sontag, "The Ambassador," *The New York Times*, 29 January 2006. http://www.nytimes.com/2006/01/29/arts/music/29sont.html?pagewanted=all&_r=0.

Derek Elley, "My Sassy Girl," *Variety.com*. Released online 30 November 2001. Accessed 15 June 2009. http://www.variety.com/review/VE1117916499.html?categoryid=3&cs=1&query=derek+elley+my+sassy+girl.

Derek Elley, "Remake fever hits Pusan fest," *Variety.com*. Released online 1 December 2002. Accessed 15 June 2009. http://www.variety.com/article/VR1117876675.html?categoryid=1061&cs=1.

Homi Bhabha, *The Location of Culture*, London: Routledge, 1994.

James McTeigue(Dir.), *Ninja Assassin*, 2009(DVD).

Jane Park, *Yellow Future: Oriental Style in Hollywood Cinema*, Minneapolis: University of Minnesota, 2010.

Jane Park, Interview with Roy Lee. Vertigo Studios(Los Angeles, California), 5 December 2008.

Jina Kim, "Introduction to Three Asias: South Korea. Korea's In-Betweeness," *Paradoxa*, No. 22, 2010, pp. 157~169.

Kang, Kyoung-Lae, "Novel Genres or Generic Novels: Considering Korean Movies Adapted from Amateur Internet Novels," MA Thesis, Department of Communication, Amherst: University of Massachusetts, February 2008.

Kathleen Rowe, *The Unruly Woman: Gender and the Genres of Laughter*, Austin: The University of Texas, 1995.

Kim, Mi Hui, "Local pix soared in 2001 B.O. derby," *Variety.com*. Released online 22 January 2002. Accessed 15 June 2009. http://www.variety.com/article/VR1117858857.html?categoryid=19&cs=1.

Koichi Iwabuchi, *Recentering Globalization: Popular Culture and Japanese Transnationalism*, Durham: Duke University Press, 2002.

Kwak Jae-young(Dir.), *Yeopgijeogin Geunyeo*, 2001(DVD).

Meaghan Morris, *Identity Anecdotes: Translation and Media Culture*, London: Sage, 2006.

Michael Taussig, *Mimesis and Alterity: A Particular History of the Senses*, New York: Routledge, 1992.

Pamela McClintock and Nicole Laporte, "'Sassy' sashays to Circle," *Variety.com*. Released online 4 December 2005. Accessed 15 June 2009. http://www.variety.com/article/VR1117933956.html?categoryid=1238&cs=1.

Peter Bradshaw, "Film reviews: *Ninja Assassin*," *The Guardian*, 22 January 2010. http://www.theguardian.com/film/2010/jan/21/ninja-assassin-review-sung-kang.

R. Zeeneshri, "From Sassy Girl to Vampire Saya," *New Strait Times*, 7 June 2009. http://www.highbeam.com/doc/1P1-164659188.html.

Xiying Wang and Petula Sik Ying Ho, "My Sassy Girl: A Qualitative Study of Women's Aggression in Dating Relationships in Beijing," *Journal of Interpersonal Violence*, Vol. 22, Iss. 5, 2007, pp. 623~638.

죽음정치적 영화 장치들
: 아시아 익스트림 영화와 박찬욱의 〈박쥐〉

박제철

'아시아 익스트림 영화(Asian extreme cinema)'라는 최근 대중영화의 한 경향은 2000년대 초기부터 대중뿐 아니라 학계로부터도 많은 관심을 불러일으켰다. 하지만 아시아 익스트림 영화가 영향력이 있는 주된 요인은 영화의 정서적 강렬함(affective intensity)임에도, 이 영화들에 대한 학계의 관심은 주로 이 영화들이 상이한 수용 맥락에 따라 어떻게 상이한 의미작용(signification)을 생산하는지에 국한되고 있다. 그럼으로써 아시아 익스트림 영화에 관한 지금까지의 연구는 다음과 같은 중요한 질문들에 거의 답하지 못했다. 즉 아시아 익스트림 영화를 특징짓는, 신체와 제스처를 통해 표현되는 정서적으로 추하고 혐오스러운 성질들의 전 지구적 매력을 어떻게 설명할 수 있을까? 이 경향의 영화들은, 정서를 가치화하는 신자유주의적 과정이 폐기하는 가치화될 수 없는(unvalorizable) 정서에 관심을 기울임으로써 정서의 신자유주의적 통치에 도전하고 저항하는가?

이 글은 아시아 익스트림 영화 일반과 박찬욱의 영화 〈박쥐〉(2009)

라는 특수한 사례를 영화의 신자유주의적 '통치 권력화(governmental-ization)'라는 맥락에 놓고 어떻게 아시아 익스트림 경향의 영화가 육체적 타자성의 신자유주의적 관리와 통제에 응답하는지를 논의할 것이다. 분명 이 경향의 영화들은 신자유주의적 통치 과정이 제쳐놓는 신체와 제스처의 정서적 추함에 관심을 기울인다. 하지만 나는, 아시아 익스트림 영화가 신자유주의에 대해 응대하는 이런 도전의 가능성에도 불구하고, 이들 영화가 정서적 신체를 대다수 인구의 생존에 대한 위협으로 번역함으로써 죽음정치적 영화 장치(dispositif)로 기능하는 경향이 있다고 주장할 것이다. 리처드 A. 그루신의 용어로 말하자면, 이와 같은 장치는 가치화될 수 없는 정서적 타자성을 재앙적인 것으로서 "전매개하고(premediate)" 그럼으로써 타자성과 조우하는 여타의 잠재적 형식들을 배제하는 데 목적이 있기 때문이다.[1] 다시 말해, 나는 궁극적으로 아시아 익스트림 영화들이 어떻게 정서적 타자성의 신자유주의적 관리를 와해시키기보다는 보완하는 데 기여하는지를 보여줄 것이다. 그럼에도 나는 박찬욱의 〈박쥐〉가 어떤 점에서 주목할 만하다고 주장할 것이다. 왜냐하면 〈박쥐〉는 여타의 아시아 익스트림 영화와 유사한 방식으로 죽음정치적 작용을 수행하지만 이와 동시에 구제될 수 있는 타자성과 재앙적 타자성이 뚜렷이 구분되지 않음을 폭로함으로써 정서적 타자성의 신자유주의적 통치를 부분적으로 위태롭게 하기 때문이다.

아시아 익스트림 영화와 박찬욱의 〈박쥐〉를 구체적으로 살펴보기에 앞서 우선 이 논의에 결정적인, 정서적 타자성의 '죽음정치적 가치화'라는 개념을 미셸 푸코(Michel Foucault)의 후기 사상과 자크 라캉(Jacques Lacan)의 후기 사상을 통해 이론화해보자.

---

1 Richard A. Grusin, *Premediation: Affect and Mediality After 9/11*(New York: Palgrave Macmillan, 2010).

생명정치에서 죽음정치로

신자유주의적 통치성은, 기본적으로 폭력적 수단을 동원해 사회를 지배하려는 주권 권력과 훈육 권력과는 달리, 사회를 규제하는 데 오로지 평온한 수단만을 동원하는 것처럼 보인다. 푸코는 통치성을 주권과 구별되는 것으로 논의할 때 이러한 점을 강조하는 것처럼 보인다.

> 권력이 점차 더는 **생명을 빼앗을 수 있는 권리**의 힘이 아니라 오히려 점차 [**생명을**] **살게 하려고 개입할 수 있는 권리**의 힘인 이상 즉 권력이 사고들, 무작위 요소, 결함들을 제거함으로써 생명을 개선하려고 주로 이 수준에서 개입하기 시작하면, 죽음은, 그것이 생명의 끝인 한, 권력의 종점·한계·끝이기도 하다. 죽음은 권력관계 바깥에 있다. 죽음은 권력이 미치는 한계 너머에 있으며, 권력은 죽음을 오로지 일반적·전반적·통계적 측면에서만 파악할 수 있을 뿐이다. (…) 주권의 권리에서 죽음이 주권자 절대 권력의 가장 분명하고 가장 화려한(spectacular) 표명의 순간이었다면, 죽음은 이제 그와 반대로 개인이 모든 권력을 벗어나서 그 자신에게로 돌아가는, 말하자면 그 자신의 사생활로 퇴각하는 순간이 되었다. (…).[2]

분명, 통치(governmental) 권력은 인구 일반을 생존하게 하는 데 그 목적이 있는 한 죽음에 저항하는 온갖 종류의 복지제도와 의료 서비스 증진에 기여한다. 바로 이런 이유에서 푸코는 통치성이 부상하면서 생겨나는 정치의 새로운 영역을 지칭하기 위해 생명정치(biopolitics)라는 용어를 도입하는 것이다.

하지만 푸코가 또한 지적하듯이, 통치 권력이 수행하는 생명 관리

---

2 Michel Foucault, *Society Must Be Defended: Lectures at the Collège de France, 1975-1976*, eds. Mauro Bertani et al., trans. David Macey(New York: Picador, 2003), p. 248. 강조는 인용자.

의 외관상 앞서 언급한 긍정적 측면에는 어두운 이면이 있다. 살게 하는 과정의 이면은, 푸코에 따르면, 나치즘과 같은 인종주의에서 볼 수 있듯이 죽게 내버려두는 과정이다. 푸코는 19세기 이래로 출현한 인종주의가 낡은 권력 형식으로의 후퇴가 아니라 통치적 생명 권력의 당연한 결과라는 점을 강조한다.

> 인종주의는 나의 삶과 타자의 죽음 사이의 어떤 관계 즉 군사적 또는 전쟁적 [유형의] 대치 관계가 아니라 생물학적 유형의 관계를 확립할 수 있게 한다. "열등한 종족이 더욱더 많이 죽어갈수록 비정상적 개인은 더욱더 많이 제거되고, 퇴화된 자들은 인류 전체에서 더욱더 적어질 것이다. 내가 ―개인으로서보다는 종족으로서의 나― 더 많이 살수록, 나는 그만큼 더 강해지고 더 원기왕성해질 것이다. 나는 증식할 수 있게 될 것이다."[3]

다시 말해, 통치성(governmentality) 관점에서는 인구 대다수의 생존 가능성을 높이기 위해 소수의 위협적 존재를 포착하고 제거해야만 한다. 삶을 증진하는 데 목적이 있는 생명정치적 통치성에서조차 사형이 존속하는 것 역시 이와 유사한 이유에서다. 푸코가 지적하듯이, 이러한 정치체제에서 범죄자를 죽이는 것은 그 범죄의 불법성 때문이 아니라 오로지 "범죄자의 괴물성, 교정 불가능성, 사회의 보호" 때문이다.[4]

푸코의 설명에서, 죽음정치는 생명정치로부터 자연스럽게 도출되는 것처럼 보인다. 하지만 그의 설명을 좀 더 면밀히 검토해보면, 죽음정치가 겨냥하는 존재들에 대해 어떤 환원 불가능한 긴장이 존재함을 알

---

3   같은 책, p. 255.
4   Michel Foucault, *The History of Sexuality, Volume 1: An Introduction*, trans. Robert Hurley(New York: Vintage Books, 1990), p. 138.

수 있다. 우선 이런 존재들은 열등하다. 즉 가치가 거의 없다. 하지만 이 사실 자체는 그 존재들을 죽일 필요성을 정당화하지는 않는데, 이는 그 것들은 관심 밖에 내버려두면 자연선택의 법칙에 따라 자연히 소멸될 것이기 때문이다. 따라서 통치성이 죽음정치를 필요로 하는 진짜 이유 는 죽음정치가 겨냥하는 존재들이 단순히 열등한 것으로 간주되기 때 문이 아니라 그 존재들이 인구 대부분의 생존에 위협으로 간주되기 때 문이다. 다시 말해, 이들 존재는 인구 대부분에 잠재적으로 해를 끼칠 파괴력을 갖고 있는 것으로 간주된다. 그런 만큼 열등함이나 무가치를 파괴성과 단락(短絡)시키는 것은 '부정적(혹은 음성적, negative)' 크기의 가치를 열등하다고 간주되는 존재들에 부여하는 일종의 가치화 과정은 함축한다. 나는 이 과정을, '긍정적(혹은 양성적, positive)' 크기의 가치를 존재들에게 부여하는 '생명정치적 가치화 과정'과 구분되는 것으로서 '죽음정치적 가치화 과정'이라고 명명한다.

죽음정치적 가치화 과정을 프로이트와 라캉이 개진한 도착증자의 환상에 관한 논의를 통해서 보다 더 명료하게 규명될 수 있다. 프로이트 는 「성욕에 관한 세 편의 에세이」에서 도착증에 관해 이렇게 정식화한 다. "신경증은 말하자면 도착증의 부정이다."[5] 이 지적을 통해 프로이트 가 의미하는 바는, 신경증자는 예비적인 성적 활동 예컨대 빨기나 만지 기 등을 성적 충동의 궁극적 목표인 성교를 달성하는 수단으로만 이용 하는 경향이 있는 데 반해 도착증자는 예비적 수단 그 자체가 마치 성 적 충동의 궁극적 목표라도 되는 듯이 그 수단에 고착된다는 것이다.

도착증이 신경증의 전도라는 테제로부터 라캉은 프로이트가 제안 한 것보다 더욱더 근본적인 통찰을 발전시킨다. 라캉은 「칸트를 사드와

5　Sigmund Freud, "Three Essays on Sexuality," in James Strachey(ed.), *The Standard Edition of the Complete Psychological Works of Freud, Vol. VII*(London: The Hogarth Press, 1953), p. 165.

더불어」에서 도착증의 윤리적 함의를 심도 있게 탐구한다. 라캉에 따르면, 사드가 한 일은 정확히 향유(jouissance)에 대한 추구를 칸트적 도덕법칙의 지위로 고양한 것이다. 이와 같은 고양이 가능한 이유는, 칸트에 따르면, 어떠한 준칙도 그 내용과 관계없이 "동시에 보편적 입법 원칙으로서 항상 타당하다"면 도덕법칙 혹은 정언명령으로 간주될 수 있기 때문이다.[6] 다시 말해, 도덕법칙에 대한 칸트의 형식적 정의는 아이러니하게도 사드적인 무조건적 향유 명령을 모든 사람이 준수해야 할 도덕법칙으로 간주할 수 있게 해준다는 것이다.

이처럼 도착증자의 환상에 관한 논의를 경유할 때, 우리는 신자유주의적 생명정치에서 단순히 무가치한 것으로 간주되는 것이 어떻게 —비록 부정적인 형태일지언정— 재가치화될(revalorized) 수 있는지를 이해할 수 있다. 신자유주의적 통치성 하에서 무가치한 잔여로 간주되는 것은, 도착증자의 환상에서 목표가 된 '향유 도구'로서 기여할 수 있는 점에서 어떤 가치를 부여받게 된다.[7] 따라서 가치화될 수 없는 잔여의 가치는 이제 그것이 얼마나 향유를 성취하는 데 기여하는지에 따라 결정된다.

다시 한 번 강조하건대, 이러한 가치화는 신자유주의적 통치성 혹은 생명정치라는 관점에서 보자면 부정적 가치화다. 왜냐하면 여기서 사드적 향유는 인구 일반에 더는 매력적이지 않고 위협적이거나 소름끼치는 것처럼 보이는 한 신자유주의적인 정서적 가치화 너머에 있기 때문이다. 다시 말해, 도착증자의 환상은 신자유주의적 통치성의 외관상 평온한 생명정치의 이면에 있는 죽음정치의 차원을 설명한다는 것이다.

물론 이와 같은 죽음정치적 가치화 과정이 도덕법칙으로 고양되는

---

6 Immanuel Kant, *Critique of Practical Reason*, trans. Werner S. Pluhar(Indianapolis: Hackett, 2002), p. 45.

7 Jacques Lacan, "Kant with Sade," *Écrits: The First Complete Edition in English*, trans. Bruce Fink(New York: W. W. Norton & Company, 2002), p. 654.

한 그 과정은 "가치화될 수 없는" 잔여적 존재들을 무익함에서 구제하는 것처럼 보인다. 이 점에서 죽음정치적 가치화 과정은 신자유주의적 통치성에 도전하는 이슬람 근본주의나 옴 진리교와 같은 동시대의 광신적 운동들을 정당화할 수도 있을 것이다. 하지만 죽음정치적 가치화 과정은 아무리 광신자들에게 매혹적으로 보일지라도 두 가지 점에서 문제가 있다. 우선 이런 광신적 가치화 과정은 신자유주의적 통치성 하에서 가치화될 수 없는 잔여적 존재들을 구제하기보다는 신자유주의적 통치성의 죽음정치적 전환을 정당화하는 경향이 있다. 알카에다와의 전쟁과 같은 최근에 일어난 온갖 종류의 대(對)테러전쟁이 인구 일반에 지지를 받아온 것은 무엇보다 이와 같은 광신적 가치화에 기인한다. 광신자들이 광신적 가치화 과정을 통해 점점 더 윤리적이 될수록 그들은 인구 대다수에 그만큼 점점 더 위협적이 되며, 궁극적으로 이는 인구 일반으로 하여금 광신자들에 대해 죽음정치로 대응하라는 요구를 하게끔 한다.[8]

하지만 죽음정치적 가치화 과정에서 더욱더 문제인 것은, 이 과정이 —신자유주의적인 정서적 가치화 과정과 마찬가지로— 가치화될 수 없는 정서들을 일반화하고(generify) 그럼으로써 그 정서에 특징적인 단독성(singularity)을 무시하기에 이른다는 점이다. 사드적 환상을 논의하면서 라캉은 이 점을 분명히 지적한다. 라캉에 의하면, 이러한 환상은 도덕법칙의 형식을 취한다고 해도 궁극적으로 향유와 그 도구인 빗금 쳐진 주체의 규정 불가능한 잠재성들을 규정된 것으로 만든

---

8 최근 몇 년간 비평가들은 어떻게 생명정치적, 신자유주의적 관리가 쓰레기가 된 생명들의 절멸을 정당화해왔는가를 강조해왔다. 이런 유형의 논의들은 생명정치적 관심에 의해 가치화된 생명의 형상들과 대립하는 죽음의 형상들을 옹호하는 경향이 있다. 물론 신자유주의적 통치성을 문제시한다는 점에서 이 시도들은 충분한 의미가 있다. 하지만 타나토스의 이러한 형상들이 이미 죽음정치적 가치화 과정의 산물인 한 위의 논의들은 인구 대다수의 생존을 위한 신자유주의적인 생명정치적 요구를 아이러니하게도 정당화할 우려가 있다. 예컨대, Sara Ahmed, *The Cultural Politics of Emotion*(New York: Routledge, 2004); jasbir k. puar, *Terrorist Assemblages: Homonationalism in Queer Times*(Durham: Duke University Press, 2007); Richard A. Grusin, *Premediation*을 보라.

다. 향유를 대상 속에 경화시키고 주체를 "향유 도구에 불과한 것"으로 소외시킴으로써 말이다.[9] 따라서 사드적 환상은 가치화될 수 없는 정서적 신체나 제스처가 어떻게 신자유주의적인 정서적 가치화가 아닌 방식으로 가치화될 수 있는지를 상상할 수 있게 해주지만, 여기에는 대가가 따른다. 즉 이러한 상상은 그러한 신체나 제스처의 정서적 강렬함을 정규화(regularize)함으로써만 가능해진다는 것이다.

죽음정치적 장치로서의 아시아 익스트림 영화

2000년 무렵 이래로 아시아 '익스트림' 영화들은 전 지구적 관객으로부터 점차 많은 관심을 받아왔다. 물론 이러한 현상은 직접적으로는 '아시아 익스트림'이라는 영화 브랜드의 초국적 인기와 관련이 있다. '아시아 익스트림(Asia Extreme)'은 영국을 근거지로 하는 영화배급사 타탄필름스(Tartan Films)가 만들어낸 브랜드로서 유혈이 낭자하고 잔혹하며 불필요하게 폭력적인 일련의 아시아영화와 DVD를 한데 묶는 범주로 사용되었다. 하지만 이들 유형의 아시아영화는 이 브랜드를 넘어 지금까지도 계속 증식하고 있다.

아시아 익스트림 영화들은 아시아영화를 연구하는 몇몇 비평가들 일례로 신지윤, 제이 맥로이(Jay McRoy), 다니엘 마틴(Daniel Martin) 등의 학자들에게 가장 뜨거운 쟁점 중의 하나다. 신지윤은 아시아 국가의 정치적·문화적 쟁점들을 비판적으로 다루지 않고 단순히 정서를 상업화한다는 이유로 아시아 익스트림 영화들을 비난한다.[10] 맥로이와 마틴은 아시아 익스트림 영화 현상을 직접 다루기보다는 이들 영화를 공포영화의 맥락 속에서 논의한다. 맥로이는 현대 일본 공포영화들에 초점

9   Jacques Lacan, "Kant with Sade," pp. 652, 654.
10 Shin Chi-Yun, "Art of Branding: Tartan 'Asia Extreme' Films," *Jump Cut: A Review of Contemporary Media*, no. 50(Spring 2008), n. pag. Web. Accessed 30 December 2008.

을 맞추고 어떻게 이 영화들이 현대 일본의 보다 광범위한 사회적·정치적 관심사들에 대한 은유로서 기능하는지를 지적한다.[11]

마틴은 현대 일본 공포영화들의 영국에서의 수용에 초점을 맞추어 어떻게 영국 관객들이 그 영화들을 아시아 역사와 문화의 맥락보다는 서구 공포영화 장르의 전통과 관련해서 읽는 경향을 보이는지에 대해 설명한다.[12] 맥로이와 마틴 두 비평가는 아시아 익스트림 영화들의 의미 작용 과정이 수용 맥락에 따라 어떻게 달라지는지에 대해서는 성공적으로 지적하지만, 이들 영화의 정서적 힘과 그 힘의 사회적·정치적 함의에 대해서는 거의 논의하지 않는다.

하지만 주목해야 할 것은 아시아 익스트림 영화의 가장 두드러진 특징 중의 하나는 그 영화들이 잔혹한 행동과 신체 절단을 '극단적(extreme)' 방식으로 전시한다는 점이다. 이 경향의 대표적 영화감독이라고 할 수 있는 박찬욱, 미이케 다카시(三池崇史), 김지운의 영화 몇 편에 초점을 맞추어보면, 우리는 영화가 어떻게 사드적 인물이 희생자의 (혹은 사드적 인물과 그 희생자 서로서로의) 신체를 잔혹하게 다루는 방식을 생생하게 묘사하는 것에 전념하는지를 쉽게 알 수 있다. 실로 영화 속에서 사드적 인물은 종종 신체를 고문하거나 신체를 절단 또는 내장을 적출함으로써 신체에 극단적 폭력을 가한다.

아시아 익스트림 영화들이 보여주는 극단적 상상력은 온갖 도덕적 규범과 사회적 규범을 위반하고 그것들에 저항한다는 이유에서 몇몇 비평가와 일부 젊은 관객으로부터 상찬을 받아왔다. 일례로, 최진희와 미쓰요 와다-마르시아노는 다음과 같이 쓰고 있다.

---

11 Jay McRoy, *Nightmare Japan: Contemporary Japanese Horror Cinema*(Amsterdam; New York: Editions Rodopi B.V., 2008).

12 Daniel Martin, "Japan's *Blair Witch*: Restraint, Maturity, and Generic Canons in the British Critical Reception of *Ring*," *Cinema Journal* 48.3(Spring 2009), pp. 35~51.

['아시아 익스트림'은] 그 영화들의 정치적이고 이데올로기적인 의미의 평가와 관련하여 관객을 인도하는 —때로는 오도하는— 일련의 문화적 가정과 함의를 또한 담고 있다. 자막이 있는 외국영화 보기를 보통 꺼려하는 젊은 관객들은 그 영화들의 비주류적 감성과 매력 덕택에 그러한 영화에 이끌린다. (…) 1960년대(와 동시대의) 유럽영화와 1990년대 이래의 [아시아] 익스트림 영화에는 어떤 연속성이 있다. 미국에서 외국영화들의 매력 중 하나는 할리우드에서는 쉽게 허용되지 않는 주제들 예컨대 성, 유혈, 폭력 등의 묘사에 있다는 점에서 말이다.[13]

물론 1960년대의 유럽 예술영화와 1990년대 이래의 아시아 익스트림 영화 사이에는, 위 두 비평가가 주장하듯, 유사성이 있다. 하지만 외관상의 유사성에도 불구하고 이 두 유형 영화 사이 역사적 맥락의 차이를 간과해서는 안 될 것이다. 전자의 영화들에서 금기시된 주제의 묘사가 당시 지배적이었던 주권적이고 훈육적인 권력에 도전하고 그 권력을 동요시켰다면, 후자의 영화들에서 외관상 이와 유사한 묘사는 이미 쇠퇴하고 있는 주권적이고 훈육적인 권력을 겨냥하기보다는 신자유주의적 통치성의 정서적 관리에 도전하는 것이다.

아시아 익스트림 영화들은 마치 현재 지배적인 신자유주의적 통치성에 저항하기라도 하듯 신자유주의적인 정서적 가치화로부터 배제된 가치화될 수 없는 정서적 타자성을 조명해왔다. 이들 영화의 주요 인물들은 종종 격노, 적개심, 사도마조히즘적(sadomasochism) 행위와 같은 건강하지 않고 추한 유형의 정서적 표현에 종종 사로잡힌다. 일례로, 박찬욱의 복수 3부작—〈복수는 나의 것〉(2002), 〈올드보이〉(2003), 〈친

---

13 Jinhee Choi and Mitsuyo Wada-Marciano, "Introduction," in Jinhee Choi and Mitsuyo Wada-Marciano(eds.), *Horror to the Extreme: Changing Boundaries in Asian Cinema*(Hong Kong: Hong Kong University Press, 2009), p. 6.

절한 금자씨〉(2005) — 은 격노와 적개심으로 가득 찬 세계를 보여준다. 〈이치 더 킬러(殺し屋1/ Ichi the Killer)〉(2001), 〈비지터 Q(ビジターQ/ Visitor Q)〉(2001)와 같은 미이케 다카시의 영화들에서는 온갖 유형의 근친 상간적 또는 사도마조히즘적 인물들이 등장한다. 김지운 영화들, 일례로 〈악마를 보았다〉(2010)는 악을 행하기 위해서 태어난 것만 같은 철저하게 사악하고 파괴적인 인물을 보여준다. 실로 이러한 추한 정서들은 정서의 신자유주의적 가치화의 한계를 즉 어떻게 특정의 정서들은 신자유주의적인 정서적 가치화 과정에서 배제되는지를 들추어 보여준다. 〈오디션(オーディション/ Audition)〉(1999)과 〈이치 더 킬러〉와 같은 미이케 다카시의 영화는 가치화되는 정서와 가치화될 수 없는 정서 사이에는 커다란 간극이 있음을 명시하는 가장 좋은 사례다. 〈오디션〉에서 현대판 팜므 파탈인 여주인공은 영화 전반부에서는 정서적으로 매력적이고 신비스럽게 보이지만 후반부에서는 소름끼칠 만큼 무시무시한 사드적 인물인 것으로 판명된다. 아니 갑작스럽게 그와 같은 인물로 변한다고 볼 수도 있을 것이다. 마찬가지로 〈이치 더 킬러〉에서 이치는 처음에는 소심하고 수줍어하는 것처럼 보이지만 누군가에게 왕따를 당하면 이내 냉혹하고 잔혹한 살인마로 변신한다.

아시아 익스트림 영화에서 가치화 불가능한 정서적 타자성이 표명되는 또 다른 방식은, 영화가 신체 고문과 신체 절단을 생생하게 전시하는 것에서 볼 수 있다. 영화에서 사드적 인물은 단순히 사람을 죽이는 데 목적이 있다기보다는 신체 해체 과정 그 자체를 무대화하는 것에 몰두하고 있다. 이처럼 사악한 인물들은, 프로이트식으로 말하자면, 충동의 목표보다는 그 목표에 이르는 수단에 고착되어 있다는 점에서 도착증을 극명하게 보여주는 사례다. 영화는 신체 고문이나 신체 절단 장면들을 보여주는 데 거리낌이 있기는커녕 이들 장면을 아주 세밀하게 묘사하는 데 전념한다. 마치 그와 같이 잔혹하고 생생한 전시가 영화의 목표 자체라도 되는 듯 말이다. 〈이치 더 킬러〉나 〈악마를 보았다〉와 같은 영화에서 볼 수 있는 것처럼, '악마적 악(diabolical evil)'의 인물들은 종종 인간 신체를 조각내는 것을 즐기며 영화는 종종 이 조각내는 과정들을 매우 생생하게 묘사한다.[14] 영화에는 고문 장면 또한 심심찮게 등장한다. 일례로, 〈친절한 금자씨〉에서 사람들은 자신들의 아이들을 납치·살해한 범죄자를 서로 경쟁하듯이 고문한다. 〈이치 더 킬러〉는 수많은 바늘을 살에 꼽는 고문의 '실험적' 형식을 생생하게 보여준다. 〈복수는 나의 것〉에서 격노한 주인공은 장기 밀매업자들의 신장을 그들이 맨 정신일 때 신체에서 떼어낸다. 이처럼 고문 받거나 절단되는 신체가 오로지 두려움·역겨움·혐오스러움 등의 감정을 불러일으키는 한, 이와 같은 생생한 전시는 신체의 신자유주의적 가치화가 결코 모든 신체에 걸쳐 적용되지는 않으며 특정 형식의 비천한 신체들은 배제해온 점을 들추어낸다.

하지만 아시아 익스트림 영화가 잔혹한 행위, 추한 정서, 신체의 고문과 절단을 극도로 생생하게 전시하는 것이 아무리 역겹고 혐오스럽더라도 일정 정도는 관객들을 안심시키는데, 이는 이와 같은 전시가 관객들로 하여금 헤아릴 수 없고 가치화 불가능한 정서들을 비록 부정적으로나마 측정·평가할 수 있게 해주기 때문이다. 그럼으로써 타자성에 대한 이 같은 극단적 전시는 우리에게서 보다 모호하고 보다 불확실한 형식으로 출현하는 타자성과 조우할 가능성들을 미리 박탈해버린다. 물론 예를 들어 〈오디션〉과 〈이치 더 킬러〉에서 우리가 외관상 매력

---

14 칸트는 제2비판서에서 악의 네 양식을 구분한다. 1) 인간 본성의 연악함, 2) 인간 의지의 불순함, 3) 근본악(radical evil) 4) 악마적(diabolical) 악. 칸트는 악마적 악은 도덕법칙에 직접적으로 대립하기에 인간 존재에게는 불가능하다고 말한다. 하지만 악마적 악은, 알렌카 주판치치가 설득력 있게 지적하듯, 정의상 도덕법칙과 구분 불가능하며 그렇기에 이러한 외관상의 대립은 해소된다. 이 점에서 악마적 악은 도덕법칙 그 자체보다 더하지도 덜하지도 않은 사드적 향유 명령에 상응한다. Alenka Zupančič, *Ethics of the Real: Kant and Lacan*(New York: Verso, 2000)의 제5장을 보라.

적인 사람들이 실은 괴물 같다는 사실에 직면할 때 우리는 어떻게 정서적 타자성을 평가하는 신자유주의적 방식들이 제한되어 있는지를 깨달을 수 있다. 하지만 이와 같은 깨달음은 가치화될 수 없는 정서적 강렬함을 괴물 같음으로 미리 규정하는 것을 수반한다. 이러한 선규정이 가치화될 수 없는 타자성을 징규화하는 안심의 효과를 산출하는 한 그것은 타자성과 조우하는 여타의 가능한 형식을 사전에 차단해버린다.

더구나 가치화될 수 없는 타자성의 묘사가 가치화될 수 있는 타자성의 묘사와 곧바로 대립하는 한, 전자의 묘사는 소름 끼치는 타자성에 대한 반발을 쉽게 불러일으키며, 그 결과 가치화될 수 없는 타자성을 죽음정치적으로 진압하는 것을 정당화하고 강화하는 데 기여한다. 다시 말하면, 가치화될 수 없는 타자성에 대한 묘사가 타자성에 대한 아무런 호기심도 불러일으키지 않는다면, 그러한 묘사는 라캉이 소외의 양자택일이라고 부른 것 즉 강도가 "돈이냐 목숨이냐"라고 피해자를 협박하는 상황과 유사한 강요된 선택의 상황으로 환원되고 만다.[15] 궁극적으로 가치화될 수 없는 타자성을 극단적으로 묘사하는 것은 신자유주의적 정서 통제에 도전하려는 모든 시도를 제거하는 데 기여한다. 왜냐하면 이러한 극단적 묘사에 따르면 그 어떤 시도도 인구 일반에 재앙만을 불러올 것처럼 보이기 때문이다.

이처럼 아시아 익스트림 영화의 전 지구적 유행이 그 영화들이 함축하고 있을지도 모르는 사회적·정치적 알레고리들에 기인한다기보다는 영화들이 동원하는 정서의 죽음정치적 가치화 전략들에 기인한다는 것은 아시아 익스트림 영화가 유행하게 된 시기의 역사적 맥락을 고려

---

15 라캉의 소의의 양자택일에 대해서는 Jacques Lacan, *The Four Fundamental Concepts of Psychoanalysis: The Seminar of Jacques Lacan Book XI*, ed. Jacques-Alain Miller, trans. Alan Sheridan(New York: W. W. Norton & Company, 1977), 제16장을 볼 것. 라캉은 사드적 환상 즉 분석가 담화 속에서도 마찬가지로 이러한 소외 작용이 작동함을 지적한다. 이 점에 대해서는 Jaques Lacan, "Kant with Sade," p. 654를 보라.

해볼 때 좀 더 분명해진다. 아시아 익스트림 영화는 2000년대 이래 즉 미국의 9·11을 위시한 각종 대형 테러가 빈번해짐에 따라 각국이 보안을 강화하던 시기에 전 지구적으로 인기를 끌었다는 사실을 염두에 둘 필요가 있다. 이러한 전 지구적인 사회적·정치적 맥락을 고려해볼 때 아시아 익스트림 영화 각각이 참조하고 있을지도 모르는 사회적·정치적 특수성은 초국적 관객에게 그다지 중요한 사항이 아닐 것이며, 오히려 그 영화들이 미지의 타자들을 정서적으로 표현하는 방식 그 자체가 결정적일 것이다. 이렇게 볼 때, 아시아 익스트림 영화는 그루신의 이른바 '전매개(premediation)' 논리에 기여하는 것으로 볼 수 있다. 그루신은 9·11 이후 미디어가 일종의 정서적 안전장치(security dispositif)로 기능하는 방식을 가리키기 위해 '전매개'라는 용어를 도입하고 다음과 같이 정의하고 있다. "전매개는, 또 다른 테러 공격에 대한 거의 일정하고 낮은 수준의 두려움이나 불안을 영속시킴으로써 전 지구적 미디어계(mediasphere)의 시민들이 9·11의 사건들이 초래한 것과 같은 종류의 전신적 또는 외상적 충격(systemic or traumatic shock)을 다시 경험하는 것을 방지하는 작용을 한다."[16] 이러한 정의를 통해 그루신은 9·11 이래 영화를 비롯한 각종 미디어가 어떻게 '전매개' 논리에 따라 테러를 상상하고 예측함으로써 인종적, 종족적 소수자들을 잠재적 테러리스트로 분류하여 통제·관리하는 푸코적 의미에서의 '안전장치'로 기능하는지를 강조한다.[17] 그렇다면 아시아 익스트림 영화가 전시하는 폭력의 잔혹한 묘사는 그런 영화의 전 지구적 인기를 고려해볼 때 무엇보다 이와 같은 '전매개'를 수행하는 정서적 안전장치로 기능한다고 볼 수 있다.

16 Richard A. Grusin, *Premediation*, p. 2.
17 같은 책, p. 73.

타나토스는 우리 모두 안에 있다: 박찬욱의 〈박쥐〉

박찬욱의 〈박쥐〉는 가치화될 수 없는 타자성이 체현되는 상이한 형식을 제시한다. 〈박쥐〉에서 타자성이 체현되는 방식은, 일반적인 아시아 익스트림 영화들이 보여주는 악마적으로 악한 방식의 체현과 달리, 정서적으로 무시무시하나기보나는 매력적인 것처럼 보인다. 죽음 이후 부활한 신부 상현(송강호 분)은 자신이 '뱀파이어'—영화 대사 속에서 '흡혈귀'라는 한국어 대신 영어 '뱀파이어'가 사용된다—가 되었다는 사실을 깨닫는다. 하지만 이 뱀파이어는 미이케 다카시의 〈오디션〉이나 〈이치 더 킬러〉 등에 등장하는 '악마적 악'의 인물들만큼 극도로 사악하거나 잔혹하지 않다. 물론 상현은 뱀파이어가 된 후로는 그 이전보다 더 도덕적으로 문란해진다. 그는 유부녀와 간통하고 오해로 인해 그녀의 남편을 살해하기까지 한다. 하지만 상현이 더는 성직자가 아닌 이상 그의 행위는 다른 사람들의 행위에 비해 그다지 더 이례적이지 않다. 그가 도덕적 규범을 엄격하게 부과하는 낡은 주권적이고 훈육적인 법률적·사법적 체제보다는 어느 정도의 방탕함을 허용하는 오늘날의 신자유주의적 통치성의 체제에 사는 한에서 말이다. 그는 신체적으로 강하고 건장하거니와 예민하고 섬세한 제스처까지 갖추고 있다는 점에서 신자유주의적 통치성의 눈에 정서적으로 매력적인 존재다.

상현의 유일한 '비정상성'은 여타의 '정상적인' 사람들과 달리 그가 뱀파이어로서 피를 먹고 산다는 점뿐이다. 하지만 이러한 점조차도 절대적으로 비정상적인 것이라고 볼 수는 없는데, 왜냐하면 상현이 스스로 주장하듯이 이는 단지 그가 '특별한' 음식취향을 갖고 있음을 말해줄 뿐이기 때문이다. 실로 상현의 가치화될 수 없는 타자성이 체현되는 것은 이런 '특별한' 스타일을 통해서다. 원칙적으로 이는 신자유주의적 통치성의 관점에서 문제될 것이 없다. 왜냐하면 스타일의 차이는 신자유주의 사회에서 정서적 가치의 주 원천으로서 찬양받는 것이기 때문이다.

그럼에도 영화 〈박쥐〉의 서사는 모든 문제가 상현의 '특별한' 성질에서 기인함을 보여준다. 물론 상현은 자신의 생존을 위해 다른 사람을 살해하지 않으려고 무척 노력한다. 예컨대, 그는 병원에서 혈액 주머니를 훔치거나 혼수상태에 빠진 환자들에게서 피를 빤다. 하지만 상현과 간통한 유부녀 태주(김옥빈 분)가 뱀파이어로 부활한 뒤 상현의 이제까지의 노력은 물거품이 되고, 태주의 생존 본능으로 인해 결국 상현-태주 커플은 '살인 축제'를 벌이게 된다. 이러한 재앙에 죄책감을 느끼는 상현은 결국 태주의 완강한 거부에도 불구하고 함께 동트는 새벽을 맞이함으로써 태주와 동반 자살을 감행한다. 〈박쥐〉의 결말은 상현-태주 커플의 육신이 떠오르는 해에 의해 타서 재가 되어버린 뒤 그들이 신고 있던 신발만이 남는 과정을 생생하게 보여준다.

〈박쥐〉는 뱀파이어를 예외적으로 사악하거나 괴물 같은 것으로 간주하지 않는다. 이 점에서 〈박쥐〉는 여타의 일반적인 아시아 익스트림 영화들과 거리가 있다. 〈박쥐〉는, 그 일반적인 아시아 익스트림 영화들이 괴물 같은 타자들의 죽음정치적 진압에 대한 요청을 정당화하는 것과 달리, 외관상 평온한 생명정치적 요구와 외관상 파괴적인 죽음정치적 요구 사이의 경계를 흐림으로써 정서의 신자유주의적 통치 그 자체를 의문시한다. 뱀파이어 커플의 피에 대한 요구 그 자체는, 이 영화의 영어 제목 'thirst'가 암시하듯이, 과도하기는커녕 그들의 생존에 필수불가결 한 것이다. 혹자는 그것은 단지 문화적 차이의 문제일 뿐이라고 말할지도 모른다. 신자유주의적 통치성은 그 목적이 인구를 살게 하는 데 있는 한 상이한 문화적 요구를 억누르기보다는 화해시키려고 최선을 다한다. 하지만 〈박쥐〉는 이것이 외적 위협이 아니라 내적 적대 때문에 불가능함을 보여준다. 다시 말해, 영화는 신자유주의적 생명정치가 어떻게 외적 장애물에 의해서라기보다는 내적 장애물에 의해 제약되어 있는지를 드러낸다. 이처럼 〈박쥐〉는 죽음정치적 차원이 어떤 예외적 경우에서만 부상하는 것이 아니라 생명정치적 규제 메커니즘에 항상 존속하고 있음을 폭로한다.[18]

〈박쥐〉가 죽음정치적 정서 과잉이 어떻게 신자유주의에 내속(內屬)하는지를 시각적으로 표현하는 방식은 무엇보다 과도한 신체적 제스처를 통해서다. 〈박쥐〉에서는, 일반적인 동아시아 익스트림 영화들이 과도한 제스처들을 예외적으로 사악한 사드적 인물들에게 귀속시키는 것과 달리, 뱀파이어 커플은 물론 거의 모든 인물이 외상적 상황에 직면할 때 종종 폭력적으로 돌변한다. 예를 들어, 태주는 뱀파이어로 변신하기 이전에조차 폭력적 성향을 드러낸다. 태주는 상현에게 자신이 얼마나 남편과 시어머니로부터 학대를 당했는지 호소하지만, 영화는 그녀가 단순히 순수한 희생자가 아니라 언제나 강력하게 보복할 준비가 되어 있는 예비 가해자임을 시사한다. 이를 잘 보여주는 장면 하나는 태주의 남편 강우(신하균 분)가 손님들과의 식사 자리에서 그녀에게 짓궂은 장난을 하는 장면이다. 태주는 강우의 장난으로 바닥에 쓰러지고 곧바로 강우의 뺨을 때리려고 팔을 들어 올리지만 잠시 머뭇거리다가 이내 단념하고 손으로 휴지를 뽑아 강우의 콧물을 닦아준다. 그러나 이후에 결국 태주는 상현을 부추겨 강우를 살해하게 한다. 〈박쥐〉 속 거의 모든 인물은 일정 정도 애매한 제스처를 보여준다. 그들은 때로는 매우 취약하거나 심하게 희생되는 것처럼 보이지만 때로는 과도한 공격성이

---

18 박찬욱은 그의 영화에 등장하는 폭력의 의미에 대해 다음과 같이 응답한다. "자본주의 때문에 (…) 사람들과 가족, 친족, 지역 공동체와의 관계는 거의 붕괴되어 버렸습니다. 특히 아시아에서요." 이러한 응답은 박찬욱이 자신의 영화가 동시대의 생명정치적 자본주의의 내적 비판을 수행하고 있다는 것을 이미 자각하고 있음을 시사한다(Ian Buruma, "Mr. Vengeance," *New York Times Magazine*, Apr. 9, 2006, *New York Times*, p. 39).

〈사진 1〉 강우에게 보복하려고 팔을 치켜 올려드는 —하지만 이내 포기하는— 태주

〈사진 2〉 상현-태주 뱀파이어 커플의 살해 행각을 눈 깜빡임으로 폭로하는 라 여사

나 잔혹성을 드러낸다. 예를 들어, 처음에 강우는 태주를 종종 학대하는 것에서 잔혹한 듯 보이지만 이후에는 매우 연약하고 소심한 것으로 판명된다. 강우의 어머니이자 태주의 시어머지 라 여사(김해숙 분)는 강우의 죽음에 충격을 받아 전신마비에 이르지만 그런 상태에서도 눈동자와 오른손 집게손가락의 미세한 움직임만을 이용해 상현-태주 뱀파이어 커플에 대한 자신의 적대감을 드러내고 다른 사람들에게 그 커플이 한 행동을 폭로한다. 이렇게 〈박쥐〉는 가치화될 수 없는 정서적 타자성이 배타적으로 사드적 인물이나 환상적 시공간에만 귀속되지는 않으며 누구에게서든 또 그 어떤 공간에서든 부상할 수 있음을 시사한다.

〈박쥐〉는, 프로이트의 말처럼, 타나토스(Thanatos)는 일부 어딘가에 그리고 사악한 인물들에만 있는 것이 아니라 도처에 그리고 모두에게 존속하고 있음을 분명히 한다. 그럼에도 불구하고 이 영화는, 프로이트의 경고처럼, 타나토스의 출현은 항상 위험하거나 재앙적이기에 그것이 출현하지 못하게 사전에 차단해야 한다고, 혹은 그것이 출현하면 인류 일반의 생존을 위해 제거해야 한다고 말하는 것처럼 보인다. 이 점에서 〈박쥐〉는 가치화될 수 없는 정서에 부정적 가치가 아닌 그 어떤 구원적 잠재성도 부여하지는 못하고 있다.

참고문헌

Alenka Zupančič, *Ethics of the Real: Kant and Lacan*, New York: Verso, 2000.

Ian Buruma, "Mr. Vengeance," *New York Times Magazine*, Apr. 9, 2006, *New York Times*, p. 39.

Immanuel Kant, *Critique of Practical Reason*, Werner S. Pluhar(trans.), Indianapolis: Hackett, 2002.

Jacques Lacan, *The Four Fundamental Concepts of Psychoanalysis: The Seminar of Jacques Lacan Book XI*, Jacques-Alain Miller(ed.), Alan Sheridan(trans.), New York: W. W. Norton & Company, 1977.

_____, "Kant with Sade," *Écrits: The First Complete Edition in English*, Bruce Fink(trans.), New York: W. W. Norton & Company, 2002, pp. 645~670.

jasbir k. pua, *Terrorist Assemblages: Homonationalism in Queer Times*, Durham: Duke University Press, 2007.

Jay McRoy, *Nightmare Japan: Contemporary Japanese Horror Cinema*, Amsterdam; New York: Editions Rodopi B.V., 2008.

Daniel Martin, "Japan's *Blair Witch*: Restraint, Maturity, and Generic Canons in the British Critical Reception of *Ring*," *Cinema Journal* 48.3, Spring 2009, pp. 35~51.

Jinhee Choi and Mitsuyo Wada-Marciano, "Introduction," in Jinhee Choi and Mitsuyo Wada-Marciano(eds.), *Horror to the Extreme: Changing Boundaries in Asian Cinema*, Hong Kong: Hong Kong University Press, 2009, pp. 1~12.

Michel Foucault, *The History of Sexuality, Volume 1: An Introduction*,

Robert Hurley(trans.), New York: Vintage Books, 1990.

_____, *Society Must Be Defended: Lectures at the Collège de France, 1975-1976*, Mauro Bertani et al.(eds.), David Macey(trans.), New York: Picador, 2003.

Sigmund Freud, "Three Essays on Sexuality," in James Strachey(ed.), *The Standard Edition of the Complete Psychological Works of Freud, Vol. VII*, London: The Hogarth Press, 1953.

Richard A. Grusin, *Premediation: Affect and Mediality After 9/11*, New York: Palgrave Macmillan, 2010, pp. 125~248.

Sara Ahmed, *The Cultural Politics of Emotion*, New York: Routledge, 2004.

Shin Chi-Yun, "Art of Branding: Tartan 'Asia Extreme' Films," in *Jump Cut: A Review of Contemporary Media*, no. 50. Spring 2008, n. pag. Web. Accessed 30 December 2015.

맹목적 믿음과 '위협적 미래' 사이의 긴장
: 〈곡성〉

하승우

2000년 이후, 한국영화에서는 통상적 인식으로는 이해할 수 없는 절대악의 형상들이 만연하고 있다.[1] 예컨대 〈추격자〉·〈악마를 보았다〉 등에서 표상되는 악의 형상은 왜 이러한 악이 발생하는지에 관한 맥락적 정보를 제공하지 않는다. 이들 영화에서 악은 우리의 인식 과정을 뛰어넘는 그 무엇으로 그려지고 불가해하며 인식 불가능한 것으로 남아 있다. 절대악의 표상은 사회적 적대와 관련이 없는 초월적(transcendent) 기능을 담당한다. 영화는 왜 이런 악이 등장할 수밖에 없는지, 그리고 현재의 악은 예전의 악과 어떤 점에서 유사하고 어떤 점에서 상이한지 설명하지 않는다. 영화에서 악은 그 자체로 존재할 뿐 존재의 이유 및 동기를 결여하고 있다. 그러나 악이 우리의 인식 범위를 넘어서는 절대악으로 표상되는 현상은 문제가 있다. 테리 이글턴(Terry Eagleton)이 정확하게 지적하듯, 악이 실재한다고 해서 악을 인식 불가능한 초월적 존

---

[1] 2000년 이후 한국영화에서 표상되는 악의 형상에 관한 가장 최근의 연구로는 변성찬, 「2000년 이후 한국영화에 내재된 악 개념 및 형상에 대하여」, 『문학동네』 제88호(2016년 가을)을 참조.

재로 간주할 필요는 없기 때문이다.[2] 다시 말해, "악의 기원이 초자연적이라고 생각해야만 악의 존재를 믿을 수 있는 것"[3]은 아니기 때문이다.

기존의 멜로드라마 프레임으로서는 이와 같은 현상의 복합성을 인식하기 어려울 것이다. 왜냐하면 멜로드라마는 선과 악 사이의 뚜렷하고 분명한 구별을 전제하고, 이런 전제하에서 선한 주인공이 도덕적으로 승리하는 과정을 지시하기 때문이다. 멜로드라마란 기본적으로 낡은 질서가 새로운 질서로 이행하면서 기존의 가치관이 크게 흔들릴 때 그 혼란을 줄이기 위해 선과 악의 이분법적 구도에 강하게 의존하는 경향을 이르는 양식이다.[4] 그래서 멜로드라마 양식은 주로 주인공의 죄 없음과 결백을 증명해가는 과정으로 표현된다.

여기에 덧붙여 문제 삼아야 할 것은 절대악을 초자연적인 악으로 재현하는 행위가 절대적 타자에 관한 배제의 과정을 함축한다는 점이다. 자크 랑시에르(Jacques Rancière)에 따르면, 기존의 정치 공동체가 합의/일치(consensus)에 근거한다면, 정치는 이러한 합의/일치의 분배 체계를 묻고 따지면서 새로운 분배 체계를 모색하는 불화(mésentente/dissensus)의 과정이다.[5] 정치란 거시권력 차원에서 권력의 소유 문제가 아니다. 마찬가지의 이유에서 정치란 기존의 한 정치체제에서 다른 정치체제로의 이행과도 무관한 것이다. 정치란 합의/일치를 횡단하는 지속적 불화의 과정일 뿐이다. 합의/일치는 기존에 나누어진 정체성·역할·자리·몫 등을 강화하는 행동이며, 불화를 소멸시키고 공동체를 불화 없는 상태로 만드는 것이다. 그런데 중요한 것은 테러가 합의/일치의 상태를 유지하는 데 기여한다는 점이다. 왜냐하면 테러 위협에 대한 대

---

2   테리 이글턴, 오수원 옮김, 『악: 우리 시대의 악과 악한 존재들』(서울: 이매진, 2015), 27쪽.
3   같은 곳.
4   이에 대해서는 하승우, 「〈역도산〉: '열정적 애착'과 '탈-애착' 사이에서」, 김소연 엮음, 『라캉과 한국영화』(서울: 도서출판 b, 2008) 참조.
5   자크 랑시에르, 진태원 옮김, 『불화: 정치와 철학』(서울: 도서출판 길, 2015) 참조.

중의 불안이 합의/일치를 구성하는 데서 큰 비중을 차지하기 때문이다. 누군가가 자신이 절대적 타자라고 주장한다면, 합의/일치에 기반 한 정치체제는 단지 그 차이/타자를 배제해버리면 그만이기 때문이다.[6] 이런 점에서 절대적 타자(절대적 위협)의 존재는 불화를 구성하는 요소가 아닌 치안을 강화하는 데 기여하는 요소다. 마찬가지의 이유에서 2000년 이후 한국영화에 만연하고 있는 절대악의 재현은 치안을 유지하는 데 한몫하는 측면이 있다.

한국영화는 〈유령〉과 〈실미도〉를 거쳐 최근의 〈아수라〉에 이르기까지 선악의 경계가 불분명한 상황에서 인물들이 몰살되는 모습을 종종 드러내왔다. 선악의 경계가 불분명해지는 현상은 최근의 범죄 스릴러 영화들 속에서도 이어진다(〈부당거래〉, 〈범죄와의 전쟁: 나쁜놈들 전성시대〉, 〈신세계〉, 〈내부자들〉). 동시대 한국의 범죄 스릴러 영화가 적/동지의 경계를 흐릴 때 정치적인 것의 구성은, 절대악 재현의 경우와 유사하게, 어려워진다. 적/동지의 구별은 정치적인 것을 구성하는 첫 계기인데, 이와 같은 계기가 생략되면서 사회적 조건들을 인식하기가 어려워질 뿐만 아니라, 최악의 경우 우리가 사는 세계 자체를 적으로 인식하는 망상과 편집증에 빠질 수도 있기 때문이다. 사회적 적대가 부재한 세계에서 살아가기가 근본적으로 불가능하다면, 적과 동지의 구별은 이 세계에 관한 인식적 지도그리기를 실천하는 첫걸음을 내딛는 행위이기 때문이다. 그런데 여기서 말하는 적 개념은 오직 파괴해야만 하는 불구대천의 원수가 아닌 "그 존재의 정당성을 용인해야 할 반대자"[7]에 해당한다. 상탈

6　"한편으로 그는 단순히 모두에 대한 모두의 거대한 평등 바깥에 우연히 떨어진 사람이다. 즉 공동체가 '사회적 관계'를 다시 만들기 위해 구조의 손을 내밀어야 하는 병자, 정신장애인 또는 버려진 자이다. 다른 한편으로 그는 극단적 타자가 된다. 그가 공동체의 이방인이며, 각자를 모두에게 연결시키는 정체성을 공유하지 않고, 결국 각자 안에 있는 정체성을 위협한다는 단순한 사실 외에는 다른 어떤 것도 그를 공동체로부터 분리시키지 않는 타자 말이다." 자크 랑시에르, 주형일 옮김, 『미학 안의 불편함』(고양: 인간사랑, 2008), 180~181쪽.

7　샹탈 무페, 이보경 옮김, 『정치적인 것의 귀환』(서울: 후마니타스, 2007), 15쪽.

무페(Chantal Mouffe)에 따르면, 반대자(adversary)들과 적대적 관계에 놓여 있다고 해서 반대자들의 존재 자체를 절멸의 대상으로 인식해서는 안 된다. 또 여기서 말하는 적은 본래부터 악한 것을 의미하지도 않는다. 적의 대상 및 범주는 유동적이고 관계적이며 또 상황적이다. 그리고 적과 동지를 구별하되, 동지 내부의 차이를 강조하는 것 역시 중요하다. 동지 내부의 차이가 없다면, 적과 동지는 적대적 공범 관계로 쉽게 전락할 수도 있기 때문이다. 즉 적과 동지 사이에 어떤 선을 긋는 한편으로, 동지 내부에서 한계 설정을 통한 등가적 연쇄의 구성을 도모하는 일이 정치적인 것을 구성할 때 필요하다.[8]

최근 한국영화에서 선과 악의 구별이 흐려지고, 적과 친구의 정치적 전선이 흐려지는 현상은 정치적인 것 구성의 곤란함을 우회적으로 나타내는 것처럼 보인다. 이와 같은 범죄 스릴러 영화가 정치적인 것의 구성을 보여주는 데 실패한 까닭은, 이 영화들이 정치를 윤리의 문제로 대체한 때문은 아닐까? 랑시에르는 정치의 윤리화 과정에 대해 비판적으로 접근하는데, 랑시에르가 생각하는 윤리 개념의 핵심은 "사실과 규범의 구분의 해체"[9]에 있다. 예컨대 나는 착취받고 있다는 사실, 나는 억압받고 있다는 등의 판단은 사실에 근거한다. 다른 한편, 착취가 자행되는 현실에서 벗어나려는 몸짓은 규범에 근거한다. 이처럼 사실에서 규범으로의 도약을 근본적으로 부정할 때 발생하는 것은 새로운 질서로의 이행 자체를 상상하지 못한다는 점이다. 다시 말해, 파국 이후 또 다른 세계에 대한 열망 자체가 어려워진다는 점이다. 이는 어쩌면 유토피아에 대한 열망을 원천적으로 배척하는 것일지도 모른다. 파국은 본

8 이 점이 바로 에르네스토 라클라우(Ernesto Laclau)와 무페가 말하는 정치적인 것의 구성이다. 필자는 기본적으로 라클라우와 무페의 입론이 정치적인 것의 자율성을 강조한 나머지, 정치가 경제와 맺고 있는 관계를 누락한다는 점에서 비판적이다. 그럼에도 불구하고 라클라우 및 무페의 정식화는 진보 정치를 구성하기 위한 첫 걸음을 내딛는다는 점에서 의미가 있다.
9 자크 랑시에르, 『미학 안의 불편함』, 172쪽.

래 새로운 체제를 향한 열망까지를 포함하는 과정이다. 그런데 오늘날의 파국 담론은 이처럼 새로운 체제로의 이행 자체를 꿈꾸고 상상하는 것 자체를 거부하는 경향이 있다. 이 점은 크리샨 쿠마르(Krishan Kumar)가 잘 지적하고 있다. "이전에는 선과 악, 낙관주의와 비관주의가 서로를 부양했다. 재난의 상상력, 묵시적 상상력은 보통 내가 말했던 것처럼 희망의 느낌, 폐허로부터 솟아나는 무언가 건설적인 것의 느낌을 수반했다."[10] 그러나 오늘날 우리들의 파국에 관한 상상력은 "새로운 시작이 없는 끝"[11]으로 특징지어진다. 새로운 세계를 상상하는 것의 금지는 장 프랑수아 리오타르(Jean-François Lyotard)가 총체성 개념을 비판하는 것에서도 잘 나타난다. 리오타르는 유토피아에 대한 열망이 20세기에 발생했던 전체주의의 악몽을 지속적으로 상기시킨다고 주장한다. "19세기와 20세기는 우리가 겪을 수 있는 많은 공포를 우리에게 안겨다주었다. 우리는 전체성과 단일성에의 향수, 개념과 감성의 조화, 투명한 경험과 소통 가능한 경험 사이의 조화를 얻기 위해 충분히 많은 대가를 치렀다. 이완과 양보를 요구한다고 하면서도 우리는 또다시 공포가 복귀하고 실재에 대한 환상이 실현되기를 바라는 소리를 들을 수 있다. 그에 대한 대답은 이것이다. 총체성에 전쟁을 선포하자. 표현할 수 없는 것의 증인이 되면서 차이들을 활성화하고 그 이름의 명예를 구출하자."[12] 리오타르의 주장이 전혀 근거 없진 않지만, 새로운 질서에 대한 상상 자체가 금지되는 것은 문제가 있다. 물론 유토피아의 이름으로 행해지는 모든 것을 옹호할 수는 없을 것이다. 그럼에도 불구하고 유토피아는 우리로 하여금 새로운 세계에 대한 가능성을 상상하도록 한다는

---

10 크리샨 쿠마르, 「오늘날의 묵시, 천년왕국 그리고 유토피아」, 맬컴 볼, 이운경 옮김, 『종말론: 최후의 날에 관한 12편의 에세이』(서울: 문학과지성사, 2011), 263쪽.

11 같은 글, 279쪽.

12 장 프랑수아 리오타르, 유정완·이삼출·민승기 옮김, 『포스트모던의 조건』(서울: 민음사, 1992), 180~181쪽.

점에서 여전히 유의미한 범주로 기능한다.

다시 한국영화로 돌아와, 한국영화가 지속적으로 절대악을 표상하는 것에 관여하는 일은 역으로 말하자면 상징화의 무능력을 입증하는 것이기도 하다. 현실 속에서 실제로 일어났던 사이코패스, 절대악, 절대적 타자를 영화 세계로 소환하는 것은 관객의 역할을 "재난의 증언"에 머무르게 하면서 합의/일체의 체제를 강화하는 데 한몫한다. 그럼으로써 한국영화가 놓치고 마는 것은 역사성의 재현의 문제다. 역사는, 프레드릭 제임슨(Fredric Jameson)이 지적하듯, "텍스트가 아니며 (…) 비서사적이며 비재현적"이다.[13] 대신에 역사는 집단적이거나 개인적인 실천에 어떤 한계를 부여하는 것이고, 효과를 통해서만 어렴풋하게 파악할 수 있는 '부재 원인'이다. 그러나 역사가 '부재 원인'이라고 해서 그것이 재현 불가능한 것만은 아니다. 역사는 재현될 수 있다. 다만 재현의 수단이 달라질 뿐이다. 역사는 텍스트가 아니고 서사도 아니지만, 그럼에도 중요한 것은 "텍스트의 형식을 통하지 않고서는" 역사에 "접근할 수 없다는 점"이다.[14] 따라서 지금 이 시대 한국의 범죄 스릴러 영화에 필요한 부분은 현실에서 일어나는 절대악을 단순히 영화 속으로 소환하는 것이라기보다는(예컨대 〈추격자〉에서처럼), 재현 불가능하고 상징화 불가능한 역사를 나름의 방식으로 허구화하고 상징화하는 것이다.

선/악의 경계의 재구성: 〈아수라〉에서 〈곡성〉까지

한국 영화계에서 절대악의 표상은 예전부터 존재했지만, 〈추격자〉(나홍진, 2008) 이후에 한층 가속화하는 측면이 있다. 〈악마를 보았다〉(김지운, 2010)에서 표상되는 악은, 앞서도 언급했듯, 근본적으로 이해할

---

13 프레드릭 제임슨, 이경덕·서강목 옮김, 『정치적 무의식: 사회적으로 상징적인 행위로서의 서사』(서울: 민음사, 2015), 102쪽.
14 같은 곳.

수 없는 대상으로 그려진다. 여기서 악은 탈역사화되어 있다. 이와는 다른 맥락에서, 〈부당거래〉(류승완, 2010), 〈범죄와의 전쟁: 나쁜놈들 전성시대〉(윤종빈, 2011), 〈신세계〉(박훈정, 2012), 〈내부자들〉(우민호, 2015)은 절대악의 표상을 부각하기보다는 선/악 구별의 경계를 흐리는 데 치중한다.

물론 이러한 상황이 한국영화에만 고유한 것은 아니다. 주인공을 포함해 작중 인물 모두가 악인으로 구성되는, 이른바 피카레스크(pica-resque) 소설은 이미 15~16세기 스페인에서 시작되어 16~17세기 초반까지 유행한 문학 장르다. 이 장르는 스페인어로 '악당'을 뜻하는 '피카로(pícaro)'에서 유래하며, 가난하게 태어난 주인공이 이곳저곳을 거치면서 수많은 악행을 저지르게 되지만 결국에는 회개한다는 서사 구조를 특징으로 한다. 또 많은 경우 주인공이 1인칭 서술 시점으로 고백하는 특징을 띤다.[15] 〈아수라〉(김성수, 2016)는 피카레스크 영화의 전형처럼 보인다. 극중 인물은 강력계 형사, 시장, 검사, 검찰 수사관 등인데, 다소 차이는 있지만 전부 악인으로 구성되어 있다.

〈아수라〉 속 인물들은 서로가 서로에게 극한의 폭력을 행한다. 그들은 자신들의 신체가 소멸될 때까지 폭력을 행사한다.[16] 서로가 서로에게 가혹한 폭력을 가하고 살상을 자행하는 이 영화에서 악인은 다른 악인의 육체를 파멸시킬 뿐 아니라 자신 또한 죽음에 이르게 된다. 문자 그대로 아수라와도 같은 이 공간에서 시각 대상은 구체적 윤곽을

---

15 피카레스크에 관한 내용은 다음을 참조했다. https://ko.wikipedia.org/wiki/피카레스크_소설
16 김소영은 〈황해〉(나홍진, 2010)의 주인공 김구남(하정우 분)의 육체를 분석하면서 구남이 자신의 몸을 사용하고 소진하는 방식을 날카롭게 분석한 바 있다. 〈황해〉에 나타나는 육체는 〈람보〉(1983)처럼 근육 가득한 육체가 아니라 몸의 살들이 거덜 난, 피가 빠져나가고 금이 간, 뼈뿐인 육체다." "이렇게 스펙터클한 근육이 아니라 단순히 뼈로 남은 육체(just bare bones)로 재현되는 남성 주인공, 난민(bare life)을 주인공으로 선택한 〈황해〉의 영화적 재현 태도는 묘사적이기도 하지만 투사적이다. 즉 언어 소통이 불가능한 절대적 타자가 아닌 연변 조선족이라는 친밀한 타자에게 신자유주의 시대에 양산되는 비정규직과 경제적 난민이 야기하는 불안이 투사된 것이라고 볼 수 있다." 김소영, 『파국의 지도: 한국이라는 영화적 사태』(서울: 현실문화, 2014), 52쪽.

드러내지 않는다. 예컨대 영화는 칼처럼 뾰족한 무언가가 인간의 육체를 뚫고 들어가는 과정을 세부적으로 보여주기보다는 대상의 윤곽을 흐리면서 몽타주의 속도를 빠르게 전개하는 방향으로 나아간다. 그런 점에서 무엇에 관한 폭력에 초점을 맞추기보다는 폭력적 행위 그 자체를 보여준다. 즉 영화는 대상을 구체적으로 묘사하지 않는 대신 타자에게 폭력을 행사하기도 하고 또 타자로부터 폭력을 당하기도 하는 것 곧 폭력적 행위 그 자체를 가시화하는 데 치중한다. 이처럼 시각 대상이 구체화되지 않으면서 오히려 영화는 인물들의 주관적 경험을 강조하게 된다. 이는 영화의 처음과 끝에 나타나는 강력계 형사 한도경(정우성 분)의 보이스오버 내레이션(voice-over narration)을 정당화한다.

〈아수라〉는 어떤 점에서 '사드적 환상'에 관한 영화라고 할 수 있다. 〈아수라〉가 사드적이라고 말하는 까닭은 단지 이 영화가 유혈이 낭자한 핏빛 향연을 전시하기 때문만은 아니다. '사드적 환상'은 피해자에게 폭력과 고문을 행사해 피해자를 육체적으로 사망시키는 데 있지 않다. 대신에 그것은 피해자의 신체적 죽음을 넘어, 고문하고 폭력을 행사하는 행위 그 자체를 겨냥한다.

'사드적 환상'은, 알렌카 주판치치(Alenka Zupančič)에 따르면, 가해자 입장에서 피해자가 지속적으로 폭력과 고문을 당하지만 그럼에도 끝까지 살아남아서 자신에게 가해지는 고통을 견디는 것이다. 심지어 사드적 주인공은 자신의 희생양이 끔찍한 고문과 고통을 겪는 과정 속에서 보다 "신성해"[17]진다고 여긴다. 이렇기 때문에 사드적 주인공이 부딪히는 문제 가운데 하나는 자신의 희생양이 "너무 일찍"[18] 죽어버린다는 것이다. '사드적 환상'은 고통스러운 쾌락으로서 향유(주이상스jouissance) 혹은 죽음충동을 지시한다. 반면 피해자의 육체적 죽음은 사드

---

17 알렌카 주판치치, 이성민 옮김, 『실재의 윤리: 칸트와 라캉』(서울: 도서출판 b, 2004), 130쪽.
18 같은 곳.

적 주인공의 환상을 방해하는 쾌락원칙으로 기능한다. 피해자의 육체적 죽음은 죽음충동을 중단하는 쾌락의 차원을 지시하는 것이다. 〈아수라〉의 프롤로그와 에필로그에서 볼 수 있듯, 한도경의 보이스오버 내레이션은 한도경의 육체적 죽음 이후에도 신체의 표면에 영원히 기생해 살아남는 목소리로서, 관객으로 하여금 '사드적 환상'을 유인하는 것은 아닐까? 어쩌면 〈아수라〉는 동시대 한국영화가 1999년에 개봉한 〈유령〉(민병천)에서 재현된 인물들의 집단적 절멸을 형상화하는 작업에서 그다지 멀리 나아가지 못했음을 방증하는 것은 아닐까?[19]

〈아수라〉는 또 주판치치가 말하는 '정화'의 논리를 따르는 영화처럼 보인다. '정화'의 논리에 따르면, 한 생명의 희생은 낮은 단계에서 높은 단계로 나아가기 위한 수많은 단계 가운데 '또 하나의 단계'에 불과하다.[20] 따라서 한도경을 위시해 〈아수라〉에 등장하는 모든 인물의 죽음은 피와 뼈를 가진 구체적 인간의 죽음보다는 하나의 항목(item)으로 축소된 죽음으로 나타난다. 한도경은 칸트적 의미에서 '마땅히 해야 할 일'과 자신의 이해관계 때문에 그 일을 준수하지 못하는 것 즉 도덕적 딜레마의 상황을 보여주지 않는다. 오히려 이와 같은 딜레마를 보여주는 유일한 인물은 한도경의 아내다. 그녀는 최소한 남편이 저지른 악의 행사를 분명하게 인식하고 있기 때문이다. 반면에 〈곡성〉(나홍진, 2015)은 악을 인식하고 식별하는 것의 어려움을 다룬다. 이런 점에서 〈곡성〉에서 나타나는 악의 형상은 절대악 혹은 절대적 타자의 모습을 취하지 않는다. 〈곡성〉의 악은 불분명함과 식별 불가능성의 형태를 띤다.[21] 〈곡

---

19 공교롭게도 〈유령〉의 프롤로그와 에필로그 역시 배우 정우성의 보이스오버 내레이션으로 구조화되어 있다.

20 알렌카 주판치치, 『실재의 윤리』, 134쪽.

21 이런 점에서 〈곡성〉에 등장하는 악은 뤼디거 자프란스키(Rüdiger Safranski)가 말한 악의 통념과 유사한 측면이 있다. "악은 개념이 아니다. 악은 자유로운 의식과 만나 그 의식에 의해 행해질 수 있는 위협적인 것의 이름이다. 의식은 의미를 부여할 수 없는 자연 안에서 악을 만난다. 의식은 혼란 속에서, 우연히 일어나는 일에서, 미리 예측할 수 없는 일에서, 먹고 먹히는 관계에서, 그리고 우주의 적막 속에서와 마찬가지로 자기 자신 안에서, 존재의 블랙홀에서 악을 만난다." 뤼디거 자프란스키, 곽정연

성)은 〈아수라〉처럼 선악의 경계를 불분명하게 하지만 〈아수라〉와 다르게 선과 악의 범주를 고정시키지는 않는다. 〈아수라〉 속의 주요 등장인물은 하나같이 악인이라는 점에서 일관성을 띤다. 반면에 〈곡성〉은 영화 내내 관객으로 하여금 선과 악의 범주를 재구성하도록 촉구한다. 즉 영화는 누가 악인지를 인식하는 것의 어려움을 통해 사유의 미로 속에서 악의 정체를 찾게끔 한다.

곡성에 원인을 알 수 없는 살인 사건이 연달아 발생하지만, 누구도 그 원인을 알지 못한다. 경찰은 살인 사건의 원인이 사람들이 야생 버섯에 중독되었기 때문이라고 해명하지만, 마을 사람들은 그러한 해명을 믿지 않는다. 오히려 마을 사람 가운데 일부는 홀로 산에 머무르고 있는 일본인 외지인(구니무라 준 분)이 살인 사건과 연루되어 있다고 믿는다. 물론 이는 소문에 불과하지만 빠르게 퍼져나간다. 평범한 경찰인 종구(곽도원 분) 역시 처음에는 마을에 떠도는 소문을 믿지 않지만, 시간이 흐르면서 마을에서 일어나는 알 수 없는 살인 사건들이 어쩌면 그 외지인이 저지른 것은 아닌지 의심한다. 종구는 자신의 딸 효진(김환희 분)이 마을에서 일어나는 사건 피해자들과 유사한 증상을 보이자 그 소문을 완전히 믿게 된다. 효진은 피부병을 앓게 되고 거친 말을 쏟아내기 시작한다. 종구는 효진이 겪는 병마의 원인이 외지인 탓이라고 굳게 믿게 되고, 급기야 그의 집을 찾아가 행패를 부린다. 그러는 사이 효진의 증상은 심해져간다. 효진은 귀신에 들린 듯한 모습까지 보인다. 급박해진 종구는 딸을 구하기 위해 무당 일광(황정민 분)에게 부탁해 굿판을 벌인다. 그리고 외지인에게 마을을 떠나라고 위협한다.

영화 초반, 종구는 경찰을 비롯한 마을 사람들이 비합리적 소문에 빠져드는 상황을 그 누구보다 무시했던 사람이다. 그러나 자신과는

옮김, 『악 또는 자유의 드라마』(서울: 문예출판사, 2002), 12쪽.

상관없는 타인의 문제로만 생각했던 마을의 사건이 자신의 딸에게 직접적으로 벌어지자, 이때부터 종구는 아이러니하게도 마을에서 발생하는 사건을 보지 못한다. 소문의 진실 여부와 상관없이 맹목적으로 소문을 믿기 시작하는 것이다. 이는 종구의 주관적 믿음의 문제만은 아니다. 종구는 마을에서 벌어지는 알 수 없는 사건이 외지인 탓이라고 믿으며, 자신의 믿음을 다른 마을 사람들의 믿음으로 만들기 위해 어떠한 일도 마다하지 않는다. 종구의 어릴 적 마을 친구들과 가톨릭 부제인 양이삼(김도윤 분)도 종구의 믿음에 동참하게 된다.

종구는 효진이 아프기 시작하면서 자신만 왜 이런 시련을 견뎌야 하는지 묻는다. 도대체 왜 나만? 왜 이와 같은 끔찍한 일이 나에게만 벌어지는가? 내가 어떤 잘못을 했기에 이러한 시련을 견뎌야 하는가? 그러나 종구는 이 시련을 촉발한 사회적·정치적 맥락에는 관심이 없다. 대신에 그는 이런 시련을 만들었을 것으로 추정되는 상상의 타자를 발명하고, 이 사태를 촉발한 원인을 타자의 탓으로 돌린다. 그것이 종구에게 닥친 불안과 공포를 일시적이나마 잠재울 수 있기 때문이다. 이처럼 오컬트 영화(occult film)의 영화적 기능 가운데 하나는 혼란과 불안의 시대를 상상적으로 해결하기 위한 가상의 적을 분명하게 설정한다는 데 있다. 오컬트 영화는 적의 범주·범위·스케일 등을 과감하게 축소해 적과 동지의 경계를 보다 선명하게 한다.

영화 중후반에 이르러, 종구는 이 모든 문제가 외지인에게서 비롯한 것임을 확신하며 자신의 어릴 적 마을 친구들과 함께 산 중턱에 살고 있는 외지인을 찾는다. 외지인은 산속에서 도망치다 다리를 다쳐 절뚝거리게 되지만 용케도 마을 사람들의 추격을 가까스로 벗어난다. 종구는 산봉우리에서 아래를 내려다보며 외지인을 찾지만 허사로 끝난다. 카메라는 아연실색한 종구를 담아내다 커트 하지 않고 산 밑 낭떠러지에서 온 힘을 다해 버티고 있는 외지인을 보여준다. 여기서 〈곡성〉은 동시대 한국의 범죄 스릴러 영화와 차별화된다. 〈곡성〉은 〈악마를 보았다〉처럼 절대악을 보여주는 대신에 인간의 얼굴을 한 악을 비춰주는 것이다. 공포가 절대악으로 표상될 때, 오히려 그것은 공포스럽지 않다. 이때 공포는 선결정 되어 있는 것으로 드러나기 때문이다. 현실 속에서 발생하는 절대악의 형상들을 추정해 그것을 스크린 속으로 옮겨놓는 작업은 현실과 구별되는 영화적인 것의 독특성을 억압한다. 이렇게 되면 영화는 사회적 기능에 종속되며, 사회 속에서 발생하는 절대악을 증언하는 '재앙에 대한 증언'으로 축소된다. 이것이 바로 '윤리적 전환' 혹은 예술의 윤리적 체제가 의미하는 바다.[22] 진정으로 공포스러운 것은 공포가 이질적 타자를 매개로 하여 드러날 때다. 진정한 공포는 내 앞에 위치한 대상이 내게 공포를 안겨다주는 대상인지 아니면 나를 보호하는 대상인지 분별할 수 없을 때 발생한다. 그것은 인물의 시선뿐 아니라 관객의 시선을 교란하는 얼룩으로 작용한다. 이처럼 〈곡성〉이 정치적이라면 그 이유는 영화가 기존의 사태들을 정확하게 재현하기 때문이 아니라 기존의 사태들에 '거리'를 두기 때문이다. 기존의 범죄 스릴러 영화가 사지절단과 신체훼손의 이미지를 통해 '반영의 정확성'을 추구하는 경향이 있다면, 〈곡성〉은 보는 주체(종구)와 보이지 않는 대상(외지인)의 감각적인 것의 나눔을 통해 기존의 감각적 분배 체계를 해체하고 새로운 나눔의 체계를 형성한다.

종구와 마을 사람들의 시선을 가까스로 피한 외지인은 무명(천우희 분)이 자신을 응시하고 있음을 보게 된다. 외지인은 무명을 잡으려고 산 속을 뛰어다니고, 무명은 외지인을 피해 도망친다. 여기서도 관객은 누가 악이고 누가 선인지를 판단하는 데서 곤란한 상황에 처하게 된다.

---

22 랑시에르가 말하는 윤리적 체제란 예술과 사회의 관계가 직접적 지시 관계로 구성되는 것이다. 예술의 윤리적 체제에서 예술은 사회적 유용성의 문제에 직접적으로 복종한다.

시각 장(the field of vision)에서 인지적 장애가 발생하는 것이다. 이런 맥락에서 〈곡성〉은 관객으로 하여금 선과 악의 경계를 끊임없이 재구성하게 함으로써 정치적인 것의 의미를 재사고하도록 한다. 누구를 포함하고 누구를 배제할 것인가의 문제는 기본적으로 정치의 핵심적 문제이기 때문이다. 결국 정치 공동체란 "존재의 가시화와 비가시화를 분배하고 결정하는 방식"[23]이다.

한편 외지인을 찾는 데 실패한 종구와 그의 친구들은 차를 타고 마을로 돌아가던 중 눈앞의 도로를 식별할 없을 정도로 폭우가 쏟아지는 경사진 도로에서 다른 차를 피하다가 쿵 하는 소리를 내며 어떤 물체와 부딪히게 된다. 종구 일행은 차를 세운 후, 어떤 사람을 치었음을 알게 된다. 그들은 사체를 유기하기로 결정한다. 카메라는 종구 일행이 사체를 도로 옆으로 끌고 가서 유기할 때까지 천천히 왼쪽으로 트래킹한 후, 커트 하면서 종구를 버스트숏으로 담아내다 줌인하여 종구의 얼굴에 초점을 맞추며 멈춘다. 카메라가 오른쪽에서 왼쪽으로 이동할 때, 숏의 맨 오른쪽 인물은 서 있기만 할 뿐 사체 유기에 직접적으로 가담하지 않는다. 반면 종구를 포함한 나머지 친구 일행은 사체를 도로 옆으로 옮기고 있다. 그 중간에 있는 한 인물은 다리를 절면서 아주 서서히 프레임의 왼쪽으로 이동하는 중이다. 이 숏의 맨 오른쪽 사람은 서 있기만 할뿐이지만 적어도 영화는 이 숏에 등장한 모든 사람이 사체 유기에 책임이 있는 것처럼 보여준다. 뒤이어 나타나는 숏에서 카메라는 서서히 줌인 하면서 종구의 얼굴에 초점을 맞추는데, 이때 프레임의 후경에 희미하게 자리 잡는 무명의 모습이 보인다. 종구는 무명을 볼 수 없지만 무명이 종구를 보고 있는 이 장면은, 위에서 언급한 것처럼, 시선의 교환 속에 어떤 틈새를 열어놓음으로써 관객을 그 틈새에 기입하

---

23 진은영, 「숭고의 윤리에서 미학의 정치로: 자크 랑시에르의 미학의 정치」, 『시대와 철학』, 제20권 제3호 (한국철학사상연구회, 2009년 가을), 405쪽.

는 역할을 한다. 무명과 종구를 동시에 볼 수 있는 관객의 시선은 무명과 종구 사이에서 발생하는 시선의 불일치 속에서 시각적 어려움과 곤란함을 경험하며 그 틈새를 채색하게 된다.

영화 후반부에, 무명은 일광에게 마을을 떠나라고 말하며 일광은 짐을 챙겨 차를 타고 마을을 떠난다. 그러나 일광은 다시 마을로 돌아와 종구에게 전화를 하면서 자신이 살을 잘못 보냈다고 전한다. 일광은 효진이 병이 난 원인이 외지인이 아닌 무명 때문이라고 말한다. 무명이 이 모든 악행을 계획했고, 외지인은 오히려 이 악행을 막으려는 사람이라는 것이다. 종구는 전화를 끊고, 효진이 집에서 없어졌다는 사실을 알게 된다. 종구는 효진을 찾아 나선 길에서 무명을 만나게 된다. 무명은 외지인이 악이라고 힘주어 말하지만, 그럴수록 종구는 깊은 혼란에 빠진다. 무명은 종구에게 지금 집으로 돌아가면 식구들이 다 죽는다고 강조한다. 종구는 무명과 대화를 나누는 중에 일광에게서 걸려온 전화를 받는다. 일광은 종구에게 무명의 말에 절대로 현혹되어서는 안 되고, 효진에게 반드시 돌아가야 한다고 말한다. 무명은 전화한 사람이 일광인지 물으면서 일광의 말을 절대로 믿지 말라고 한다. 종구는 무명에게 도대체 무엇 때문에 이 모든 일이 발생한 것인지 묻는다. 무명은 효진의 애비 즉 종구가 죄를 지었다고 답한다. "니 딸의 애비가 남을 의심허고 죽일락 하고 결국엔 죽여버렸어." 종구는 자신의 딸이 먼저 아팠기 때문에 그런 것이라며 자신에게는 죄가 없다고 항변한다. 결국 무명은 종구의 손을 잡으며 종구의 현재 믿음이 완전히 잘못된 믿음이라고 말한다. 그러나 종구는 무명의 손을 뿌리치며 집으로 돌아간다.

'믿음이 가능했던 시대'에 대한 믿음과 미래 위협 사이의 긴장

종구는 처음에 외지인이 마을에서 벌어지는 알 수 없는 살인 사건의 원인이라고 생각하지는 않았다. 그러나 자신의 딸 효진이 병에 걸리게 되자, 외지인을 타자로 상정하고 타자가 이 모든 사태를 촉발한 원인이라고 믿게 된다. 그러나 영화 후반부에 종구는 자신의 믿음이 확실한 것인지의 여부를 선택해야만 하는 상황에 놓이게 된다. 이처럼 〈곡성〉은 믿음과 의심에 관한 영화로서 주체가 맹목적 믿음에서 물러날 때 즉 믿음에 헌신하고 충실하지 않을 때 마주하게 되는 파국적 결말을 드러낸다.

지식은 우리의 삶을 영위하는 데 없어서는 안 되는 요소지만 그렇다고 해서 지식만이 우리의 삶을 규정하는 것은 아니다. 〈곡성〉은 지식과 믿음 사이에서 믿음이 지식보다 우선적임을 분명히 드러내 보여준다. 이에 따라 외지인이 악인지 아닌지 여부보다 중요한 것은 종구가 어느 정도로 외지인을 악으로 믿었는가 하는 점이다. 이글턴의 지적대로 "믿음"이란 "본디 무엇 혹은 누군가의 존재에 대한 확신이 아니라 헌신과 충성"[24]을 의미하기 때문이다. 이글턴은 다음과 같이 덧붙인다. "종교적 믿음은 초월적 존재가 실재한다는 주장에 동의하느냐 않느냐의 문제가 아니다. 대부분의 무신론과 불가지론은 바로 여기에서 길을 잘못 든다. 하느님은 세상 속의 실체로서 존재하는 게 아니다. 적어도 이 점에 대해서는 무신론자와 신앙인들 간에 합의가 가능하다. 게다가 믿음이란 대체로 진위에 입각한 명제의 성격보다는 발화(發話)와 동시에 그 말이 나타내는 행위가 이루어지는 수행적(遂行的) 성격을 띤다."[25] 여기서 중요한 것은 우리가, 잘 알지 못하면서 믿을 수 있듯, 잘 알면서도 믿을 수 없는 경우도 있다는 점이다. 즉 지식과 믿음 사이에는 환원 불가능한 간극이 있다는 것이다. 〈곡성〉은 처음부터 끝까지 지식의 문제

---

24 테리 이글턴, 강주헌 옮김, 『신을 옹호하다: 마르크스주의자의 무신론 비판』(서울: 모멘토, 2015), 55쪽.
25 같은 책, 147~148쪽.

를 괄호 치고 믿음의 문제만을 부각시킨다. 지식의 진리 여부와 상관없이 어느 정도로 믿음의 상태를 유지하는가의 문제가 중요하다는 것이다. 지식을 소홀히 여겨야 한다는 뜻은 아니다. 그러나 믿음 없는 지식은 존재하지 않는다. 그리고 믿음은 단지 지식을 보조하는 수단도 아니다.[26] 믿음은 우리를 둘러싼 세계를 해석하는 문제가 아닌, 이 세계에 충실성(fidelity)을 갖고 헌신하겠다는 다짐이다. 그것은 주체의 대상에 대한 헌신적이고도 충성스러운 태도를 지시한다. 이러한 다짐으로서의 믿음은 지식보다 열등하기보다는 오히려 지식을 규정하고 가능하게 하는 가능성의 조건으로서 기능한다. 알고서 행하는 것이 아니라 행하고서 알게 되는 것이다. 지식은 순수하게 사변적으로만 구성되지 않는다. 지식은 자신을 가능하게 하는 믿음과의 관계 속에서 생산된다. 우리가 완벽하게 우리의 믿음에 대해 증명할 수 없을지라도 —그것은 사실상 불가능하다— 수긍할 만한 믿음 역시 상당 부분 존재한다. 오해를 피하도록 하자. 지식에 대해 회의적이라고 해서 사물에 대한 인식적 노력을 포기하는 일은 너무나도 성급한 시도일 것이다. 지식이 믿음을 매개해야 한다면, 믿음 역시 지식의 매개를 통해 생산되어야 하기 때문이다. 다만 중요한 것은 사물을 올바르게 인식하려는 시도 역시 믿음을 매개한다는 점이며, 그런 만큼 지식과 믿음의 관계는 과잉결정적이고 불균등하다는 점이다.

〈추격자〉가 지식의 문제가 확실하게 드러나도 믿지 못하는 경우에 해당된다면, 〈곡성〉은 지식의 진리 여부와 상관없이 믿음의 문제를 전면화한다. 믿음은 우리가 무언가를 결정하기 전에 이미 믿고 있는 경

---

26 이글턴을 다시 한 번 길게 인용할 필요가 있다. 그는 믿음을 "단지 '증명될 수 없는 어떤 명제들을 받아들이는 일'로 축소하는 것에 반대하면서, 다음의 사안들을 강조한다. "예를 들어, 사람들을 움직여 인종차별이 없는 사회의 가능성을 믿게 만드는 것은 일련의 명제들이 아니라 일련의 헌신이다. 그들이 피부색 때문에 일자리를 얻지 못한다는 사실을 깨닫고 마음이 움직여 행동에 나서려면 그에 앞서 이미 정의라는 개념과 정의의 실현 가능성에 어느 정도 헌신하고 있어야 한다. 사실에 대한 인식만으로는 정의 실현을 위한 행동을 유발하기에 충분치 않다." 테리 이글턴, 『신을 옹호하다』, 158쪽.

우가 많은 것으로 선택의 문제가 아니다.[27] 그런데 〈곡성〉은 영화 후반부에 이르러 믿음을 선택의 문제로 돌린다. 종구는 비합리적이긴 하지만 무언가를 믿었던 자다. 그리고 그것은 영화 마지막에 진리로 드러난다. 그러나 종구는 믿음의 끈질김, 믿음의 헌신성 속에서 물러나고 또 다른 믿음을 선택하도록 강요받는다. 영화 후반부에 종구가 누가 악인지를 결정하기 전까지, 영화는 과거와 현재의 관계에 초점을 맞춘다. 예컨대 영화는 종구와 외지인의 대면을 몇 차례의 꿈 장면을 통해 보여준다. 꿈은 과거에 존재했으나 아직 의미화할 수 없는 장면을 가시화하는 것으로서 과거와 현재의 이접적 연결을 지시한다. 그러나 영화 후반부에 영화가 강조하는 시제는 과거와 현재의 실타래가 아닌 현재와 미래의 가상적 선으로 바뀌게 된다. 이때부터 미래는 현재를 결정하는 역할을 한다. 보다 정확하게 말해, 미래의 위협(threat)이 현재를 규정하게 된다. 미래의 위협에 어떤 실재성이 있는지는 중요하지 않다. 그것은 "실재적이라고 **느껴졌기** 때문에 실재적이게 되어"[28]있는 것이다. "위험이 존재했든 하지 않았든, 그 위험은 두려움의 형태로 느껴졌다. 실제로 실재하지 않는 것이 존재하는 것처럼 느껴질 수 있다. 위협은 현재에 임박한 현실성을 가진다. 이러한 실제적 현실성은 정동적이다."[29]

　실제로 위협이 발생하지 않았는데도 위협을 **느낀다면** 위협이 있는 것이다. 이때 액션과 리액션의 선형적(linear, 線型的) 인과성은 앞으로 발생할 위협을 선취하는 '선제적(preemptive)' 행동으로 대체된다. 미래에 일어날 위협을 선취해 이를 현재적 위협으로 전환하는 것은 불안과 공포라는 정동적(affective, 情動的) 실재성이다. 영화 후반부에 이르러

---

27 같은 책, 179쪽.
28 브라이언 마수미, 「정동적 사실의 미래적 탄생: 위협의 정치적 존재론」, 멜리사 그레그·그레고리 시그워스 편저, 최성희·김지영·박혜정 옮김, 『정동이론: 몸과 문화·윤리·정치의 마주침에서 생겨나는 것들에 대한 연구』(서울: 갈무리, 2015), 99쪽.
29 같은 곳.

과거와 현재의 관계가 아닌 현재와 미래의 관계가 보다 중요해지면서, 영화는 종구에게 선제적 행동을 취하도록 강요한다.[30] 이 시점부터 종구의 결정을 촉구하는 지배적 시간성의 형식은 앞으로 발생할 미래의 시간성이다. 미래는 현재의 가치를 규정하는 척도 역할을 하며, 그 어떤 지시대상(reference)도 갖고 있지 않다. 그것은 단지 가능성의 영역으로만 존재할 뿐이다.

〈곡성〉은 이때부터 정동적 차원에서 미래의 잠재적 위협이 어떻게 현재를 정당화하는지 보여준다. 이전까지 종구는 비록 믿음의 대상이 비합리적 대상이긴 했지만 그럼에도 맹목적 믿음에 자신의 모든 것을 걸었다. 그러나 영화 마지막에 그는 자신의 믿음을 의심하며 파국적 결말을 맞게 된다. 맹목적 믿음을 광신(fanaticism)으로 간주할 수도 있지만, 최소한 광신은 우리로 하여금 지식과 믿음 사이에 어떤 종류의 관계가 형성되어 있음을 보여준다. 지식과 믿음은 식별 가능하면서도 식별 불가능한 동시에 어떤 비선형적 순환 회로를 형성하기 때문이다.

어쩌면 〈곡성〉은 사회적 적대가 무한하게 분열하고 증식하는 시대적 상황에서 적/동지 전선의 단순한 설정을 둘러싼 믿음, 그리고 그 믿음이 가능했던 시대에 대한 열망을 우회적으로 그려내는 영화일지도 모른다. 제임슨이 날카롭게 지적하듯, 오컬트 영화의 기능은 혼돈과 불안의 시대에 헌신과 믿음을 강조함으로써 "믿음이 가능했던 시대에 대한 향수"[31]를 재현하는 것이다. 영화 〈곡성〉에서 인물들은 곡성 외부로 나아간 적이 없다. 모든 인물은 곡성이라는 공간의 내부에 존재한다. 외지

---

30 이처럼 과거/현재에서 미래/현재로의 시제 변경은 9·11 이후에 보다 팽배해졌다. 고전적 전쟁 원칙은 분명한 전쟁 위험이 있을 경우에만 선제공격을 허용했다. 그리고 이때의 선제공격은 실제로 발생한 위험에 대응해서만 즉 "방어적"으로만 허용된다. 반면, 마수미에 따르면 근래 선제공격의 정책은 아직 완전히 긴급하지 않은 위험임에도 불구하고 혹은 더 심하게는 아직 일어나지도 않은 위험에도 선제공격의 감행을 정당화한다. 브라이언 마수미, 「정동적 사실의 미래적 탄생: 위협의 정치적 존재론」, 103쪽.

31 프레드릭 제임슨, 남인영 옮김, 『보이는 것의 날인』(서울: 한나래, 2003), 198쪽.

인은 외부에서 곡성으로 이주해온 사람이지만, 영화는 그가 곡성에 이미 살고 있는 순간부터 시작한다. 외부에서 곡성이라는 마을로 진입하는 유일한 사람은 일광이다. 카메라는, 스탠리 큐브릭(Stanley Kubrick)의 〈샤이닝(The Shining)〉(1980)을 연상시키듯, 저 멀리 공중에서 찍은 트래킹숏으로 일광이 탄 차가 곡성에 진입하는 과정을 보여준다.

그러나 영화 후반부에 일광은 곡성을 벗어나지 못하고 다시 돌아온다. 〈곡성〉에서 공간적 이동은 봉쇄된다. 곡성 내부에서 외부로의 탈주가 원천 봉쇄 되는 것이다. 이와 같은 공간 이동의 봉쇄는 어쩌면 자신의 한계를 설정하고 그 한계를 극복하는 데서 가장 탁월한 역량을 가진 자본의 속성에 맞서, "계급 구조의 단단한 확실성들로 귀환하려는 이데올로기적 프로젝트"[32]로 이해될 수 있다. 〈곡성〉에 나오는 모든 인물은 무언가에 사로잡힌다. 인물들의 사로잡힘(possession)을 단순히 이데올로기적 현상으로만 치부하는 일은 옳지 않을 것이다. 그것은 자본이 주도하는 '매끄러운 공간'에 맞서 '홈 패인 공간'을 다시 소환하는 전략이기도 하다. 한국 사회에서 포스트포드주의와 신자유주의적 통치성의 시대에 나온 〈곡성〉은 개인이 성실히 노동한 만큼 그에 상응하는 대가를 받을 수 있다는 포드주의로의 회귀가 발본적으로 불가능하다는 점을 압축적으로 보여준다. 영화는 마지막에서 미래가 현재를 규정하는 정동적 미래의 실재성이 '믿음이 가능했던 시대'에 관한 믿음을 산산조각 내고 있기 때문이다. 이 두 시간성이 경합하고 경쟁하는 가운데 '믿음이 가능했던 시대'에 관한 믿음이 산산이 부서지면서, 〈곡성〉은 동시대 한국 사회의 이데올로기가 구성되는 방식에 관한 인식적 지도그리기를 가능하게 한다.

---

[32] 같은 곳.

참고문헌

김소영,『파국의 지도: 한국이라는 영화적 사태』, 서울: 현실문화, 2014.

뤼디거 자프란스키, 곽정연 옮김,『악 또는 자유의 드라마』, 서울: 문예출판사, 2002.

변성찬,「2000년 이후 한국영화에 내재된 악 개념 및 형상에 대하여」,『문학동네』, 제88호, 2016년 가을.

브라이언 마수미,「정동적 사실의 미래적 탄생: 위협의 정치적 존재론」, 최성희·김지영·박혜정 옮김,『정동이론: 몸과 문화·윤리·정치의 마주침에서 생겨나는 것들에 대한 연구』, 서울: 갈무리, 2015.

샹탈 무페, 이보경 옮김,『정치적인 것의 귀환』, 서울: 후마니타스, 2007.

알렌카 주판치치, 이성민 옮김,『실재의 윤리: 칸트와 라캉』, 서울: 도서출판 b, 2004.

자크 랑시에르, 진태원 옮김,『불화: 정치와 철학』, 서울: 도서출판 길, 2015.

_____, 주형일 옮김,『미학 안의 불편함』, 고양: 인간사랑, 2008.

장 프랑수아 리오타르, 유정완·이삼출·민승기 옮김,『포스트모던의 조건』, 서울: 민음사, 1992.

진은영,「숭고의 윤리에서 미학의 정치로-자크 랑시에르의 미학의 정치」, 한국철학사상연구회,『시대와 철학』, 제20권 제3호, 2009년 가을.

크리샨 쿠마르,「오늘날의 묵시, 천년왕국 그리고 유토피아」, 맬컴 불, 이운경 옮김,『종말론: 최후의 날에 관한 12편의 에세이』, 서울: 문학과지성사, 2011

테리 이글턴, 오수원 옮김,『악: 우리 시대의 악과 악한 존재들』, 서울: 이매진, 2015.

_____, 강주헌 옮김,『신을 옹호하다: 마르크스주의자의 무신론 비판』, 서울: 모멘토, 2015.

프레드릭 제임슨, 강주헌 옮김,『보이는 것의 날인』, 서울: 한나래, 2003.

_____, 이경덕·서강목 옮김,『정치적 무의식: 사회적으로 상징적인 행위로서의 서사』, 서울: 민음사, 2015.

하승우,「〈역도산〉: '열정적 애착'과 '탈-애착' 사이에서」, 김소연 엮음,『라캉과 한국영화』, 서울: 도서출판 b, 2008.

제2부

아시아 스크린 커넥션:
파편들의 역사를 향하여

중-한 스크린 커넥션

: 파편들의 역사를 향하여

크리스 베리

황미요조 옮김

개요

이 글은 트랜스내셔널 시네마(transnational cinema), 혹은 김소영이 '트랜스-시네마(trans-cinema)'[1]라고 부르는 것을 둘러싼 질문으로 돌아간다. 처음에 트랜스내셔널은 글로벌리제이션과 관계있는 것, 희미해져가는 네이션-스테이트(nation-state, 국민국가)와 내셔널리즘을 보여주는 표식으로 이해되었다. 그러나 역설적이게도 이 시점, 네이션-스테이트의 수는 이전보다 증가했다. 글로벌리제이션 그리고 그것에 의해 생산되는 경제적·문화적·사회적 변화는 네이션-스테이트의 쇠퇴를 가져온 것이 아니라 사실상 새로운 네이션-스테이트를 생성하고 있는 것인지도 모르겠다. 영상연구 분야에도 비슷한 역설이 발생하는 듯하다. 일례로 학계에서 트랜스내셔널 시네마 연구가 급증했고, 2010년 *Trans-*

---

1 Kim So-young, "The Birth of the Local Feminist Sphere in the Global Era: 'Trans-Cinema' and *Yosongjang*," *Inter-Asia Cultural Studies*, Vol. 4, No. 1(2003), pp. 10~24; Chris Berry, "What Is Transnational Cinema? Thinking from the Chinese Situation," *Transnational Cinemas*, Vol. 1, No. 2(2010), pp. 111~127.

*national Cinemas*가 창간되었다. 그러나 그러한 흐름과 함께, 한 국가에 초점을 맞추는 영화연구 역시 그 어느 때보다 많아져서, 예컨대 *Journal of Japanese and Korean Cinema*가 2009년에, *Journal of Chinese Cinemas*가 2006년에 창간되었다. 내셔널적인 것(the national)과 시네마를 둘러싼 이와 같은 관심 증가가 아카데미의 내부적 경제 환경에 의해 제도화된 것이라는 즉 근대의 언어 학과들이 학생 수를 늘리려는 노력과 다른 학제의 프로그램에 개별 언어의 아카데미를 다시금 자리 잡게 하려는 노력에서 비롯했다고 생각하는 사람들도 있다. 그러나 이러한 추정은 이 글의 관심사가 아니다. 그보다는 이 글에서는 트랜스내셔널 시네마라는 분야가 어떻게 발전해갈지를 논의한다.

네이션-스테이트의 탄력성과 내셔널적인 것을 둘러싼 사라지지 않는 관심을 고려할 때, 트랜스내셔널적 특성에 대한 논의들이 내셔널리즘과 자리다툼에서 그처럼 자주 실패하고, 오히려 내셔널적인 것이 전체 논의를 가로채버리는 일은 그리 놀랍지 않다. 가끔 트랜스내셔널 시네마에 대한 관심이 내셔널 소프트 파워의 확장에 대한 찬사나 혹은 그것을 초조하게 바라는 열망과 별반 다르지 않은 경우들이 있다. 예를 들어, 유니 홍의 최근 저서 제목 『코리안 쿨의 탄생: 어떻게 한 나라가 대중문화로 세계를 정복하고 있는가』는 빈정거림일지도 모른다.[2] 이것이 유머인지 아닌지는 트랜스내셔널 문화현상을 활용해 신제국주의적 판타지를 축복하는 이 책의 태도에 달렸다. 초조한 열망의 측면에서 '세계 최대의 시네마 재벌'이 되기 위해 미국의 AMC 극장 체인을 인수한 중국 기업 완다(萬達)는 온라인상의 흥분에 더욱더 부채질을 한다.[3]

---

2 Euny Hong, *The Birth of Korean Cool: How One Nation Is Conquering the World through Pop Culture*(New York: Picador, 2014).

3 "It's Official: China's Wanda Group to Buy AMC Entertainment," *The Hollywood Reporter*(20 May 2012). http://www.hollywoodreporter.com/news/amc-theaters-wanda-group-327076, accessed 1 March 2015.

우리는 어떻게 내셔널리즘이나 그 내셔널리즘의 제국주의적 연장으로 미끄러지는 것을 피하면서 트랜스내셔널 시네마 연구의 본래 목적으로 돌아갈 수 있을까? 이 글은 그 하나의 반증으로서 중-한 필름 커넥션에 초점을 맞추려 한다. 이 작업을 통해 관습적이며 당연시되는 '방법론적 내셔널리즘(methodological nationalism)'[4]에서 벗어나는 한편, 내셔널리즘 그 자체에 도전을 가능케 하는 이점을 얻을 수 있을 것이며, 신제국주의적 내셔널리즘의 논리나 글로벌 자본주의의 이데올로기 그 어느 쪽과도 연루하지 않을 수 있을 것이다. 이 글의 목표는 그러한 트랜스내셔널적 관점에서 시네마의 지형도를 어떻게 그려낼 수 있는가를 논의하는 데 있다.

중-한 트랜스-시네마라는 문제틀은 위와 같은 목표의 학술적 연구들에 다양한 방향을 보여줄 것이다. 첫째, 관습적 내셔널 시네마의 시각 속에서 어떤 현상의 트랜스내셔널적 차원들이 가로막혔음을 드러내고자 한다. 그 가로막힘을 보기 위해, 1930년대 중국에서 가장 중요한 남자 스타 중 한 명인 진옌(김염, 金焰)의 사례를 든다. 그가 한국인이라는 사실은 잘 알려지지 않았으며 그 연구도 거의 이루어지지 않았다. 둘째, 김염의 사례로 이미 보여주었듯, 트랜스-시네마는 ─글로벌리제이션을 동시대 글로벌 자본주의의 이데올로기와 그 실천으로 이해한다면─ 글로벌리제이션보다 시기적으로 앞서 있고 글로벌리제이션을 넘어선다. 트랜스-시네마는 고유의 논리가 있는 개별 국경횡단 기획(transborder projects)의 집합으로 접근한다면 더 잘 이해될 수 있을 것이다. 그 사례로서, 문화혁명 시기 중국(1966~1976)의 북한영화 수입을 그러한 국경횡단의 기획으로 볼 수 있다. 셋째, 트랜스내셔널 시네마와 글로벌리

---

4   이 문제에 유용한 입문은 다음을 보라. Daniel Chernilo, "Social Theory's Methodological Nationalism: Myth and Reality," *European Journal of Social Theory*, Vol. 9, No. 1(2006), pp. 5~22.

제이션의 이데올로기 판타지가 같은 것이라는 등식을 거부할 때, 글로벌 자본주의가 작동하는 부드럽고 경계 지어지지 않는 세계상에 의문을 갖게 될 터이고, 그 의문은 트랜스-시네마가 권력 배열에 의해 구조화된 불균등한 질서 속에서 트랜스-시네마가 어떻게 작동하는지에 대한 연구의 길을 열어줄 것이다. 이는 최근 남한영화에서 중국과 중국적 테마가 자주 등장하는 데 비해, 중국영화에서는 남한의 모습이 드물게 나타나는 모습이 그 사례가 될 것이다. 넷째, 트랜스-시네마는 영화 내용 외에도 국경횡단적 제작을 둘러싼 질문들을 가능케 한다. 이 부분은 트랜스-시네마적 접근이 아니었다면 가려지고 잊혔을 1960년대와 1970년대 홍콩 영화산업에서의 남한 감독들이 그 사례가 될 것이다. 다섯째, 상영과 배급 현황 또한 트랜스-시네마 연구의 필수 분야로 부상한다. 이 글은 문화혁명 시기 중국의 북한영화 수입에 대해 언급하고, 동시에 잘 알려지지 않은 사실인 1960년대 남한영화의 대만 수출을 통해 트랜스-시네마 연구의 상영과 배급 측면에 대해 살펴보려 한다.

마지막으로, 트랜스-시네마적 접근이 중-한 필름 커넥션에서 찾아낸 방향성들을 보여주기 위해 앞서 언급한 다섯 예시는 어떻게 중-한 필름 커넥션 역사에서 중요한 사건으로 결합될 수 있을까? 이는 트랜스-시네마적 접근으로 여섯째 연구 방향이 가능할 수도 있다는 결론 즉 국경횡단적 영화 역사기술(trans-border cinema historiography)의 가능성으로 귀결된다. 그러나, 여기서 역사기술이라 함은, 요시모토 미츠히로가 말하는 '그 통합과 일관성이 전혀 의심 받지 않는 특정 국가 경계 내에서 시네마의 발전을 묘사하는 선형적인 역사적 내러티브'[5]라는 식의 내셔널 시네마의 모방을 뜻하지 않는다. 이 사건들은 네이션-스테이트 경계 너머의 확장이라는 승승장구하는 성장 모델로 결론 맺

---

5   Mitsuhiro Yoshimoto, "The Difficulty of Being Radical: The Discipline of Film Studies and the Postcolonial World Order," *boundary 2*, Vol. 18, No. 3(1991), p. 242.

는 인과적 논리를 생산하지 않는다. 그 대신, 이 사건들은 한데 모여 탈구로 구조화된, 파편들의 역사인 중-한 필름 커넥션을 드러낸다. 이 글은 이런 식의 탈구적 역사기술에 개입하는 일이 근대성의 대항-역사를 생산할 수 있다고 주장하면서 결론 낼 것이다. 그리고 이어지는 짧은 에필로그에서는 이 글에서 논의하는 연구의 실제 분야들을 실현하기 위해 학술적 행위에서 어떤 변화가 필요한가에 대해 몇 가지 생각거리를 던지고서 글을 마무리할 것이다.

막힌 것을 드러내기

방법론적 내셔널리즘의 가장 명백한 한계는, 그것이 우리가 "국경 횡단적 상호작용, 상호연관성, 상호소통을 목격하는 것을 불가능하게 하며,"[6] 일종의 좁은 시야(tunnel vision)를 낳는다는 점이다. 언급한 인용문이 포함된 울리히 벡과 엘리자베트 벡-게른스하임이 쓴 에세이를 비롯해, 이 주제에 대한 많은 문헌에서 방법론적 내셔널리즘은 글로벌리제이션의 도래와 함께 문제화된다. 이러한 접근 방식은 글로벌리제이션을 신자유주의가 목표 삼는 국가 규제 감소라는 차원에서 이해한다. 그러나 영화는 신자유주의가 전 지구적 정설(orthodoxy)이 되기 훨씬 이전부터 트랜스내셔널 했다. 사실 내셔널 시네마는, 셸던 루[중국명 루샤오펑魯曉鵬]가 자신의 트랜스내셔널 중국영화 총서에서 지적한 것처럼, 처음부터 19세기 말 뤼미에르의 시네마토그래프 영사가들의 여행에 의해 제작·상영의 트랜스내셔널한 맥락에서 생겨났다.[7]

셸던 루는 내셔널한 모델을 통한 접근법이 어떻게 역사를 가로막는

---

6 Ulrich Beck and Elisabeth Beck-Gernsheim, "Global Generations and the Trap of Methodological Nationalism For a Cosmopolitan Turn in the Sociology of Youth and Generation," *European Sociological Review*, Vol. 25, No. 1(2009), p. 26.

7 Sheldon Hsiao-peng Lu, "Chinese Cinemas(1896-1996) and Transnational Film Studies," in Sheldon Hsiao-peng Lu(ed.), *Transnational Chinese Cinemas: Identity, Nationhood, Gender*(Honolulu: University of Hawai'i Press, 1997), p. 3.

지를 보여주는 하나의 사례로 중국영화 역사의 연대 추정을 내어놓는다. 기존의 설명들은 중국영화의 시작을 첫 중국영화가 제작된 1905년으로 본다. 하지만 셸던 루는, 이와는 달리, 영화가 처음으로 중국에서 상영된 1896년을 중국영화 역사의 시작점으로 본다.[8] 마찬가지로, 한 학자가 특정한 하나의 네이션-스테이트의 누군가에 의해, 누군가를 위해 제작된 영화들로 시네마 모델을 다룰 때, 많은 중-한 필름 커넥션이 시야에서 사라진다.

일례로, 진옌은 1930년대 중국의 남자 영화 스타 중 한 명이었다. 그는 중국의 루돌프 발렌티노(Rudolph Valentino)라 불렸다.[9] 키가 크고, 잘생기고, 영화에서 셔츠를 벗어젖히고는 때때로 알몸으로 강에서 수영하는 모습[10]을 보여주기도 했던 그는 여성 관객에게 엄청난 인기가 있었다. 그의 스타 이미지는 1932년 쑨위(孫瑜) 감독의 〈들장미(野玫瑰, Wild Rose)〉의 오프닝 신에서 압축된다. 김염은 부유한 상하이 가문의 자손을 연기한다. 부자이면서, 화가인 그는 멋들어진 페도라를 쓰고는 그림을 그릴 전원 풍경을 찾아 컨버터블 카를 몰고 시골로 간다. 이 과정에서 그는 별명이 '들고양이[野貓, 예마오]'인 시골 소녀를 우연히 만나, 사랑에 빠진다. 〈들장미〉 속 '들고양이'는 여배우 왕런메이(王人美)가 연기했는데, 그녀는 이 영화가 데뷔작이었고, 영화 속 김염과의 찰떡궁합은 그녀를 하루아침에 스타로 만들고, 나중에 둘은 결혼하기에 이른다.[11] 영화로 돌아와, 김염이 연기하는 부잣집 화가가 다시 도시에 있는 자신의 화려한 아트 데코 맨션의 집에 돌아왔을 때 그의 친구들이 그

---

8 같은 책, p. 2.

9 Richard J. Meyer, *Jin Yan: The Rudolph Valentino of Shanghai*(Hong Kong: Hong Kong University Press, 2009).

10 김염의 나체 수영 장면이 담긴 장면으로 유명한 영화는 쑨위 감독의 〈대로(Big Road 또는 The Highway, 大路)〉(1934)다.

11 Richard J. Meyer, *Wang Renmei: The Wildcat of Shanghai*(Hong Kong: Hong Kong University Press, 2014)는 왕런메이의 결혼과 영화 〈들장미〉의 제작에 대한 자세한 내용을 담고 있다.

를 위해 칵테일파티를 열고 있다.

내가 진옌을 처음으로 알게 된 것은 1980년대에 중국영화에 대해 공부하기 시작했을 무렵이다. 당시에 그에 대해서는 민국 시기 영화 스타 중 한 명이었다고 간단히 언급되어 있을 뿐이었다. 나에게 그가 인종적으로 한국계이며 중국어 발음으로는 '진옌'인 그의 이름이 한국식으로는 '김염'으로 발음된다는 사실을 언급한 사람은 한 명도 없었다. 이 사실은 억압되었다. 일례로, 진옌의 위상은 중국 영화인들의 전기를 모은 총서의 첫째 권에 그가 언급됨으로써 확인되며, 그의 전기에는 그가 1910년에 오늘날 서울로 알려진 도시에서 '김덕린(金德麟)'으로 태어났다는 것과 그가 아직 어린아이였을 때 그의 아버지는 일본 식민 지배를 피해 중국 북동부로 떠나야 했던 애국주의적 혁명가였다라는 사실을 분명히 하고 있다.[12] 그러나 이후의 연구에서 그 사실은 중요하게 언급되거나 고려되지 않았고, 이러한 의미로 방법론적 내셔널리즘의 진옌/김염의 중-한 트랜스내셔널 위상을 가로막았다.

이 가로막힘의 정도는 내가 2014년 6월 영국 셰필드할람대학에서 열린 콘퍼런스에서 이[진옌/김염의 트랜스내셔널 위상]를 주제로 기조 발표를 했을 때 분명히 확인할 수 있었다. 참석자들의 출신지는 미국에서 한국까지 걸쳐 있었다. 나는 청중에게 〈들장미〉의 클립을 보여주고 영화의 주연이 누구인지 설명하고 나서, 그들 중 몇이나 진옌/김염을 알아보았는지 혹은 그에 대해 들어본 적이 있는지 물었다. 40명 중 서넛이 그를 알고 있었다. 우리는 그 다양한 이유를 추정할 수 있다. 진옌/김염의 배우 경력은 중국영화 안에 갇혀 있다. 비록 그가 왕이(王逸) 감독의 1958년 작[13] 〈폭풍 속의 매(暴風中的雄鷹, Eagles Brave the Storm)〉에서

---

12 中國電影家協會電影史研究部 編, 「郾之」「金焰」, 『中國電影家列傳』 第1集(北京: 中國電影出版社, 1982), p. 161.

13 [옮긴이] 원문에는 1958년으로 표기되어 있지만, 1957년으로 확인이 되어 바로잡았다.

는 티베트인을 연기한 적은 있지만, 내가 아는 한 그는 결코 한국인 캐릭터나 한국어를 쓰는 인물을 연기한 적이 없다. 이는 한국의 영상문화 학자들로 하여금 그의 존재를 알아보지 못하게 했을 것이다. 게다가, 그는 좌파였고 중국의 사회주의 혁명에 충성을 보였다. 냉전 시기 남한 정부가 그에 대해 인식하는 것에 거의 관심이 없었음은 당연하다. 정혜승에 따르면, 진옌/김염은 일본에서 출판된 그의 전기가 1996년에 남한에서 번역·출판[14]되기 전까지는 한국의 영화문화 커뮤니티에서 보이지 않았다.[15]

그러나 진옌/김염의 상하이 스타덤은 영화제작자들을 포함해 넓게 형성되어 있던 상하이의 한국문화 커뮤니티 유일의 가장 가시적인 성취일 뿐이다. 이 커뮤니티의 많은 이가 더 나은 교육의 기회를 찾거나 정치적 문제를 피하기 위해 혹은 새로운 기획의 자금을 구하기 위해 1920년대와 1930년대 서울, 도쿄, 상하이를 오가던 사람들이었다. 이들은 대부분 반(反)식민주의자였을 뿐 아니라 진옌/김염을 포함해 정치적으로 좌파였다. 이들 중 대다수에 대해 중국의 학계는 잘 알지 못하며, 상하이에서의 그들의 삶과 활동은 더 많은 연구가 필요하다. 사실 이들에 대한 나의 관심은 이들의 알려지지 않는 역사를 발굴해온 김소영 교수와 그녀의 동료들로부터 비롯했다.

식민 시기에 이처럼 국경을 이동하고(mobile) 횡단하는 한국 영화인들 중, 아마도 중국어권에서 가장 잘 알려진 인물은 정기탁(鄭基鐸, 1905~?)일 것이다. 그의 이름은 만다린어로는 정지둬로 발음된다. 『중국전영대사전(中國電影大辭典)』에는 그가 매우 짧은 분량으로 1928년에서 1929년까지 8편의 영화에서 배우로 출연했으며 같은 기간에 5개

---

14 [옮긴이] 스즈키 쓰네카쓰(鈴木常勝)가 쓴 『대로(大路: 朝鮮人の上海電影皇帝)』(東京: 新泉社, 1994)의 한국어판 『상해의 조선인 영화황제(역사 인물 찾기 8)』(이상 옮김, 서울: 실천문학사, 1996)를 말한다.
15 Hye Seung Chung, "The Korean Valentino: Jin Yan(Kim Yŏm), Sino-Korean Unity, and Shanghai Films of the 1930s," *Korean Studies*, Vol. 37(2013), p. 166.

작품에서 감독으로 이름을 올리고 있다는 사실이 기재되어 있다. 그는 1934년에 다른 한 영화에 연출로 또한 이름을 올리고 있다.[16] 몇 년간의 공백은 그의 부재에서 기인한 것이다. 1932년 1월의 일본의 상하이 폭격은, 1991년 관진펑(關錦鵬, 스탠리 콴Stanley Kwan)의 란린위(阮玲玉, 완령옥)에 대한 [동명의] 전기영화에서 그려진 것처럼, 영화산업의 많은 이를 잠시간 떠나게 했다.

란린위는 정기탁/정지뒈의 마지막 상하이 영화 〈상해여 잘 있거라(再會吧, 上海, Goodbye, Shanghai)〉(1934)에 출연했다. 영화는 정기탁/정지뒈가 연화영행공사(聯華影行公司)에서 정원보(鄭雲波)라는 가명을 사용해 시나리오와 연출을 맡은 작품으로,[17] 한국영상자료원에 의해 발견·복원되었고 2010년 전주국제영화제에서 상영되었다.[18] 그는, 그의 다른 이름인 '정지뒈'가 같이 표기되기는 했지만, '정원보'라는 이름으로 마오 시대 중국영화의 공식 역사에 기록된 것으로 보인다. 여기에는 〈상해여 잘 있거라〉뿐 아니라 『중국전영대사전』의 그의 항목에는 들어 있지 않은, 그가 상하이로 다시 돌아온 이후의 영화인 〈출로(出路, Escape)〉(1933)도 자세히 소개가 되고 있다. 검열 이후, 이 영화는 〈광명의 길(光明之路, The Bright Road)〉이라는 제목으로 공개되었다. 그러나 『중국전영대사전』은 그가 한국인이었다는 사실을 인식하는 반면, 마오 시대의 공식 역사에는 이 사실을 언급하지 않고 감독에 대한 논평도 없이 영화의 시놉시스 정보만 제공한다.[19] 두 영화 모두 계급의식을 지닌 지역적 내러티브를 가지고 있고 한국적 내용은 전혀 포함되어 있지 않다.

16 張駿祥, 程季華 主編, 「鄭基鐸」, 『中國電影大辭典』(上海: 上海辭書出版社, 1995), p. 1340.

17 영화의 중국어로 된 시놉시스와 크레디트는 다음을 참조하라. 鄭培爲·劉桂淸 編選, 『中國無聲電影劇本』下卷, Volume 3(北京: 中國電影出版社, 1996), pp. 2531~2532.

18 Tom Giammarco, "Goodbye Shanghai(1934)," *Seen in Jeonju*(1 May 2010). http://www.koreanfilm.org/tom/?p=1204, accessed 3 March 2015.

19 程季華·李少白·邢祖文 編著, 『中國電影發展史』volume 1(北京: 中國電影出版社, 1981), pp. 270~271, 346~347(제1판은 1963년 발행되었다). 또한 영화의 시놉시스와 크레디트에 대해서는 다음을 보라. 鄭培爲·劉桂淸 編選, 『中國無聲電影劇本』, pp. 2951~2953.

상하이에서 활동하던 한국인 영화인 중 진옌/김염을 제외한다면, 순전히 상하이를 기반으로 영화 경력의 대부분을 보냈다는 이유에서 정지둬/정기탁은 아마 중국어권에 가장 잘 알려진 인물일 것이다. 한국영화의 개척자로 한국 영화문화계에 잘 알려진 다른 인물들의 경우에는 상하이 활동 기간이 그들의 전체 경력에서 덜 중요한 부분이었다. 더 중요하게는, 중국어 문헌에 그들은 기록되어 있지 않다. 전창근과 이경손이 여기에 해당된다. 전창근(1907~1972)은 만다린어로 취안창건(全昌根)으로 발음되는데, 나의 한국인 동료 학자는 그가 진창건(金昌根)과 첸창건(錢昌根)으로도 알려졌다고 말한다. 그는 상하이에 거주했고 1920~1930년대의 초창기 영화산업에서 활동했다. 그러나 그는 한국에 돌아가서 1940년대에 만들기 시작한 영화들로 한국 영화계에 알려져 있다. KMDB(한국영화데이터베이스)에 따르면, 상하이와 관련된 그의 경력은 가장 위로는 1969년까지 올라간다.[20] 그러나 그의 초창기 상하이 경력은 거의 알려지지 않은 것으로 보이는데, 나는 그를 다루는 어떤 중국어 출판물도 아직까지는 발견하지 못했다. 나의 한국인 동료에 따르면, 그는 1920년대 한국 영화계의 개척자였다고 한다. 이경손(1905~1977)은 그가 생을 마친 태국에 1932년 망명하기 직전인 1929년부터 1932년까지 3년간을 상하이에서 보냈다.

이처럼 다양한 식민 시기 이동하는 한국 영화인들을 주제로 하는 논의들에서 분명하게 발견되는 하나의 유형이 있다. 특정한 내셔널 시네마의 역사를 우선시해 그들을 위치시키려는 경향이다. 따라서 트랜스-시네마적 접근은 보이지 않는 것을 보이게끔 해주거니와, 이는 이 글이 목표하는 바이기도 하다. 그러나 이것만이 트랜스-시네마적 접근이 갖는 장점은 아니다. 이 이동하는 한국 영화인들에 대해서는 그들의 작

---

20 "Jeon Chang-geun." http://www.kmdb.or.kr/eng/vod/mm_basic.asp?person_id=00005008&div=1#url, accessed 5 March 2015.

업을 전체적 트랜스내셔널의 차원에서 다시 생각해볼 필요가 있다. 일례로, 한국 영화인들이 중국의 사회적 정의와 반제국주의 투쟁을 다룬 상하이 영화에 참여했음은 그들이 단지 중국영화 역사에 일부분으로 참여했다는 것, 그리고 소위 1930년대의 좌파 진보 영화운동에 참여했다는 것일까? 다시 말해, 이 시기의 반제국주의와 계급의식적 영화 제작은 어떤 트랜스내셔널한 경향을 구성한다고 할 수 있을까?

트랜스내셔널 기획들

방법론적 내셔널리즘의 좁은 범위를 벗어나는 것은 가로막힌 부분과 그 과정을 드러내주는 것 이상을 보여준다. 식민 시기 한국 영화인들의 상하이 활동은 글로벌리제이션과 트랜스내셔널 시네마는 유사하다는 가정에 반박하는 근거를 제공한다. 왜냐하면 그들의 활동은 글로벌리제이션에 선행하기 때문이다. 비록 기원전 3세기의 인더스 강 가 거주인들과 수메르인 사이의 교역부터 글로벌리제이션의 연대를 거슬러 올라가는 몇몇 학자가 있지만,[21] 보통 글로벌리제이션은 사스키아 사센이 최근 "획기적 변화(epochal transformation)"[22]라고 부르는 것으로 이해된다. 롤런드 로버트슨은 "개념으로서 글로벌리제이션은 세계의 축소와 전체로서의 세계에 대한 의식의 강화"라고 주장한다. 그는 이 과정이 "수 세기 동안 진행되어왔지만, 글로벌리제이션 논의에서 주요한 초점은 상대적으로 최근"[23]이라고 강조한다. 로버트슨은 구체적으로 1980년대 후반이 글로벌리제이션 담론이 진정으로 폭발한 시점이라고

---

21 André Gunder Frank, *ReORIENT: Global Economy in the Asian Age*(Berkeley: University of Berkeley Press, 1998); André Gunder Frank, "Bronze Age World System Cycles," *Current Anthropology*, Vol. 34(1993), pp. 383~429.

22 Saskia Sassen, *Territory, Authority, Rights: From Medieval to Global Assemblages*(Princeton: Princeton University Press, 2006), p. 1.

23 Roland Robertson, *Globalization: Social Theory and Global Culture*(London: Sage, 1992), p. 8.

인식한다. 이는 글로벌리제이션이 신자유주의와 함께 1980년대 이후, 미국에서는 레이건의 시대, 영국에서는 대처의 시대 이후에 급증했음을 의미한다. 따라서 글로벌리제이션은, 제국주의, 국제무역, 그리고 예전에 국경횡단이 나타났던 것과는 구별되는, 국경을 가로지르는 무역과 이동에 대한 규제 등 국가 규제의 신자유주의적 퇴행의 국제적 표명으로 가장 확고하게 이해된다. 이것은 제국주의, 국제적 무역, 국경을 넘나들었던 이전의 징후들과는 구별되는 것이다.

식민 시기 한국 영화인들의 상하이 활동은 글로벌리제이션에 선행했거니와 글로벌리제이션과 신자유주의를 추동하는 최대 이익의 추구 때문이 아닌 정치적 이유로 구성되었던 것으로 보인다. 그런 만큼 역사와 그 동기부여(motivation) 양 차원에서 글로벌리제이션과 트랜스내셔널을 구별하는 것은 글로벌 자본주의의 동시대적 이데올로기와 공모하지 않는 트랜스내셔널 시네마 연구의 발전을 위해, 그리고 이러한 트랜스내셔널 시네마 현상을 이해하기 위해 매우 핵심적이다. 나는 다른 지면에서 훨씬 더 길게 이 문제에 대해 쓴 적이 있다.[24] 이 글에서는, 안나 칭의 '글로벌'과 '트랜스내셔널' 사이의 구별을 인용하려고 한다. 그녀는 글로벌리제이션은 내셔널한 것의 연속이라기보다 글로벌 마켓을 생산하는 동력이라고 주장한다. 그녀에 따르면, 글로벌리제이션은 시장을 네이션-스테이트와 같은 것에 가려진 자연적인 장소로, 그리고 글로벌리제이션 그 자체는 멈출 수 없고 단일한 자연적인 과정으로 상상하는 글로벌리즘에 부합하는 이데올로기와 결합한다. 이것에 반대하여 그녀는 우리에게 '트랜스내셔널'을 구별적이고 역사적으로 특정하며 유일한(singular) 국경횡단의 기획을 지칭할 때 사용하자고 제안한다. 글로벌리제이션은 하나의 특정하고 매우 큰 기획일 것이다. 그러나 안나 칭은 또

---

24 Chris Berry, "What Is Transnational Cinema? Thinking from the Chinese Situation," *Transnational Cinemas*, Vol. 1, No. 2(2010), pp. 111~127.

한 트랜스내셔널 자본주의와 글로벌리제이션에 반대하여 국경을 횡단하는 NGO의 일들이 글로벌리제이션 그 자체에 포함되지 않는 다른 종류의 국경을 횡단하는 기획이라고 지적한다.[25]

안나 칭의 '국경횡단 기획들'의 관점을 취해, 우리는 일부는 글로벌리제이션이기도 하고 일부는 그렇지 않은 중-한 필름 커넥션 역사의 사건들을 구별 지을 수 있다. 예를 들어, CJ엔터테인먼트가 한국 내 한정적 시장 규모를 넘어 중국어권 영화 세계로 확장하는 것은 글로벌리제이션 스타일 국경횡단 기획의 전형적인 사례다. CGV 극장 체인은 중국에 멀티플렉스 극장을 여럿 건설했는데, 중국에서 2014년에 시장점유율과 극장 관객 수에서 최상위 10개 영화 극장 체인이 되었다.[26] 제작 측면에서 CJ는 또한 지역적이면서도 트랜스내셔널한 기업이 되기 위한 전략의 일부분으로 합작영화뿐 아니라 전적으로 중국 내에서 만들어지는 영화에도 투자했다. CJ는 동아시아와 동남아시아 지역에서도 마찬가지로 이러한 지역 영화 기획들에 투자를 하고 있다.[27]

식민 시기 상하이 한국 영화인들의 활동과 더불어 또 다른 반증으로는, 북한영화가 문화혁명 시기 중국에서 인기를 끈 사실을 들 수 있다. 아마도 이 중 가장 유명한 영화는 컬러 와이드 스크린 작품 〈꽃파는 처녀(The Flower Girl)〉(1972)인데, 영화는 동명의 연극을 각색한 것으로, 북한에서 주장하기로는 바로 김일성이 희곡을 썼다고 알려져 있다. 1930년대를 배경으로 한 식민 시기 평범한 사람들의 고생 이야기와 반일 혁명 게릴라들의 활동 이야기는 중국영화에서도 익숙한 것이어

25 Anna Tsing, "The Global Situation," *Cultural Anthropology*, Vol. 15, No. 3(2000), pp. 327~360.

26 Lee Hyo-won, "South Korea's CJ CGV Becomes Top Ten Theater Chain in China," *The Hollywood Reporter*, 15 January 2015. http://www.hollywoodreporter.com/news/south-koreas-cj-cgv-becomes-764295, accessed 7 March 2015.

27 Patrick Frater, "Politics Aside, S. Korea, China Find Plenty of Reasons to Work Together in Film Business," *Variety*, 1 October 2014. http://variety.com/2014/film/asia/south-korea-china-work-together-in-film-1201318663/, accessed 7 March 2014.

서 〈꽃파는 처녀〉는 중국 관객들에게 쉽게 이해되었다. 창춘영화스튜디오에서 7일 만에 만다린어로 번역·더빙해 개봉한 〈꽃파는 처녀(賣花姑娘)〉는 많은 관객을 불러 모으며 중국의 역대 외국영화 흥행 최고 기록을 세웠다.[28]

　문화혁명 시기 중국에 대해 우리가 가지고 있는 일반적 이미지는 폐쇄적이라는 것이다. 그러나 사실 [중국에서] 공개되는 영화의 반 정도가 외국영화였다.[29] 중국이 적대시하던 서구나 소비에트연합의 영화들이 수입될 수는 없었다. 그 대신, 북한, 북베트남, 알바니아, 루마니아, 유고슬라비아 영화가 가장 일반적이었다. 내가 나의 동료와 함께 문화혁명 시기 상하이의 영화 관람 기억을 주제로 연구를 했을 때, 우리의 인터뷰 대상자들은 유고슬라비아영화는 대부분 제2차 세계대전을 배경으로 하는 전투영화였고, 알바니아영화는 패션 때문에 보았고, 루마니아영화에는 키스 장면이 나왔으며, 북한영화는 같이 울고 노래를 부르기 위해 보았다고 이야기했다. 북한영화는 비극적 음악 때문에 인기가 있었다고 한다.[30] 이에 더해 이 영화들에 대한 애정은 노스텔지어가 되어 2000년대 소위 '홍색 경전(紅色經典, red classics)' 유행의 일부분으로 VCD와 DVD로 재출시되기도 했다.[31] 또한 최근 〈꽃파는 처녀〉의 연극이 중국을 찾은 북한 극단에 의해 공연되며 인기를 얻고 있다.[32]

28　Pául Clark, *The Chinese Cultural Revolution: A History*(New York: Cambridge University Press, 2008), p. 151.

29　같은 곳.

30　Chris Berry and Zhang Shujuan(張淑娟), "Film and Fashion in Shanghai: What(Not) to Wear during the Cultural Revolution," *ACT Magazine*, No. 54(2013), pp. 46~63. 이는 폴 클라크의 베이징 관객들이 한국영화를 "울고, 울고, 웃고, 웃고"라고 묘사한 것과 일치한다(Paul Clark, *The Chinese Cultural Revolution: A History*, p. 151).

31　이 '경전'들을 리메이크한 TV 드라마에 대해서는 다음을 참고하라. Rong Cai, "Restaging the Revolution in Contemporary China: Memory of Politics and Politics of Memory," *China Quarterly*, Vol. 215, No. 3(2013), pp, 663~681을 참고하라.

32　羅穎文, 「朝鮮《賣花姑娘》爲何暢銷中國」, 『北京晚報』, 30 May 2008. http://news.xinhuanet.com/audio/2008-05/30/content_8282778.htm, accessed 9 March 2015.

중국에서 이러한 영화들의 관객 수용성과 관련한 질문은 더 심화된 연구를 진행할 가치가 있는 주제다. 하지만 당시의 영화 수입 현상의 중요성은, 우리가 중-한 필름 커넥션 연구와 트랜스-시네마와 관련한 더 넓은 질문들을 초국적 자본주의의 일부가 아닌 다양한 국경횡단 기획들로 구성된 어떤 영역으로 전환시킬 수 있다는 데에서 그 의미를 찾을 수 있다. 이러한 특정한 케이스에 대해 이야기하자면, 냉전 시기 북한-중국 필름 커넥션은 형태에서 글로벌 자본주의와 구별될 뿐 아니라 그 반대의 입장을 취하는 글로벌 프롤레타리아 혁명 운동의 거대한 상상의 일부이기도 했다.

불균등한 흐름들

독특한 국경횡단 기획들로 구성된 트랜스내셔널의 더 큰 세계와 국가 규제에 의해 지연되는 자연적 상태로서의 글로벌리제이션 이데올로기를 구분하는 것 또한 글로벌리제이션을 둘러싼 흔한 오해를 반박하는 데 도움을 준다. 이 오해는 무역, 이동, 그리고 다른 '흐름'들에 대한 소위 '장벽(barrier)'이 이제 사라졌으며, 이와 같은 흐름은 마치 물처럼 균등하게 지구를 가로질러 흘러갈 것이라는 생각이다. 이런 글로벌주의자의 레토릭에서 이데올로기적 판타지는, 마이클 하트와 안토니오 네그리가 『제국』에서 이야기하듯,[33] '코드화되지 않은 흐름, 유연성, 지속적 조절, 경향적 평등화로 정의'되는 매끄러운 공간으로 특징지어지는 자본주의 작동의 이상화된 영역이라는 전망이다.

'매끄러운 공간'과 '장벽의 제거'라는 수사학은 자유가 권력 제거, 특히 국가의 권력 제거로 구성된다는 것으로 이해되는 '자유'의 어떤 언어를 말하는 것이기도 하다. 그러나 첫째, 네이션-스테이트는 사실상 더

33 Michael Hardt and Antonio Negri, *Empire*(Cambridge: Harvard University Press, 2001), p. 327. [『제국』, 윤수종 옮김, 서울: 이학사, 2001, 430쪽.]

증식했기에, 네이션-스테이트의 권력은 글로벌리제이션에 의해 수정되어야 했지만 사라지지는 않았다. 둘째, 국가 권력의 제거나 축소는 불균등과 차이의 새로운 형태를 생산케 하는 다른 힘이 작동하지 않는다거나 서로서로 부딪힌다는 것을 의미하지는 않는다. 자본 논리 그 자체는 세계의 모든 부분에 균등하게 흥미가 있는 것이 아니라 가장 크게 여분의 부의 축적을 약속하는 장소에 관심을 쏟는다. CJ CGV는 중국인들 모두가 극장에서 영화를 볼 수 있도록, 더 중요하게는 [중국이] 멀티플렉스들이 가장 이윤을 많이 내는 장소가 되는 것을 목표 삼아 의심 없이 멀티플렉스를 중국에 짓고 있다.

큰 의미에서 국경을 횡단하는 기획들의 다양성에 대해 이와 같이 이해하고, 글로벌리제이션의 작은 차원 내에서도 그 흐름의 불균등을 인식하면, 불균등은 우리가 추구하려는 연구의 셋째 방향성으로 부상한다. 이 방향성은 "그러한 교환이 발생하는 특정한 역사적·문화적·이데올로기적 맥락을 무시한 채 사람들·이미지·문화의 초국가적(supra-national) 흐름 혹은 트랜스내셔널 교환을 축복하는 것"[34]의 위험으로서 힉비와 림이 기술한 것을 피하기 위한 노력의 일부분으로 볼 수 있다. 이처럼 특정한 경우들에 중-한 필름 커넥션에 초점을 맞춤으로써 우리는 중화민국, 중화인민공화국, 홍콩의 영국 식민 정부, 그리고 조선민주주의인민공화국, 대한민국, 그리고 1997년 이후의 중화인민공화국, 홍콩특별행정구라는 문화, 언어, 그 안에 사는 사람들에(게) 영향을 끼치는 국가라는 단위의 진정한 실질적 역할을 무시하지 않으면서 방법론적 내셔널리즘의 좁은 시야에서 벗어난다.

국경을 넘는 영화와 돈, 사람의 흐름에서뿐 아니라 국경을 넘는 관심의 흐름에서도 불균등함은 뚜렷이 나타난다. 물론, 한 국가에서 제

---

34 Will Higbee and Song Hwee Lim, "Concepts of Transnational Cinema: Towards a Critical Transnationalism in Film Studies," *Transnational Cinemas*, Vol. 1, No. 1(2010), pp. 11~12.

작·소비되는 영화에서는 다른 네이션-스테이트의 사람들에 대한 관심이나 재현조차 없는 경우가 많다. 그리고 중국어권 세계나 한국어권 문화, 다양한 영토와 나라의 사례에서 그 차이는 커진다. 나는 이를 주제로 아직 본격적인 연구를 해본 적은 없지만, 아마도 중국영화에서 한국의 재현과 한국영화에서 중국의 재현에 대한 약간의 기초적 관찰들은 얼마나 많은 재현이 불균등하고 역사적으로 다양한지 뿐 아니라 그것의 특징들이 어떻게 변화하는지를 보여주며 향후 연구들에 방향을 제시할 것이다.

마오쩌둥 시기(1949~1976)에 중국은 북한에서 영화를 수입했거니와 여러 자국영화를 통해 한국전쟁에서의 자국 활약상을 찬양했다. 중국에서 한국전쟁은 '항미원조전쟁(抗美援朝戰爭)'이라고 불린다. 특히, 1956년 사멍(沙蒙, Sha Meng) 감독과 린산(林杉, Lin Shan) 감독이 연출한 〈상감령(上甘嶺, Battle on Shangganling Mountain),[35] 1960년 팡잉(方熒, Fang Ying) 감독의 〈철도 위병(鐵道衛士, Guards on the Railway)〉, 1964년 우자오디(武兆堤, Wu Zhaodi) 감독의 〈영웅아녀(英雄儿女, Heroic Sons and Daughters)〉와 같은 영화들이 인기를 모았다. 문화혁명 시기 그 유명한 모범극 중에서도 항미원조전쟁을 배경으로 하는 극이 있었는데, 1972년에 여러 감독의 공동 연출로 영화화한 〈기습백호단(奇襲白虎團, Raid on the White Tiger Regiment)〉의 경우가 그렇다.

그러나 그 이후에는, 한 온라인 글에서 언급된 것처럼, 항미원조전쟁 배경의 중국영화는 점점 찾아보기 어려워졌다. 그 글을 남긴 사람은 중국의 참전자들과 그 가족들에게 슬픔을 자극할지 모른다는 두려움, 전쟁 평가가 바뀐 것에 관해 북한을 도발하게 할 수 있다는 우려, 미

---

35 이 영화에서의 한국전쟁과 할리우드영화에서의 한국전쟁에 대한 비교는 다음을 참고하라. Paul G. Pickowicz, "Revisiting Cold War Propaganda: Close Readings of Chinese and American Representations of the Korean War," *Journal of American-East Asian Relations*, Vol. 17, No. 4(2010), pp. 352~371.

국을 화나게 할 수도 있다는 두려움 등 그 다양한 이유를 제시하고 있다.[36] 정답이 무엇이든 간에, 항미원조전쟁의 재현이 점점 사라지는 것은 영화적 재현의 형식에서 가시화/비가시화의 문제가 어떻게 권력관계의 결과로 나타나는지를 보여준다. 여기서 권력은 푸코적 의미에서 한 집단이 그것을 소유해 다른 집단을 억압하는 것이라기보다는 세계를 형성하는 생산적 관계의 네트워크를 뜻한다.[37] 중화인민공화국과 조선인민민주주의공화국이 서로를 지원하며 미국과 그 동맹국들에 저항하는 관계일 때에는 전쟁에서 그들의 협력 관계가 서로의 관계를 고쳐시키며 재현되는 것은 아무런 문제가 없는 당연한 일이다. 그러나 이제 세계 질서의 배열이 달라지면서 그 우선순위 역시 변하는 것이므로, 그것이 이제 잘 등장하지 않는 것은 특별히 신기한 일이 아니다.

이 불균등과 관련해 특기할 또 다른 흥미로운 사실은 항미원조전쟁 재현의 사라짐이 중국영화에서 남한이나 남한 사람 재현의 증가로 대체되지 않았다는 사실이다. 남한에 대한 재현이 약간은 있었을 것이다. 1992년이 되어서 중국과 남한 양국의 외교 관계는 정상화되었다.[38] 2014년 현재, 중국은 남한의 가장 큰 무역 대상국[39]이고 남한은 중국의 네 번째로 큰 무역 대상국[40]으로 양국의 교역 관계는 활발하다. 중국은 또한 2000년대에 동아시아와 동남아시아에서 전체적으로 대중화된

36 逍逍客說, 「我們爲什麼 不敢拍抗日援朝戰爭」, 11 November 2014. http://news.sina.com.cn/zl/za-tan/2014-11-11/09582611.shtml, accessed 10 March 2015.

37 더 심화된 논의로는 다음을 참고하라. Nancy Fraser, "Foucault on Modern Power: Empirical Insights and Normative Confusions," *PRAXIS International* No. 3(1981), pp. 272~287을 참고.

38 Kim Hakjoon, "The Establishment of South Korean-Chinese Diplomatic Relations: A South Korean Perspective," *Journal of Northeast Asian Studies*, Vol. 13, No. 2(1994), pp. 31~48.

39 Choe Sang-Hun, "South Korea and China Reach Trade Accord," *The New York Times*, 9 November 2014. http://www.nytimes.com/2014/11/11/business/south-korea-and-china-reach-trade-accord.html?_r=0, accessed 10 March 2015.

40 "Top 10 Trading Partners of the Chinese Mainland," *China Daily*, 19 February 2014. http://www.chinadaily.com.cn/bizchina/2014-02/19/content_17290565.htm, accessed 10 March 2015.

소위 한류 문화 상품의 주요 소비자이기도 하다.[41] 그러나 남한은 중국 TV 드라마나 영화에 잘 등장하지 않는다. 이 글의 기초 전제를 위해 중국 청중과 이야기할 기회가 있을 때 남한의 모습이 등장하는 중국의 영화나 TV 프로그램에 대해 물었지만, 아직까지 한 번도 이야기를 듣지 못했다.

반대로, 중국 문화 생산물이 남한에서 인기가 그다지 없는 반면, 정밀히 연구로 증명되지 않은 인상이기는 하지만 내 생각에는 중국인 캐릭터는 점점 더 한국의 영상문화에서 많이 보이는 것 같다. 근본적으로 다른 양국의 크기 차이를 떠올려볼 때, 중국이 한국의 상상 안에 그 역의 경우보다 더 많이 인식되는 것은 이상한 일이 아닐 수 있다. 그러나 왜 이런 현상이 일어나는지 구체적이고 적확하게 이해하기 위해서는 많은 연구가 필요하다. 가설로 생각할 수 있는 바는 최근 몇 년간 중국의 이미지는 그 어느 때보다 커진 위협으로 전달된다는 점이다.

2000년대 초반, 중국과 남한 사이 경제력 차이는 매우 컸다. 그래서 중국은 종종 지난 시기의 상징으로 등장했다. 김수미는 송해성 감독의 〈파이란(Failan)〉(2001)을 비롯해 결혼 이주여성이 등장하는 두 남한 영화를 다룬 논문에서 이와 같은 재현을 분석한다. 이 영화는 위장결혼을 통해 남한으로 와서 일을 하기 원하는 가난한 중국 여성의 비극적 이야기를 줄거리로 한다. 그녀는 남한의 급속한 경제성장과 상대적으로 최근 현상인 이주여성의 남한으로의 결혼 이주를 자신의 영화 분석과 연결한다. 그녀는 〈파이란〉 등 이주여성을 다룬 영화들의 여성 재현이 현대의 남한 남성들이 그리워하는 그러나 결코 돌아갈 수 없는 "전통적 가치를 지닌 순수한 여성 구원자"라는 오리엔탈적인 것이라고 주장한

---

41 Xiao Lixin, "Second Korean Wave Sweeps China," *The Korea Herald*, 4 March 2014. http://www.koreaherald.com/view.php?ud=20140304000914, accessed 10 March 2015.

다. 이러한 돌아갈 수 없음은 그 이주여성의 죽음으로 봉합된다.[42]

12년이 지난 2013년, 박훈정 감독의 〈신세계(New World)〉에서 중국은 근대 남한을 구제할지도 모를 섹슈얼한 욕망과 연민의 여성화된 대상이 아닌, 남성화되고 완전히 동시적(coeval) 위협으로 보여진다. '한국의, 멋진 슈트를 차려입은 갱스터들'이라는 제목의 『뉴욕 타임스』 리뷰는 이 영화가 기업 세계의 비유로서 지하세계 혹은 그 역이라는 표준적 갱스터영화의 장치들을 따라간다고 설명한다.[43] 〈대부(The God-father)〉(프랜시스 포드 코폴라, 1972)의 플롯을 떠올리게 하는 가운데, 권력 승계를 둘러싼 투쟁이 벌어진다. 이것은 한국의 또 다른 '브라더(brother)'가 상하이에서 등장하기 전에, 두 '가족(family)' 분파 사이에서 벌어지는 일로 보인다. 다른 누구보다 더 무자비하고 폭력적이고 공격적이어서 이 '중국' 침입자들에 대항할 수 있는 사람은 아무도 없어 보인다. 중국에서 온 브라더는 또한 가장 폭력적이고 위험한 패거리로 묘사되는 중국 연변 지역에서 온 한국계 중국인들과 함께 다닌다. 연변은 중국과 북한의 접경 지역이다. 인종적으로 대부분 한국인들이 거주하는 중국의 디아스포라적 경계 지역인 연변에서 온 이들의 포악한 악명은 나홍진 감독의 〈황해(The Yellow Sea)〉(2010)에서도 나타난다. 연변 출신 주인공이 한국에서 암살 시도를 한다는 이 영화의 이야기는 연변에서 온 사람들에 대한 또 하나의 극한적인 영화로 역시 편집증적 시각을 기반으로 한다.

〈신세계〉는 〈무간도(無間道, Infernal Affairs)〉(류웨이창·마이자오후이,

42 Sumi Kim, "Politics of Representation in the Era of Globalization: Discourse about Marriage Migrant Women in Two South Korean Films," *Asian Journal of Communication*, Vol. 19, No. 2(2009), p. 216.

43 Jeannette Catsoulis, "In South Korea, Gangsters in Good Suits: 'New World,' Directed by Park Hoon-Jung," *The New York Times*, 21 March 2013. http://www.nytimes.com/2013/03/22/movies/new-world-directed-by-park-hoon-jung.html, accessed 10 March 2013.

2002)와도 공명하는 부분이 있는데, 〈신세계〉에서 두 지역 대립자들 중한 명은 사실 경찰 스파이로 너무나 오랫동안 지하 조직에 잠입해 오래활동했기에 더는 경찰에 대한 충성심이 없는 상태다. 그는 이 권력 승계투쟁에서 결국 승리자가 된다. 그러나 영화 속의 다른 인물들은 모르고관객들만 아는 사실이 있는데, 그는 인종적으로 중국계다. 이 화려하지만 불안하고 초조한 〈신세계〉의 이야기 중 중국과 연관된 부분은 『뉴욕타임스』의 리뷰, 내가 읽은 다른 리뷰들이나 감독 박훈정의 인터뷰에서언급되지 않는다. 그러나 어느 쪽이든, 그리고 관객들이 인식하든 그렇지 않든 메시지는 분명하다―'신세계'는 중국에 의해 지배될 세계다. 이런 방식으로 갱스터 혹은 기업 세계의 장르적 융합물에 네이션-스테이트 정치라는 층위가 더해진다.

위에서 설명된 남한과 중화인민공화국 사이의 재현과 관심의 교환의 최근 유형에서 두드러지는 두 특징이 있다. 첫째, 남한영화에서는 중국과 관련한 재현(한국계 중국인 등)이 광범위한 데 비해 중국의 문화 생산물에는 남한이 거의 보이지 않는다는 점에서 비대칭적이다. 둘째, 양국은 서로 높은 수준의 경제적 연관과 협력의 관계에 있고 남한 쪽에서많은 문화 생산물이 중국으로 흘러 들어가고 있지만, 남한인들 사이에서 중국에 대한 인식과 관심은 그 역의 경우보다 훨씬 더 큰 것으로 보인다. 어쨌든, 이는 동시적으로 국경을 횡단하는 커넥션들―재현, 투자, 수입 등등―의 각기 다른 유형의 자율성과 단순한 '반영'이라기보다하나의 복합물로서 재현과 물질적 흐름에 대해 생각해볼 필요성을 보여준다. 이 시점에서 더 많은 이야기를 하기보다 나는 언제나 이러한 복합성과 불균등성(anisomorphic)을 강조했던 폴 윌먼(Paul Willemen)의작업에 다시 한 번 관심이 끌린다.

제작 현황

재현과 물질적 국경횡단 커넥션들의 복잡한 관계는 이 에세이가 제안하는 중-한 필름 커넥션이 보여줄 생산적 연구의 두 최종 유형을 가리킨다. 재현과 수입·수출뿐 아니라 우리는 또한 국경횡단 기획들의 물질적 흐름으로 제작 현황과 배급·상영 현황에 관심을 기울일 수 있다. 이 두 영역에 대한 설명은 더 심화된 이론적 논의 없이 상대적으로 단순하다.

제작 관련 사례에서, 이미 앞서 설명한 1920년대와 1930년대 상하이 시네마에서 한국 영화인들의 참여는 훌륭한 예다. 이 예들은 또한 그 활동들의 트랜스-시네마적 차원이 어떻게 비가시화되었는지와 그 두 이유를 보여준다. 첫째, 한국 영화인들이 상하이에서 만들었던 영화들은 특별히 한국적인 내용이 아니었다. 둘째, 한국인의 이름이 크레디트에 한자로 표시될 때 이름만으로 그 영화인의 인종적 출신이 어디인지를 정확히 알 수 없다. 영화 홍보에서 그 영화인들의 출신이 한국임을 강조하지 않는다면, 관객이 그들을 한국인으로 인식할 가능성은 거의 없다(현재까지, 나는 중국 영화인이 남한이나 북한에서 활동했는지에 대해서는 알지 못한다. 그러나 그랬다고 한다면 같은 상황은 반대로 쉽게 인식되었을 것이다. 비록 중국 이름의 몇몇 성이 한국인들 사이에 잘 알려져 있지 않다 하더라도 중국인의 인종성은 관객들에게 금방 알아차려졌을 것이다).

식민 시기 상하이와 비슷한 사례로, 비록 1980년대 남한에서 홍콩 무협영화의 인기가 전설적이었다 하더라도,[44] 1960년대와 1970년대 홍콩영화에서 남한 영화인들의 역할은 최근까지 별로 알려져 있지 않았다. 사실, 같은 시기 홍콩 회사들은 또한 일본 연예인들을 고용했고 더

---

44 Sangjoon Lee, "Martial Arts Craze in Korea: Cultural Translation of Martial Arts Film and Literature in the 1960s," in Kinnia Yau Shuk-Ting(ed.), *East Asian Cinema and Cultural Heritage: From China, Hong Kong, Taiwan to Japan and South Korea*(New York: Palgrave), pp. 173~195.

나아가 일본 회사들과도 합작했다. 중국어권에서 최소한 일본인의 이름은 바로 알아볼 수 있다는 이유도 얼마간 영향을 미쳐, 일본과의 이러한 합작은 남한의 경우와 비교해 훨씬 더 뚜렷이 가시화되었다. 남한과 중국의 인명이 세 글자 한자로 이루어지는 반면, 일본 인명은 대부분 한자 네 글자가 보통이다. 1960년대와 1970년대의 홍콩-일본의 협력은 잘 알려져 있을 뿐 아니라 그 학술적 연구도 훨씬 많이 이루어졌다. 키니아 야오 숙팅(추수팅)은 홍콩영화와 일본영화 사이의 커넥션에 대한 광범위한 역사를 서술했고, 이것은 중국어와 영어로 모두 출판되어 있다.[45] 키니아 야우는 또한 이 홍콩-일본 합작에서 활동했던 주요 영화인들과의 인터뷰 책 역시 출판했다.[46]

최근에는 홍콩에서의 남한 영화인들의 역할을 둘러싼 관심이 높아지고 있다. 뤄카(羅卡)와 프랭크 브렌은 쇼브라더스(Shaw Brothers)와 남한의 제작자이자 감독 신상옥의 협력 관계, 그리고 배우를 포함한 다양한 한국 영화인을 홍콩에서 고용한 것에 대해 짧게 논한다. 홍콩영화에서 더빙의 관습은 중국어를 하지 못해도 문제가 되지 않음을 의미한다.[47] 가장 잘 알려진 사례는, 'King Boxer'라는 제목을 갖고 있기도 한, 정창화(鄭昌和) 감독의 〈죽음의 다섯손가락(철인, 天下第一拳, Five Fingers of Death)〉(1972)이다. 이 영화는 베스트 홍콩 무술영화 리스트에 꾸준히 이름을 올리고 있지만, 이 유명한 영화의 감독이 사실 한국인이라는 점을 아는 영화 팬은 거의 없다. 그의 한자어 이름과 영화의 내용 어디에도 명백한 한국의 흔적을 찾기는 어렵다. 뤄카와 브렌은 김수용, H.Y.

45 邱淑婷, 『港日電影關係: 尋找亞洲電影網絡之源』(香港中文大學, 人文學科硏究所, 香港文化硏究中心叢書, 香港: 天地圖書有限公司, 2006); Kinnia Yau Shuk-ting, *Japanese and Hong Kong Film Industries: Understanding the Origins of East Asian Film Networks*(London & New York: Routledge, 2010).

46 邱淑婷, 『化敵爲友: 港日影人口述歷史』(香港: 香港大學出版社, 2012).

47 Law Kar and Frank Bren, *Hong Kong Cinema: A Cross-Cultural View*(Oxford: Scarecrow Press, 2004), pp. 221~223.

Choi, 신영균, 김성호, 박노작, 남궁원을 언급하고 있지만, 정확히 그들이 누구인지, 그들의 이름이 한국어와 중국어로는 어떻게 읽히는지, 홍콩에서 그들이 어떤 활동을 했는지에 대한 설명은 없다. 다른 문헌에서도 이러한 내용을 언급한 것은 아직 보지 못했다.

이와 같이 부족한 자료들을 가지고 1960년대와 1970년대 홍콩에서 고용된 다양한 영화인이 남한인이라는 것을 정확하게 이해하기 위해서는 고고학적 기획이 필요하다. 스튜디오의 계약 서류들과 개인적 기억들에 우리가 접근할 수 있다면, 당시의 어떤 경제적·정치적·문화적 요소들이 그리고 어떤 또 다른 요소들이 이처럼 특정한 일련의 협력을 추동한 것인지 더 잘 이해할 수 있을지도 모른다. 이현숙은 이 시기 남한의 영화인들이 홍콩 영화계와 함께 일한 특별한 이유가 있다고 말한다. 당시 남한에서는 영화를 수입하려면 해당 영화사나 영화인이 정부에서 규정한 일정 수의 한국영화를 제작할 의무 즉 이른바 쿼터 의무가 있었다. 이 한국영화 제작 편수를 채우기 위해 이들은 국외에서 파트너를 찾았는데, [당시 남한은] 중국과 북한이 사업 파트너가 되기에는 불가능했고 일본으로부터의 문화상품 수입은 식민 시기 이후 금지되어 있었다. 따라서 이런 상황에서 홍콩은 가장 적절한 [남한의] 파트너가 되었다.[48]

우리가 당시 홍콩-남한의 [영화] 제작 문화를 잘 이해하려고 한다면, 이와 같은 특정 관계들을 추동하는 권력의 배열들에 더해 더 많은 연구가 필요할 것이다. 홍콩-남한 협력에는 또 어떤 일들이 있었을까? 합작에 초점이 맞추어져야 할까, 스크린 바깥의 보이지 않는 인력들 개인의 고용은 더 일상적인 것이었을까? 왜? 회사와 개인으로 하여금 이 합작에 참여하게끔 동기를 부여한 것은 무엇이었을까? 다른 영역은 어

---

48 Hyung-Sook Lee, "Between Local and Global: The Hong Kong Syndrome in South Korea"(Ph.D. diss., University of Southern California, 2006), p. 64.

떨까? 예를 들어, 중화인민공화국과 조선민주주의인민공화국은 영화 제작에서 합작한 적이 있었을까? 그런 일이 없었다면 냉전이 극에 다다른 시기에 서로 자연스러운 파트너였던 이 두 국가는 왜 그렇게 하지 않았을까? 우리는 국경을 횡단하는 영화 제작 기획에 대한 연구의 표면을 아직 헤쳐보지도 않았다. 이는 시작의 단계에 있을 뿐이다. 이러한 기획들의 다양함과 그 전체 범위에 대해 완전한 그림을 그려내는 것은 중-한 필름 커넥션의 복잡함을 이해하는 데서 핵심적이다.

배급과 상영

신상옥과 쇼브라더스는, 함께 영화를 제작하는 합작과 더불어, 또한 서로의 영화를 각자의 지역에서 배급·상영했던 것처럼 보인다. 중-한 필름 커넥션을 더 완벽하게 이해하기 위해 발전시켜야 할 이후 연구의 최종 영역은 배급과 상영이다. 이 글의 앞부분에 소개했던 문화혁명 시기 중국에서 북한영화의 인기와 같은 몇몇 에피소드는 잘 알려져 있다. 그러나 아마도 더 흥미로운 것은 알려지지 않은 영화 수출 기획들을 밝혀내는 아카이브적 연구에 대한 잠재력이다.

최근까지 한류 현상의 일부분으로 남한 대중문화가 근래에 인기를 끄는 점을 제외한다면 남한과 대만 사이에서 스크린 커넥션은 거의 없었던 것으로 생각되었다. 그러나 최근에 한국예술종합학교의 김소영 교수는 오랫동안 묻혀 있던 1965년 김수용 감독의 작품을 우연히 [대만영상자료원] 타이베이필름아카이브에서 발견했다. 〈저 하늘에도 슬픔이(Sorrow Even Up in Heaven)〉(1965)는 'Sad Story of Self-Supporting Child'이라는 영어 제목으로도 알려져 있었다. 그러나 타이베이필름아카이브에서 발견될 당시 영화의 제목은 〈추상촌초심(秋霜寸草心, Devotion for the Parents》)이었다. 영화는 그 후 복원되었다.[49]

　〈저 하늘에도 슬픔이〉의 발견을 보도하는 기사들에 따르면, 중국어권에 수출된 한국영화 대부분은 더빙되었다고 한다. 그러나 다행히도 이 필름본은 자막이 붙어 있어서 오리지널 사운드트랙을 살릴 수 있었다. 이뿐 아니라 이 영화는 타이베이필름아카이브의 카탈로그에 대만영화로 잘못 표기되어 있기도 했다.[50] 그러나 〈저 하늘에도 슬픔이〉는 대만에서 재발견된 유일한 한국영화가 아니다. 신상옥의 〈열녀문(Bound by Chastity Rules)〉(1962)은 2005년에 역시 타이베이필름아카이브에서 발견·복원되어 칸을 비롯한 여러 영화제에서 상영되었다.[51] 이와 같은 타이베이에서 발견된 1960년대 남한 멜로영화 두 편은 그 아카이브에 또 어떤 영화들이 있을지, 그 영화들이 어떻게 그곳에 있게 되었는지에 대한 질문뿐 아니라 남한 멜로드라마들이 당시 대만에서 인기를 끌었을 가능성에 대한 질문들을 가능케 한다.

　의심할 여지 없이, 이러한 아카이브 탐색―혹은 우연한 발견―은, 전 세계의 다양한 아카이브에서 한국(남한이나 북한) 영화들을 나타나게 할 것이며, 혹은 반대로 한국(남한이나 북한) 아카이브에서 중국어권 영화가 나타나게 할 수도 있을 것이다. 그러한 발견들은 또 다른 국경을 횡단하는 상영에서 벌어진 일들을 추적하게 해줄 것이다. 1960년대 대만에서의 남한 멜로영화의 추정적 인기와 관련해 주목할 것은 앞에서 논의했던 재현의 불균등한 패턴이다. 내가 아는 한 당시 대만영화는 한국에서 대중적으로 인기를 모으지 않았다. 또한 홍콩의 경우와 달

49 Tae Sang-joon, "1960s Hit Sorrow Even Up in Heaven Rediscovered in Taiwan," *Korean Cinema Today*, Vol. 47(2015), http://koreanfilm.or.kr/webzine/sub/news.jsp?mode=A_VIEW&wbSeq=350, accessed 13 March 2015.

50 같은 곳.

51 Lee Hyo-Won, "Traces of Korea at Prestigious Cannes Film Festival," *The Korea Times*, 15 May 2007. http://koreatimes.co.kr/www/news/culture/2007/05/135_2961.html, accessed 13 March 2015.

리, 대만과 남한의 영화사 사이에서 제작과 관련한 협력은 없었다. 따라서, 왜 동시대 남한영화에서는 중국이 자주 재현되지만 그 반대의 일은 왜 자주 일어나지 않는지에 대해 궁금해했던 것처럼, 우리는 왜 대만 관객들에게는 1960년대 초반에 남한영화를 관람하고 즐길 기회가 주어졌는지, 그런데 왜 그 반대의 일은 일어나지 않았는지를 질문해야 한다. 이와 같은 차이들이 부상하면서 왜 다양한 커넥션과 흐름이 이처럼 각기 다른 방향과 유형을 가졌는지에 대한 질문 역시 부상한다.

결론: 파편들의 역사를 향하여

권력과 그 뒤 이해관계의 배열들을 발견하기 위해 패턴을 조합하고 더 깊은 굴을 파려고 애쓰는 것은 미래를 위한 기획일 것이다. 그러나 이 글을 끝마치기 위해, 우리는 중-한 필름 커넥션의 정보들을 어떻게 한데 모으고 그것을 역사로 서술할 것인가 하는 질문으로 돌아가야 한다. 여기서 나는 트랜스내셔널을 주제로 내가 이전에 썼던 글들, 그리고 아마도 김소영 역시 '트랜스-시네마'에서 빠뜨리고 있는 것을 지적하려고 한다.[52] 트랜스내셔널을 다룬 나의 예전 글을 되돌려 생각해보면, 나는 그것을 통시적이라기보다는 공시적인 것으로 생각하고 접근했었다. 혹은, 다른 식으로 말하자면, 그것은 현재에 나타나는 무언가로, 역사화될 수 있는 것이라는 생각은 하지 않았다. 김소영의 '트랜스-시네마'는 트랜스내셔널리즘에 대한 것일 뿐 아니라 디지털 시대의 트랜스-미디어성에 대한 논의이고, 따라서 동시대에 초점이 맞추어져 있었다. 그러나 동시대를 이처럼 강조하는 것은 이 글 전체에서 일관되게 분명히 반대하는 글로벌리제이션과 트랜스내셔널의 잘못된 결합, 연관성을 강

---

52 Kim So-young, "The Birth of the Local Feminist Sphere in the Global Era: 'Trans-Cinema' and Yosongjang."; Chris Berry, "What Is Transnational Cinema? Thinking from the Chinese Situation."

화할 위험을 갖고 있다. 중-한 필름 커넥션을 역사로, 그리고 글로벌리제이션에 선행하는 것으로 사고하면서 아마도 이것은 내셔널에 개입하고 그것을 넘어서는 그러나 동시에 글로벌주의적 이데올로기에 반대하는 또 다른 방법을 제시한다.

첫째, '중-한 필름 커넥션'은 말하자면 두 주체를 상정한다고 생각할 수 있다. 우리가 각각 집합적으로 상상하는 중국과 한국이다. 그러나 이 글에서 언급된 다양한 사례를 살펴보면 영화사 전체를 통해 이러한 집합적 주체를 하나의 일관된 단위로 상상할 수는 없다. 우리는 다른 종류의 단위를 이야기해야 한다. 대부분 가장 흔하게 문화·인종·영토 등의 측면에서 투명한, 그리고 아주 명명백백한 방식으로 부합된다고 주장하지만 사실은 그렇지 않은 것이 네이션-스테이트다. 우리가 좀더 면밀하게 살펴본다면, 1949년 중국 공산주의 혁명 이전에 중국이 추정적으로 통일되어 있었다고 하더라도(홍콩, 마카오, 조계租界는 제외하고!), 사실 중국은 내부적으로 분단되어 있었다. 1920년대에 중국 국민당 정부의 명목적 지배는 공산당과 장기간의 전투에서 뿐 아니라 이른바 '군벌'들 사이에서 그와 같은 내부 분단의 사실을 인식했다. 1930년대에 일본의 [중국] 침략은 중국을 분단시켰다. 상하이는 중국의 지역 정부와 외세의 '양해' 조약에 의해 분리·통치되었다. 일관성을 가진 자연적이고 주어진 것이라는 네이션-스테이트라는 개념은 '중국'과 '한국'이라는 이분법적 구성보다는 더욱 특정적인 중-한 필름 커넥션으로 구성되는 개별 국경을 횡단하는 기획들에 의해 훼손된다.

둘째로, 이 글 앞에서 언급되었던 일화들 사이의 커넥션은 전혀 없거나 아주 희미할 뿐이다. 일본 식민 시기 상하이에서 한국인 망명자들과 그들의 상하이 영화 제작의 참여는 그 자체로 짧은 역사다. 개인과 회사의 이주를 통해 민국 시기 상하이 영화부터 대만과 홍콩, 그리고 중화인민공화국의 영화까지 선형적 계보를 추적하는 여러 방법이 있다. 이 계보 안에서 현재 남아 있는 영화 제작사들은 내셔널화된다. 그러나 이러한 계보를 통해 1920년대와 1930년대의 상하이에서 어떤 일이 있었는지와 이후 중-한 필름 커넥션 사례들까지 분명하게 보이게끔 해주는 한국과의 연결 고리는 없다. 마찬가지로 1960년대 대만에서 한국 멜로드라마의 인기와 오늘날 대만에서 한국 TV 드라마의 인기 사이에는 아무런 관련이 없다. 홍콩에서 한국 영화인들을 고용했었던 것은 그 자체로 굉장히 예외적인 특이한 사건이다. 결과는 각 시대에 다른 방식으로 국경을 가로지르고 서로 연관되게 하는 사건들이 지속되었다는 점이다. 이것은 탈구로 구조화된 파편으로서의 역사다. 누군가는 이것을 비극적인 것으로 볼 수 있겠지만, 한편으로는 다양한 형식 속에서 강요된 폭력적이고 불확정적인 근대성이 드러나는 것으로 볼 수도 있다.

이것은 대체 어떤 종류의 역사쓰기(historiography)인가? 이는 근대성의 관습적 설명에 대항-역사로서 자리한다. 이런 설명은 민중으로서의 네이션(nation-as-people)이 국가로서의 네이션(nation-as-state)과 동일하게 생각되는 선형적 진보의 전망을 구축하고, 선형적 진보의 주인공으로서 서술되는 내셔널한 민중의 형성을 결합하면서, 접근 방식에서 내셔널적인 것이 되어왔다. 관습적 설명들은 민중으로서의 네이션이 국가로서의 네이션과 거의 동일하게 생각되는 선형적 진보로서의 전망을 구성하고, 이와 같은 선형적 진보의 주인공으로서 서술되는 민중의 형성과 연계되면서 내셔널로 접근되어왔다. 국경횡단적 기획들의 관점으로 이 역사를 바라보면, 완전히 다른 그림이 나타난다. 아마도 이러한 대항-역사는 세계를 인식하는 특정한 방식을 만들어내는 조건들에서 비롯된 행위들뿐만 아니라 그 조건들 자체를 폭로하기 때문에, 고고학과 계보학의 푸코적 양식으로 작동되는 역사로 이해될 수 있고 또한 기존의 역사를 이해하는 다른 방식을 제안한다.[53] 영화연구에서 개념과 접근법으로서 내셔널 시네마는 현재의 글로벌리제이션에 대한 새로운 승리의 강조로서가 아니라 내셔널 시네마를 구축하는 과정에서 또 다른 역사적 기획들에 영향을 미치는 트랜스내셔널 시네마의 분야로서 위치되며, 언제나 균열과 구멍이 있다는 것을 보여준다.

에필로그

이 글의 시작은 이 글에서 옹호하고자 하는 종류의 연구를 하기 위해 지금 진행되고 있는 실질적 의미들에 대한 에필로그를 약속했었다. 이러한 목적의 연구를 효과적으로 진행하기 위해 우리는 개별적 연구의 통상적인 인문학적 실천들을 넘어서 생각할 필요가 있다. 한 명의 개인 연구자가 북한, 남한, 홍콩, 대만, 중화인민공화국, 그리고 또 다른 지역들을 교차·연구하고 자료들을 분석하는 시간과 기술·능력을 갖추는 것은 어려운 일이고 어쩌면 불가능할지도 모른다. 이 글을 읽는 누구나 내가 중국어나 영어로 진행되는 연구는 가능하지만 한국어는 아주 기초적 실력 밖에 되지 않음을 알 것이며, 그래서 나는 한국어 동료들이 제공해주는 다른 언어로 출판된 자료나 정보에 의존하고 있다. 우리가 더 제대로 된, 완벽한 트랜스내셔널 시네마 연구를 하려고 한다면 아마도 지금이 과학 분야의 연구처럼 박사과정 학생들, 연구원들이 팀을 이루어 각각의 분야를 맡는 큰 기획들을 생각할 시점이 아닐까 한다.

---

53 다음도 이 주제에 대한 유용하고 심화된 시각을 제공한다. Nancy Fraser, "Foucault on Modern Power: Empirical Insights and Normative Confusions."

참고문헌

"Jeon Chang-geun." http://www.kmdb.or.kr/eng/vod/mm_basic.asp?person_id=00005008&div=1#url. (accessed 5 March 2015)

"It's Official: China's Wanda Group to Buy AMC Entertainment," *The Hollywood Reporter*, 20 May 2012. http://www.hollywoodreporter.com/news/amc-theaters-wanda-group-327076. (accessed 1 March 2015)

"Top 10 Trading Partners of the Chinese Mainland," *China Daily*, 19 February 2014. http://www.chinadaily.com.cn/bizchina/2014-02/19/content_17290565.htm. (accessed 10 March 2015)

André Gunder Frank, "Bronze Age World System Cycles," *Current Anthropology*, Vol. 34, 1993, pp. 383~429.

＿＿＿＿＿＿＿＿＿＿＿＿＿, *ReORIENT: Global Economy in the Asian Age*, Berkeley: University of Berkeley Press, 1998.

Anna Tsing, "The Global Situation," *Cultural Anthropology*, Vol. 15, No. 3, 2000, pp. 327~360.

Choe Sang-Hun, "South Korea and China Reach Trade Accord," *The New York Times*, 9 November 2014. http://www.nytimes.com/2014/11/11/business/south-korea-and-china-reach-trade-accord.html?_r=0. (accessed 10 March 2015)

Chris Berry, "What Is Transnational Cinema? Thinking from the Chinese Situation," *Transnational Cinemas*, Vol. 1, No. 2, 2010, pp. 111~127.

Chris Berry and Zhang Shujuan(張淑娟), "Film and Fashion in Shanghai: What(Not) to Wear during the Cultural Revolution," *ACT Mag-*

azine, No. 54(2013), pp. 46~63.

Daniel Chernilo, "Social Theory's Methodological Nationalism: Myth and Reality," *European Journal of Social Theory*, Vol. 9, No. 1, 2006, pp. 5~22.

Euny Hong, *The Birth of Korean Cool: How One Nation Is Conquering the World through Pop Culture*, New York: Picador, 2014.

Hye Seung Chung, "The Korean Valentino: Jin Yan(Kim Yŏm), Sino-Korean Unity, and Shanghai Films of the 1930s," *Korean Studies*, Vol. 37, 2013, p. 166.

Hyung-Sook Lee, "Between Local and Global: The Hong Kong Syndrome in South Korea"(Ph.D. diss.), University of Southern California, 2006, p. 64.

Jeannette Catsoulis, "In South Korea, Gangsters in Good Suits: 'New World,' Directed by Park Hoon-Jung," *The New York Times*, 21 March 2013. http://www.nytimes.com/2013/03/22/movies/new-world-directed-by-park-hoon-jung.htm. (accessed 10 March 2013)

Kim Hakjoon, "The Establishment of South Korean-Chinese Diplomatic Relations: A South Korean Perspective," *Journal of Northeast Asian Studies*, Vol. 13, No. 2, 1994, pp. 31~48.

Kim So-young, "The Birth of the Local Feminist Sphere in the Global Era: 'Trans-Cinema' and *Yosongjang*," *Inter-Asia Cultural Studies*, Vol. 4, No. 1, 2003, pp. 10~24.

Kinnia Yau Shuk-ting, *Japanese and Hong Kong Film Industries: Understanding the Origins of East Asian Film Networks*, London & New York: Routledge, 2010.

Law Kar and Frank Bren, *Hong Kong Cinema: A Cross-Cultural View*, Oxford: Scarecrow Press, 2004, pp. 221~223.

Lee Hyo-won, "South Korea's CJ CGV Becomes Top Ten Theater

Chain in China," *The Hollywood Reporter*, 15 January 2015. http://www.hollywoodreporter.com/news/south-koreas-cj-cgv-becomes-764295. (accessed 7 March 2015)

Lee Hyo-Won, "Traces of Korea at Prestigious Cannes Film Festival," *The Korea Times*, 15 May 2007. http://koreatimes.co.kr/www/news/culture/2007/05/135_2961.html. (accessed 13 March 2015)

Michael Hardt and Antonio Negri, *Empire*, Cambridge: Harvard University Press, 2001, p. 327. [『제국』, 윤수종 옮김, 서울: 이학사, 2001, 430쪽.]

Mitsuhiro Yoshimoto, "The Difficulty of Being Radical: The Discipline of Film Studies and the Postcolonial World Order," *boundary 2*, Vol. 18, No. 3, 1991, p. 242.

Nancy Fraser, "Foucault on Modern Power: Empirical Insights and Normative Confusions," *PRAXIS International*, No. 3, 1981, pp. 272~287.

Patrick Frater, "Politics Aside, S. Korea, China Find Plenty of Reasons to Work Together in Film Business," *Variety*, 1 October 2014. http://variety.com/2014/film/asia/south-korea-china-work-together-in-film-1201318663/. (accessed 7 March 2014)

Paul Clark, *The Chinese Cultural Revolution: A History*, New York: Cambridge University Press, 2008, p. 151.

Paul G. Pickowicz, "Revisiting Cold War Propaganda: Close Readings of Chinese and American Representations of the Korean War," *Journal of American-East Asian Relations*, Vol. 17, No. 4, 2010, pp. 352~371.

Richard J. Meyer, *Jin Yan: The Rudolph Valentino of Shanghai*, Hong Kong: Hong Kong University Press, 2009.

_____, *Wang Renmei: The Wildcat of Shanghai*, Hong Kong: Hong Kong University Press, 2014.

Roland Robertson, *Globalization: Social Theory and Global Culture*, London: Sage, 1992, p. 8.

Rong Cai, "Restaging the Revolution in Contemporary China: Memory of Politics and Politics of Memory," *China Quarterly*, Vol. 215, No. 3, 2013, pp, 663~681.

Sangjoon Lee, "Martial Arts Craze in Korea: Cultural Translation of Martial Arts Film and Literature in the 1960s," in Kinnia Yau Shuk-Ting(ed.), *East Asian Cinema and Cultural Heritage: From China, Hong Kong, Taiwan to Japan and South Korea*, New York: Palgrave, pp. 173~195.

_____, *Territory, Authority, Rights: From Medieval to Global Assemblages*, Princeton: Princeton University Press, 2006, p. 1.

Sheldon Hsiao-peng Lu, "Chinese Cinemas(1896-1996) and Transnational Film Studies," in Sheldon Hsiao-peng Lu(ed.), *Transnational Chinese Cinemas: Identity, Nationhood, Gender*, Honolulu: University of Hawai'i Press, 1997, p. 3.

Sumi Kim, "Politics of Representation in the Era of Globalization: Discourse about Marriage Migrant Women in Two South Korean Films," *Asian Journal of Communication*, Vol. 19, No. 2, 2009, p. 216.

Tae Sang-joon, "1960s Hit Sorrow Even Up in Heaven Rediscovered in Taiwan," *Korean Cinema Today*, Vol. 47, 2015. http://koreanfilm. or.kr/webzine/sub/news.jsp?mode=A_VIEW&wbSeq=350. (accessed 13 March 2015)

Tom Giammarco, "Goodbye Shanghai(1934)," *Seen in Jeonju*, 1 May 2010. http://www.koreanfilm.org/tom/?p=1204. (accessed 3 March 2015)

Ulrich Beck and Elisabeth Beck-Gernsheim, "Global Generations and the Trap of Methodological Nationalism For a Cosmopolitan Turn in the Sociology of Youth and Generation," *European Sociological Review*, Vol. 25, No. 1, 2009, p. 26.

Will Higbee and Song Hwee Lim, "Concepts of Transnational Cinema: Towards a Critical Transnationalism in Film Studies," *Transnational Cinemas* 1, no. 1, 2010, pp. 11~12.

Xiao Lixin, "Second Korean Wave Sweeps China," *The Korea Herald*, 4 March 2014. http://www.koreaherald.com/view.php?ud=20140304000914. (accessed 10 March 2015)

邱淑婷, 『化敵爲友: 港日影人口述歷史』, 香港: 香港大學出版社, 2012.

邱淑婷, 『港日電影關係: 尋找亞洲電影網絡之源』, 香港中文大學, 人文學科研究所香港文化研究中心叢書, 香港: 天地圖書有限公司, 2006.

羅穎文, 「朝鮮《賣花姑娘》爲何暢銷中國」, 『北京晚報』, 30 May 2008. http://news.xinhuanet.com/audio/2008-05/30/content_8282778.htm. (accessed 9 March 2015)

逍逍客說, 「我們爲什麼 不敢拍抗日援朝戰爭」, 11 November 2014. http://news.sina.com.cn/zl/zatan/2014-11-11/09582611.shtml. (accessed 10 March 2015)

張駿祥, 程季華 主編, 「鄭基鐸」, 『中國電影大辭典』, 上海: 上海辭書出版社, 1995, p. 1340.

程季華·李少白·邢祖文 編著, 『中國電影發展史』, Volume 1, 北京: 中國電影出版社, 1981, pp. 270~271, 346~347.

鄭培爲·劉桂淸 編選, 『中國無聲電影劇本』 下卷, Volume 3, 北京: 中國電影出版社, 1996, pp. 2531~2532.

中國電影家協會電影史研究部 編, 「郿之」 「金焰」, 『中國電影家列傳』 第1集, 北京: 中國電影出版社, 1982, p. 161.

〈허삼관〉은 어떻게
「허삼관 매혈기」를 '한국영화'로 번역하(지 못하)는가?
: 한-중 비교연구의 조건들에 대하여

김정구

번역으로서의 영화, 혹은 〈허삼관〉이 번역하는 것

2015년 한국에서 개봉된 하정우의 영화 〈허삼관〉은 1995년 중국에서 출간된 위화(余華)의 소설 「쉬싼관 마이쉐지(許三觀賣血記)」를 원작으로 한다. 원작 소설 「쉬싼관 마이쉐지」가 1949년 신중국 건국 이후, 대약진운동·문화대혁명을 거쳐 1980년대 개혁·개방의 시기에 이르기까지 굴곡진 중국 현대사를 배경으로 평범한 개인 허삼관의 인생 역정을 지면 위에 그려내고 있다면, 영화 〈허삼관〉은 한국전쟁 직후 1950~1960년대 격동의 한국 사회를 살아가는 소시민 허삼관과 그의 가족 이야기를 스크린 위에 펼쳐 보인다. 비록 작품의 배경은 중국(의 현대사)에서 한국(의 현대사)으로 옮겨졌지만, 영화는 원작 소설의 주요 캐릭터와 중심 플롯을 충실히 따르고 있다. 즉 영화의 서사는, 원작 소설의 그것과 마찬가지로, 한 가정의 평범한 가장으로서 허삼관이 삶의 위기마다 자신의 피를 팔아 가족을 부양한다는 기본 설정을 바탕으로 자신이 11년 동안 키운 첫째 아들 일락이 알고 보니 친아들이 아니었다는 중심 갈등을 통해 전개된다. 영화에 등장하는 캐릭터는 대부분 소설 속 등장인물의 명칭과 특징을 그대로 따른다. 주인공 허삼관은 물론, 그녀의 아내 허옥란, 세 아들 일락·이락·삼락, 일락의 생물학적 아버지 하소용, 허삼관과 함께 피를 파는 방씨와 근룡, 허삼관의 외도 상대 임분방 등 영화 속 주요 캐릭터들의 이름은 소설에서 사용된 인물들의 명칭과 일치하며 그들의 역할과 성격도 서로 큰 차이를 보이지 않는다.

그런데 여기서 말하는 소설이란 엄밀히 말하면 위화의 중국소설 「쉬싼관 마이쉐지」(1995)가 아니라 최용만이 번역한 한국어 번역본 「허삼관 매혈기」(1999, 개정판 2007)를 지칭한다. 「許三觀賣血記」의 許三觀(쉬싼관), 許玉蘭(쉬위란), 河小勇(허샤오융) 등의 명칭은 한국어로 번역되는 과정에서 한국어 한자음인 동시에 한국어 환경에서 크게 어색하지 않은 이름인 허삼관·허옥란·하소용 등으로 번역되었다. 다시 말해, 한국의 영화는 중국의 원작 소설에 등장하는 인물의 명칭이 아닌 한국어 번역본이 사용하는 인물의 명칭을 그대로 사용하며, 같은 의미에서 영화 속 많은 대사는 한국어 번역본 「허삼관 매혈기」의 대화를 문자 그대로 직접 인용한다. 이로 인해 영화 속 대사는 종종 (소설 속 문자의 형태로 읽힐 때는 크게 문제되지 않았지만) 배우의 입을 통해 음성으로 발화되는 순간 번역체나 문어체의 말투로 어색하게 들린다. 예를 들어, 영화의 초반부에 허삼관에게 음식을 대접받는 장면에서 허옥란은 한국어 번역본에 적힌 문장을 충실히 대사로 옮긴다. "당신한테 시집간다면 난 절대 이렇게 안 먹어요. 시집간 후라면 결국 내 것을 먹는 건데, 아까워서 어떻게 그래요?" 하소용을 살리기 위해 일락이 하소용의 영혼을 부를 때, 일락의 대사 역시 한국어 번역본의 문장을 그대로 따른다. "아버지, 가지 마세요. 아버지, 돌아오세요. 아버지 저 좀 데려가세요."

이처럼 소설의 대화 문장을 그대로 차용한 영화 속 대사는, 한국의 영화 〈허삼관〉이 중국의 원작 소설 「쉬싼관 마이쉐지」를 한국어로 번역한 「허삼관 매혈기」를 바탕으로 영화화되었다는 것 다시 말해 영화 〈허삼관〉이 1차적으로는 중국어의 한국어 번역, 2차적으로는 소설의 영화 번역이라는 이중의 번역 과정을 통해 이루어졌음을 의미한다. 여기서 번역이라는 말은 외국어를 자국어로 옮기는 작업(직역)은 물론 출발어 지역과 도착어 지역 사이의 문화적 차이 및 소설과 영화 사이의 번역 매체적 차이에 따른 해석(의역) 즉 번안과 각색을 모두 포함한다. 번안이 "외국 문학작품의 줄거리나 사건은 그대로 두고, 인물·장소·풍속·인정 등을 자국의 것으로 바꾸어 개작하는 일"이라면, 각색은 "연극·영화·텔레비전·라디오 등에서 소설 따위를 원작(원안)으로 하여 극화(희곡화)하는 일"을 가리킨다.[1]

「쉬싼관 마이쉐지」가 「허삼관 매혈기」로 번역되는 과정은 외국어를 자국어로 옮기는 과정 즉 언어 간 번역에 해당한다. 언어 간 번역에서 문화적 기호나 상징은 비교적 직접적으로 수용된다. 이때의 번역은 외국소설의 번역이라는 사실이 전제되어 있기에 한국인에게는 낯선 중국의 인명과 지명, 관습과 문화를 가감 없이 거의 그대로 전달한다. 하지만, 대중 텍스트로서 '한국'영화 〈허삼관〉은 한국 관객들이 쉽게 이해할 수 있도록 중국의 인명과 지명, 관습과 문화를 한국의 문화적 맥락 속에서 번안/의역/각색한다. 다시 말해, 중국소설은 언어 간 번역을 통해 한국어 텍스트가 되었고 이는 다시 시청각 문화 텍스트인 영화로 번역되었다.

〈허삼관〉은 영화의 시대적·공간적 배경을 사회주의 중국 건국 이

---

1   번안과 각색에 대한 정의는 네이버 두산 백과사전 참조.
     http://terms.naver.com/entry.nhn?docId=1100695&cid=40942&categoryId=32859.
     http://terms.naver.com/entry.nhn?docId=1055621&cid=40942&categoryId=33091.

〈사진 1〉 원작 소설 「쉬싼관 마이쉐지」

〈사진 2〉 한국어 번역본 「허삼관 매혈기」

〈사진 3〉 영화 〈허삼관〉 포스터

후 중국에서 한국전쟁 이후 한국으로 옮기는 것은 물론 문화적으로 특정한 기호와 상징들을 한국적 맥락으로 번역했다. 예를 들어, 영화 〈허삼관〉은 소설 속 허삼관이 자신의 피를 팔고 먹는 음식인 돼지간볶음과 황주를 피순대와 막걸리로 바꾸고, 소설에서 친아들이 아닌 첫째 아들 일락이를 키운 허삼관을 조롱하는 중국식 표현인 '자라 대가리'를 '종달새'로 번역한다.

또한, 한국'영화' 〈허삼관〉은 2시간 분량의 텍스트를 통해 완결된 서사를 완성해야 하는 매체적 특성으로 인해, 중국'소설' 「쉬싼관 마이쉐지」의 이야기를 선택과 집중을 통해 각색한다. 영화의 서사는 크게 세 부분으로 진행된다. 허삼관이 매혈을 통해 번 돈으로 허옥란에게 구혼하는 이야기, 세 아들과 함께 살아가던 중 첫째 일락이 자신이 아닌 하소용의 아들임을 알고 낙담하지만 결국 일락을 자신의 아들로 받아들이는 이야기, 뇌염에 걸린 일락을 살리기 위해 목숨을 건 매혈의 여정을 감행하는 이야기가 그것이다. 영화는 이 과정에서 소설에서 등장하는 세부 사건들을 압축하는 동시에, 소설 후반부를 구성하는 또 다른 중심 서사인 문화대혁명 기간에 허옥란이 겪는 시련과 농촌 생산대에 배치된 세 아들이 겪는 고난 등을 과감히 생략한다. 특히, 소설은 오랜 시간이 흐른 후 장성한 세 아들의 도움 없이 돼지간볶음과 황주를 먹기 위해 피를 팔고 싶었던 허삼관이 이제 더는 피를 팔 수 없는 늙은 몸이 된 것을 슬퍼하며 아내 허옥란과 쓸쓸한 대화를 나누는 장면으로 끝맺는 것에 반해, 영화는 허삼관과 그의 가족이 궁핍했던 시절 그들이 그토록 먹고 싶어 했던 만두와 붕어찜을 온 가족이 다함께 나누는 행복한 모습으로 마무리하고 있다.

이처럼, 한국영화 〈허삼관〉은 중국소설 「쉬싼관 마이쉐지」를 한국적 맥락에 맞게 번안·의역·각색해 시청각적 텍스트로 재현한다. 즉 〈허삼관〉이 '중국소설' 「쉬싼관 마이쉐지」를 '한국영화'로 번역하는 과정은 중국어 텍스트와 한국어 텍스트라는 언어 간 번역은 물론 소설과 영화라는 매체 간 번역 모두를 포함한다. 번역에 대한 언어학적 측면을 지적한 로만 야콥슨(Roman Jakobson)에 따르면, 번역은 일반적으로 세 범주로 분류될 수 있다. 첫째, 언어 내 번역(intralingual translation) 혹은 바꾸어 말하기(rewording)는 같은 언어 안에서 언어 기호를 다른 언어 기호로 해석하는 것이다. 둘째, 언어 간 번역(interlingual translation) 혹은 본연의 번역(translation proper)은 한 언어 기호를 다른 언어 기호로 해석하는 것이다. 셋째, 기호 간 번역(intersemiotic translation) 혹은 기호 변경(transmutation)이란 언어 기호를 비언어적 기호체계로 해석하는 것이다.[2]

번역의 텍스트로서 영화 〈허삼관〉을 고려할 때, 중국 텍스트를 한국 텍스트로 번안한 과정은 야콥슨이 본연의 번역이라고 부른 언어 간 번역에 해당할 것이다. 또한 소설을 영화로 각색한 작업은 그가 기호 간 번역이라고 부른 번역을 의미할 것이다. 이 글은 '한국영화' 〈허삼관〉을 언어 간, 매체 간에서 이루어진 복합적 번역의 텍스트로서 간주하면서, 〈허삼관〉이 번역한 지점들을 살펴보고 그 의미와 한계를 비판적으로 검토하고자 한다.

'한국'영화로 번역하기: 〈허삼관〉과 '한국적인 것'

크리스 베리(Chris Berry)와 메리 앤 파쿠아(Mary Ann Farquhar)는 기존의 '내셔널 시네마' 개념은 점차 가속화되는 초국적 영화 환경 속에서 더는 유효한 설명을 제공하지 못한다고 지적하면서, 내셔널 시네마 개념이 함의하는 즉각적·고정적·관습적 관계를 폐기하고 '영화와

---

2   로만 야콥슨, 「번역의 언어학적 측면들에 대하여」, Rainer Schulte & Jonh Biguenet 엮음, 이재성 옮김, 『번역이론: 드라이든에서 데리다까지의 논선』(서울: 동인, 2009), 230쪽.

민족적인 것(cinema and the national)'[3]이 관계 맺는 방식을 재고할 것을 제안한다. 그들은 기존의 내셔널 시네마 개념이 할리우드영화에 대항하는 유럽 각국의 영화가 취했던 저항적·대안적 프레임이었음을 환기하면서, 내셔널 시네마가 마치 이미 주어진, 불변의, 고정된 정체성으로 간주되는 것을 반대한다. 내셔널 시네마는 오히려 끊임없이 역동적으로 변화하는 과정을 겪어내는, 경쟁·협상·구성의 장소(site)이기 때문이다. 이런 의미에서 베리와 파쿠아는 영화의 수행적(performative) 기능을 강조하며, 영화가 '민족적인 것(the national)'과 관계 맺는 양상을 탐구하는 것이 보다 생산적이라고 주장한다.[4]

미츠히로 요시모토(Mitsuhiro Yoshimoto) 또한 동시대의 영화연구에서 내셔널 시네마의 문제가 단순히 '민족-국가 영화(nation-state cinema)'나 '민족주의 영화(cinema of nationalism)' 개념으로 대체될 수 없는 것이라고 지적한다. 그는 내셔널 시네마의 문제를 영화와 '민족적인 것'으로 대체하면서 폴 윌먼(Paul Willemen)이 제기하는 '소구의 양식(mode of address)' 개념이 해결의 실마리를 제시해줄 수 있다고 설명

---

3   이 글에서는 'national cinema'를 '민족영화', '국민영화', 혹은 '국족영화'보다는 '내셔널 시네마'로 번역하고자 한다. 이는 영어 'national'을 단순히 한국어 '민족'·'국민'·'국족' 등으로 번역하기 어려운 것을 드러내기 위함일 뿐 아니라, 기존의 '내셔널 시네마' 논의가 갖는 특정한 맥락 속에서 새로운 이론적 프레임을 사고하기 위함이다. ('내셔널 시네마'를 '민족영화'로 번역하는 것의 어려움, 특히 중국영화에서 내셔널 시네마와 소수 '민족' 영화에 대한 번역의 문제들에 대해서는 Chris Berry, "'Race[民族]': Chinese Film and the Politics of Nationalism," *Cinema Journal*, Vol. 31, No. 2[Winter, 1992], pp. 45~58.; Yingjin Zhang, "From 'Minority Film' to 'Minority Discourse': Questions of Nationhood and Ethnicity in Chinese Cinema," *Cinema Journal*, Vol. 36, No. 3[1997, Spring], pp. 73~90 참조). 다만, 이 글에서 베리와 파쿠아가 제기하는 'cinema and the national' 개념은 편의상 '영화와 민족적인 것'으로 번역하고자 한다. 이는 'the national'을 '더 내셔널' 혹은 '내셔널적인 것'으로 번역할 때 한국어로서 그 의미가 쉽게 전달되지 않거나 '민족적인 것' 이라는 개념은, 본질적 의미를 갖는 '민족'과는 달리, 규정할 수 없는 어떤 것, 끊임없이 경쟁하고 협상하는 구성물을 함의하기에 상대적으로 의미의 왜곡이 적기 때문이기도 하다. 하지만, 본질적으로 'nation'에 대한 한국어 번역이 합의되지 않은 상태에서 'the national'을 어떻게 번역해야 좋을 지는 여전히 문제적으로 남는다.

4   Chris Berry and Mary Farquhar, *China on Screen: Cinema and Nation*(New York: Columbia University Press, 2006), pp. 1~16.

한다.[5] 요시모토가 인용하는 윌먼의 논의는 다음과 같다.

> 민족적 특정성(national specificity)을 지시하는 영화는 반(反)민족주
> 의적 또는 적어도 비(非)민족주의적 영화가 될 것이다. 왜냐하면, 영화가
> 민족주의라는 단일화 목적과 결합되면 될수록 그 영화가 사회적 구성의
> 문화적 배치(cultural configuration)를 특징화하고 구성하는 복잡하고
> 다측면적이며 다방향적인 긴장들과 비판적으로 연관될 가능성은 더욱
> 더 줄어들게 될 것이기 때문이다. (⋯) 내셔널 시네마의 문제는 결국, 영
> 화감독의 국적이 어디이고 영화 제작비가 어느 나라에서 오는가의 문제
> 라기보다는 근본적으로는 소구의 문제(a question of address)다.[6]

이런 맥락에서, '한국영화'라는 개념은 본질적으로 단일하고 고정
된 것이 아니라 끊임없이 경쟁하고 협상하고 구성하는 과정으로 이해
될 수 있다. 따라서 중요한 것은 고정된 규범으로서 '한국영화'의 개념
을 어떻게 정의할 것인가를 질문하기보다는 영화라는 매체와 '한국적
인 것'이 어떻게 관계 맺는가를 살펴보는 것이라고 할 수 있다. 다시 말
해, 〈허삼관〉을 '한국영화'로 이야기한다는 것은, 〈허삼관〉이 한국 자본
에 의해 제작된 영화라거나 한국 감독이 만든 영화라서 그 자체로 자
명한 '한국영화'라고 간주하는 것이 아니라, 그것이 특정한 역사적·사
회적·문화적 조건들로서의 '한국적인 것'과 어떻게 관계 맺고 있는가를
검토해, 그것이 소구(訴求)하는 바는 무엇인가를 고민해야 함을 의미한
다. 그렇다면, 영화 〈허삼관〉이 소구하는 '한국적인 것'은 무엇이며 그것
을 어떻게 이해해야 할까?

---

5   미츠히로 요시모토, 「민족적/국제적/초국적: 트랜스 아시아영화의 개념과 영화비평에서의 문화정치
    학」, 김소영 편, 『트랜스: 아시아 영상문화』(서울: 현실문화연구, 2006), 284~287쪽.
6   Paul Willemen, *Looks and Frictions: Essays in Cultural Studies and Film Theory*(London:
    BFI, 1993), P. 212.

2015년 1월 〈허삼관〉이 개봉한 후, 〈허삼관〉에 대한 저널의 비평은 대체로 원작 소설 「허삼관 매혈기」가 영화 〈허삼관〉으로 각색되면서 발생한 서사의 차이에 주목했다. 비평가들은 원작 소설이 갖는 역사적·사회적·문화적 배경의 풍부함과 다층적·복합적 주제 의식이 영화에서는 사라져버렸다고 비판했다. 특히, 그들 대부분은 영화 〈허삼관〉이 소설 「허삼관 매혈기」에서 '매혈'의 서사를 제거하고 있음을 공히 언급한다. 예를 들어, 강유정은 「허삼관에 매혈기가 빠진 까닭은」에서 하정우의 〈허삼관〉이 원작 소설이 갖고 있는 특정한 역사적·정치적 문제로서의 '평등'이라는 주제가 아닌 시대와 공간을 넘어서는 '가족과 부성애'라는 가치에 집중하고 있다고 지적한다. 비슷한 맥락에서 이욱연은 「위화 소설에는 있고, 하정우 영화에는 없는 것: 영화 〈허삼관〉에 부족한 것」에서 영화 〈허삼관〉이 역사적 서사를 지워냄으로써 결국 '매혈'이 아닌 '아버지'에 관한 이야기가 되었다고 설명한다. 그는 위화의 소설이 비록 마오쩌둥 시대 이후, 신시기의 문화적 특징으로서 1990년대 중국 문화의 중요한 경향이었던 '아버지 다시 세우기'를 반영하고는 있지만, 이 소설의 더 핵심적인 주제는 사실 중국 민중의 질긴 생명력이라고 지적하면서, 영화 〈허삼관〉이 그 주제 의식을 적절히 담아내고 있지 못하고 있다고 주장한다. 황진미 또한 「'허삼관', 하정우 감독은 왜 매혈기를 잘라냈을까」에서 〈허삼관〉의 서사가 원작의 주제 의식과는 멀어진 채, 주인공 허삼관에게 벌어지는 한바탕의 가부장제 소동극으로 그치고 말았다고 비판한다.[7] 이처럼, 영화 〈허삼관〉은 소설 「허삼관 매혈기」에서

---

7   이상의 논의는 다음 글 참조.
    강유정, 「허삼관에 매혈기가 빠진 까닭은」, 『경향신문』, 2015. 1. 18. http://news.khan.co.kr/kh_news/khan_art_view.html?code=990100&artid=201501181448561.
    이욱연, 「위화 소설에는 있고, 하정우 영화에는 없는 것: 영화 〈허삼관〉에 부족한 것」, 『오마이뉴스』, 2015. 1. 21. http://www.ohmynews.com/NWS_Web/View/at_pg.aspx?CNTN_CD=A0002074725.
    황진미, 「'허삼관', 하정우 감독은 왜 매혈기를 잘라냈을까」, 『엔터미디어』, 2015. 1. 21. http://www.entermedia.co.kr/news/news_view.html?idx=4135.

'매혈기'를 제거하면서 중국의 평범한 개인 허삼관이 겪는 매혈의 연대기[8]를 한국의 특정한 인물 '허삼관'이 겪는 애달픈 가족 이야기로 전환한다. 30여 년에 걸친 격동의 중국 현대사를 배경으로 하는 다층적 소설의 서사가 2시간 분량의 영화를 통해 '허삼관'이라는 인물을 중심으로 한 가족 이야기가 된 것이다.

소설의 저자인 위화 본인은 「한국어판 서문」에서 「허삼관 매혈기」를 '평등'에 관한 이야기라고 말한다. 그는 소설 속 허삼관의 '평등'을 다음과 같이 설명한다. "그러므로 그가 추구하는 평등이란 그의 이웃들, 그가 알고 있는 사람들의 그것과 다를 바가 없다. 그는 아주 재수 없는 일을 당했을 때 다른 사람들도 같은 일을 당했다면 괜찮다고 생각한다. 또 생활의 편리함이나 불편 따위에는 개의치 않지만 남들과 다른 것에 대해서는 인내력을 잃고 만다." 소설 속 허삼관은 평생 평등을 추구했지만, 그가 결국 깨달은 것은 본질적으로 해결될 수 없는 삶의 불평등이라는 문제였다.[9] '평등'의 이야기라는 관점은, 위화가 스스로 밝히듯, 한 사람의 독자로서 그가 이 소설에 대해 갖는 감상이다[10] 이러한 해석은 작가 본인의 직접적 언급이라는 권위를 제거한다면, 「허삼관 매혈기」에 대해 가능한 여러 독해 중에서 가장 유효하고 타당한 설명 중 하나가 될 것이다. 그렇다면, '평등'의 이야기로서 혹은 보다 다층적이고 복합적인 주제를 담은 텍스트로서 「허삼관 매혈기」는 어떻게 '아버지'의 이야기인 영화 〈허삼관〉이 되었을까? '평등'의 이야기가 '아버지'의 이야기로 전환된 맥락을 분석하기 위해서는 우선 소설과 영화의 서사적 차이 즉 소설 「허삼관 매혈기」가 영화 〈허삼관〉으로 어떻게 각색되었는가

---

8 『허삼관 매혈기』의 영어 번역본의 제목은 '어떤 매혈인의 연대기(Chronicle of a Blood Merchant)'이다.

9 위화, 「한국어판 서문: 평등에 관한 이야기」, 최용만 옮김, 『허삼관 매혈기』(서울: 푸른숲, 2007), 9~10쪽.

10 같은 책, 「한국어판 개정판 서문: 십 년 만의 만남」, 5~6쪽.

를 살펴볼 필요가 있다.

소설 「허삼관 매혈기」에서 가장 중요한 소재이자 조건인 '피' 혹은 '매혈'은 인간 본연의 가치 혹은 신체가 보증하는 평등의 조건으로 기능한다. 하지만 영화 〈허삼관〉에서 '피'는 아버지를 확인해주는 가부장제의 질서를 표상하는 동시에, 이를 교란하고 위협하는 갈등의 원인으로 작용한다. 소설 「허삼관 매혈기」에서 '매혈'은 허삼관이 삶에서 마주치는 위기의 순간을 헤쳐갈 수 있는 수단이자 모든 인간이 소유하는 평등한 조건이다. 따라서 소설 속 허삼관에게 '매혈'은 자신에게 필요한 무언가를 얻기 위해 지불하는 대가다. 소설 결말에 나타나는 것처럼, 이제는 자신의 피를 팔 수 없게 된 늙은 허삼관은 아들들이 대가 없이 주는 돈이 아닌 자기 자신의 피를 팔아 그 대가로 돼지간볶음과 황주를 먹고자 한다. '매혈'을 통한 '평등'의 거래가 좌절되면서 허삼관이 "좆 털이 눈썹보다 나기는 늦게 나도 자라기는 길게 자란단 말씀이야"라고 푸념하듯, '매혈'은 어쩌면 본질적으로 이미 불가능한 것일지라도 그가 평생을 지켜온 '평등'의 조건이자 삶의 원칙이었다. 하지만 영화 〈허삼관〉에는 이렇게 '매혈'에 대한 허삼관의 생각과 관련된 장면은 조금도 등장하지 않는다. 영화는 소설 결말에 등장하는 매혈과 평등의 이야기를 과감히 생략한다. 대신 영화는 '피'가 자신이 가족을 지킬 수 있는 최후의 수단이자, 가부장제 질서에 대한 근본적인 믿음이라는 점을 강조한다. 다시 말해, 소설 속 '매혈'은 오랜 시간을 거치며 의미의 변화를 포함하는 '연대기'로 나타나지만, 영화 속 '매혈'은 '혈연'에 대한 강조, '가부장제의 질서'의 상징으로 고정된다.

비슷한 예로, 허삼관이 목숨을 건 매혈을 다시 감행하게 되는 이유인 일락의 질병에서도 소설과 영화는 차이를 보인다. 소설 속 일락은 이미 장성한 22세에, 농촌 생산대의 고된 노동으로 간염을 앓게 된다. 하지만, 영화에서 일락은 자신의 생물학적 친부인 하소용이 죽게 된 원인인 뇌염을 앓는다. 영화는 이처럼 질병의 가족력인 뇌염을 통해 일락과 하소용 사이의 혈연적 친연성을 강조하는데, 이는 영화 마지막 장면에서 혈연적 제약을 넘어서는 아버지와 아들 사이의 극적인 화해, 허삼관이 일락을 아들로 인정하는 순간을 장식하는 영화적 장치로 기능한다.

영화 〈허삼관〉을 혈연을 중심으로 하는 가부장제 이데올로기의 서사라는 관점에서 보자면, 황진미가 지적하듯, 허삼관이 일락을 아들로 인정하는 지점 역시 소설과 영화는 큰 차이를 보인다. 영화는 병에 걸린 하소용을 살리기 위해 일락을 굿판에 보내기 전까지 일락을 자신의 아들이라고 인정하지 않던 허삼관이 굿판에서 자신을 향해 "아버지 가지 마세요. 아버지 돌아오세요"라는 일락의 외침을 듣고 비로소 일락을 아들로 인정하게 되는 것으로 묘사한다. 하지만 소설에서 허삼관이 일락을 아들로 인정하는 대목은 이 굿판의 화해라는 사건 이전에 이미 나타난다. 일락을 제외한 모든 가족이 갔던 외식에 함께 하지 못한 일락은 하소용에게 찾아가 국수를 사달라고 부탁하지만 거절당하고 집에 돌아오지 않는다. 허삼관이 일락을 찾아 헤매다 그를 발견하여 등에 업고 집으로 돌아오는 길에 일락이 물어본다. "아버지, 우리 지금 국수 먹으러 가는 거예요?" 이때 허삼관은 문득 욕을 멈추고 온화한 목소리로 대답한다. "그래."[11] 소설에서 이 장면이 허삼관이 일락을 아들로 인정할 것을 스스로 다짐하는 순간이라면, 허삼관이 제 몸에 칼로 상처를 내면서 일락이 자신의 아들임을 공표하는 굿판 장면은 그 인정을 대외적으로 확증하는 순간이다. 하지만, 영화에서는 굿판이 벌어지면서 허삼관이 일락을 아들로 인정하는 이 두 과정이 동시에 발생한다. 영화에서 굿판 장면에 이 과정이 집중되어 있는 것은, 허삼관이 일락을 아들

11 같은 책, 192쪽.

로 받아들이는 계기가 그와 일락 사이의 양자적 갈등 관계보다는 그와 일락과 일락의 친부인 하소용 사이의 3자적 갈등 관계에서 이루어지고 있음을 의미한다.

소설은 서사의 주요한 갈등인 허삼관과 일락 사이의 문제를 일찌감치 넘어서서 그 이후의 이야기를 전개하는 반면, 영화는 허삼관이 일락을 아들로 인정하는 과정을 끊임없이 지연하면서 가부장제 질서의 서사를 지속적으로 확인한다. 이는 결국 영화 결말에서 나타나는 허삼관과 일락 사이의 극적인 화해와 가족의 회복을 끌어내는 기제가 된다. 이런 의미에서 영화의 결말이 소설의 결말과 가장 큰 차이를 보이는 부분은 아내 허옥란과의 관계일 것이다. 소설에서 다른 남자의 아이를 낳은 허옥란에 대해 허삼관은 자신의 방식대로 '평등'을 실천한다. 허옥란이 하소용과 불륜을 저질렀듯이, 허삼관은 결혼 전에 마음을 두었던 임분방과 불륜을 저지르고, 결국 그녀의 남편에게 들키고 만다. 이후, 문화대혁명 기간 허삼관은 부정한 여자로 허옥란이 비판을 받자 자신의 아이들에게 자신도 임분방과 불륜을 저질렀으니 자신과 허옥란이 똑같다고 말한다. "나하고 임분방은 딱 한 번뿐이었다. 너희 엄마하고 하소용도 마찬가지고. 오늘 내가 너희한테 이 얘기를 하는 이유는 나도 엄마하고 똑같은 죄를 저질렀다는 걸 너희가 알았으면 해서다. 그러니 엄마를 미워해서는 안 된다."[12] 이와 같이 소설 속 허삼관은 허옥란과 같은 방식으로 불륜을 저지르고, 이를 아이들에게 고백함으로써 아내에 대해 '평등'이라는 자신의 입장을 획득하지만, 영화에서 허옥란에 대한 허삼관의 처벌/용서는 영화의 마지막까지 유예된다.

반면, 영화에서 허삼관이 임분방과 저지른 불륜은 소설과는 달리 아들 일락이 허삼관을 변호해주면서 해결된다. 소설 속 허삼관의 불륜

12　같은 책, 236~237쪽.

은 분명하게 명시되고 문화대혁명 시기에 허삼관의 입을 통해 다시 한 번 확인되지만, 영화에서는 불륜 사실 그 자체를 모호하게 처리하면서 아버지로부터 인정받고 싶은 일락의 거짓 증언으로 이를 두루뭉술하게 봉합한다. 결국 허옥란에 대한 처벌/복수의 의식으로서 촉발된 허삼관의 불륜은 허옥란이라는 존재가 배제된 채 허삼관과 일락이라는 남성 사이의 연대와 공모를 통해 완성된다. 그렇게 유예된 허옥란에 대한 처벌/용서는 서사적으로 영화의 결말에 이르러서야 비로소 이루어진다.

소설의 결말에서 허삼관의 세 아들은 돼지간볶음과 황주를 먹기 위해 자신의 피를 팔려고 하는 아버지 허삼관을 도무지 이해할 수가 없다. 허삼관의 태도를 이해해주는 사람은 그의 삶을 평생 지켜봐온 아내 허옥란뿐이다. 다시 말해, 평등과 관계하는 소설의 주제는 소설의 결말에서 허삼관과 허옥란의 관계를 통해 완성된다. 하지만 영화의 결말은 허삼관과 일락의 관계를 통해서 이루어진다. 혹은 허옥란에 대한 처벌과 용서를 거쳐 획득된 가족의 회복을 통해 완성된다. 영화에서 매혈을 하며 갖은 고난을 겪고 서울의 병원에 찾아온 허삼관은 다시 건강해진 일락에 의해 발견된다. 허삼관과 일락이 만나는 장면은 영화가 담고 있는 주제 즉 아버지와 아들 사이 화해를 통해 가부장제 질서의 회복을 극적으로 담아낸다. 이와 함께, 지속적으로 유예된 허옥란에 대한 처벌과 용서는 일락의 수술비를 위해 허옥란이 자신의 신장을 떼어냄으로서 획득된다. 이는 소설에는 등장하지 않는 영화의 서사 장치로서, 허삼관의 불륜을 통해 해소되지 못한 허옥란에 대한 처벌/용서로서 기능한다. 영화는 이렇게 허삼관이 화해/인정한 아들과 처벌/용서한 아내를 통해 허삼관의 가족을 통합한다. 영화 마지막 장면에서 허삼관의 가족이 한자리에 모여 상상 속에서만 맛보았던 만두와 붕어찜을 함께 나누어 먹는 모습은 마치 다시 찾은 가부장제 질서라는 환상처럼 하얗게

〈사진 4〉 허삼관과 일락의 화해/인정

〈사진 5〉 환상 속 가족의 회복

과다 노출 된 배경을 통해 현실을 넘어선 꿈의 이미지로 그려진다.

이처럼 '한국'영화 〈허삼관〉은 '중국'소설 「쉬싼관 마이쉐지」에 나타난 '평등'의 문제를 '가부장제 이데올로기'의 이야기로 번역한다. 다시 말해, 「쉬싼관 마이쉐지」가 신중국 이후, 새로운 중국 사회의 건설이라는 민족적 과제를 사회주의 체제의 이데올로기인 '평등'의 문제로 고민하고 있다면, 〈허삼관〉은 한국전쟁 이후, 새로운 한국 사회의 건설이라는 민족적 과제를 전통과 근대의 충돌에서 발생한 '가부장제 이데올로기'의 위기와 갈등, 그리고 그것의 환상적 화해로 받아들이고 있다.

한국'영화'로 번역하기: 「허삼관 매혈기」에는 '쓰이지 않은 것'

앞서 언급한 것처럼 야콥슨의 분류에 따르면, 영화 〈허삼관〉은 언어 간 번역 즉 중국어 텍스트를 한국어 텍스트로 옮기는 과정뿐 아니라, 기호 간 번역 즉 소설이라는 문자 매체를 영화라는 시청각 매체로 번역하는 작업을 포함한다. 소설이 영화로 번역될 때, 영화적 각색은 필연적으로 문자적 상상력을 시청각적 물질성으로 실현할 것을 요구한다. 소설에서 등장하는 인물, 배경, 정서는 현실의 배우, 세트, 사운드 등을 통해 현실로 재현된다. 영화가 갖는 이러한 물질성은 소설이 갖는 풍부한 결을 현실화된 단일한 재현/해석으로 축소할 위험성이 있는 동시에, 영화적 해석이 수행된다는 의미에서 번역이 함의하는 풍부한 가능성의 장을 열어놓는다. 경우에 따라, 소설에서는 적게 다루어졌거나 심지어는 쓰이지 않은 부분을 영화에서는 중요한 비중으로 시각화/청각화해야 하기 때문이다.

소설 「허삼관 매혈기」의 주요 인물인 허삼관·허옥란은 영화 〈허삼관〉에서 배우 하정우·하지원을 통해 재현된다. 이 밖에 영화 〈허삼관〉에는 소설 속 다른 인물들을 연기하기 위해 유명 배우가 대거 출연한다.[13] 김영애·주진모·이경영·조진웅·정만식·성동일·김성균·장광 등은 사실상 그들이 연기하던 평소 배역의 비중과는 걸맞지 않은 작은 배역들을 연기한다. 비록 그들의 연기는 그들의 유명세만큼이나 능숙하지만, 그들이 능숙하게 연기하면 할수록 유명 배우가 다수 등장한다는 사실이 오히려 극에 대한 몰입을 방해한다. 정한석의 지적처럼, 그들은 역할에 몰입해 연기하는 조연 배우라기보다는 이벤트성의 카메오에 가깝다. 이는 주연 배우인 하정우와 하지원 또한 예외는 아니며, 이들은 종종 배역이 아니라 배우 그 자신처럼 보인다. 다시 말해, "허삼관이 하정우로, 허옥란이 하지원으로 보인다"[14]는 것은 서사의 몰입 면에서 배우의 이미지가 극중 캐릭터의 재현을 지속적으로 방해함을 뜻한다. 하정우와 하지원이라는 배우가 갖고 있는 기존의 밝고 건강한 이미지는 〈허삼관〉을 역사적 고난을 겪어내는 평범한 사람들의 삶이 아닌, 다소 달뜬 동화적 이야기, 해학적인 한바탕의 소동극처럼 보이게 만든다.

오히려 〈허삼관〉에서 주목해야 할 인물들은 유명 배우에 의해 재현되는 주요 배역이 아닌, 군중으로 등장하는 이름 없는 사람들, 혹은 애초에 소설에는 쓰이지 않은 사람들이다. 예를 들어, 〈허삼관〉이 배경으로 삼는 1950년대 충남 공주는 한국전쟁 이후, 새로운 도시 건설을 위해 건축산업이 활발히 진행되는 공간이다. 주인공 허삼관을 포함해 그곳의 젊은 남자들은 대부분 건설 현장에서 노동을 한다. 그리고 그 현장에는 마치 도시 풍경의 일부처럼 미군이 존재한다. 영화에서 종종 등장하는 미군의 모습은 건물의 담벼락에 쓰인 영어와 한자처럼, 전쟁 직후 한국 사회가 처한 현실 상황을 재현한다. 한국의 작은 도시 충남 공

---

13 Pierce Conran, "Review: Chronicle of A Blood Merchant Favors Strong Cast over Plot," *ScreenAnarchy*, January 18 2015. http://twitchfilm.com/2015/01/review-chronicle-of-a-blood-merchant-favors-strong-cast-over-plot.html.

14 정한석, 「해학을 품고자 한 이야기 〈허삼관〉」, 『씨네21』, 2015. 1. 14. http://www.cine21.com/news/view/?mag_id=78924.

주에서 발견되는 미군의 모습은, 소설에서 부재하는 존재로서 기능하는 중국 공산당의 영향처럼, 당시 한국 사회가 국제적 질서인 미국(영어)과 전근대적 봉건적 질서(한자)라는 이중의 제약 속에서 스스로의 질서를 세우고자 했던 상황을 역설한다. 이는, 앞 장에서 살펴본 대로, 결국 가부장제 질서의 회복으로 해소된다.

비슷한 의미에서, 갓을 쓰고 도포를 두른 노인들의 출현은 당시 한국 사회의 이러한 복합적 갈등 양상을 시각적으로 재현한다. 일락이 뇌염으로 쓰러지고 난 후, 허옥란은 일락과 먼저 급히 도시의 병원으로 향한다. 허삼관은 동네 사람들에게 도움을 구해 돈을 마련하고는 옥란과 일락의 행방을 뒤쫓는다. 허삼관이 대전의 적십자병원에 도착할 때, 병원의 입구와 로비는 헌혈 반대 시위를 벌이는 수많은 사람으로 가득 메워져 있다. 갓과 도포 차림의 그들은 "우리의 것을 사수하자", "조상의 뜻을 외면하면 천벌을 받는다"라고 적힌 피켓을 들고 있다. 소설에서는 허삼관이 매혈을 하면서 상하이의 병원에 도착하는 긴 여정으로 서술되어 있는 이 시퀀스는 영화에서 허삼관이 대전·청주·용인·수원을 거쳐 마침내 서울에 이르는 장면으로 묘사된다. 소설에서 이와 같은 매혈의 여정은 돈을 벌기 위해 죽을 고비를 넘기는 고통인 동시에 새로운 사람들을 만나 세상에 대해 인식하고 그러한 삶이 다시금 재생산되는 과정으로 표현된다. 허삼관은 래희·래순 형제와 만나 자신이 방씨·근룡에게 배웠던 것처럼 매혈의 기술을 알려주고, 그들로부터 도움도 받는다. 어떤 의미에서 이는 허삼관이 감행하는 매혈의 여정이 단순히 아들 일락을 살리려고 자신을 희생하는 고통의 과정을 묘사하기보다는 그 험난함 속에서도 지속적으로 유지되는 허삼관의 '평등'에 대한 태도를 표현한다. 하지만 영화 속에서 허삼관이 도시를 거치며 마주하는 얼굴들은 갓과 도포로 상징되는 전통의 가치를 수호하면서 매혈을 반대

〈사진 6〉 한국전쟁 직후 충남 공주

〈사진 7〉 미군과 전쟁 고아

〈사진 8〉 헌혈/매혈을 반대하는 선비들

하는 사람들이거나, 언제나 죽음의 위협을 직면한 채로 매혈을 하지 않고는 하루하루를 살아갈 수 없는 도시의 극빈층이다. 이들은 허삼관에게 냉정하고 위협적인 바깥세계를 의미한다. 연이은 매혈로 쇠약해진 허삼관이 넘어지면서 그가 갖고 있던 돈이 사방으로 흩어지자 수많은 사람이 한꺼번에 몰려들어 바닥에서 뒹구는 장면은 그 자체로 공포로서 기능한다.

영화가 재현하는 공간의 시각성은 이런 태도를 보다 분명히 보여준다. 〈허삼관〉은 허삼관의 고향인 충남 공주와 그가 매혈을 하기 위해 도착하는 도시들을 확연히 다른 분위기로 재현한다. 전자는 전통적인 마을 공동체로서 인정이 넘치는 따뜻한 장소이지만, 후자는 인정과 투쟁이 공존하고 삶과 죽음이 교차하는 분열된 근대의 이미지로 나타난다. 이는 화면 처리의 차이에서도 두드러진다. 허삼관이 고향인 공주에 머무는 전반부는 비록 가난해서 먹을 것이 없고, 일락도 자신의 친아들이 아니지만, 맛있는 만두와 붕어찜을 먹는 상상이 가능한 동화적 이미지로 그려진다. 세트에서 촬영된 마을의 전경은 밝은 달빛이 감싸는 평화로운 공간이며, 마을 사람들 사이에는 근본적으로 적대적 관계가 존재하지 않는다. 전통적 향촌 사회로서 마을 주민은 모두 가족적이며, 누군가 어려운 상황에 처할 때는 서로 돕기를 주저하지 않는다. 하지만, 일락이 뇌염에 걸리고 나서, 허삼관이 떠나는 매혈의 여정을 다루는 영화의 후반부는 어떠한 판타지도 작동할 수 없는 도시의 냉정함과 그로 인한 공포를 생생히 묘사하는 데 집중한다. 도시는 명백히 적대적 공간이며, 고향은 회복해야 할 근원적 안식처로 묘사된다.

신장 이식 수술이라는 허옥란의 희생을 통해 일락의 병이 낫고 나서, 보다 정확히는 서울에서 길을 잃은 허삼관을 일락이 발견하고 둘 사이의 극적인 만남과 화해가 이루어지고 나서, 영화는 허삼관·허옥란·허일락·허이락·허삼락 등 5명의 가족이 모두 모여 상상 속에서나 맛보았던 만두와 붕어찜을 함께 나누어 먹는 장면으로 마무리한다. 이 장면은 과거 궁핍했던 허삼관이 상상 속에서 묘사하는 만두와 붕어찜의 조리법을 그대로 시각적으로 재현하면서, 그들이 꿈꾸었던 이상적인 상태, 행복한 가족의 모습을 보여준다. 음식을 함께 먹는 가족의 모습은 과다 노출을 통해 마치 현실의 바깥으로, 혹은 과거 그들이 꿈꾸어 온 환상의 장면으로 처리된다. 다시 말해, 이 마지막 장면은 영화 〈허삼관〉이 가부장제 질서로서 가족의 회복을 소구하고 있음을 드러내는 동시에, 그것을 현실과의 관계가 아닌 환상의 막을 통해 구현하고 있음을 보여준다.

한중 비교연구와 번역의 과제

1995년 중국에서 출간된 소설 「쉬싼관 마이쉐지」와 2015년 한국에서 영화화된 〈허삼관〉 사이에는 20년의 시차가 존재한다. 20년의 시간을 경유한 번역은 자연스럽게 한국과 중국, 혹은 동아시아 지역의 역사적·정치적·사회적·문화적 변화를 포함한다. 과거는 현재를 통해 기억되고, 현재는 과거를 통해 자신을 확인하기 때문이다. 1990년대의 경전(經典)소설이 2010년대에 들어 대중적 상업영화로 번역되는 경우가 비단 「쉬싼관 마이쉐지」와 〈허삼관〉에만 국한되지는 않을 것이다. 2012년 중국에서 제작된 영화 〈백록원(白鹿原)〉은 이와 같은 번역의 또 다른 사례다.

왕취안안(王全安)의 영화 〈백록원〉은 1993년에 출간된 천중스(陳忠實)의 소설 「백록원」을 원작으로 한다. 소설 「백록원」은 중국의 신시기 심근문학(尋根文學) 혹은 신역사소설을 대표하는 작품으로, 청 말 민 초(淸末民初) 섬서성의 작은 마을 백록촌(白鹿村)을 배경으로 백(白)씨와

록(鹿)씨 두 가문 사이 이야기를 50년의 시간에 걸쳐 담아낸다. 이 소
설은 중국 국내외에서 대중적으로 크게 성공했을 뿐 아니라 1997년 제
4회 마오둔 문학상(茅盾文學獎)을 수상하면서 그 작품성 또한 인정받았
다. 소설 「백록원」이 영화화된다는 사실은 대중적으로 큰 관심을 끌었
지만, 영화가 공개되고 난 후 중국 평단의 평가는 그리 호의적이지 않았
다. 일례로, 베이징대학 중문과 교수 리양은 「누가 백록을 죽였는가?―
'백록원'에서 '톈샤오어 이야기'로」[15]를 통해, 영화 〈백록원〉이 다양한 인
물 군상 사이에서 펼쳐지는 방대한 분량의 역사소설을 한 여성 캐릭터
톈샤오어 개인의 욕망에 대한 서사로 축소했다는 점을 비판한다. 리양
에 따르면, 영화에는 소설 「백록원」의 두 주요 인물 바이링과 주 선생이
등장하지 않는데, 이로 인해 1980년대 신역사소설의 일반적 주제인 '혁
명에 대한 반성(反思革命)'과 '전통으로의 회귀(回歸傳統)'가 자연스럽게
누락되었다. 대신에 영화는 소설에서는 비중이 크지 않은 인물인 톈샤
오어를 중심으로 그녀의 성적 욕망에 대한 묘사에 집중하면서 통속적
멜로드라마가 되고 말았다.

리양은 소설과 영화의 이러한 서사적 변화를 시대적 '의식'의 차이
에서 찾는다. 중국의 1980년대는 사상을 통해 출구를 모색하던 시대
였다. 언제나 혁명에 대한 반성이 있었고, 돌아가고 싶은 시대가 있었
다. 하지만 영화가 만들어진 2010년대는 '포스트 혁명의 시대(后革命的
時代)'며, '포스트 사상(后思想的時代)'의 시대다. 그는 소설 「백록원」이
20년 후 영화화되면서 진정으로 상실한 것은 '문학성'이나 '예술성'이 아
니라 상상력이나 사상에 대한 열정이라고 주장한다.[16]

영화 〈백록원〉에 대한 리양의 이와 같은 주장은 동시대의 중국 사

---

15 李揚, 「誰殺死了"白鹿"―從《白鹿原》到《田小娥傳》」, 海螺社區, 2014. 04. 22 http://mp.weixin.
    qq.com/s?__biz=MjM5NDEyNDQ4OQ==&mid=200148883&idx=1&sn=0fce2a56a26dd-
    a3d0aa7d9316e3eb76d&scene=3.
16 같은 글.

회를 '탈정치 시대'라고 규정하는 왕후이(汪暉)의 논의를 연상케 한다. 왕후이는 중국의 '탈정치화'가 문화대혁명이 종결된 후 즉 포스트 문혁 시대의 현상이며, 1989년 천안문운동 이후 이와 같은 '탈정치화'의 조류는 가속화되었다고 주장한다. "오늘날 중국의 담론적 배경 속에서 현대화, 시장화, 글로벌화, 발전, 성장, 전면적 소강 그리고 민주 등의 개념은 모두 일종의 '탈정치화적' 또는 '반정치적' 정치이데올로기의 관건이 되는 개념"이며 "이런 개념의 유행으로 말미암아 사람들은 심화된 정치적 사고를 할 수 없게 되었다."[17] 왕후이는 '탈정치화'가 비단 중국 내부만의 문제가 아니라 세계사적 현상으로 이해할 수 있으며, 1970년대 말 이후 1980년대를 거쳐 1990년대 거세게 휘몰아친 신자유주의의 전 지구화는 세계적 탈정치화의 토대가 되었다고 설명한다. 특히, 그는 "새롭고 정치적인 것들을 탈정치화된 이미지 속에 배치함으로써 새로운 사회적 불평등은 '자연스러운 것'처럼 되었다"라고 지적한다.[18] 이런 의미에서, 왕후이는 '평등'의 문제를 중국의 '탈정치화된 정치를 재정치화하기' 위한 중요한 과제로 상정한다. 그에게 "중국 혁명과 사회주의 실천의 핵심적 가치는 그것이 사회적 평등의 문제를 둘러싸고 전개되었기"[19] 때문이다.

물론, 여기서 왕후이가 제기하는 '평등'의 개념[20]을 소설 「허삼관 매혈기」에 나타나는 '평등'의 주제와 즉각적으로 대응시키는 것은 적지 않은 무리가 따른다. 하지만 왕후이가 중국의 사회주의적 경험을 지역사회로서 아시아의 역사 속에서 탈정치 시대의 재정치화로 구상하고 있다는 점은 한국과 중국의 비교연구, 그리고 그 비교연구를 수행하는 역

---

17 왕후이, 성근제·김진공·이현정 옮김, 『탈정치 시대의 정치』(파주: 돌베개, 2014), 125쪽.
18 같은 책, 143쪽.
19 같은 책, 275쪽.
20 왕후이는 '평등'의 문제를 중국의 근대적 경험에 근거해 다섯 층위에서 구분한다. 첫째, 기회의 평등, 둘째, 사회주의 유산으로서의 결과적 평등, 셋째, 능력의 평등, 넷째, '제물평등(齊物平等)', 다섯째, 국제적 평등이 그것이다(같은 책, 275~280쪽).

할로서 번역의 문제에 중요한 시사점을 제시할 수 있다.

왕후이는 「트랜스시스템 사회와 방법으로서의 지역(跨體系社會與區域作爲方法)」이라는 글에서 중국 역사 연구에서 기존의 '지역' 담론을 면밀하게 검토하고, 이를 '지역주의적' 방법을 통해 '트랜스시스템 사회(trans-systemic society)'라는 개념으로 이해할 것을 제안한다. "'트랜스시스템 사회'는 서로 다른 문명, 종교, 종족집단 및 기타 시스템을 포함하는 인간 공동체이거나 사회 연결망이다. 그것은 한 가정일 수도 있고, 한 부락, 지역 혹은 한 국가일 수도 있다."[21] 왕후이는 '트랜스시스템 사회'를 개념화하기 위해, 먼저 기존의 지역(주의)의 연구에 대해 고찰한다. 그는 지역연구를 크게 '국가와 그 행정구역에 대응하여 생산된 지역주의 서사'와 '민족국가와 글로벌리즘에 대응해 생산된 초국적 지역주의 서사'로 나누어 설명한다.[22] 하지만 이 둘은 서로 배타적으로 분리되는 개념이 아니다. 장기적 역사의 관점에서 보자면, 국가와 지역 사이의 구별은 절대적이지 않다. 국가를 인위적인 것으로 보고 지역을 자연적인 것으로 보면, 이 둘 사이의 상호 침투적이며 상호 전화적인 관계를 고려할 수 없기 때문이다.[23] 이때 왕후이는 '트랜스시스템 사회' 개념을 국가 단위의 지역주의 연구와 달리 초국적 지역주의 서사를 위한 방법으로 사용하고 있는데, 이는 국가의 경계를 뛰어넘은 '지역'을 구성하기 위함이다.[24]

여기서 왕후이의 '트랜스시스템 사회' 개념을 경유하여 다시 이 글의 출발점인 중국소설 「쉬싼관 마이쉐지」와 한국영화 〈허삼관〉 사이의 비교연구 혹은 번역의 문제로 돌아갈 필요가 있다. 초국적 지역주의 서사의 구성을 함의하는 왕후이의 '트랜스시스템 사회'는 기존의 국가 단

---

21 왕후이, 송인재 옮김, 『아시아는 세계다』(파주: 글항아리, 2011), 409쪽.
22 같은 책, 413쪽.
23 같은 책, 419쪽.
24 같은 책, 420쪽.

위 비교연구와는 다른 접근법을 제시한다. 중국과 한국의 문화 텍스트는 배타적으로 구분되는 차이를 지니기보다는 서로 겹쳐지며 상호작용하기 때문에 이 둘의 비교연구는 초국적 지역주의 서사의 맥락에서 수행되어야 한다. 다시 말해, 중국의 텍스트 「쉬싼관 마이쉐지」와 한국의 텍스트 〈허삼관〉의 비교연구는 두 텍스트 사이의 시간적 차이에서 발생하는 번역의 문제로 수렴된다. 이 두 텍스트의 비교연구에서 핵심은 20년의 시차를 통해 1995년 소설 「쉬싼관 마이쉐지」의 '평등'의 이야기가 2015년 영화 〈허삼관〉에서 '아버지'의 이야기로 번역되었다는 것이다.

발터 벤야민(Walter Benjamin)은 「번역자의 과제」에서 "번역자의 과제는 원작의 메아리를 깨워 번역어 속에서 울려 퍼지게 하는 의도, 번역어를 향한 바로 그 의도를 찾아내는 데 있다"[25]라고 주장한다. 그는 "번역의 자유는 전달되어야 하는 의미를 통해 그 정당성을 획득하는 것이 아니"며, 번역의 본질은 "객관적으로 원작의 번역 가능성에 의해 규정된다"[26]라고 설명한다. 따라서 벤야민에게 "번역은 불완전한 언어를 보다 더 완전한 언어로 옮기는 일"[27]이고 "쓰이지 않은 것을 읽는"[28] 것이다.

영화 〈허삼관〉이 소설 「쉬싼관 마이쉐지」로부터 번역한 것은 역사 속의 '아버지'다. 그것은 2015년 한국 사회에서 역사의 승리자, 살아남은 사람들의 서사가 되었다. 고난의 역사 속에서 가족을 위해 희생하며 살아온 아버지의 이야기인 〈국제시장〉(윤제균, 2014)이 공전의 성공을 거둔 한국의 사회적·문화적 맥락 속에서 '아버지'는 역사의 주인공으로서 전면화되었다. 과거는 현재의 승리자를 위한 서사로 재구성되었다.

벤야민은 「역사의 개념에 대하여」에서 과거에 일어난 어떠한 것도

---

25 발터 벤야민, 「번역자의 과제」, 최성만 옮김, 『발터 벤야민 선집 6』(서울: 도서출판 길, 2013), 133쪽.
26 같은 글, 141쪽.
27 발터 벤야민, 「언어 일반과 인간의 언어에 대하여」, 최성만 옮김, 『발터 벤야민 선집 6』(서울: 도서출판 길, 2013), 87쪽.
28 발터 벤야민, 「미메시스 능력에 대하여」, 최성만 옮김, 『발터 벤야민 선집 6』(서울: 도서출판 길, 2013), 215쪽.

잃어버리도록 내주어서는 안 되며, 우리는 구원을 갈구하던 과거에 의해 '기다려졌던 사람들'이라고 말한다. 과거를 단순히 기억의 대상이 아니라 구원되어야 할 것으로 보는 이와 같은 태도는 과거를 승리자의 서사로 재구성함으로써 현재와의 관계 맺음을 봉쇄하는 역사주의를 반대하고 죽은 자들까지도 '지배계급'의 도구로 넘어갈 위험에 맞서 싸워야 한다는 실천에 대한 요구와 맞닿아 있다.[29]

벤야민에게 번역은 과거 세대와 현재 세대 사이의 공유하는 약속과 요구, 그리고 우리에게 주어진 '미약한 메시아적 힘'을 통한 구원을 말할 때, 그것은 '아직 변제되지 못한 과거의 요구들, 지나간 세대들의 희생과 절망을 현재에 정치적으로 변제·이행·성취해야'하는 과제를 의미할 것이다.[30] 그리고 이러한 번역의 작업은 우리가 지금 살아가는 탈정치 시대의 정치를 재정치화·탈역사화 시대의 역사를 재역사화하는 작업에 다름 아닐 것이다. 따라서 번역의 작업으로서 「쉬싼관 마이쉐지」와 〈허삼관〉의 비교연구를 논의할 때 중요한 것은 개별 국가로서의 중국 혹은 한국의 특정성을 통해 각각의 텍스트가 갖는 지역적 차이를 강조하는 것이라기보다는, 동아시아 지역의 텍스트로서 두 텍스트 사이에서 서로 상호작용 하는 문제의식을 공유하는 일일 것이다. 이때 번역을 통해 우리가 구원해야 할 역사는 개별 국가만의 독립적·배타적 역사가 아니라 서로 겹치고 침투하는 상호적 관계로서 지역의 역사이기 때문이다.

29 발터 벤야민, 「역사의 개념에 대하여」, 최성만 옮김, 『발터 벤야민 선집 5』(서울: 도서출판 길, 2012), 330~332쪽.
30 최성만, 『발터 벤야민 기억의 정치학』(서울: 도서출판 길, 2014), 387~384쪽.

참고문헌

강유정, 「허삼관에 매혈기가 빠진 까닭은」, 『경향신문』, 2015. 1. 18. http://
news.khan.co.kr/kh_news/khan_art_view.html?code=990100&ar-
tid=201501181448561. (2015년 4월 4일 접속)

로만 야콥슨, 「번역의 언어학적 측면들에 대하여」, Rainer Schulte & Jonh
Biguenet 엮음, 이재성 옮김, 『번역이론: 드라이든에서 데리다까지의 논
선』, 서울: 동인, 2009.

미츠히로 요시모토, 「민족적/국제적/초국적: 트랜스 아시아영화의 개념과 영
화비평에서의 문화정치학」, 김소영 편, 『트랜스: 아시아 영상문화』, 서울:
현실문화연구, 2006.

발터 벤야민, 최성만 옮김, 「역사의 개념에 대하여」, 『발터 벤야민 선집 5』, 서
울: 도서출판 길, 2012.

발터 벤야민, 「번역자의 과제」, 최성만 옮김, 『발터 벤야민 선집 6』, 서울: 도
서출판 길, 2013.

발터 벤야민, 최성만 옮김, 「미메시스 능력에 대하여」, 『발터 벤야민 선집 6』,
서울: 도서출판 길, 2013.

사카이 나오키, 후지이 다케시 옮김, 『번역과 주체』, 서울: 이산, 2005

왕후이, 송인재 옮김, 『아시아는 세계다』, 파주: 글항아리, 2011.

왕후이, 성근제·김진공·이현정 옮김, 『탈정치 시대의 정치』, 파주: 돌베개,
2014.

위화, 최용만 옮김, 『허삼관 매혈기』, 파주: 푸른숲, 2007.

이욱연, 「위화 소설에는 있고, 하정우 영화에는 없는 것: 영화 〈허삼관〉에 부
족한 것」, 『오마이뉴스』, 2015. 1. 21. http://www.ohmynews.com/
NWS_Web/View/at_pg.aspx?CNTN_CD=A0002074725. (2015년 4월
4일 접속)

자크 데리다, 「바벨탑으로부터」, Rainer Schulte & Jonh Biguenet, 이재성 옮김, 『번역이론: 드라이든에서 데리다까지의 논선』, 서울: 동인, 2009.

최성만, 『발터 벤야민 기억의 정치학』, 서울: 도서출판 길, 2014.

폴 윌먼, 「한국영화를 통한 우회」, 김소영 편, 『트랜스: 아시아 영상문화』, 서울: 현실문화연구, 2006.

하승우, 「비교영화연구의 방법과 과제」, 『Comparative Korean Studies』, 제22권 1호, 2014

황진미, 「'허삼관', 하정우 감독은 왜 매혈기를 잘라냈을까」, 『엔터미디어』, 2015. 1. 21. http://www.entermedia.co.kr/news/news_view.html?idx=4135. (2015년 4월 4일 접속)

李揚, 「《白鹿原》故事-從小說到電影」, 中國社會科學網, 2013. 7. 26. http://www.cssn.cn/wx/wx_ddwx/201310/t20131026_599049.shtml, (2015년 4월 5일 접속)

李揚, 「誰殺死了"白鹿"—從《白鹿原》到《田小娥傳》」, 海螺社區, 2014. 4. 22. http://mp.weixin.qq.com/s?__biz=MjM5NDEyNDQ4O-Q==&mid=200148883&idx=1&sn=0fce2a56a26dda3d0a-a7d9316e3eb76d&scene=3. (2015년 4월 5일 접속)

Chris Berry and Mary Farquhar, *China on Screen: Cinema and Nation*, New York: Columbia University Press, 2006.

Ina Yoon, "Korean Film Remakes Boom in China," the hankyoreh, Apr. 5 2015. http://english.hani.co.kr/arti/english_edition/e_entertainment/685520.html. (2015년 4월 10일 접속)

Paul Willemen, *Looks and Frictions: Essays in Cultural Studies and Film Theory*London: BFI, 1993.

Paul Willemen, "For a Comparative Film Studies," *Inter-Asia Cultural Studies*, Vol 6, No 1(2005), pp. 98~112.

Pierce Conran, "Review: Chronicle of A Blood Merchant Favors Strong Cast over Plot," *ScreenAnarchy*, Jan. 18 2015. http://twitchfilm.

com/2015/01/review-chronicle-of-a-blood-merchant-favors-strong-cast-over-plot.html. (2015년 4월 4일 접속)

김기영 영화들에서의 식민지적 차이들

: 마술적 리얼리즘과 서발턴 여성 판타지—전후 일본영화들과 비교중심으로

안민화

들어가며

식민지적 과거로 인해 전후(戰後) 남한 영화계에서, 남한과 일본 영화의 산업적·미학적 교류는 —국제 영화제를 통한 접촉이나 반공주의를 내세우는 대작 합작영화의 기획 등의 경우를 제외하고는— 공식적으로 금지되었다. 하지만 이러한 금지로 인해, 한국영화의 일본영화에 대한 모방은 암암리에 이루어졌다. 몇몇 감독은 암시장을 통해 입수한 일본영화 시나리오들을 읽었고, 그것들을 모방해 영화를 만들기도 했던 것이다.[1] 극장에서 일본영화들을 볼 수 없었던 관객들은 이 같은 모방과 영향들을 인식할 수 없었다. 전후 남한영화에 대한 연구는, 이런 사실들을 무시한 채, 일본은 구제국 남한은 구식민지라는 익숙한 이항대립에 기반 하는, 내셔널 시네마라는 한 가지 기준 단위에만 환원하

---

* 이 논문의 일부는 필자의 영문 논문 "'Colonial Difference' of Kim Ki-young's Film: Fantastic mode and Affect of Shame in *The Sea Knows*(1961)-A Cross-Cultural Reading of Japanese Films during the Postwar Period"(Under Review)에서 번역한 것이다.

1 이러한 모방의 대표적인 경우가 일본영화〈진흙 속의 순정(泥だらけの純情)〉(나카히라 고, 1963)을 공식적인 허락과 공표 없이 그대로 모방한 〈맨발의 청춘〉(김기덕, 1964)이며, 그 외 몇몇 남한영화가 표절 시비에 휘말렸다.

는 '식민지적 차이'를 강조했다. 이와 같은 식민지적 차이는 오직 탈식민주의적 정체성만 강조함으로써, 식민지적 유산들을 모호하게 만들었다. 따라서 전후 시기에 제작된 한국영화들이 당시 일본영화들과의 관계 안에서 접근된 적은 거의 없었다.

'식민지적 차이'에 대한 욕망은 내셔널 시네마의 틀 안에서 반일 감정들과 연결되어 있다. 조선영화건설본부, 공보처, 주한 미국공보원(United States Information Services)과 같은 국가나 미군정 기관들의 통제 아래에서 1945년부터 1950년대까지 많은 프로파간다풍의 영화가 제작되었다. 단순한 반일 감정과 반공 이데올로기를 강조하는 이러한 기관들의 후원하에 만들어진 영화들은 미군정과 남한 정부를 만족시켰을 뿐만 아니라 탈식민적이고 자유민주주의적인 국가주의의 수립에 대한 대중들의 욕망들을 자극했다.[2]

이와 같은 맥락과 함께, 일부 식민지 조선 감독들은 —그들이 전시 프로파간다 영화들을 만들었음에도 불구하고— 일본의 전쟁 패배 직후 남한 정부와 미군정의 세력을 지지하는 차원에서 반일본제국주의 요소들을 영화에 삽입하도록 격려되었다.[3] 이렇게 만들어진 전후 반일영화들은 일본 군인들을 절대악이며 증오스러운 적들로 그리며, 모든

---

2 첫째로, 조선영화건설본부(1945년 8월 결성)는 고려영화협회와 계몽영화협회를 포함하는데, 이 기관에서는 최인규의 〈자유만세〉(1946)·〈독립전야〉(1948, 이상 고려영화협회 제작)를 만들었고, 윤병천의 〈애국자의 아들〉(1949, 계몽영화협회 제작)은 안석영의 시나리오를 바탕으로 만들어졌다. 이들 영화는 독립운동을 소재로 하지만 선악 논리를 단순하게 설정함으로써 추상적인 반일 감정을 조장하는 광복영화들이다. 둘째로, 주한 미국공보원은 미군정의 영향력 아래에서 뉴스릴이나 다큐멘터리들을 만들었는데 특히 이 기관과 함께, 공보처 산하 대한영화사는 일제 강점에 저항한 독립투사들에 관한 영화들을 만들었다. 식민지 저항에 대한 재현을 공공연히 한 〈대한뉴스〉와 문화영화들, 〈만송, 이기붕〉(1958), 그리고 공보처가 제작하지는 않았지만 문화영화의 성격인 강한 〈독립협회와 청년 이승만〉(신상옥, 1959)은 전형적인 반일영화들이다. 이에 대한 자세한 내용은 이순진의 「한국전쟁 후 냉전의 논리와 식민지 기억의 재구성: 1950년대 문화영화에서 구축된 '이승만 서사'를 중심으로」, 민주화운동기념사업회, 『기억과 전망』 통권 제23호(2010), 70~106쪽을 참조하라.

3 김민환은 미군정 통제하의 문화기관들이 (반공 이데올로기와 더불어) 반일 감정의 강조를 통해, 자유민주주의적인 국가를 건설할 것을 목표로 두고 문화 발전에 대한 메시지를 장려했다고 한다. 김민환, 「보론 2: 미군정 공보기구의 언론활동」, 『미군정기 신문의 사회사상』(서울: 나남출판, 2001), 189~190쪽.

식민주의와 전쟁의 원인을 일부 군인들만의 책임으로 전가했다. 따라서 일부 프로파간다풍의 영화들은 추상적이고 단순한 반일 감정을 강조하며, 따라서 일부 감독과 정치 세력의 친일 협력을 무마시키며, 오히려 그들을 피해자의 위치로 전가하는 결과를 가져왔다. 요컨대, 이러한 영화를 통해 미군정과 남한의 영화 기관들은 남한의 엘리트 영화인들과 영화계를 반공산주의 국가를 수립하는 데 이용함으로써, 친일제국주의 세력이 행한 일본의 전쟁과 식민주의의 협력에 대한 책임을 면제했다. 그 결과, 아이러니하게도 일본 식민주의의 다양하고 복잡한 역사적 경험은 은폐되고 말았다.

한편, 이와 대조적으로 전후 많은 남한 영화감독들은, 이런 역사적 맥락을 뒤로 한 채, 일본영화의 영향들을 받으면서도 자기들의 독창성을 잃지 않았다. 이들 중 김기영은 남한과 일본의 영화 제작의 뒤엉켜진 세계를 가장 창의적으로 포착하고 있다. 그는 미군정에서 영화를 시작했고 일부의 일본영화 시나리오들을 읽었다고 술회하지만, 그의 영화들은 프로파간다 이상이며, 단순 리메이크나 모방이 아니라 일본영화들과 비슷한 스타일과 주제적 양상을 지니면서, 그 영향을 자신만의 독창적인 것으로 변형시키는 탁월함을 보이고 있다.

김기영의 영화와 일본영화가 서로 조우하는 경우로 가장 잘 알려진 사례는 김기영의 〈고려장〉(1963)과 기노시타 게이스케(木下惠介)의 〈나라야마 부시코(楢山節考)〉(1958) 및 이마무라 쇼헤이(今村昌平)의 〈나라야마 부시코〉(1983) 사이의 연관성일 것이다. 영화는 자식들이 늙은 부모를 산에 내버린다는 줄거리를 공통된 모티프로 삼고 있는데, 이를 통해 김기영이 전후 군사독재를 알레고리화하고 있다면 기노시타 게

영화계에서 구체적인 사례를 들면, 앞서 언급한 것처럼, 최인규와 안석영은 해방 직후에 독립투사를 소재로 한 반일영화들을 만들었는데 이들은 일제강점기에는 각각 〈집 없는 천사〉(최인규, 1941)와 〈지원병〉(안석영, 1941)등의 친일영화를 만들었다.

이스케는 보편적 인간의 선악이라는 본성에 대해 탐구하고 있다. 또한 〈고려장〉에서는 기노시타 게이스케의 정통적 리얼리즘이 다소 과잉적이고 그로테스크한 표현 양식으로 변형되어 있다. 이마무라 쇼헤이의 〈나라야마 부시코〉는, 기노시타의 영화가 아닌, 김기영의 〈고려장〉의 스타일과 비슷하게 표현적이고 과잉적인 방식으로 그리고 있다. 이러한 현상도 김기영이 만들어내는 다양한 층위의 '식민지적 차이'에 대한 징후적 예일 것이다.

하지만 김기영에 대한 기존의 연구들은 이와 같은 한일 영화의 뒤엉켜진 관계를 기술하는 데 거의 관심을 두지 않았고, 유럽 또는 할리우드 영화 역사 및 이론들과의 관계에서만 그의 영화들을 다루어왔다. 이 글에서는, 일본영화들과 주제적으로 밀접한 관계를 갖지만, 한 번도 일본영화들과 비교연구가 진행되지 않은 김기영의 〈현해탄은 알고 있다〉(1961)와 〈육체의 약속〉(1975)을 집중적으로 논의하려고 한다. 이 두 영화는 일본영화들과 비슷한 모티프를 가지면서 각각 일본의 파시즘과 미국의 군사주의, 그리고 남한 국가의 폭력을 예리하게 알레고리화한다. 〈현해탄은 알고 있다〉는 일본 독립 프로덕션 영화의 하나인 야마모토 사쓰오(山本薩夫)의 〈진공지대(真空地帶)〉(1952)와 일본군국주의에 대한 하나의 저항 방법으로 작용했던 '괴롭힘 당하는 병사'와 '낭만적 사랑'이라는 모티프를 공유한다. 김기영의 영화는 이런 공통된 모티프를 가지면서 특히, 괴롭힘을 당하는 식민지 조선의 지원병인 주인공을 통해 일본의 파시즘뿐만 아니라 전후 한국 사회에서 은폐된 역사적 사실인 '다인종 제국으로서 일본'이라는 시스템을 상기시키며 그 부조리를 폭로하고 있다. 나아가 이 글은, 〈현해탄은 알고 있다〉가 어떻게 일본 독립 프로덕션 영화에 주로 사용된 반일 군국주의라는 주제를 가진 '사회적 리얼리즘'⁴이라는 형식을 일본 식민주의에 대한 비판을 띠는 '수치의 정동'과 '마술적 리얼리즘'⁵으로 재번역하는가에 대해 주목할 것이다. 그리고 이것이 어떻게 탈식민주의의 대안적 가능성이 되는가에 대해서도 살펴볼 것이다.

김기영의 또 다른 영화 〈육체의 약속〉은 창녀와 죄수인 효순의 억압당한 신체를 통해 전후 군사주의의 폭력을 상징하고 있다. 영화는 일본의 타락한 여성 멜로드라마에 주로 나타나는 관습적 고백체 보이스오버(voice-over), S-M적(사도마조히즘적) 행위, 동반 자살이라는 모티프를 주변화된 여성의 보이스오버와 욕망의 미장센에 의해 의해 유도된 '서발턴 여성 판타지'로 재변형한다. 다시 말하자면, 반군사주의라는 테마에서, (앞에서 언급한) 멜로드라마 장르적 요소의 변형이라는 공통점을 가진, 나카히라 고(中平康)의 〈월요일의 유카(月曜日のユカ)〉(1964)와 비교 분석을 통해, 〈육체의 약속〉이 어떻게 '서발턴 여성 판타지'의 프레임워크 안에서 비관습적 고백체 보이스오버와 역전된 S-M적 역할을 수행하는지 주목하고자 한다. 나아가 〈육체의 고백〉은, 이 영화적 기법을 통해, 여성 희생자로 하여금 남성의 정치적 트라우마를 매개하게끔 할

---

4 일본의 사회적 리얼리즘은 일본의 독립 프로덕션 영화(独立プロ映画)에 의해 주로 사용되었다. 이 독립 프로덕션 영화 그룹은 레드 퍼지(レッドパージ, Red purge: 맥아더 연합군 최고사령부GHQ 총사령관의 지령에 따라 일본공산당 당원이나 그 동조자를 직장이나 기관 등 조직에서 추방하는 조치)와 도호(東宝)영화사 노동파업(영화계 좌파 척결 반대 운동)에 관여한 이유로 메이저 스튜디오에서 쫓겨난 감독들에 의해 만들어졌다. 이 중 신세이(新星)영화사는 일본 독립영화의 대표적인 영화사로, 그 주요 감독은 정치적인 영화를 많이 만든 가메이 후미오(亀井文夫)와 야마모토 사쓰오다. 이 글에서 다루는 야마모토 사쓰오의 〈진공지대〉도 이 영화사에서 만들어졌다. 일본영화 평론가 재스퍼 샤프는 다음과 같이 말한다. "촬영 스튜디오의 부족으로 사회적 리얼리즘은 로케이션 촬영이 많았으며, 이로부터 다큐멘터리가 갖는 사실성을 획득했다." 또한 독립 프로덕션 영화의 테마는 노동 조건, 반군국주의, 반핵 운동 등이었다. Jasper Sharp, *Historical Dictionary of Japanese Cinema*(Lanham, MD: The Scarecrow Press, 2011), pp. 96~100.

5 김소영은 남한영화들의 마술적 리얼리즘을 츠베탕 토도로프(Tzvetan Todorov)의 논의를 빌려 판타스틱 장르의 틀로 연구한다. 그리고 그것은 남한의 식민지 근대성과 영화적 특정성의 관계에서 재고되어야 한다고 주장한다. 즉 남한영화의 계보에서는 마술적 주술이 발견된다고 하면서, 이를 이성에 대한 신념과 그것을 채울 수 없는 잉여 간의 긴장에서 나오는 근대성의 유예라는 효과적인 긴장관계로 보는 것이다. 김소영, 『근대성의 유령들: 판타스틱 한국영화』(서울: 씨앗을 뿌리는 사람, 2000), 56~61쪽.

뿐만 아니라 또한 멜로드라마 관습 중의 하나인 여성의 대상화를 뛰어넘어 그녀가 주체적으로 자기를 고백하도록 하고, 그녀의 마조히스트적 죽음이나 자살을 삶의 의지로 승화시킨다. 이러한 〈육체의 고백〉의 분석을 통해, 이 글은 어떻게 자기 반영적인 멜로드라마적 실천이 기존 멜로드라마 속 여성의 '비극적 죽음'이라는 상징에 새겨진 전후 군사주의에 내재하는 미군 점령의 폭력을 비판하고 그것을 뛰어넘을 수 있는지에 대한 가능성에 주목하고자 한다.

역사철학자 해리 하루투니언은 「비교의 유령학」에서 새로운 종류의 비교의 실천이 제공해야 하는 것은 "유로 아메리카(Euro-America) 혹은 동아시아에서의 일본과 동시대적으로 유행한 자본주의 근대성에 깊게 연루된 사회들의 큰 유령성이어야 한다라고 주장한다." 다시 말하면, 그는 이 동시대적 근대성에는, 과잉적으로 억압되어 있지만 아직 죽지 않은, 그리고 역사적 현재를 방해하기 위해 돌아오기가 준비되어 있는, 유령으로 나타나는 잉여적인 것에 의해 극화될 수 있는 "식민지적 차이(colonial difference)"가 내포되어야만 한다고 설명한다. 이로써 그의 비교론은 "차이의 조건"이, 유럽과 그것의 타자들(혹은 일본과 그것의 타자들)과 즉 유럽과 포스트 유럽 문화와 (혹은 일본과 포스트 식민지 문화) 같은 이항 대립의 틀 안에서 이루어질 필요가 없으며, 오히려 다양한 시간과 공간의 동력 안에서 매개된, 중심과 주변부의 소통 가능성과 다의적인 기호학적 혹은 미학적 접합에서 이루어질 수 있는 것을 암시한다.[6]

이 글은 동시대적인 자본주의적 근대성 혹은 그 비판을 비교 준거점으로 삼은 하루투니언의 관점을 빌려, 한국영화와 일본영화라는 내

---

6   Harry Harootunian, "Ghostly Comparisons: Anderson's Telescope," in Jonathan Culler and Pheng Cheah(eds), *Grounds of Comparison: Around the Work of Benedict Anderson*(New York and London: Routledge, 2003), pp. 171~190.

셔널 시네마의 단위를 벗어나, 일본군국주의와 미군 점령이라는 동시대적 역사를 공유하고 그것에 비판을 가하는 김기영 영화와 일본영화 간의 비교 고찰을 통해, 전후 남한영화를 '식민지 모방' 혹은 국가라는 단위에 기반 한 '민족 정체성' 추구가 아닌, 다양하고 복잡한 층위의 "식민적 차이"를 모색하는 가능성을 보여주고자 한다.

〈현해탄은 알고 있다〉
: 괴롭힘 당하는 병사, 사회적 리얼리즘, 다인종 일본제국주의
〈현해탄은 알고 있다〉는 일본의 태평양전쟁 패전이 임박한 1944년 일본 남방 전선 나고야 제13부대가 배경이며, 지원병으로 이곳에 끌려온 식민지 조선인 학병 아로운(김운하 분, 여기서 "아"는 『아큐정전』의 아阿와 같다)이 일본인 장교와 병사 모리 일등병(이예춘 분)에게 차별·학대받는 것이 중심 내용이다. 아로운의 선임병인 나카무라(김진규 분)는 조선인도 일본인과 똑같이 대우를 받아야 한다고 주장하며, 일본인 여성 히데코(공미도리[孔美都里 본명 공순경] 분)를 아로운에게 소개해준다. 히데코는 아로운이 군대에서 받는 구타와 모멸감을 위무해주며 그와 사랑에 빠진다. 영화 제목의 '현해탄(玄海灘)'은 몇몇 식민지와 재일조선인 지식인들의 문학작품에서 식민지화된 조선의 이미지로서 사용되었다.[7] 이렇게 '현해탄'이 일본 식민화의 문제를 암시하는 맥락에서, 영화는 1960년대 인기가 많았던 극작가 한운사의 KBS라디오 일일연속극(《현해탄은 알고 있다》, 1960년 8월~1961년 1월 방송)을 원작으로 1961년에 만들어졌다. 영화는 4·19혁명 직후와 5·16군사정변 직전 시기에 제작되었기 때문에, 남한 정부와 미군정의 검열에서 비교적 자유로울 수 있었다.[8] 이러한 점에서 〈현해탄은 알고 있다〉는 반일/반미 대 친일/친

---

7 식민지 지식인 임화와 재일교포 소설가 김달수는 각각 '현해탄'이라는 제목의 시와 소설을 썼다.
8 유양근에 의하면, "영화윤리전국위원회는 외국영화 수입에 있어 대립하던 영화 관련 단체들이

미라는 이항 대립을 넘어서서 한 개인의 '괴롭힘 당하는 병사'에 초점을 맞춰, 일본 다인종 제국주의와 미국 군사주의의 형태를 그릴 수 있었을 것이다. 〈현해탄은 알고 있다〉의 이와 같은 묘사는 전후에 만들어진 한국의 상업영화들이 일본과 미국을 그리는 이분법적 방식과는 매우 구별된다.

사실, '괴롭힘 당하는 병사'와 '낭만적 사랑'이라는 모티프는 1950년 대 일본영화에서도 적지 않게 발견될 수 있는데,[9] 특히, 일본 독립 프로 덕션 영화의 하나인 야마모토 사쓰오 감독의 〈진공지대〉 속 그러한 모티프들이 〈현해탄을 알고 있다〉와 매우 비슷하다. 〈진공지대〉는 고참 병사들에게 학대 당하는 일본인 병사 기타로를 중심으로 진행된다. 기타로는 탈영을 시도하다 붙잡혀서 일본 패전 직후에 최전방으로 보내진다. 미군정이 1952년에 공식적으로 끝난 직후에, 반전이나 반핵의 메시지들 이 ─일본 독립 프로덕션 영화의 주제였던─ 더 복잡한 방식으로 묘사 될 수 있었던 만큼, 〈진공지대〉는 일본 군대 시스템에서 일본 국민 전체를 상징하는 것으로서가 아닌 개인적 피해자로서 '괴롭힘 당하는 병사'가 정교하게 그려질 수 있었을 것이다. 일본영화사가(家) 사토 다다오는

4·19혁명을 기점으로 뜻을 모아 통합적으로 구성된 민간 자율 심의 기구였다. 비록 5·16군사쿠데타로 활동이 정지되기까지 짧은 기간이었지만, 4·19혁명의 민주적 열망과 자유를 구현하고자 한 문화 예술계의 적극적인 행동의 결과물로 평가할 수 있다. 표현의 자유와 볼 권리를 주장하는 시대적 분위 기와 함께 설립된 이 기구는 이후 영화검열의 긴 억압기간을 생각할 때 영화계만이 아니라 민주와 자유를 갈망하던 국민들의 힘으로 이루어낸 성과라고도 볼 수 있다. 그리고 이 시기의 자유로운 제작 분위기나 활발한 문화적 활동은 검열체제에서는 불가능했을 『삼등과장』(1961), 『오발탄』(1961) 등의 수작이 만들어질 수 있는 토대가 되었다." 유양근, 「영화윤리전국위원회」, 『한국민족대백과사전』. 자 세한 내용은 또한 김윤지의 「최초의 민간영화심의기구, 영화윤리위원회 성립」, 함충범·김윤지·김대 중·김승경 지음, 『한국영화와 4·19: 1960년대 초 한국영화의 풍경』(서울: 한국영상자료원, 2009)을 참조할 것.
이것에 비추어 볼 때, 1961년 제작된 〈현해탄은 알고 있다〉도 그 당시 영화 제작의 환경에 힘입어 만들어졌음을 알 수 있다. 김기영 감독 자신 또한 당시에 금기시되었던 일본 로케이션을 감행한 것도 그 때의 자유로운 제작 환경 때문이었다고 술회한다. 유지형 대담, 『24년간의 대화: 김기영 감독 인터뷰 집』(서울: 선, 2013), 95쪽.
9   예를 들어 다니구치 센키치(谷口千吉)의 〈새벽의 탈주(暁の脱走)〉(1950), 야마모토 사쓰오의 〈진공지 대〉(1952), 고바야시 마사키(小林正樹)의 〈벽 두꺼운 방〉(壁あつき部屋)(1956)에서도 이와 같은 모티 프가 발견된다.

〈진공지대〉가 일본 전시 파시즘을 인간의 조건들과 결부해 날카롭게 비판하고 있다는 점에서 독립 프로덕션 영화 중 가장 성공적인 반전영화라고 평한다.[10]

영화 제작 시기상 미군정과 국가 검열로부터 비교적 자유로웠던 비슷한 배경과 함께, 일본 전쟁 패배 직전인 1944년의 관서 지방(나고야와 오사카)에 위치한 일본 군부대 내에서의 '괴롭힘 당하는 병사'라는 비슷한 모티프를 가진 〈현해탄은 알고 있다〉과 〈진공지대〉는(사진 1, 2, 3, 4), 미군 점령 시기 혹은 그 후의 일본영화와 남한영화에서 발견되는 인물 대다수를 피해자로 만드는 반일본군국주의과 일본제국주의 옹호라는 단순한 이항 대립 구도를 벗어나는 공통점을 갖는다. 두 영화는 단순 선악의 논리를 넘어, 군대에서의 복잡한 인간관계와 일본 군대 시스템의 전체성에 희생되는 개인인 '괴롭힘 당하는 병사'에 초점이 맞추어져 있다.

이러한 두 영화의 주제는 네오리얼리즘의 성격인 트래킹숏으로 찍은 롱테이크, 핸드헬드 카메라, 와이드 숏, 로케이션 숏팅, 다큐멘터리 푸티지(footage) 등을 통해 나타나고 있다. 〈진공지대〉는 일본 영화이론가 이와사키 아키라(岩崎昶)가 명명하는 "사회적 리얼리즘"이라는 스타일을 통해서 찍혀 있는데, 이것은 전후 일본 영화담론에서 좌익 영화운동의 주된 핵심 중의 하나인 반군국주의 테마와 네오리얼리즘 스타일의 결합을 가리킨다. 이와사키의 비평에서 〈진공지대〉는 미군정의 통제 아래 만들어진 '민주주의 영화'의 이상(理想)을 벗어나서 실제 휴머니티를 묘사하는 데 성공적이라 평가된다.[11] 야마모토 사쓰오 감독 자신도 〈진공지대〉에서 빈번한 트래킹숏의 사용은 집단적 신체로서의 군대와 개인 사이 관계를 드러내기 위한 것이며, 따라서 그런 기술은 관객

10　佐藤忠男, 『日本映画史 2: 1941-1959』(東京: 岩波書店, 增補版, 2006), p. 248.
11　岩崎昶, 「日本映画の人と作品について」, 『СОВЕТСКОЕ КИНО』(1953年 2月號), p. 52.

〈사진 1〉 〈진공지대〉의 오프닝 장면(일본 본토가 대공습을 시작하기 직전의 쇼와 19년[1944] 무렵)

〈사진 2〉 군대 안의 구타 장면(〈진공지대〉)

〈사진 3〉 〈현해탄은 알고 있다〉의 오프닝 장면(일본 나고야, 1944)

〈사진 4〉 군대 안의 구타 장면(〈현해탄은 알고 있다〉)

들로 하여금 캐릭터들이 군대에서 학대 당하는 일련의 신을 통해 '물리적 현실'을 경험하도록 한다고 말한다.[12] 예를 들면, 영화는 미디엄숏의 인물의 행동과 모습을 줌인으로 찍기 전에, 트래킹숏과 롱숏의 결합된 장면으로 군인들이 군대에서 종속되는 전체적 분위기를 각인시킨다. 이와 같은 "사회적 리얼리즘의 성격들"은 〈현해탄은 알고 있다〉에서도 명시적으로 나타난다. 영화평론가 이영일이 1950년대와 1960년대 초까지의 김기영의 작품들은 특히 외부세계의 사회적 현실에 초점을 맞춘다고 지적한 것처럼, 〈현해탄은 알고 있다〉도 그러하다. 일본인 병사들에게 학대 당하는 아로운을 트래킹숏과 롱테이크로 상징적으로 보여주는 장면에서 아로운은 다음처럼 말한다. "그렇다. 잘못 걸려들었다. 언제 일본 군대 오십 년 전통이 발동될지 모른다. 인형을 틀에 찍어내듯 개성을 말살하려는 그들의 기술은 가장 잔인한 범죄와도 같다." 한 개인으로서의 아로운과 그가 종속되어 있는 군대 사이의 파시스트적 관계는 이처럼 상징적인 장면으로 전경화되어 있다. 영화는 미군의 공중 폭격 신들을 보여줄 때 비디제시스(non-diegesis)적 다큐멘터리 푸터지들을 삽입하기도 한다.[13] 따라서 이 영화는 허구적 역사드라마를 실제 역사적 사건으로 바꾸며 다큐멘터리의 현실성(verisimilitude)을 획득한다.

이렇게 두 영화가 비슷한 주제와 스타일을 가짐에도 불구하고, 〈현해탄을 알고 있다〉는 식민지의 병사들을 재현하는데, 이는 〈진공지대〉와의 매우 의미심장한 차별점이다. 다시 말하자면, 식민지 조선 병사들과 일본인 장교와 병사들 사이의 다양한 관계들을 통해, 〈현해탄은 알고 있다〉는 일본 군사주의의 폭력뿐 아니라 일본의 다인종 제국주의의

---

12 山本薩夫, 「映画表現論−映画監督, 山本薩夫: その作品と生涯」, 『シネ・フロント 316』(1955. 7. 8月合倂號), p. 42.

13 영화 용어로서의 디제시스는 영화의 플롯 안에서 일어나는 소리, 음악, 행위, 장면 등을 일컫는다. 〈현해탄은 알고 있다〉의 다큐멘터리 삽입은 영화의 플롯과는 상관없는 감독의 인위적인 편집에 따른 것임을 말한다.

부조리를 고발하고 있다. 예를 들면, 아로운과 또 다른 조선인 학도병 리노이에(이상사 분)는 자신들이 더 나은 삶을 위해서 일본 군대에 지원했다고 고백한다. 이것은 '내선일체(內線一體)'라는 정책 아래에서, 일본 시민의 일원으로서 명예롭게 죽을 수 있다는 것을 함축한다.[14] 하지만 일본 병사 고소와 모리(이예춘 분)는 조선인들이 지원병으로서 일본 군대와 천황 폐하를 위해 죽을 각오가 되어 있다 하더라도 조선인은 열등해서 결코 일본인들과 동등해질 수 없다고 생각하기 때문에 조선인 병사인 아로운과 리노이에를 차별한다. 반면, 다른 일본인 장교 사이토(김승호 분)는 조선인들도 근대 주체로서 황군(皇民)이 될 수 있다고 생각하며, 모리에게 조선인 병사들을 학대하지 말 것을 당부한다. 일본인 병사 나카무라 또한 아로운의 시련에 동정하며 친척 여동생 히데코를 아로운에게 소개한다. 이와 같은 설정과 캐릭터를 통해 〈현해탄은 알고 있다〉는 일본이 제국 주체의 삶과 식민 주체의 삶이 동등하다는 것을 선전한 다인종 제국[15]이었다는 사실, 그리고 전후 남한 사회에서 언급이 금기시되었던, 식민지 조선인들이 다양한 형태로 일본군에 지원했다는 사실을 그리고 있다. 영화는 이런 묘사를 통해 반일과 친일이라는 이분법에 빠지지 않고 일본 식민주의의 본질을 더 예리하게 짚어내는 것이다. 하지만 더 중요하게도, 〈현해탄은 알고 있다〉에서 아로운과 리노이에는 일본 군대가 약속했던 것과 실제 군대가 자신들을 취급하는 것이

---

14 후지타니 다케시는 일본의 다인종 제국은 전시하의 지원제를 통해, 피식민자들을 근대적 생권력적인 주체로 바꾸는 역할을 했다고 주장한다. 더 자세한 논의는 다음을 참조하라. Takashi Fujitani, *Race for Empire: Korean as Japanese and Japanese as Americans during World War II*(Berkeley and Los Angeles: University of California Press, 2011).

15 사카이 나오키는 일본 제국은 다양한 인종과 역사적 배경을 동원하기 위해 식민지 지식인들의 욕망을 추동하고 그들을 제국의 정치학으로 끌어들이는 전략으로 다인종 제국의 철학을 발명했다고 설명한다. 이러한 철학에 기반을 둔 일본 제국의 법에 따르면, 한국인은 기층(substratum)이라는 면에서 덜 일본인 같다고 해도, 일본인으로 살 가치와 죽을 가치를 선택할 수 있는 자유가 있다는 면에서 보편적 주체로서 완전한 일본인이 될 수 있다. 다음을 보라 Naoki Sakai, "Two Negations: Fear of being excluded and the Logic of self-esteem," *NOVEL: A Forum on Fiction*, Vol. 37, No. 3(Summer 2004), pp. 238~243.

너무 다르다며 자신들이 군대에 지원한 것을 취소해달라고 말한다. 이처럼 조선인들이 여전히 차별받는 '다인종 일본 제국'의 부조리를 관찰함으로써, 영화는 일본의 국가적 통합 및 제국화의 수사와 인종적 차별의 현실 사이 명백한 모순을 숨길 수 없음을 보여준다. 이렇게 김기영 영화에서 묘사하는, '괴롭힘 당하는 병사'는 〈진공지대〉에서는 다루어지지 않는 식민지 조선인과 제국 일본인 사이의 근대적 주체로서의 차별을 명시화한다.

'인간임에 대한 수치'라는 정동(affect)으로서의 낭만적 사랑

〈현해탄은 알고 있다〉와 〈진공지대〉에서 한 가지 더 중요한 테마는 괴롭힘을 당하는 병사와 여성 사이의 '낭만적 사랑'이다. 앞서 언급한 것처럼 〈현해탄은 알고 있다〉에서 온정주의자 나카무라는 아로운의 고충을 이해하며 그에게 친척 조카인 일본인 여성 히데코를 소개해주는데, 두 남녀는 사랑에 빠진다. 히데코는 아로운이 받는 학대를 위무해주고 일본을 위해 싸울 필요가 전혀 없다며 그에게 탈영을 권고하기도 한다. 남자 주인공과 그로 하여금 탈영하도록 유도하는 여성, 창녀, 종군위안부 사이의 낭만적 사랑의 재현들은 1950년대 일본영화들에서 흔히 찾아볼 수 있다.[16] 특히 〈진공지대〉에서 남자 주인공 기타로는 그의 시련을 위무해주는 창녀로 암시되는 한 여성과 사랑에 빠진다. 기타로의 애인은 기타로와 정착을 하고 싶어 하지만 자기의 빚을 청산해야만 자유의 몸이 되는 처지다. 기타로는 그녀에게 자기가 빚을 갚아주겠다고 약속하며, 군대에서 상사의 돈을 훔쳐서 달아나려고 한다. 여기에서 기타로의 애인이 직접 그에게 탈영할 것을 말하지는 않지만, 그녀와의 약

---

16 〈진공지대〉와 더불어, 〈새벽의 탈주〉와 이 영화의 스즈키 세이준(鈴木淸順)의 리메이크작 〈춘부전(春夫伝)〉(1965)에서는 〈종군위안부〉 여성들은 괴롭힘을 당하는 병사와 사랑에 빠지며 그로 하여금 탈영하도록 그를 부추기거나 돕는다.

속을 위해 탈영하려는 기타로의 동기는 그들의 낭만적 사랑과 탈영 시도의 상관관계를 설명해준다. 〈현해탄은 알고 있다〉와 〈진공지대〉는 억압과 착취를 함의하는 기존의 병사와 여성 사이 성적 관계를 일본군국주의에 저항하는 '낭만적 사랑'으로 변형시킨다는 비슷한 모티프를 갖는 것이다.

〈현해탄을 알고 있다〉는 더 나아가 조선 남성과 일본 여성 간의 관계를 그림으로써 일본 식민주의의 비판에 깊게 관여한다. 몇몇 역사학자는 다른 국적, 인종 간의 낭만적 사랑과 결혼은 국제적이고 외교적인 정치성의 알레고리로 표현되어왔다고 지적한다. 즉 타인종 간의 낭만적 사랑과 결혼은 표면적으로 ─실제로는 종속과 억압을 수반하지만─ 타자와의 조화로운 관계들을 재설정하며, 따라서 국가와 인종 간의 다양한 충돌에 대한 환상적 해결책으로서 기능해왔다는 주장이다.[17] 동아시아의 경우, 사카이 나오키가 지적하는 것처럼, 일본인과 한국인 간의 '낭만적 사랑'이나 결혼 등은 실제로 내선일체 정책에 의해서 장려되었고, 이것은 양 민족 사이에 조화로운 관계를 만들어 한국인이 일본 제국에 통합되는 기제로 기능해왔다. 하지만 이 두 영화에서 여성은 괴롭힘 당하는 병사와 사랑에 빠지며, 그가 겪는 고난을 위무하며 그를 탈영하도록 유발한다. 특히, 〈현해탄은 알고 있다〉에서의 아로운과 히데코의 '낭만적 사랑'은 본능적인 섹스나 제도적인 결혼과 같은 조화로운 관계가 아니라 '수치심의 정동(affect of shame)'[18]을 바탕으로 한다. 예컨

---

17 이에 대한 논의는 Naoki Sakai, "On Romantic Love and Military Violence: Transpacific Imperialism and US.-Japan complicity," in Setsu Shigematsu & Keith L. Camacho(eds.), *Militarized Currents: Toward a Decolonized Future in Asia and the Pacific*(Minneapolis: University of Minnesota Press, 2010), pp. 156~157를 참조하라.

18 여기에서 수치심은 이브 코조프스키 세지윅이 정의하는바, 다른 감정들과 같은 욕동(drive)이 아니라 정동(affect)에 가깝다. 세지윅은 리비도적 욕동, 슬픔, 분노, 기쁨 등의 감정들은 욕망의 변형에 등가할 수 있으나, 정동은 보상과 인과 관계에 기인하는 것이 아닌 자기목적적이며, 윤리적인 것과 관계한다고 한다. 따라서 이것은 인간의 동기화와 윤리학에 기반 한다고 설명한다. 그래서 수치심과 같은 표면적인 부정적 정동은 윤리학에 관계하며 인간정신의 승리일 수 있다고 설명한다. 이에 대한 더

대, 아로운이 일본 병사에 의해 학대 당할 때마다 그는 히데코를 찾아가 그 사실을 고백한다. 제국 일본인 여성 히데코는 다른 일본인에게 괴롭힘을 당하는 아로운에게 수치심을 느낀다. 여기서 이 수치심의 정동에 기반 한 '낭만적 사랑'이 어떻게 일본 식민주의에 저항하는 가능성을 제공하는가에 대해 주목해보자.

일본인은, 우카이 사토시가 지적하듯이, 전후 초기의 정치적·문화적 담론에서 서구인 특히 미국인의 시선 앞에서는 항상 수치심을 느껴왔지만 식민지적 피해자 앞에서는 거의 수치심의 정동을 느낀 적이 없었다.[19] 그러한 것처럼 〈진공지대〉와 여러 일본 독립영화들은, 반복적으로 반전과 좌익주의 사회운동을 그렸음에도 불구하고, 과거 일본의 식민주의에 대한 비판 없이 미군 점령 안에서 일본인들을 피해자로 만들어왔다고 할 수 있다. 즉 수치심을 수반하는 전쟁 책임과 식민주의에 대한 묘사는 일본 누벨바그 (1960년대 이후 태동) 이전의 영화들에서 그다지 드러나지 않는다. 이런 맥락을 고려해볼 때, 〈현해탄은 알고 있다〉에서 히데코가 일본인으로서 갖는 수치심의 정동은 전후 초기 동아시아 영화에서는 매우 예외적으로 그려지는 것이다.

〈현해탄은 알고 있다〉에서 그려지는 수치심의 정동을 더 구체적으로 추적해보면, 앞서 말했듯, 아로운이 일본 군대에서 괴롭힘을 당할 때마다 히데코와 아로운은 수치의 정동을 느낀다. 아로운은 자신이 처벌을 당할 때 개처럼 비천하게 되는 기분이라고 고백한다. 이처럼 비인간적인 것이 되는 상징으로, 그는 개 짖는 소리를 흉내 내며 히데코에게

자세한 논의는 다음을 참조하라. Eve Kosofsky Sedgwick, *Touching Feeling: Affect, Pedagogy, Performativity*(Durham: Duke University Press, 2003), pp. 17~19.
세지윅의 논의를 결론적으로 영화에 도입하자면, 윤리적인 순간으로서의 아로운과 히데코의 '수치의 정동'은 관습적일 수 있는 그들의 낭만적 사랑을 억압 기제에 저항하는 서로에 대한 유대감으로 전환시키는 역할을 한다고 볼 수 있다.

19 Ukai Satoshi, "The Future of An Affect: The Historicity of Shame," in Naoki Sakai and Yukiko Hanawa(eds.), *Traces 1: Specters of the West and the Politics of Translation*(Ithaca: Cornell University Press, 2001), p. 20.

들려준다. 이 같은 정신 상태를 '기억하는 것으로서의 수치'로 독해할 수 있을 것이다. 우카이 사토시는 프리모 레비(Primo Levi)의 글을 빌려 다음과 같이 지적한다. "나치의 죽음의 수용소에서 생존하기 위해, 인간은 자기의 의지에 반해서 감시자의 명령에 따라야 한다. 그리고 처벌, 고문, 사형에 대한 두려움이 불러일으키는 압박에 자기의 의지가 붕괴되는 것을 경험한 사람들은 자신 곧 피해자들이 가해자들보다 어떤 면에서 더 비인간적으로 되는 것을 느낀다."[20] 이와 같이, 아로운은 일본 군대 수용소에서 학대 당하는 것에 대한 수치를 경험하고 기억하게 되는 것이다. 히데코는 아로운의 경험과 기억에 대한 반응으로서, 울며 그에게 수치스러워 견딜 수가 없다고 말한다. 이에 아로운은 일본 여자에게 위안을 받는 것을 달가워하지 않고, 또한 그것이 단지 감정적인 위로가 아니라 사랑이라고 부를 수 있을지 반문한다. 왜냐하면 자기는 일본인을 미워하기 때문이라고 응답한다. 그러자 히데코는 자기는 일본인이 아니라 히데코라는 여자라고 대꾸한다. 아로운은 이후에 보이스오버를 통해 다시 고백한다. "히데코가 울어주었다. 어머니도 나를 위해 여러 번 울어주었다. 여자의 눈물은 남자의 고통을 풀어준다." 그는 계속해서 말한다. "리노이에는 내가 경치고 돌아온다고 걱정을 하고 있을거다. 그러나 내 고통이 눈물로 풀어진다는 것은 기적이다. 일본 여자면 어때. 눈물의 성분은 세계 공통이다." 여기에서, 가해자인 일본인을 동족으로 가진 히데코의 수치와 아로운의 '기억하는 것의 수치'는 레비가 말하는 '인간임에 대한 수치'로 전환된다. 우카이 사토시는 레비의 글을 다시 인용하며 '수치심의 보편성'을 설명한다. "생존자들이 가해자들이 아니라도, 그들은 가해자로서의 인간이라는 같은 종족에 속한다는 것에 수치를 느끼고, 이 수치라는 정동은 피해자가 바로 다른 인간의 죄

20 같은 글, p. 21.

를 경험하는 것이다. 이는 그러한 범죄가 존재해야 한다는 것과 그러한 범죄가 이 세상에 돌이킬 수 없이 존재했던 것에 대한 수치심에 다름 아니다."[21] 우카이 사토시는 레비가 인간으로서의 수치를 말할 때, 그는 더는 특정한 민족적 공간에 거주하지 않는다라고 주장한다. 이 '인간으로서의 수치심'은 특정한 국가에 귀속되는 수치심에 쉽게 가정되는 외부 영역을 가지지 않는다.[22] 이와 마찬가지로, 히데코의 수치심 역시 죄의식과 다르며 국가적 공간에 속하지 않는다. 그녀는 자기 자신에게 수치심을 느끼며, 아로운을 위해서뿐만 아니라 아로운의 존재와 상관없이도 수치심을 느낀다. 일례로, 히데코는 조선인과 연정을 통하고 있다는 사실이 부끄럽지 않느냐는 일본인 장교의 물음에 다음처럼 답한다. "부끄러운 것은 인종이 아니라 인격이에요." 즉 히데코는 자신이 대리적으로 비인간이 되는 것을 경험하는 사실 때문에 피해자의 현존 전에 인간으로서 자기 자신에게 수치심을 느낀다. 아로운 또한 자신이 비인간이 되는 것을 경험하는 사실 때문에 인간으로서의 수치심을 느끼고 운다. 이 순간에 아로운과 히데코는 식민지 조선과 일본 제국의 문화로 치부될 수 없는 수치심이라는 정동을 공유한다. 이는 바로 보편적인 어떤 것이다. 즉 이 '수치'의 정동은 과거에 대한 원한 같은 감정과는 다른, 오히려 식민주의자와 피식민자 사이의 새로운 관계성과 관련이 있다. 따라서 〈현해탄은 알고 있다〉에서의 수치심은 일본군국주의 폭력과 인종 차별에 대해 한국과 일본이 함께 저항해나갈 수 있는 미래에 대한 가능성을 내포하고 있다. 그러한 의미에서, 히데코가 아로운에게 그가 일본을 위해 싸울 아무런 이유가 없다고 탈영을 권하는 장면에서 그들 사이에 공유된 '수치심'이 잘 드러난다. 이 '수치심'은 죽은 줄 알았던 아로운이 '마술적으로' 다시 살아나서 히데코와 재결합하는 마지막 장면에서 다

21 같은 글, p. 22.
22 같은 글, p. 23.

시 강하게 표출된다. 요컨대, 수치심을 바탕으로 한 그들의 관계는 역사상 실재했던 내선일체 정책의 일환으로 장려되었던 '낭만적 사랑'과 결혼이라는 논리를 상징적으로 전복하는 것이다.

마술적 리얼리즘과 탈식민화

〈현해탄은 알고 있다〉는 전쟁드라마라는 사회적 리얼리스트 스타일을 취하면서, 동시에 다소 드라마틱하고 연극적인 스타일을 지닌다. 영화는 현해탄을 건너는 조선인 지원병들을 싣고 가는 수송선 장면으로 시작한다. 영화는 풀숏으로 수송선을, 다음 숏에서 일본인 장교 사이토와 한국인 병사 아로운이 선실에서 얘기하는 것을 보여준다. 이어 경보음으로 비상사태를 알리며, 트래킹숏으로 병사들이 선실에서 선교로 가려는 장면이 이어진다. 이때, 카메라는 병사들한테는 막혀 있는 뒷면의 벽을 따라 트래킹 하며 그들을 보여준다. 이는 영화의 공간이 마치 물리적인 벽이 없는 연극적 세트임을 즉 벽의 다른 면이 카메라를 향해 열려 있는 세트임을 말해준다. 수송선은 하늘 위에서 찍은 샷에서는 미니어처로 대체된다. 이처럼 연극적 세팅을 전면적으로 보여주는 오프닝 신에 이어지는 시퀀스들은 사회적 리얼리즘 양식이다. 즉 앞에서 언급한 아로운이 군대에서 학대 당하는 모습이 종종 현실적인 로케이션 숏팅과 트래킹숏과 롱테이크로 찍혀 있는 것이다. 〈현해탄은 알고 있다〉는 또한 탈식민화의 주제를 강조하기 위해 스펙터클하고 비현실적 장면들을 사용한다. 특히 영화 마지막 장면에서 일본 병사들은 미국의 폭격에 따른 일본의 참상과 다가오는 일본의 패배를 숨기기 위해 미국의 대공습으로 죽은 사람들의 시신에 불을 지른다. 아로운 역시 시신 더미 속에 던져지는데, 히데코는 아로운의 이름을 부르며 절망적으로 그를 찾아 헤맨다. 그러자 아로운은 마치 불멸의 존재처럼, 타고 있는 시신 더미에서 갑자기 벌떡 일어나서 히데코를 만나러 걸어 나온다. 죽은 줄 알았던 아로운이 시신 더미에 던져져서 불태워지기 직전에 갑자기 태연히 걸어나와, 수많은 사람 중에 히데코와 감격적으로 재회하는 것은 분명 경이로운 마술적 순간이다(사진 5).

김기영은 한국전쟁 후 한국 사회의 비참한 현실을 드러내고 기존 질서를 비판하기 위해, 당시 주창되었던 네오리얼리즘의 한계들에 직면하면서 다음과 같이 말한다.

"리얼리스트 영화들이 세계적으로 유행할 때, 나는 우리의 리얼리즘이 많은 문제점을 가지고 있다고 생각한다. 리얼리스트 영화들은 현실을 자연스럽게 그리는 것뿐만 아니라 현실 세계의 부정적인 측면을 공격한다는 측면에서, 영화예술계 안에서 강력한 호소력을 가지고 있어야 한다. 그러므로 리얼리스트영화 감독들은 더 대담해져야 하고 이질적이어야 한다."[23]

이렇듯 김기영은 현실성을 드러내는 데 보다 정교하지 못하고 사회 문제들에 대해 대안적 관점을 제시하지 못하는 당시 네오리얼리즘과 관습적 멜로드라마에 비판적이었다. 그래서 그는 1950년대에 외부적 사회 현실에 초점을 둔 네오리얼리스트적인 스타일에 기반을 둔 영화들을 만들었지만, 1960년대 초에 들어, 마술적 리얼리즘, 그로테스크적 멜로드라마, 이질적·비관습적 미학들에 초점을 맞추면서, 일본의 파시즘, 미국의 군사주의, 한국의 전후 개발주의 근대성들을 알레고리화 한다. 예를 들면, 이영일은 〈현해탄은 알고 있다〉는 김기영의 〈하녀〉·〈고려장〉과 함께 관습적 한국영화 미학에서 한 번도 시도되지 않은 새로운 방향을 보여주는 영화라고 주장한다. 그는, 〈현해탄은 알고 있다〉는 김기

---

23 김기영, 「반항적인 정신과 함께 영화를 만들 때」, 『월간 영화예술』(1992년 5월 호).

〈사진 5〉 불타고 있는 시신 더미에서 죽은 줄 알았던 아로운이 살아 걸어 나와서
히데코와 재회하는 마지막 장면.

영의 초기 작품에서 보이는, 외부 세계에 밀착된 (네오) 리얼리즘적 스타일을 인간의 근본적·이중적 본능을 드러내는 내부 세계로 연결하는, 김기영의 미학적 실천들의 근원적 계기가 된 작품이라고 말한다. 〈현해탄은 알고 있다〉에서는, 김기영의 초기 영화들에서 보이는 네오리얼리스트적 요소에 부가된, (그의 1960년대 영화들에서 자주 드러나는) 과장된 드라마적 요소가 본격적으로 전경화된다는 것이다.[24]

나는, 이와 같은 이영일의 주장에 덧붙여, 또한 〈현해탄은 알고 있다〉가 탈식민화 문제를 제기하기 위해 '마술적 리얼리즘'[25]을 차용하고 있다고 강조하고 싶다. 한국영화에서의 '마술적 요소들'에 관해 김소영은 1960년대 한국영화에서 부분적으로 활성화되어 있는 판타지적 요소를 관찰하면서, 이런 판타지들은 내러티브와 시각적 이미지에서 선행적 진행을 유보하는 효과를 가진다고 주장한다. 김소영은 한국영화의 판타지 장르는 식민지 근대성과 영화적 특정성의 관계에서 재고되어야한다고 지적하면서, 남한영화의 계보에서 영화적인 것의 추구에는 마술적 주술이 발견된다고 한다. 그녀에 따르면, 이 마술적인 것은 보기의 방식에서, 그리고 재현의 방식에서 발견되는 것이다. 즉 식민지 시기에 형성되고 전후에 발전한 남한영화의 영화적 특정성은 근대성의 성운과 식민화의 성운 사이 관계에서 생각될 수 있다. 이 마술적 아우라는 환

---

24 이영일은 김기영의 영화가 박스오피스 작품, 리얼리스트적 작품, 생존의 본능을 묘사한 표현주의적 작품) 등 크게 세 가지로 나누어진다면서 〈현해탄은 알고 있다〉는 리얼리스트적 작품과 표현주의적 작품 사이 중간에 위치한다고 설명한다. 이영일, 「악마적인 욕망」, 『부산국제영화제 카탈로그: 한국영화회고전: 김기영 특집』(제2회 부산국제영화제, 1997), 8쪽.

25 문재철은 김기영의 영화를 리얼리즘과 표현주의 중간에 있는 '그로테스크 리얼리즘'이라고 특징화한다. 즉 비현실적 분위기를 포착하기 위해 어두운 조명, 불안정한 앵글, 과장된 연기를 사용한다는 점에서 김기영 영화는 표현주의적 스타일을 가진다고 한다. 하지만 실제 역사적이고 사회적인 문제를 명시적, 암시적으로 다루는 등 현실적 요소들이 김기영 영화의 핵심이기 때문에, 그의 영화는 고전적 표현주의로만으로는 설명될 수 없다고 지적한다. 문재철, 「일탈과 대조의 미학」, 『부산국제영화제 카탈로그: 한국영화회고전 김기영 특집』(제2회 부산국제영화제, 1997), 36~37쪽.
     이러한 맥락을 고려해서, 이 글에서는 멜로드라마와 호러 같은 다양한 장르에 결속되어 있는 김소영의 '판타스틱 모드'의 개념으로부터 '마술적 리얼리즘'을 사회적, 네오리얼리즘에 기초한 것으로 범위를 줄임을 알려둔다.

상적 분위기의 종류인 보는 것의 환경과 텍스트 재현의 영역에서 발견되는데, 이는 영화에 침투하는 식민지 근대성의 주술과 영화에 붙어 있는 사악한 일본과 서구의 정신을 물리칠 수 있는 매력을 의미할 수 있다는 것이다.[26]

김기영의 영화, 특히 〈현해탄은 알고 있다〉는 식민지적 근대화의 일환인 총력전으로서의 군대문화를 비판하는 마술적 모드를 차용한다는 점에서 김소영의 담론은 유효한 시각을 제공하지만 그 방식은 매우 복잡하다. 앞서 논의했듯, 〈현해탄은 알고 있다〉가 반일과 친일 혹은 반미와 친미라는 단순한 이분법적 사고에서 벗어나 있음은 매우 중요하다. 〈현해탄은 알고 있다〉의 마술적 장면들은 일본 독립영화들에 주로 사용된 사회적 리얼리즘의 차용을 뛰어넘어, 전쟁에 반대하는 인간성을 위한 희망과 아로운의 생명력, 그리고 일본의 전쟁 책임과 수치감을 느끼는 히데코와의 새로운 관계를 제시한다. 또한 아로운의 죽음으로부터의 비현실적 부활은 다른 일본인 피해자들이 아직도 살아 있을지도 모른다는 가능성을 제시하면서 그들의 가족들이 철조망을 부수고 시신을 불태우는 것을 막도록 유도한다. 이 경이로운 순간은 전쟁의 사실을 숨기기 위해 미국의 폭격에 희생 당한 자들을 불태우는 일본 군대의 잔혹함을 보여주는 동시에, 일본 서민들을 공격하는 미국 군사주의의 참상도 폭로한다. 따라서 아로운의 부활과 아로운과 히데코 사이의 재회는 일본 제국 혹은 미군 점령 세력의 전체성 아래에서 저항하는 한국과 일본의 새로운 관계를 제시하며, 일본 식민주의와 미국 군사주의를 반대하는 탈식민화로 작동하는 가능성을 보여준다.

남미 영화와 문학을 연구하는 웬디 B. 페리스는 마술적 리얼리즘

---

26 김소영, 『근대성의 유령들』, 24~26쪽.

과 식민주의의 관계를 조명하는데, 그녀는 마술적 리얼리즘이 탈식민 담론에서 자신과 타자 사이에 존재하는 문제적 관계들을 예시하고 종 종 문화적 혼종성을 담아낸다고 주장한다. "마술적 리얼리즘은 호미 바바가 식민지 조우인 혼종성 장소의 불특징적 공간으로서 이론화되어 있다. 이 마술적 리얼리즘의 혼종적 현상은 타자성의 동력들을 드러낸 다."[27] 이와 같은 맥락에서 마술적 리얼리즘은 탈식민화와 연결되고, 탈식민지적 공간의 정치적 힘은 즉각적인 것과 물질적인 감각의 회복을 통해 다시 획득된다. 마술적 리얼리즘은 미학적 권위 대신에 가능성을 그린다. 즉 마술적 리얼리즘은 담론적 힘을 식민주의에서 피식민주의로 전환시키며, 최근의 탈식민화된 사회의 매개와 대안적 역사서술의 가능성을 보여주는 허구적 토대를 마련한다. 이런 의미에서, 〈현해탄은 알고 있다〉에서 '리얼리즘'과 '자기 반영성'은 사회적 리얼리즘과 다큐멘터리의 조합을 통해 공생·관통하며, 더 중요하게는, 영화의 마술적 리얼리즘은 혼종성의 장소인, 식민자와 피식민지자가 조우하는 식민지적 조우의 불특징적 공간을 보여준다. 즉 〈현해탄은 알고 있다〉의 '괴롭힘 당하는 병사'와 '낭만적 사랑'이라는 주제 및 '사회적 리얼리즘'의 형태는 〈진공지대〉와 공유하는 지점이지만, 〈현해탄은 알고 있다〉가 갖는 마술적 리얼리즘의 혼종적 성질은 이러한 요소들을 식민주의자와 피식민주의자가 끊임없이 서로 충돌하고 화해하는 식민지의 공간으로 번역해내면서 '식민지 조선'의 타자성의 동력들을 보여준다.

〈육체의 약속〉에서의 대안적인 여성 고백체 보이스오버

주지의 사실대로, 1960년대와 1970년대에 들어서 김기영은 남한의 압축된 전후 근대성을 젠더 동학을 통해 묘사한 하녀(1960), 화녀(1971),

---

27 Wendy B. Faris, *Ordinary Enchantments: Magical Realism and the Remystification of Narrative*(Nashville: Vanderbilt University Press, 2004), pp. 134~136.

충녀(1972) 등의 멜로드라마들을 만들었다. 이들 멜로드라마 중에서 〈육체의 약속〉은 〈현해탄이 알고 있다〉와 마찬가지로 일본영화들의 모티프들과 밀접한 상관관계를 가지면서, 한국의 군사독재를 암시하는 전후 군사주의에 대한 의미심장한 논평을 한다.

〈육체의 약속〉[28]은 이만희 감독 작 〈만추〉(1966)의 리메이크작이며, 〈만추〉는 1972년에 일본 감독 사이토 고이치(斎藤耕一) ― 〈약속(約束)〉 (1972) ― 에 의해, 1975년에는 김기영 감독에 의해, 1981년에는 김수용 감독에 의해, 최근에는 2011년 김태용 감독에 의해 각각 리메이크되었다. 원작과 다른 리메이크 작품들이 연인 간의 이루어질 수 없는 사랑에 대한 슬픔을 묘사한 반면, 〈육체의 약속〉은 여자 주인공의 성적 트라우마와 그것의 회복에 대한 희망에 더 초점을 맞추고 있다. 이와 같은 주제는, 여자 주인공이 더는 희생자가 아니라, 그녀의 상처를 회복하고 삶에 대한 의지를 얻는다는 대안적인 고백체 보이스오버와 여성 판타지를 통해 직설적으로 그려지고 있다. 한편 한국 군사독재와 미국 군사주의는 박정희 유신체제(1972~1979)의 검열 때문에 직접적으로 묘사되지 못하고, 여자 주인공을 감금하는 감옥을 통해 알레고리화되어 있다. 예를 들면, 주인공 효순(김지미 분)이 감옥에 다시 들어갈 때, 그녀와 우연히 조우하게 된 남성(이정길 분)이 함께 높은 벽을 따라서 그녀를 배웅하는데, 스크린 속 배역들에게는 보이지 않아도, 관객들은 벽 너머 남한의 국기와 새마을운동 깃발을 볼 수 있다. 그리고 남자가 여간수에게 묻는다. "이 높은 담 속엔 무엇이 들어 있죠?" 그러자 여간수가 대답하길, "한 도시가 있어요. 공장, 백화점, 천당의 입구까지." 이후 감옥 입구 안으로 들어간 효순이 감옥 입구 밖의 남자와 마지막 말을 나누는 장면에서, 마

---

28 원작 〈만추〉의 제목과는 완전히 다른 〈육체의 약속〉이라는 제목은 김기영 감독이 진술하는바 〈만추〉의 일본영화 리메이크작인 〈약속〉에서 인용했다고 한다. 그리고 〈약속〉에는 〈만추〉와는 달리 여주인공과 동행하는 여간수가 나오는데, 김기영은 〈약속〉의 시나리오에서 힌트를 얻어 〈육체의 약속〉에도 여간수(박정자 분)를 등장시킨다. 여기에서도 당시 김기영 영화와 일본영화 사이 상호관계를 알 수 있다.

치 군인들이 남자를 잡으러 오기라도 한 듯, 비디제시스적 군화 소리가 크게 울려 퍼진다. 이는 감옥이 효순과 남자의 신체를 감금하는 남한 군대에 대한 은유적인 상징임을 암시한다(사진 6). 〈육체의 약속〉은 효순이 한 남자를 만나러 약속 장소로 가는 기차를 타는 동안, 과거의 기억을 회상하는 그녀의 고백체 보이스오버로 시작한다. 효순의 플래시백에서, 우리는 그녀가 자신에게 성폭력을 가한 남자를 우발적으로 죽이고 죄수가 되었다는 사실을 알게 된다. 그녀는 또한 남성의 성폭력으로 상처를 받고 나서 남성혐오증을 가지게 되었으며 자살 충동에 시달린다고 고백한다(사진 7). 따라서, 〈육체의 고백〉에서 여성 고백체 보이스오버는 한국 가부장제와 미군이 주둔한 전후 군사주의에 기인한 창녀[29]이자 범죄자의 상처를 드러내는 역할을 하는 것이다.

사실 이 여성 고백체 보이스오버는 1960년대 일본의 (그리고 한국의) 멜로드라마에서 많이 찾아볼 수 있는데, 이들 영화에서 고백체는 여성 주인공들의 욕망과 기성 가치에 대한 위반을 드러낸다는 점에서 〈육체의 고백〉와 비슷하지만, 결국 마지막에는 그녀들의 죄와 악행을 고백·후회하고 용서를 구하면서 그녀들의 이야기를 서술하는 데 사용된다.[30] 다시 말하자면, 이와 같은 멜로드라마의 고백체 보이스오버는 여성을 정상적이고 안전하거나 혹은 성적 호소력이 있는 즉 수치스럽지만 이해 받을 수 있는 주체로 만들어주지만, 그녀들은 완전히 주체적이거

---

29 창녀라는 표현은 여성주의 시각에서, 더는 쓰이지 않는 표현이지만, 이 글에서는 효순의 성관계에 내재하는 강제성과 억압성을 강조하고자 이 표현을 고수한다. 또한 영화 내러티브상에는 여주인공이 직업 창녀임이 직접적으로 드러나지 않지만(주인공은 다방레지로 등장한다), 처음 만난 남자에게 강간을 당한 후, 어려운 생계 때문에 어쩔 수 없이 남자들과 관계를 맺는 장면이 나오므로, 그녀의 성관계에서 나타나는 억압성을 암시하고자 창녀라는 표현을 쓴다는 점을 밝혀둔다.

30 이것의 예들로는, 〈아내는 고백한다(妻は告白する)〉(마스무라 야스조増村保造, 1961), 〈육체의 문(肉体の門)〉(스즈키 세이준鈴木清順, 1964), 〈어느 여대생의 고백〉(신상옥, 1958), 〈그 여자의 죄가 아니다〉(신상옥, 1959), 〈표류도〉(권영순, 1960) 등이 있다. 이들 영화에서는 여성의 고백체 보이스오버가 분열적으로 기능하기는 하지만, 결국 남성의 판타지 안에 다시 재전유되거나 자기의 섹슈얼리티를 인정받기를 욕망하는 것에 한정된다. 한국영화에 나타나는 여성 고백체에 대해서는 오영숙, 『1950년대, 한국영화와 문화 담론』(서울: 소명출판, 2009)을 참조할 것.

〈사진 6〉〈육체의 약속〉에서 효순이 갇히는 감옥은 전후 한국의 군사독재 공간을 암시한다

〈사진 7〉술집에서 만난 남자에게 성폭력을 당하는 효순

나 전복적이지는 않다. 곧, 이 멜로드라마에서 여성들은 결국 남성의 욕망과 시선 안에 포획되거나 남성 주체의 대리적 시선으로 작용하기 때문에 전복적인 여성 보이스오버를 찾기는 어렵다. 이런 현상을 동아시아 근대 미학 관점에서 살펴보자면, 일본 메이지 문학의 여성 내러티브에 대한 크리스틴 머런의 논쟁을 연결 지어 생각할 수 있는데, 머런은 메이지 시기 소설들의 여성 내러티브는 여성이 가부장제에서 갱생되는 언술 주체로 설정되면서 고백의 스펙터클에 대응하는 역할을 한다고 주장한다. 그러므로 고백하는 여성들은 정상적 주체로 회복되거나, 또는 남성 고백체 소설들을 특징짓는 비정상을 제거하는 데 분투한다는 것이다. 즉 여성 화자의 고백 내러티브는 개인으로서 사회적 책임과 회개의 프레임에 의존하는 만큼, 남성에게만 해당되는 사회적으로 버림받은 자들의 소영웅적인 미학적 태도는 여성에게 가능하지 않다고 설명한다.[31]

머렌이 지적하는 전형적인 여성 고백체 내러티브와는 대조적 방식으로 여성 고백체를 사용하는 영화들이 있다. 군사주의에 점령당한 여성의 신체를 다룬 전후 일본 멜로드라마 중 하나인 나카히라 고 감독의 〈월요일의 유카〉는 몇몇 장면에서 대안적 여성 고백체 보이스오버를 보여준다는 점에서 〈육체의 약속〉과 비슷하다.[32] 유카는 미군 장교를 위해 일하는 남자의 정부다. 그녀는 애인의 후원을 받으며 세상에서 가장 행복한 일은 남자에게 사랑받는 것이라고 믿지만, 이후 그녀의 후원자와 미국인 장교가 그녀를 성적으로 조롱하자 자신이 살아온 방식에

---

31 Christine L. Marran, "Recollection and Remorse," *Poison Woman: Figuring Female Transgression in Modern Japanese Culture*(Minneapolis: University of Minnesota Press, 2007), pp. 94~102.

32 사실 〈월요일의 유카〉와 〈육체의 고백〉은 전체적인 미학 및 내러티브와 직접적 연관을 가진다기보다는 영화에 부분적으로 재현된 어떤 특정한 모티프(고백체 보이스오버와 동반 자살 등의 코드들)와 군사주의라는 사회적 맥락들이 상관관계를 가지기 때문에 이 영화를 비교 분석 텍스트로 가져왔다. 사실, 김기영 감독 자신도 인터뷰에서 나카히라 고 감독의 〈모래 위의 식물군(砂の上の植物群)〉(1964)과 〈월요일의 유카〉 등의 시나리오를 아주 인상 깊게 보았다고 진술한다. 유지형 대담, 『24년간의 대화: 김기영 감독 인터뷰집』, 50쪽.

〈사진 8〉 미국 장교 선실에 초대받은 유카(《월요일의 유카》)

〈사진 9〉 유카가 미군 장교에게 성폭력을 당하는 장면

회의를 품는다(사진 8, 9). 앞서 언급한 대로, 〈월요일의 유카〉와 〈육체의 약속〉은 여성 보이스오버를 관습적으로 쓰지 않는다는 점에서 공통점을 가지는데, 두 영화에서 여성 내레이터가 자신의 범죄를 고백하거나 후회하지 않으며, 이는 관객들이 여성들의 범죄에 대해 다소 의아하지만 거리를 두고 생각하게 만든다. 이런 방식의 고백체 보이스오버는 그녀들이 남성 중심의 지배적인 성적 규범 속으로 안착되는 것을 방해한다. 〈월요일의 유카〉에서 이와 같은 보이스오버의 성격이 명시적으로 드러나는 장면을 살펴보자. 유카는 자신의 후원자를 속이고 바람을 피운 것에 대해 경찰에게 고백하는데, 유카는 이 고백을 진지하고 심각하게 하지 않고 마치 조롱하듯이, 상대방이 못 알아듣도록, 보이스오버로 매우 비정상적으로 빨리 말한다. 그리고 경찰이 유카에게 그녀의 실수를 인정하라고 하자, 그녀는 그것을 부인하고 달아나며 경찰에게 쫓긴다. 이것은 슬랩스틱코미디 스타일로 연출되어 관습적이고 심각한 고백 신을 풍자라도 하는 듯 그려진다.

〈육체의 고백〉의 경우에는, 효순과 동행하는 남자가 효순에게 그녀가 옛날에 남자를 죽인 이유에 대해 묻자 그녀는 대답하지 않는다. 그 대신에, 그녀는 관객들에게만 들리게 '방백'으로 얘기한다. "내가 왜 사람을 죽였는지 나도 모른다. 죽인 동기를 검사와 재판장이 물었으나 대답을 못했다. 그때 난 수없는 남자에게 속고 수없이 내 몸에 칼을 넣어 생명체를 도려냈다. 그 많은 피를, 그 많은 피를 난 흘려야 했다. 그때도 내겐 충격적으로 증오가 폭발했다." 이로써, 관객들은 가해자를 고발하는 효순의 내부 목소리에 귀를 기울이고 성적 학대를 당한 효순의 상처와 고통을 향해 관심과 의문을 가지게 된다. 더군다나 나중에 효순은 자신과 동행한 남자에게 직접 자신의 과거를 고백하는데, 그 이유는, 자신을 위해서 희생한 남자의 행동 때문이다. 즉 효순은 남자가 체포될 것을 알면서도 자신이 감옥에 가는 길을 동행했음을 알게 되자 마침내 자신에게 일어났던 일을 사실대로 고백한다. 효순은 감옥 철제 문 사이로 오른손을 내밀어 남자의 머리를 감싸며 그에게 소리친다. "여보, 여보! 내가 잘못했어. 사람을 모두 저주하고 미워하는 것이 잘못이었어. 이젠 사기 당해도 속아 넘어가도 믿어보고, 매 맞고 처참히 돼도 믿음을 다시 찾아볼 거야. 여보, 당신 이름 뭐야, 이름 말이야. 내 이름은 효순이, 효순이란 말이야. 신문에 났었어. 왜 사람을 죽였냐고? 그 사람이 미워서 죽인 건 아냐. 남자한테 속고 하도 속아서 나도 모르게 분통이 터졌던 거야. 너무들 한단 말이야. 여보. 만나. 나하고 만나. 만나. (…) 여보, 약속해. 꼭 만나야 돼. 여보, 약속해!" 이는 범죄를 저지를 때 자신이 제정신이 아니었다고 말하며 자기의 비정상성을 회개하거나 애인에 대한 성적 욕망을 통해 결국 희생을 택하는 등의 여성이 성적 정상성에 안주하거나 혹은 처벌을 받게 되는 일반적 멜로드라마의 관습적 고백과는 무척 다르다. 그러한 의미에서 효순의 고백은 관습적 멜로드라마 속 남성의 욕망에 의해 이상화되는 이항 대립적 자유주의 주체―사회적 재생산의 주체로서의 강한 여성과, 남성의 섹슈얼리티를 만족시켜주거나 치유해주는 보조적 여성―에 저항하는 '대안적 여성 주체'를 암시하는 여성의 주체적 목소리라고 할 수 있을 것이다.

이것은 카자 실버먼의 논의와 공유되는 지점이 있다. 실버먼은 여성 실험주의 작가들의 영화 텍스트들이, 부인(disavowal), 나르시시스트적 판타지, 멜랑콜리아, 부정적 오이디푸스콤플렉스 등을 통해, 남성적 욕망을 충족시키는 여성 신체가 하는 기능과 비슷하게, 할리우드영화의 관습적 재현에 상응하는 여성의 목소리를 폐기하며 여성 목소리의 자율성을 수행한다고 한다.[33] 〈육체의 약속〉은 실버먼의 논의 대상인 실험

---

33 Kaja Silverman, *The Acoustic Mirror: The Female Voice in Psychoanalysis and Cinema*(Indiana: Indiana University Press, 1988). pp. 2~3.

영화는 아니지만 멜로드라마라는 장르의 틀에서 이러한 실험적 요소들을 수행해낸다. 다시 말해 효순의 범죄에 대한 부인을 통해, 궁극적으로는 가부장제에서의 정상적 범주에서 여성 주체로서의 회복에 대한 부인을 수행하는 여성 고백체 보이스오버를 통해, 그리고 남성으로 대변되는 가해자를 불러들이는 여성 판타지 즉 우연히 만난 한 남자가 그녀를 위해 희생한다는 그녀의 나르시시즘적 판타지를 통해, 남성화된 집단적 목소리에 침묵당한 여성 피해자 자신의 목소리를 구원해낸다.

동반 자살이 '(하루 동안의) 결혼'과 '삶의 의지'로 전환될 때

동반 자살에 내포된 S-M적 행위는 〈육체의 약속〉과 〈월요일의 유카〉의 또 다른 중요한 모티프다. 두 영화에서 여성 주인공들은 남성과 사도마조히스트적 관계를 가지며, 동반 자살을 시도하는 척한다. 하지만 두 영화에서 모두 여성 주인공들은 남성과 같이 죽는 대신에 남성을 죽이는 전복적 행위를 저지른다. 몇몇의 일본과 한국의 문화연구자들은 멜로드라마의 정치적이고 역사적으로 상처받은 남성과 여성 혹은 타락한 여성의 관계는 종종 동반 자살에서 절정에 달하는 관습적인 이성의 S-M적 관계(남자들과의 S-M적 관계에서 여자는 항상 자동적으로 마조히스트적으로 재현되는 관습적인 S-M적 관계)를 통해 묘사된다고 지적한다. 이와 같은 내러티브들은 남한의 군사독재에 대한 민주화 투쟁과 일본의 안보투쟁에서의 남성의 패배를 암시하는 것으로 논의된다. 그리고 억압받고 패배하는 남성의 트라우마는 보통 여성과의 S-M적 관계를 통해 묘사된다. 그러나 이런 관계에서 여성은 남성의 사회적·정치적 트라우마의 매개자 그 이상도 그 이하도 아니다.[34]

34 예를 들면, 〈부운(浮雲)〉(나루세 미키오成瀬巳喜男, 1955), 〈아키츠 온천(秋津温泉)〉(요시다 기주吉田喜重, 1962) 등과 같은 타락한 여성 멜로드라마 속의 여성 주인공들은 전쟁의 패배와 안보투쟁을 경험한 남성과 부적절한 관계를 가진다. 그럼으로써 그녀들은 남성들의 정치적 트라우마를 구현하면서, 나중에 희망 없는 자신들의 사랑에 실망하며 자살을 하거나 병으로 죽는다. 특히 〈아키츠 온천〉은,

물론, 명백히 김기영의 〈하녀〉와 〈충녀〉, 오시마 나기사(大島渚)의 〈일본 여름: 동반 자살(無理心中日本の夏)〉(1967), 시노다 마사히로(篠田正浩)의 〈동반 자살(心中天網島)〉(1969) 등 몇몇 멜로드라마에서 동반 자살은 여성의 마조히즘에 기반 한 낭만적 죽음으로 작동하지는 않는다. 이와 같은 멜로드라마에서 동반 자살은 남성의 정치적 패배가 아닌, 오히려 사회적·정치적 폭력에 대한 여성의 복수나 저항을 암시한다.[35] 이런 동반 자살의 전복성 계보를 따라, 〈월요일의 유카〉의 유카는 미군 장교로부터 성폭력을 당한 후 그녀를 강간하도록 유도한 자신의 정부와 춤을 추며 동반 자살을 시도한다. 하지만 유카는 마지막에 그를 강에 던져버리고 조용히 혼자 걸어 나온다. 이 장면은 〈육체의 약속〉에서 몇몇 남성에게 강간을 당한 복수로서 효순이 자신을 성적으로 가해한 남성을 죽이는 장면을 상상하게 한다. 즉 남성을 살해하는 장면은 영화에서 생략되어 있으나 효순의 고백으로 상상할 수 있는 것이다. 효순과 유카가 자신을 가해한 남성을 살해하는 하는 행위는 관습적인 타락한 멜로드라마에서 피해자의 마조히스트적 죽음과 비극적 자살에 비해 매우 전복적이다.

이와 같은 여성 복수극에서 더 나아가, 〈육체의 약속〉에서 동반 자

동반 자살과 관습적인 남녀의 S-M적 관계를 탁월하게 묘사한다. 이에 대해서는 다음을 참조. 斉藤綾子, 「女性と幻想: 吉田喜重と岡田茉莉子」, 四方田犬彦 編, 『吉田喜重の全体像』(東京: 作品社, 2004). 흥미롭게도, 한국영화 또한 〈비 오는 날의 오후 3시〉(박종호, 1959), 〈표류도〉 등은 한국전쟁의 트라우마를 통해 이러한 현상을 구현한다.

35 예컨대 니나 콘예츠는 시노다 마사히로의 〈동반 자살〉에서, 여성 캐릭터가 남편과 동반 자살의 의례를 치를 때, 남편 곁에서 평화롭게 행하는 게 아니라, 남편 밀러서 혼자 매우 부정적이고 절망적으로 행하는 모습에 주목하며, 이는 사회적 법에 (이성애와 가부장제에서의 아내의 의무) 기반을 둔 동반 자살을 부인하는 것을 암시한다고 지적한다. 그러므로 이는 기존의 동반 자살의 관습을 위반한다고 주장한다. Nina Cornyetz, *The Ethics of Aesthetics in Japanese Cinema and Literature: Polygraphic Desire*(New York: Routledge, 2007). 김기영 감독 작 '하녀 시리즈'의 동반 자살에 대한 짧막한 논평은, 크리스 베리의 다음 글을 참고할 것. Chris Berry, "Introducing 'Mr. Monster': Kim Ki-young and the Critical Economy of the Globalized Art-House Cinema," in Chungmoo Choi(ed.), *Post-Colonial Classics of Korean Cinema Korean*(Irvine, CA.: Korean Film Festival Committee of University of California, Irvine, 1998), pp. 39~47.

살은 낯선 이들 사이의 하루 동안의 결혼이라는 판타지로 전환된다. 성적으로 학대 받은 효순은 이 세상에는 더는 믿을 것이 없다고 생각하며 끊임없이 자살 충동에 시달려왔다. 그러나 그녀는 동반 자살 대신 결혼을 충동적으로 제안하는 순진하지만 성적 매력이 있는 낯선 낙오자를 만나게 된다. 자연스럽게 효순은 다시 남성에게 배신당할 것에 불안을 느끼지만, 동시에 남성의 결혼 프러포즈에 기뻐한다. 남자가 약속 시간에 늦게 나타나기는 했지만 그녀의 불안은 이미 다소 없어진 상태다. 하지만 그녀는 그를 완전히 믿지는 못한다. 남자는 기차에서 첫날밤을 치를 것을 제안하는데, 효순은 처음에는 거절한다. 하지만 그녀는 그의 새디스트적인 성적 리비도에 압도당하고 그에게 복종하게 된다. 성관계를 끝낸 그녀는 다른 때와는 달리, 쾌락을 느끼며, 그 남자에게 자기와 잠깐 같이 있어달라고 부탁한다. 하지만 여전히 남성에게 의심을 품고 감옥으로 돌아가게 되는 데 대한 절망감으로 다시 자살 충동을 느낀다. 앞서 설명한 것처럼, 그가 체포당할 것을 무릅쓰고 그녀와 함께 여행하고 감옥까지 동행해준 사실을 알게 되자, 그제야 그녀는 그에게 완전히 마음을 연다.

〈육체의 약속〉은 이러한 영화의 중요한 내러티브를 통해 삶과 죽음의 약호들을 바꾸며 동반 자살에 대한 기존의 문화적 의미를 완전히 전복하고 있다. 말하자면, 영화는 동반 자살에 내재하는 이성애라는 정상성에 기반 한 낭만적인 죽음을 하루 동안의 결혼과 성적 즐거움으로 변형하는 것이다. 여기서 효순의 성욕은 미국화가 가져다준 상품화나 육체의 해방에 매개되지 않는다. 효순은 섹스를 포함한 여러 상품화된 쾌락을 즐기는 경제적 힘을 갖지 못하는 비천한 계급 출신이기 때문에, 그녀의 성욕은 오로지 자신을 위해서 '희생하는 남성'이라는 실버만 식의 '나르시시즘적 판타지'를 통해서만 상상될 수 있다. 영화에서 효순은 비극적 죽음 대신 그녀의 판타지를 통해 전후 군사주의(효순의 신체와 감옥의 관계로 상징되는)로부터 벗어난 삶에 대한 희망을 꿈꾼다. 사실 한 여자가 자신이 짝사랑하는 남자의 아이까지 임신했지만, 아이도 죽고 자기도 병이 들었지만, 영원히 그를 사랑한다는 편지를 보내고 그 편지를 읽은 남자는 자기가 하룻밤 상대로 생각한 여성에 대한 죄책감으로 눈물을 흘린다는 〈미지의 여인에게서 온 편지(Letter from an Unknown Woman)〉(막스 오퓔스, 1948)의 내용을, 사실은 영화상에서 실제로 일어난 일이 아니라, 그 여성 캐릭터가 허구적으로 상상한 마조히스트적 판타지라고 분석한 논의가 있다. 즉 여성 캐릭터가 남자로 하여금 죄책감을 유발시키기 위해서, 자기의 고통에도 불구하고, 남자를 지고지순하게 사랑했다는 영화상의 플롯이, 여성 캐릭터의 보이스오버나 플래시백은 없지만, 그녀가 순전히 꾸민 자신의 마조히스트적인 판타지로 유추하는 것이다.[36] 이 논의와 관련지어 봤을 때, 〈육체의 고백〉의 전체 내용을 남성으로 하여금 여성을 위해 희생한다는 효순의 판타지로 읽을 수도 있는데, 더군다나, 〈육체의 고백〉은 전적으로 효순의 일인칭 보이스오버와 플래시백으로 진행되는 만큼 그렇게 독해될 여지가 풍부하다. 그리고 결국 효순이 남성의 희생으로 희망을 갖는다는 점에서 마조히스트적이 아니라 나르시시스트적(혹은 새디스트적)으로 말이다.

전후 군사주의 비판을 암시하는
서발턴 여성 판타지와 역전된 S-M적 역할

영화 〈육체의 약속〉 전체가 효순의 판타지인가에 대한 논의는 제쳐두고서라도, 위에서 언급한 대로, 결혼 의식 장면, 기차 안 첫날밤, 감옥을 사이에 두고서 효순과 남자가 나누는 작별 인사, 세 장면은 명백

---

36 Gaylyn Studlar, "Masochistic Performance and Female Subjectivity in *Letter from an Unknown Woman*," *Cinema Journal*, Vol. 33, No. 3(Spring 1994), pp. 35~57을 참조할 것.

히 효순의 나르시시즘적 판타지로 읽힌다. 이것을 효과적으로 보여주는 영화적 특징은 매우 극적이고 연극적인 미장센들이다. 이러한 비현실적 모드들의 사용은 주인공들의 결혼식 의식을 그리는 장면에서 매우 생생히 보인다. 장면이 전환될 때는 급작스러운 줌인과 줌아웃 혹은 틸트다운과 틸트업을 사용하며, 카메라는 전환된 장면을 설정 숏으로 보여주고, 이후 인물들이 그 숏에 들어오게 한다. 이와 같은 장면 전환의 방식은 인물들의 과장된 대화, 연기와 함께 인공적 세팅과 영화의 연극적 특징을 강조한다.

효순의 간수가 남자에게 계속해서 죽음 충동을 느끼는 효순을 위해 남자가 필요하다며 그녀에게 세상에는 믿을 만한 가치가 있음을 보여주라고 부탁하자, 그는 그런 것들은 자기도 믿지 않는다며 간수의 부탁을 거절하며 갑자기 사라진다. 그러나 그는 효순이 그녀 어머니의 무덤을 찾아 성묘를 할 때 그녀 앞에 다시 나타나 제사 음식은 집어치우고 결혼 음식을 차리며 서로 백년가약을 맹세하자고 말한다. 그 후에 그들이 첫 번째 데이트를 하며 해변가로 달려가는 모습이 크레인숏으로 잡힌다. 이후 크레인숏은 숲을 전경으로 비추고 난 뒤, 그곳으로 들어가서 키스를 하는 남자와 효순의 모습을 보여준다. 남자는 저녁에 다시 만날 것을 효순에게 제안하며 말한다. "친구한테 돈 받으러 가야겠어. 도망칠지 몰라, 돈 받으면은 결혼반지 사올게. 여섯 시까진 와요. 등대 아줌마한테 부탁해서 막차 탈 때까지 신방을 꾸며달라고 합시다. 약혼, 결혼, 임신을 하루 만에 치르는 거야." 그러나 그가 약속 시간에 맞춰 나타나지 않자, 효순은 매우 불안해하며 다음과 같이 독백한다. "약속 시간보다 두 시간이나 먼저 와서 기다리게 됐다. 이건 무슨 장난을 하는 기분이다. 갑작스럽게 나타난 젊은 청년이 내 가슴 가득히 찾아들어 뭘 꾸미려고 하는 것 같다. 모두가 허황된 건지 몰라. 올 리가 없고 기다릴 의리도 없다. 아니 꼭 온다. 이 시계가 증거가 아니냐. 같이 신방을 꾸며보잔다. 또 날 속이려 하고 있다. 또 내버려질 것이다. 그러나 내 지금 심경으로서 거절할 수 있을까? 외로움이 날 그 사람에게 매달리게 하는 것이 아니냐. 그 청년은 순간적인 인물이다. 아니면 가공적인 인물에 틀림이 없다." 효순의 이 은밀한 독백을 통해, 영화는 '하루 동안의 결혼' 장면이 남성 판타지인 관습적인 동반 자살과는 달리 여성인 효순 자신의 판타지임을 암시하는 것이다.

영화 마지막 장면 또한 명백한 효순의 판타지로 읽혀야 한다. 남자는 효순과의 섹스로 자신의 갈망을 충족하고 나서도 효순을 감옥까지 배웅한다. 카메라는 처음에 두 사람이 감옥의 길고 하얀 벽을 걷는 것을 풀숏과 롱테이크로 보여주다가, 갑자기 남자의 슬픈 얼굴을 클로즈업한다. 남자는 떨리는 목소리로, 이제 우리는 안녕으로 헤어져야겠으나, 자기에게는 효순과의 일이 의미가 있었으며, 그녀를 잊지 않겠다고 말한다. 효순은 아무런 반응이 없다. 그러나 효순은 남자가 자신과의 약속을 지키기 위해, 그가 그 자신을 희생했다는 사실을 알게 되자, 감옥 철제 대문 너머로 그를 소리쳐 부른다. 남자는 효순 쪽으로 다가오고, 그들은 이별을 아쉬워하며 감옥 철제 대문을 사이에 두고 서로를 향해 운다. 남자는 효순을 위해 선물을 준비하며 기다리겠다고 말한다. 곧이어, 그는 군인들에게 체포당하고, 효순은 "안 돼, 안 돼"라고 소리치며 운다. 이 장면은 효순이 "안 돼, 안 돼"라고 소리치며 여수 벤치에서 남자를 기다리는 현재의 효순과 오버랩 된다. 이 오버랩 되는 두 장면은 마치 이 모든 것은 그녀의 백일몽인 것 같은 착각을 불러일으킨다(사진 10).

효순의 판타지는 멜로드라마라는 장르를 크게 여성의 판타지(female fantasy)로 읽는 콘스탄스 펜리의 논의를 상기시킨다. 펜리는 정신분석학을 통해 페미니스트적 시각으로 판타지를 분석한다. 그녀에 따

〈사진 10〉 처음에는 효순과 새디스트적 관계를 취하던 남자가 나중에는
효순의 감옥까지 따라와 자기를 희생하고, 현재의 효순은 이러한 사건을 회상한다

르면, 각각 다른 주체의 위치에서 욕망이 존재하는데, 이 주체들은 다양한 시나리오들의 복잡한 입장을 선택한다. 여성 판타지는 이 성운 안에서 영화의 남성화된 판타지의 '독신남의 기계(bachelor's machine)'를 폐기하는 하나의 방법으로 사용된다.[37] 더 구체적으로 여성 욕망으로서의 판타지에 대한 개념과 연관하여, 엘리자베스 코위는 다음처럼 말한다. "욕망의 미장센으로서의 판타지는 현존하는 것 혹은 현존한다는 사실을 드러내는 것이 아닌, 오히려 부재하는 것의 결핍을 드러내는 설정(setting)이다. 그리고 욕망은 이 판타지의 생산 과정에서 현존하는 것이 된다. 따라서 판타지는 욕망의 대상이 아닌 그것의 설정이다."[38]

코위의 논의를 고려하면, 효순의 판타지는 단지 이상적 대상을 추구하는 것이 아니라 그녀의 결핍을 드러내는 것으로 작동한다. 위에서 묘사한 미장센의 연속을 통해 욕망화된 대상을 소유할 수 있는 불능은 그녀의 결핍과 욕망을 드러낸다. 효순이 갖는 판타지 장면들을 통해, 성적 대상으로서 취급받고, 남성과의 S-M적 관계에서 폭력의 경험을 한 그녀에게 결핍되고 따라서 그녀가 욕망하는 것은 행복한 이성과의 관계 혹은 결혼 생활이고, 또한 S-M적 관계를 통해 얻을 수 있는 성적 즐거움이라는 사실임을 알 수 있다. 사실, 내러티브의 후반 전개에서 드러나는 이 '그'와 그녀의 관계성은 그들 사이 S-M적 역할의 교환 가능성을 내포하고 있다. 효순은 남자의 새디스트적 행동과 함께 마조히스트적 성관계를 가지지만, 남자가 효순을 위해 자신이 체포당하는 것을 마다하지 않는 그의 희생에서 그들의 S-M적 역할이 역전된다. 다시 말하면, 이는 그녀를 향한 그의 새디스트적 욕망이 그녀를 향한 마조히스트

37 Constance Penley, "Feminism, Film Theory, and the Bachelor Machines," *The Future of An Illusion: Film, Feminism, and Psychoanalysis*(Minneapolis: University of Minnesota Press, 1989), pp. 73, 80.

38 Elizabeth Cowie, "Fantasia," *Representing The Woman: Cinema and Psychoanalysis*(Minneapolis: University of Minnesota, 1997), p. 133.

적 희생으로 전환되는 순간이다. 그러므로 그들의 S-M적 역할은 고정되어 있는 것이 아니라 역전 가능한 것이다. 즉 S-M적 관계의 역전 가능성은 남성들과의 S-M적 관계에서 여성은 항상 자동적으로 마조히스트적으로 재현되는 관습적 S-M적 관계성을 전복한다.

코위는 또한 S-M적 관계를 이해하는 핵심은 판타지라고 주장한다. 즉 S-M적의 하위문화는 성적 드라마들이 연출되는 연극으로서 기능한다. 이어서 코위는 판타지의 S-M적 관계가 분열된 주체를 암시하거니와 장면 또는 연극, 역할 바꾸기와 역할의 교환 가능성을 갖는다고 설명한다. 즉 판타지는 욕망의 대상을 수반할 뿐만 아니라 상대방의 참여에 따른 행위들의 시나리오를 수반한다고 한다. 비슷한 방식으로, 〈육체의 약속〉에서 결혼 의식 장면부터 기차 안 첫날밤을 거쳐 효순과 남자의 작별 장면까지, 효순은 고정된 욕망의 대상으로서 남자를 연루시키는 것이 아니라 그녀의 판타지 안에 참여하도록 그를 초대한다. 가장 중요하게도, 코위의 판타지에 대한 개념은 주로 중산층 여성의 판타지를 중심으로 논의되는 반면, 김기영의 영화는 전후 군사주의에 의해 한번 삶에 대한 의지를 잃은 주변화된 창녀가 그녀의 상처를 어루만지고 그녀를 위해 그 자신을 희생하는 한 남자와 조우하게 됨으로써 그녀가 삶에 대한 회복을 얻는 것을 보여준다. 효순은 남자를 다시 만나기 위해 자살 충동을 극복하고 출소한다. 결국 만나기로 한 장소에 그가 나타나지 않지만, 효순은 그가 자신에게 살아갈 이유를 주었다고 하면서 희망을 잃지 않고 자신의 길을 가기로 한다. 따라서 효순의 판타지는 전후 군사주의가 삶과 죽음을 통제하는 방식에 저항하는 개인의 자유에 대한 회복과 군사독재로부터의 해방을 간접적으로 암시한다. 다시 말하자면, 효순의 판타지는 군사주의의 폭력에 희생당하지만 그것에 끊임없이 저항하는 약속과 믿음을 상징하는 한 남자를 상상함으로써, 억눌린 민주주의에 대한 희망과 믿음을 수행하는 것이다.

영화의 콘텍스트상, 1970년대 중반은 박정희의 유신 체제가 점점 더 강화되는 시기로서, 영화 〈육체의 약속〉이 만들어지기 1년 전인 1974년은 민청학련을 중심으로 유신정권 반대 운동이 거세게 일어난 때다. 그 결과, 유신 초기의 유학생 간첩단 사건들에 이어, 인혁당 사건으로 많은 학생운동가들이 희생되었으며 무자비한 인권 탄압이 자행되었다. 영화에서는 이 역사적 사실이 금기시되었겠지만, 효순이 당하는 성적 폭력들과 효순을 위해 희생하는 남성이라는 모티프를 통해, 군사독재가 자행하는 인권 유린의 피해자들과 군사독재에 저항하는 세력들의 희생들을 효순의 시점으로 은유화한다고도 볼 수 있다. 이렇게 본다면, 효순의 나르시시스트적 판타지는, 이와 같은 정치적 상징화 과정에서 여성이 항상 정치적 희생자로서 알레고리화되어 멜랑콜리한 감각들을 생산하는 것이 아니라, 효순 자신이 희생자들에 대한 애도의 주체로, 민주주의에 대한 열망을 회복하는 주체로 탄생되는 판타지로 읽힐 수 있을 것이다. 따라서 이것은 서구 페미니즘에서의 백인 중산층 여성중심의 여성 판타지를 뛰어넘어, 한국의 역사적 특정성을 알레고리화한 서발턴 여성 판타지라고 명명할 수 있을 것이다. 다르게 말하자면, 〈육체의 약속〉은 일본영화 멜로드라마의 장르적 특징들을 비틀며, 린다 윌리엄스가 지적하는, 저항으로서의 멜랑콜리아[39]들을 읽을 수 있는 당대 일본의 탁월한 멜로드라마들 중 하위계급 여성을 주로 주인공으로 다룬 미조구치 겐지(溝口健二)나 나루세 미키오 혹은 요시다 키주의 영화

---

39 여성의 마조히스트적 즐거움과 희생의 관계에 대해 린다 윌리엄스는 멜로드라마가 여성을 희생화하는 것을 통해 강렬한 고통의 광경과 마조히스트적 상실에 방점을 둔다고 해도, 멜로드라마의 여성 주체가 여성에 대한 가부장적 억제에서 실낱같은 권력과 즐거움을 성취할 수 있다고 주장한다. 그녀는 멜로드라마가 여성과 어머니의 신체에 재현된 초창기 상태로 돌아가기를 희망하는 것에 대한 불가능성 혹은 기원의 상실에 대한 우리의 멜랑콜리한 감각을 반복하는 것 같다고 얘기한다. Linda Williams, "Film Bodies: Gender, Genre, and Excess," *Film Quarterly*, Vol. 44, No. 4(Summer 1991), pp. 2~13.

들과는 다른 미학적 전략을 가진다.[40] 즉 〈육체의 약속〉은 이들 영화에서의 멜랑콜리한 감각들을 뛰어넘어, 여성 주인공이 더는 희생자가 아니라 그녀의 트라우마 회복과 삶에 대한 희망을 얻게 하는 '서발턴 여성 판타지'를 적극적으로 수행하는 것이다.

나오며

김기영의 〈현해탄은 알고 있다〉와 〈육체의 약속〉은, 지금까지 살펴본 것처럼, 일본의 군사주의와 미군 점령에 저항하는 일본영화들과 동일한 영화적 실천을 공유한다. 더구나 두 영화는 각각 다큐멘터리의 형태, 사회적 리얼리즘, 관습적인 여성 고백체 내러티브, 그리고 동반 자살 코드를 비관습적인 마술적 리얼리즘과 서발턴 여성 판타지의 형태로 변형해 일본영화의 사회적 리얼리즘과 멜로드라마의 장르적 특징들을 재배치한다. 이와 같은 장르영화와 영화 스타일에서의 비관습적 모드들은 식민지의 괴롭힘 당하는 병사에게 죽음으로부터의 비현실적 재탄생을, 점령당한 창녀에게 자살 충동으로부터의 삶의 의지를 가져다준다. 일본의 식민주의와 미국 혹은 전후 군사주의에 비판하는 한국영화의 정치성은 탈식민주적 사회문화의 자장에서, 유럽과 일본식의 누벨바그 운동을 거치지 못한 불평등한 문화 물질성을 암시하는 장르와 스타일의 비관습적 모드에 명시적으로 새겨져 있는 것이다. 하지만 동시에 이 글은 일본의 장르영화 중 특정한 몇몇 영화와의 비교고찰을 통해 일본군국주의와 (미국에 의해 추동된) 전후 군사주의라는 역사적 특정성을 표현하는 김기영과 일본영화의 비유럽중심적인 미학에 초점을 맞춤으로써, 이 '식민지적 차이'가 근본적으로 내셔널한 차이가 아닌, 젠더

---

40 여주인공의 시점에 의한 이와 같은 서발턴 판타지의 관점에서만 보자면, 전후의 풍자극이나 모더니즘적 영화들을 통해 하위계급 여성의 삶을 보여준 가와시마 유조(川島雄三)나 마스무라 야스조의 작품들과 김기영의 작품들을 비교하는 작업도 의의가 있을 것이다.

차이, 계급적 차이, 그리고 영화적 특정성에 기반 한 것임을 제안한다. 이와 같은 '식민지 차이'에 대한 이해로 출발하는 이 비교의 양식은 영화들의 미학적 접합들과 피식민지자와 주변화된 여성 판타지를 강조한다. 이것은 유럽영화 미학 혹은 기존의 정치적 모더니즘과는 다른, '일본군국주의'와 '미국에 의해 추동된 전후 군사화'라는 공통적인 역사적 특정성이 만들어낸, 또 다른 미학의 역사에 방점을 둔다. 이는 한국과 일본이 동시대적으로 경험한 근대성 안에서 혹은 다르게 경험한 근대성 안에서, 항상 유령적으로 돌아오는 일본 군국주의뿐만 아니라 미군 점령의 신식민성이 낳은 (하루투니언식의) "식민지적 차이"를 상기시키기 위한 것이기도 하다. 김기영의 영화들은 남한영화와 일본영화 사이에 공유될 수 있는 이러한 종류의 '식민지적 차이'를 보여주는 아주 탁월한 사례라고 할 수 있다.

부연하자면, 21세기에 들어서서, 김기영의 영화를 리메이킹하는 현상들은 넓은 의미에서의 앞서 언급한 비교틀의 연장선일 수 있을 것이다. 개발 독재에 대한 알레고리를 통해 계급 갈등을 그린 1960년대의 하녀는, 신자유주의 계급 소외를 재벌과 하녀라는 계급투쟁을 그린 2010년의 하녀(임상수 감독)로 리메이크되었으며, 이만희 감독의 〈만추〉를 원작으로 하는 현대판 〈만추〉(김태용, 2010)는 중국 여배우의 캐스팅, 미국 시애틀의 해외 로케이션이라는 트랜스내셔널한 방식으로 리메이크되었고, 가부장제에 억압받는 여성이 감옥에서 휴가를 받은 뒤, 우연히 만난 남성에게 이해 받고 치유 받는다는 것이 명시화되어 있다. 이것은, 이만희의 원작보다는, 앞서 분석한 김기영의 전후 리메이크작 〈육체의 약속〉에 기입되어 있는 젠더동학들과 트랜스내셔널성을 상기시킨다. 그러므로 이 리메이크들은, 김기영의 전후 영화들을 일본영화들과 비교분석한 방식과 마찬가지로, 시간적·공간적 차이들을 뛰어넘어 미학적·이데올로기적 절합들을 통한 비교의 틀 안에서 독해되는 것이 필요하다. 이렇듯 김기영 영화들에 내재해 있는 '번역 가능한 동력'들은 영화적 특정성과 정치적 급진주의를 지닌 비교 영화학의 가능성들을 고무할 것이다.

참고문헌

김기영, 「반항적인 정신과 함께 영화를 만들 때」, 『월간 영화예술』, 1992년
　　5월 호.

김민환, 「보론 2: 미군정 공보기구의 언론활동」, 『미군정기 신문의 사회사상』,
　　서울: 나남출판, 2001.

김소영, 『근대성의 유령들: 판타스틱 한국영화』, 서울: 씨앗을 뿌리는 사람들,
　　2000.

김윤지, 「최초의 민간영화심의기구, 영화윤리위원회 성립」, 함충범·김윤지·김
　　대중·김승경 지음, 『한국영화와 4·19』, 서울: 한국영상자료원, 2009.

문재철, 「일탈과 대조의 미학」, 『부산국제영화제 카탈로그: 한국영화회고전
　　김기영 특집』, 제2회 부산국제영화제, 1997, 36~37쪽.

오영숙, 『1950년대, 한국영화와 문화 담론』, 서울: 소명출판, 2009.

유양근, 「영화윤리전국위원회」, 『한국민족대백과 사전』(인터넷 소스).

유지형 대담, 『24년간의 대화: 김기영 감독 인터뷰집』, 서울: 선, 2013.

이순진, 「한국전쟁 후 냉전의 논리와 식민지 기억의 재구성: 1950년대 문화영
　　화에서 구축된 '이승만 서사'를 중심으로」, 민주화운동기념사업회, 『기억
　　과 전망』, 통권 제23호, 2010, 70~106쪽.

이영일, 「악마적인 욕망」, 『부산국제영화제 카탈로그: 한국영화회고전 김기영
　　특집』, 제2회 부산국제영화제, 1997, 8쪽

佐藤忠男, 『日本映画史 2: 1941-1959』, 東京: 岩波書店, 增補版, 2006, p. 5.

岩崎昶,「日本映画の人と作品について」, 『СОВЕТСКОЕ КИНО』, 1953年2月號.

山本薩夫, 「映画表現論－映画監督, 山本薩夫:その作品と生涯」, 『シネ　フロント』,
　　1955, p. 42.

斉藤綾子, 「女性と幻想: 吉田喜重と岡田茉莉子」, 四方田犬彦 編, 『吉田喜重の全体
　　像』, 東京: 作品社, 2004.

Chris Berry, "Introducing 'Mr. Monster': Kim Ki-young and the Critical Economy of the Globalized Art-House Cinema," in Chungmoo Choi(ed.), *Post-Colonial Classics of Korean Cinema Korean*, Irvine, CA.: Korean Film Festival Committee of University of California, Irvine, 1998, pp. 39~47.

Christine L. Marran, "Recollection and Remorse," *Poison Woman: Figuring Female Transgression in Modern Japanese Culture*, Minneapolis: University of Minnesota Press, 2007, pp. 94~102.

Constance Penley, "Feminism, Film Theory, and the Bachelor Machines," *The Future of An Illusion: Film, Feminism, and Psychoanalysis*, Minneapolis: University of Minnesota Press, 1989.

Elizabeth Cowie, "Fantasia," *Representing The Woman: Cinema and Psychoanalysis*, Minneapolis: University of Minnesota, 1997, pp. 11~13.

Eve Kosofsky Sedgwick, *Touching Feeling: Affect, Pedagogy, Performativity*, Durham: Duke University Press, 2003.

Gaylyn Studlar, "Masochistic Performance and Female Subjectivity in *Letter from an Unknown Woman*," *Cinema Journal*, Vol. 33, No. 3, Spring 1994, pp. 35~57.

Harry Harootunian, "Ghostly Comparisons: Anderson's Telescope," in Jonathan Culler and Pheng Cheah(eds), *Grounds of Comparison: Around the Work of Benedict Anderson*, New York and London: Routledge, 2003, pp. 171~190.

Jasper Sharp, *Historical Dictionary of Japanese Cinema*, Lanham, MD: The Scarecrow Press, 2011, pp. 96~100.

Kaja Silverman, *The Acoustic Mirror: The Female Voice in Psychoanalysis and Cinema*, Indiana: Indiana University Press, 1988, pp. 2~3.

Linda Williams, "Film Bodies: Gender, Genre, and Excess," *Film Quar-*

terly, Vol. 44, No. 4, Summer 1991, pp. 2~13.

Naoki Sakai, "On Romantic Love and Military Violence: Transpacific Imperialism and US.-Japan complicity," in Setsu Shigematsu & Keith L. Camacho(eds.), *Militarized Currents: Toward a Decolonized Future in Asia and the Pacific*, Minneapolis: University of Minnesota Press, 2009, pp. 156~157.

Naoki Sakai, "Two Negations: Fear of being excluded and the Logic of self-esteem," *NOVEL: A Forum on Fiction*, Vol. 37, No. 3, Summer 2004, pp. 238~243.

Nina Cornyetz, *The Ethics of Aesthetics in Japanese Cinema and Literature: Polygraphic Desire*, New York: Routledge, 2007.

Takashi Fujitani, *Race for Empire: Korean as Japanese and Japanese as Americans during World War II*, Berkeley and Los Angeles: University of California Press, 2011.

Ukai Satoshi, "The Future of An Affect: The Historicity of Shame," in Naoki Sakai and Yukiko Hanawa(eds.), *Traces 1: Specters of the West and the Politics of Translation*, Ithaca: Cornell University Press, 2001, p. 20.

Wendy B. Faris, *Ordinary Enchantments: Magical Realism and the Remystification of Narrative*, Nashville: Vanderbilt University Press, 2004, pp. 134~136.

오시마 나기사와 한국[1]

사이토 아야코

강진석 옮김

1.

내가 오시마 나기사(大島渚, 1932~2013) 감독과 한국을 면밀하게 생각하게 된 것은 지난 [2012년] 11월, 도쿄 메이지가쿠인대학교에서 열린 심포지엄에서 서울아트시네마 김성욱 프로그래머의 발표를 듣고 나서부터다.[2] 이 심포지엄은 1960~1970년대 일본영화의 국제적 수

---

1   아마도 한국에서 가장 많이 회자되는 오시마 나기사의 모습은, 그가 1984년 7월에 후쿠오카-부산 페리선 위에서 열린 대담에서 한국의 평론가와 작가들을 향해 "바카야로(멍청이)!"라고 소리 지른 장면이 아닐까 한다(이것은 일본에서도 그의 트레이드마크로 회자된다). 이 대담은 한국방송공사(KBS)와 TV 아사히가 특집 프로그램으로 기획했고, 같은 해 8월 15일에 [한국에서] 방영되었다. [한국의] 시청자들은 무례한 일본인 남성이 한국의 지식인들과 존경받는 영화감독들에게 호통 치는 모습에 불쾌했을 것이 틀림없다. 하지만 필자가 이 글에서 다루려는 바와 같이, 오시마가 1960년대 초반부터 (혹은 그의 유년 시절부터) 한국에 대해 가져온 친밀한 감정을 고려하면 그의 불만을 이해할 수 있는 지점을 발견할 수 있을 것이다.
[위에서 말하는 프로그램은 KBS 1TV를 통해 방영된 「해상대토론: 현해탄의 새 길」을 말한다. 한국 방영분에서는 정작 "바카야로" 발언은 있는 그대로가 아닌 토론 참석자의 설명으로 처리되었다. 『동아일보』, 1984. 8. 16. 12면 참조.]

2   나는 오랫동안 오시마 나기사의 영화에서 여성의 재현에 관심을 갖고 있었다. 나는 그의 영화에서 여성에게 가해지는 폭력, 특히 강간이라는 형태로 반복해서 묘사되는 폭력을 불편해 했다. 동시에, 그의 영화는 언제나 나를 매혹시켰고 나에게 강렬한 인상을 남겼다. 특히 그가 과거 일본의 제국주의에 대해 끊임없이 제기하는 비판, 한국 및 한국인의 문제와 철저하게 마주하는 자세가 와닿았다. 전주영화제 프로그래머 정수완 교수의 친절한 요청에 힘입어 나는 "Shadow of Radicalness of ATG: The Representation of Women in ATG Films(「영화의 여성 재현」)"이라는 글을 전주영화제의

용에 관한 내용이었는데, 김성욱은 오시마와 와카마쓰 고지(若松孝二, 1936~2012)의 영화들이 개봉 이후 30년이 지난 시점에서 한국에 어떻게 수용되었는지에 대해 말했다. 나는 그가 1990년대에 '문화학교 서울'의 작은 비디오테크에서 오시마의 〈일본의 밤과 안개(日本の夜と霧, Night and Fog in Japan)〉(1960)와 〈도쿄전쟁 전후 비사(東京戦争戦後秘話, Man Who Left His Will on Film)〉(1970)를 본 개인적 경험에 특히 흥미를 느꼈다. 그는 학생운동을 다룬 두 영화에 매혹되었다고 말했다. 그는 이 영화들의 대담한 실험과 획기적 소구 양식에 감탄하는 동시에, 1990년 초반 서울의 현실과 자신의 상황을 비추어 영화들을 '동시대적(contemporary)'으로 받아들였다고 한다. 이 영화들은 그로 하여금 10년 전, 한국의 학생운동이 퇴조하던 1980년대 초반을 회고하게끔 했다.

김성욱은 이 관람 경험이 '시대착오적인 수용(an anachronistic reception)'이었다고 지각하는 한편, 그것이 정말로 '동시대적' 경험이었다고 설명했다. 그가 오시마의 영화들을 수용한 것은, 한 층위에서는 개인적 차원이었지만, 다른 층위에서는 시간적·공간적으로 서로 다른 맥락 속에서 실재를 재창조하는 연기(deferral)와 시대착오를 필연적으로 수반하는 횡단문화적 매체인 영화의 관객성으로 일반화될 수도 있다. 이 관객성은 공통된 현실들이 서로 다른 장소에서 동시에 경험되거나 유사한 사건들이 세계 곳곳에서 동시적으로 발생하는 '동시성(synchronicity)'과는 다른 것이다. 그것은 말하자면 '동시대적'으로 존재하는 경험이 수용의 장에서 지연 혹은 사후성(deferred action)의 형태로 발생하는 '동시대성'에 가깝다고 할 수 있다. 그때 실재의 본래적 긴급성과 즉각성은 상이한 역사적 그리고 사회적 주체들의 시공간으로 재맥락화된 새로운 배경 속에서 공명하는 것이다.

ATG 회고전 카탈로그에 싣게 되었다. 나는 그가 영화에서 여성을 다루는 방식에 대한 비판적인 입장을 완전히 바꾸지는 않았지만, 내가 처음 생각했던 것보다 훨씬 복잡한 이슈들을 보게 되었다.

내가 이 글에서 강조하려는 바는 이론적이거나 보편적인 문제로서의 경험이 아니다. 그보다 나는 오시마가 위치했던 역사적으로 특정한 제작 순간을 다루면서, 그의 영화들을 아시아적 맥락에서 재구성하고자 한다. 특히 뒤늦은 혹은 기회를 상실했다는 감각이 국경과 세대를 초월한 동일시를 통해 훨씬 더 명확해지면서, 우리가 '동-시대성'이라 부를 수 있는 시공간을 가로지르는 강력한 동조를 생산해내는 것이 오시마의 영화 제작에서 중요한 특징임을 논하려고 한다. 이런 측면에서, 김성욱이 1960년과 1970년에 만들어진 두 영화를 언급한 것은 흥미롭다.[3] 오시마가 1960년대에 제작한 영화들은 학생운동의 두 세대 사이에 걸쳐 있으면서 과거 그리고 현재와 끊임없이 맹렬하게 대면하는 작품이었다. 그 한편에는 오시마 자신이 주도적 역할을 했던 1950년대의 학생운동이, 다른 한편에는 그가 직접적으로는 관여하지 않았지만 날카로운 비판을 가하면서 깊이 동조했던 1960년대의 학생운동이 있었다. 이 [1960년대의 학생운동]는 당시 전 세계에서 동시에 일어나고 있던 반-베트남전 학생운동과 함께 일본의 젊은 세대들이 일미안전보장조약 개정에 반대한 '안보투쟁'이었다. 하지만 일본 국가 스스로는 인정하고 있지 않지만 일본이 당면한 지정학적 결과들과 오시마가 마주하게끔 한 것은 베트남전이 아니라 한국전쟁이었다.

우리는 1960년 6월 초 발표된 〈청춘 잔혹 이야기(靑春殘酷物語, A Story Of The Cruelties Of Youth)〉를 통해, 이미 1960년대에 오시마가 이러한 동-시대성을 예리하게 감각하고 있었음을 확인할 수 있다. 아울러 나는 이 동-시대성이 완전히 의도한 것은 아니더라도 한국에서 가져

---

3 두 영화가 만들어진 기간은 오시마가 양적으로나 질적으로 가장 생산적인 시기였다. 또한 오시마가 전후(postwar) 감독으로서의 입지를 굳혀가던 때였다. 그는 기존 일본영화의 전통과 결별하는 한편, 일본을 전쟁의 가해자가 아니라 피해자로 묘사하는 멜로드라마적 재현 양식을 거부했다. 이는 그가 일생에 걸쳐 노력한 바로, 국민국가로서 일본이 아직 풀지 못한 문제들 다시 말해 일본 식민 지배의 과거와 그 부정적 영향을 받아들이는 것이었다.

온 이미지들로부터 유발되고 구체화되었음을 논하고자 한다. 오시마는 〈청춘 잔혹 이야기〉에서 멋모르고 중년 남성의 차를 탔다가 겁탈을 당할 뻔한 젊은 여성을 한 대학생이 구해주는 오프닝 장면 바로 다음에, 영화 개봉 2개월 전인 [1960년] 4월 19일 이승만 정권에 저항하는 한국 학생들의 격렬한 시위를 보여주는 뉴스릴 푸티지를 삽입한다.

오시마는 4·19의 뉴스릴 푸티지와 함께 앞에서 나온 젊은 여성과 대학생 커플이 메이데이 집회를 구경하는 장면을 병치한다. 메이데이 집회는 이후 이후 [일본] 대학생들의 일미안전보장조약 개정 반대 투쟁으로 이어지는 1950년대 운동의 유산 중 하나였다. 여기에서 오시마는 일본의 시급한 현실과 아무 관련 없는 듯 행동하는 무분별한 젊은 남녀의 모습과 한국의 긴급한 상황 사이의 뚜렷한 대비를 보여준다. 갑자기 삽입된 한국 학생들의 시위를 담은 흑백 이미지는 영화의 서사적 흐름을 무너뜨린다. 이 다큐멘터리 장면이 영화의 허구적 공간에 융화된다고 하더라도, 오시마가 한국의 현실과 대조되는 일본의 미적지근한 상황에 제기하는 비판적 견해는 틀림없이 인지된다. 오시마가 한국의 자료 영상을 삽입하기로 결정한 것은 한국 문제를 다루는 그의 작품에서 중요한 특징이라 할 동-시대성에 대한 확고한 감각을 보여준다. 김성욱이 〈일본의 밤과 안개〉를 지연된 동시대의 형태로 마주한 것과 비슷하게, 오시마는 '동시대적' 감각을 세 층위로 재생산했다. 첫째로, 독재에 저항하는 한국 학생들의 격렬한 시위 푸티지가 주는 실제의 동시대성이다. 한국의 푸티지는 오시마 자신이 관여했던 1950년대 일본 학생운동의 과거에 대한 지연된 동시대적 감각을 환기시킨다. 둘째로, 이는 그가 젊은 일본 세대와 접속할 수 있게 해준다. 셋째로, 그 동시대적 감각은 한국의 젊은 학생 세대와의 그리고 그들을 통한 공감 어린 동일시를 통해서 만들어진다.

나는 이 시점까지는 오시마가 동-시대성의 재현을 완전히 확립하지는 못했다고 생각한다. 우리는 오시마가 후에, 특히 1964년 한국으로 긴 여행을 다녀온 후에 보다 비판적인 자의식으로 이 재현 양식을 발전시켰음을 확인할 수 있다. 한국에서 그는 전쟁의 참상에서 막 일어서려고 하는 나라의 고통과 희망을 직접 목격했다.

2.

오시마 나기사에게 한국전쟁은 특히 중요했다. 그것은 사회적이고 역사적인 맥락뿐 아니라 개인적이고 자전적인 의미에서도 마찬가지였다. 오시마는 한국전쟁이 발발한 1950년 교토대학에 입학했다. 그는 극장운동뿐만 아니라 1950년대 초반 미국 제국주의, 미국 기지 건설, 미국의 반공산주의 메카시즘에 반대하는 전학련[4] 운동에 깊이 관여했다.[5] 그러나 이 운동은 학생들로부터 보다 폭넓은 지지를 받지 못하고 쓰라린 실망을 안겨준 채 끝났으며, 풀지 못한 숙제들을 남겨놓았다. 그리고 오시마는 1954년 졸업 후 쇼치쿠 스튜디오에 입사했다.

---

4 [옮긴이] 전일본학생자치회총연합(全日本学生自治会総連合). 1948년 결성된 일본의 학생연합 조직이다. 1960년 일미안전보장조약의 개정을 두고 '안보반대투쟁'을 이끌었다.

5 아네트 마이컬슨은 자신이 편집한 오시마 나기사 에세이집의 서문에서 다음과 같이 썼다. "전쟁에서 패한 지 2년도 지나지 않아 명확하고도 정치적으로 전투적인 학생운동의 싹이 발아하기 시작했다. 이러한 경향은 전학련이라고 불린, 272개 대학이 가입한 거대한 학생조직으로 구체화되었다. 내부의 논쟁과 당파주의, 공산당과의 우여곡절 많은 관계로 말미암아 필연적으로 형성될 수밖에 없는 난관들이 촉발하는 공격적 행위들로 둘러싸인 전쟁 직후의 사회적 환경 속에서, 오시마 나기사는 성장했다. 그것이 최고조에 이른 것은 일미안전보장조약의 비준과 실행에 저항하는, 1959~1960년의 투쟁이었다. 실패로 끝나긴 했지만, 일본 정치체계에 ─그리고 예술적 실천들에─ 그 흔적을 새겨진 이 투쟁은 미국의 냉전 정책에 저항하는 보다 광범위한 운동과의 연관 속에서 살펴보아야만 할 것이다. 오시마가 한국전쟁과 베트남전쟁에 관해 쓴 글들은 그의 TV 다큐멘터리 작업들과의 관계 속에서, 산업적 영화 제작 양식에서 벗어나 작업하던 시기의 역사적 구조 내에서 분석을 요구한다." Nagisa Oshima, edited and with an introduction by Annette Michelson, translated by Dawn Lawson, *Cinema, Censorship, and the State: The Writings of Nagisa Oshima*(Cambridge, Massachusetts: The MIT Press, 1992), p. 6. 마이컬슨이 일본의 역사적 맥락을 주위 깊게 관찰하고 있음에도 불구하고, 오시마가 한국과 베트남에 대해 취하는 태도를 같은 층위에 놓고 보는 그녀의 (그리고 다른 많은 이들의) 일반화된 경향은 약간의 오독으로 여겨진다.

오시마가 연출을 시작한 것은 1959년이었다.[6] 1960년 학생들의 안보투쟁을 직접적으로 다룬 〈일본의 밤과 안개〉는 그의 4번째 연출작이었다. 스튜디오는 이 영화의 흥행 성적이 좋지 않다는 이유로 개봉 4일 만에 영화 배급을 중단했다.[7] 그는 이에 항의하며 1961년 쇼치쿠를 퇴사하고는 [영화] 제작사인 창조사(創造社)를 설립했다. 그는 1960년에 TV 드라마 각본을 쓰기로 이미 계약되어 있었지만,[8] 1962년 전설적인 TV 프로듀서 우시야마 준이치(牛山純一)와 (우시야마의 선구적 TV 다큐멘터리 시리즈 〈논픽션 극장ノンフィクション劇場〉을) 함께 작업하기 시작했다. 돌이켜보면, TV 다큐멘터리를 만들게 된 것은 오시마에게 커다란 영향을 끼쳤다. 오시마는 우시야마와 함께 16mm 필름으로 〈잊혀진 황군〉과 같은 획기적 작품들을 연출했다.

1963년 8월 16일 방영된 〈잊혀진 황군(忘れられた皇軍, The Forgotten Imperial Army)〉[25분, TV 방영용으로 제작]은 오시마가 직접적으로 조선인 소수자들 혹은 '재일(在日, 자이니치)' 조선인들을 다룬 첫 번째 영화다. 이 작품은 '전 일본군 재일조선인 상이군인회' 회원들의 역경을 조명한다. 그들은 불구가 되어 하얀 옷을 입고 거리에서 구걸을 하고 있는데, 일본의 황군으로 전쟁에 참전했음에도 조선인이라는 이유로 군인 연금 제도에서 배제되었기 때문이다. 참전 군인들이 일본 국가와 정부에 연금을 청원하는 것을 온종일 따라가는 장면이 있는데, 이들은 그날

---

6 오시마의 데뷔작 〈사랑과 희망의 거리(愛と希望の街, A Town Of Love And Hope)〉[1959, 62분]의 원제는 "비둘기를 파는 소년[鳩を売る少年]"이었다. 그런데 스튜디오 고위층에서 (이 영화가 장편이 아니었음에도) 장편영화의 제목으로는 너무 '가볍다'는 이유로 반려되었다.

7 쇼치쿠의 결정은 일본사회당 위원장 아사누마 이네지로(浅沼稲次郎)가 [1960년 10월 12일] 방송 정치 토론회[자민당, 민주사회당, 일본사회당 등 3당 대표자 합동 연설회]에서 극우주의자에게 피살된 직후에 내려졌다. 회사는 부인하고 있지만 그 결정이 정치적으로 결정된 것이 분명하며, 이는 오시마를 분노케 했다.

8 1962년 〈아마쿠사 시로우 토키사다(天草四郎時貞, The Rebel)〉의 흥행 참패는 오시마로 하여금 장편영화를 만들기 힘들게 했고, 그의 주된 작업은 TV 다큐멘터리나 간혹 드라마를 만드는 것이 되었다. 오시마는 자신의 '후일담'에서 우시야마가 자신에게 어떻게 접근했는지를 설명했다. 大島渚, 「あとがき」, 『日本の夜と霧: 大島渚作品集』(東京: 現代思潮社, 1968), p. 383.

저녁 식사를 하며 술을 마시다 논쟁을 벌이게 된다. 카메라는 그중 한 인물을 응시한다. 그는 1944년 6월 악명 높은 '트루크제도 대공습'으로 두 눈과 오른쪽 팔을 잃었다. 그가 카메라 뒤에 서 있는 오시마에게 자신의 고난에 대해 직접 말하면서 선글라스를 벗어 멀어버린 두 눈을 카메라에 보여주는 장면은 매우 충격적이다. 이 장면에서 고마쓰 호세이(小松方正)의 보이스오버 내레이션이 직접 관객들에게 말을 건다. "아주 서글픈 싸움이다. 서로끼리만 다툰다. 불평할 대상이 없다. 추한 건가? 우스운 건가?" "서갑원, 눈이 있었던 곳에서 눈물이 흐른다."

이 장면은 여전히 일본 다큐멘터리 영화사에서 가장 충격적이고 가슴 미어지는 장면 중의 하나일 것이다. 또한 오시마의 영화 인생에서도 핵심적 순간 중의 하나인 동시에 그 자신에게도 눈이 트이는 경험이었을 것이다. 보는 이로 하여금 깊은 감명을 받지 않을 수 없게 하면서, 일본 국가가 부정하고 싶어 하는 전쟁의 가혹한 결과와 현재 상황에 대해 자신이 얼마나 무관심한지를 돌아보게 하는 장면이다. 이 장면은 또한 카메라와 카메라가 포착하는 대상 사이의 관계를 불안정하게 만든다. 카메라의 시선(그리고 그에 내재하는 권위)이 담지하는 폭력에도 불구하고, 감독을 향해 그리고 관객들을 향해 곧바로 돌아오는 (보이지 않는) 응시가 지닌 끈질긴 진실의 힘이 존재한다. 그 시선에 압도되어, 오시마는 그저 이 남자의 호소를 담아내는 것으로 카메라를 목격자로 만든 듯하다.

5년 후[1968년], 오시마는 당시 〈잊혀진 황군〉 촬영이 끝나고 한 스태프가 자신에게 와서 자신이 참전 군인들의 호소에 고개를 끄덕이면서 카메라와 테이프를 멈추지 말라고 주문하는 방식이 마치 광인의 그것 같았다고 말했다고 회고한다.[9] 허구적 인물이 아닌 다큐멘터리의 대

---

9 같은 곳.

상과 마주하면서, 오시마는 (정확히 알튀세르적 의미에서) 호명을 통한 직접적인 말걸기의 방법을 발견한 듯 보인다. 그 방법은 오시마가 재일 조선인 문제를 다룬 두 후속작에서 좀 더 탐구되었고, 그의 대표작 중 하나인 〈교사형〉에서는 다른 방식으로 표현되었다. 〈교사형(絞死刑, Death by Hanging)〉(1968)은 1958년 재일 조선인 이진우가 두 일본인 여학생을 죽인 고마쓰가와 사건(小松川事件)을 다룬 작품이다. 사건이 벌어진 후, 그리고 심지어 이진우가 사형된 이후에도 그를 다루는 것이 죄악시되던 상황이었다.[10]

3.

오시마가 자신의 "한국으로의 접근"이라고 부른 두 영화에 대해 좀 더 논해보겠다. 한 편은 1964년 그가 두 달간 서울에 머물면서 촬영한 다큐멘터리 영화 〈청춘의 비(青春の碑, The Tomb of Youth/ Monument to Youth)〉이고, 다른 한 편은 [프랑스 영화감독] 크리스 마르케르(Chris Marker)의 〈활주로, La Jeteé)〉(1962)의 영향을 받아 만든 단편 다큐멘터리 〈윤복이의 일기(ユンボギの日記, Yunbogi's Diary)〉(1965)다. 오시마는 〈윤복이의 일기〉를 가리켜 1965년 6월 22일 조인된 일한기본조약에 대한 "소박한 메시지"라고 설명했다.[11] (그가 후에 쓴 바 있듯이, 〈윤복이의 일기〉는 ATG[12] 필름을 주로 상영하는 신주쿠 문화극장에서 8일 동안 독립적으로 상영되었다. 상영 시작일인 1965년 12월 11일은 일한기본조약이 참의원

---

10 같은 책, p. 384.

11 Nagisa Oshima, "The Road to Freedom," *Cinema, Censorship, and the State*, p. 101(원래는 「自由への道」「『悦楽』とわが自由への道 ベトナム戦争と私の創造姿勢」, 『映畫藝術』, 1965로 나왔으나 大島渚, 『魔と残酷の発想』, 東京: 芳賀書店, 1966, p. 236로 다시 출간되었다).

12 [옮긴이] 1961년 일본에서 예술영화를 배급·상영하기 위해 설립된 단체. ATG(Art Theater Guild)는 일본 독립영화, 예술영화들이 안정적으로 상영될 수 있게 했다. 후에는 1,000만 엔가량의 적은 예산으로 영화를 제작·배급하는 시스템을 갖추었으며, 오시마 나기사를 비롯해 요시다 기주(吉田喜重), 와카마쓰 고지(若松孝二), 구로키 가즈오(黒木和雄) 등의 감독들이 ATG에서 창작 활동을 이어나갔다. 오시마 나기사는 〈윤복이의 일기〉 이후 ATG를 통해 〈닌자 무예장〉, 〈교사형〉 등을 제작·배급했다.

을 통과한 날로, 이는 중요한 동시성을 다시 보여주고 있다.)

1964년 8~10월, 오시마는 곧 개최될 도쿄올림픽으로 들뜬 도쿄를 떠나 첫 방한을 했다. 우시야마를 도와 〈잊혀진 황군〉의 후속 기획이 될 다큐멘터리를 만들고, '동시대적' 문제로 한일 관계를 좀 더 살펴보기 위해서였다. 그 결과로 만들어진 작품이 40분 분량의 영화 〈청춘의 비〉였다. 이 작품은 1960년 4·19혁명에 참여했다가 오른팔을 잃고, 가족의 생계를 위해 매춘에 뛰어든 한 어린 소녀에 관한 것이었다. 이 다큐멘터리는, 널리 상영되지는 않았으나, 중요한 의미를 둘 지닌다.

이 여행에서 오시마가 처음 찾은 곳은 마산으로, 부패 정권에 맞선 4·19학생운동이 촉발된 곳이다. 그는, 앞서도 언급했듯, 〈청춘 잔혹 이야기〉에 4·19학생운동의 다큐멘터리 푸티지를 삽입하기도 했다. 오시마는 처음에 '이승만 라인'[13]과 어부에 관한 다큐멘터리를 만들려 했으나 촬영 허가를 받지 못했다. 이후 그는 앞서 언급한, 가족을 부양하기 위해 매춘을 하는 소녀 박옥희를 만났고, 곧바로 이 주제를 다큐멘터리로 만들기로 결정했다.[14] 그러나 다가오는 조약[일한기본조약]의 체결을 위해 좀 더 부드러운 방식을 택하라는 간접적 검열로 주제를 수정해야만 했다. 그리하여 박옥희에 초점을 맞추는 대신, 평택에서 한국전쟁으로 고아가 된 아이들과 장애인들을 수용해 독립할 수 있도록 도와주는 시설을 운영하고 있는 한 사회운동가의 관점에서 이야기를 써나가며 한국의 상황을 개괄하는 방향으로 선회했다.[15]

---

13 [옮긴이] 1952년 1월 18일, 당시의 대통령 이승만이 발표한 '해양 주권 선언'에 의하여 한반도 주변의 수역에 설정한 해역선(海域線). 한일 간 어업상의 격차, 어업자원 등의 보호, 세계 각국의 영해 확장 추세 등을 이유로 선포되었으며, 이라인·평화선이라고도불린다. 1965년 6월에 한일조약으로 철폐되었다. 오시마 나기사 일행은 1964년 8월 21일 공보부의 초청으로 방한했으며, 당시 일본 NTV에서 제작 예정이었던 다큐멘터리의 제목은 〈한국이 본 평화선〉이었다.
14 박옥희는 한국의 맥락에서 〈청춘 잔혹 이야기〉의 여자 주인공과 대응하는 인물이라 할 수 있다. 또한 그녀는 극도의 역경과 가난의 희생자라는 점에서 〈잊혀진 황군〉 속 참전 군인들의 여성 버전이기도 하다.
15 [옮긴이] 박옥희는 이 사회운동가의 시설에 맡겨지지만, 끝내는 가족을 돌보기 위해 집으로 돌아간다.

이 영화 〈청춘의 비〉는 4·19학생운동뿐 아니라 38선, 한국전쟁과 그 안에서 벌어진 참극들을 간략하게 소개하고 있다. 오시마는 이러한 이야기 사이에 박옥희의 이야기를 삽입했다. 영화에 제약이 가해진 까닭에 박옥희와 사회운동가에는 각기 다른 재현 양식이 적용되었다. 남자 활동가를 설명적 방식으로 따라가는 카메라의 방식을 두고 오시마가 그의 이야기에 특별한 흥미를 느끼지 않았다고 말할 수도 있을 것이다. 박옥희의 경우에는 대부분 클로즈업숏으로 그녀를 잡으며 그녀에게 다가가려고 하기 때문이다. 그럼에도 오시마는, 〈잊혀진 황군〉에서 카메라를 활용하고 친밀감을 만들어냈던 참전 군인의 경우와 달리, 클로즈업으로 계속해서 그녀를 프레이밍 하면서도 감정적으로 다가가는 방법을 찾지 못한 듯하다. 이는 아마도 그녀가 품고 있는 사회 특히 자선사업가에 대한 그녀의 반감과 반일 정서가, 완전히 선명하게 드러나지는 않지만, 그녀가 감독을 대하는 태도에 영향을 주었고 그로 인해 오시마를 받아들이지 않도록 했기 때문일 것이다.

결과적으로, 오시마는 (〈잊혀진 황군〉에서 대상과 관객 사이에 스스로를 위치시키며 말 그대로 자신의 목소리를 참전 군인의 말 위에 얹어, 자신을 대변한 보이스오버 내레이션을 했던 것과 달리) 박옥희 소녀의 주체성에 다가가 그녀를 대변하지 못하고 그저 그녀 옆에 머물러 관찰할 수밖에 없었던 듯하다. 이는 아마도 그가 박옥희의 말을 한 번에 이해하지 못하는 언어적 장벽에서 일정 부분 기인할 것이다. 그는 그녀의 주체성으로부터 한 발자국 떨어져 있다가, 그녀의 목소리를 담아 그 위에 자신의 목소리를 입히는 것 외에는 별다른 수가 없었다. 〈청춘의 비〉에서 그녀의 화면 위 이미지와 그녀의 주체성을 설명해주는 보이스오버 내레이션 사이에 어떤 부조화가 존재하는 것이 바로 이 때문이다. 그럼에도 〈청춘의 비〉에는 서정적 순간이 몇 존재하는데, 박옥희가 노래를 부르는 장면

(노래의 의미는 후에 요시다 히데코가 연기한 재일 한국인 인물이 부른 〈만철소가滿鐵小歌〉를 통해 다시 확인할 수 있다) 그리고 뒤에서 그녀를 따라가는 숏이나 〈윤복이의 일기〉에서 사진들이 활용되는 방식을 예고해주는 많은 클로즈업숏이 그것이다.[16]

오시마는 〈청춘의 비〉 제작 과정에서 겪은 모든 실패를 통해 대상에 다가가는 자신의 방식의 한계를 자각한 듯 보인다. 너무나 가깝고도 먼 나라, 역사적 트라우마와 현재의 고통들로 가득 차 있으며 일본이 20년 전 겪은 일들을 거울처럼 비추는 이 땅에 대한 영화를 만드는 것에 대해서 말이다. 오시마는 자신의 한국 경험과 실패를 소화해낼 시간이 좀 더 필요했다. 이는 〈윤복이의 일기〉로 이어졌다. 〈윤복이의 일기〉는, 그가 한국에서 특별한 목적 없이 단순히 자신이 목격한 현실, 특히 이 나라의 곤궁과 고통을 축도로 보여주는 아이들의 고난을 담은 일련의 사진들로 만든 영화다.

〈윤복이의 일기〉에서 오시마는 관객에게 호소하기 위해 대상을 대변하는 대신 대상에게 말을 거는 방식을 택한다. "일본인들이여, 이것을 받아들일 수 있는가?"라고 질문하는 것이 아니라, "이윤복, 너는 열 살짜리 소년. 이윤복, 너는 열 살짜리 한국 소년. 이윤복 너는 거리에서 껌을 판다. (…)" 등의 보이스오버를 반복하며 대상과 주체 사이의 대화를

---

16   오시마는 「국토는 갈라졌지만―한국(国土はひき裂かれたが―韓国)」에 한국영화, 특히 정진우 감독을 만난 인상에 관해 언급한다. 오시마는 38선을 직접 다루고 있는 정진우 감독의 〈국경 아닌 국경선〉 (1964)에 깊은 인상을 받았다고 썼다. 불과 24세의 젊은 감독이 하기에는 대담한 기획이었기에, 오시마 나기사는 이 작품에 흥미를 느끼게 되었다. 작품은 멜로드라마적 연출로 만들어졌지만, 오시마 나기사에게 크게 인상을 주었던 것은 여배우 황정순이 어머니 캐릭터를 그려내는 방식이었다. 오시마 나기사는 황정순의 정교한 연기와 내러티브상에서 어머니가 살아가는 방식, 그녀의 열정적인 사랑과 죽음이 관객들에게 눈물을 끌어내는 방식을 인정했다. 그는 "나는 감독이 이 어머니를 그려내는 방식을 선택할 때 분명한 정치적 의도를 갖고 있었다고는 생각하지 않는다. 하지만 이 젊은 감독의 마음속에 자리 잡은 통일을 향한 열렬한 바람이 영화의 어머니와 같은 강렬하고, 분명한 인물을 만들어내는 데 영향을 주었을 것이다. 그리고 감독은 남한의 관객들로 하여금 북한 사람들에 대한 동포애를 느끼고, 통일을 향한 바람을 다시 갖도록 독려한다. 大島渚, 『魔と残酷の発想』, p. 191. 오시마는 일본영화의 멜로드라마적 전통을 강력하게 거부했지만 관객들이 흘리는 눈물만큼은 인정했던 듯하다.

청하고 둘 사이의 경계를 허물려고 한다. 오시마는 그가 〈잊혀진 황군〉에서 무의식적으로 행했던 것과 같이 대상을 이해하고 있는 자로서 자신을 특권화하거나 통제하지 않는다. 오시마는 자신이 "받아들일 수 있는가?"라고 질문을 던졌던 일본 관객들로부터 자신을 떨어트려놓지 않았다. 대신에 그는 사진들이 스스로 말하도록 함으로써 관객들이 스크린 위의 이미지들과 자신들의 관계를 그려낼 수 있도록 했다.

이 경험에 대해 쓴 「국토는 갈라졌지만—한국」[17]과 〈윤복이의 일기〉에 대한 수기 및 프로덕션 노트에서 언급되었듯이, 오시마는 한국에 두 달 동안 체류하면서 1945년 패전 직후의 일본에서 10대를 보낸 자신의 경험을 반추하게 되었다. 그 경험은 전후의 가난과 여타의 곤경을 겪고 있는 한국의 현실과 중첩되는 것이었다. 그가 충격을 받은 것은 한국이 수십 년간 겪어야 했던 극심한 가난과 고통이었다. 한국전쟁은 그가 뉴스릴 자료를 통해 보아온 것과는 또 다른 것이었다. 오시마가 뉴스릴의 이미지들을 매우 강하게 동일시했음에도, 그가 직접 본 현실은 상상을 초월하는 것이었으며 결코 과거의 사건이 아니었다. 혹독한 현실이었지만 한국에서 목격한 것들은 오시마에게 큰 힘이 되었다. 그로 하여금 36년간의 일본 식민 통치에서 이승만 정권, 미군정으로 이어지는 노정을 되돌아보게 한 것이다. 한국 경험과 한국과의 관계 속에서 —말하자면 한국의 현실과 아직 해결되지 않은 전쟁 책임을 안고 있는 나라로서— 일본을 되돌아본 경험은 오시마가 절대적인 이질적 타자로서가 아니라 내부에서 타자의 시선을 갖도록 해주었다.[18]

오시마는 〈윤복이의 일기〉에 관해 쓴 메모에서 〈잊혀진 황군〉을 시

---

17 이 글은 오시마가 다양한 곳에서 한국에 대해 쓴 글들을 모아놓은 것으로, 「국토는 갈라졌지만—한국」이라는 제목으로 발표되었다. 大島渚, 『魔と残酷の発想』, pp. 167~194로 출간되었다(몇몇 글들은 영문으로 번역되어 볼 수 있다. Nagisa Oshima, *Cinema, Censorship, and the State*, pp. 61~73).

18 1992년 인터뷰에서, 그는 이렇게 말했다. "한국이라는 나라는, 우리 일본의 거울이다. 한국인을 바라보는 것은, 우리 일본인이 자기 자신을 거울에 비춰보는 것이 아닐까?" 이 인터뷰는 〈소년(少年)〉(1969)의 DVD에 다시 수록되었다.

작으로 한국에 다가가면서 알게 된 중요한 발견과 배움에 대해 설명한다. 그는 "또 나의 내면에서 비롯하는 작품이 아니라 외재적 소재로 영화를 만들 경우, 반대를 무릅쓰고 나만의 노래를 결합시키려고 한 나머지 파탄을 거듭해온 내가, 이럴 경우에는 오히려 소재 안에서 나를 발견해야 한다는 당연한 방법을 겨우 터득했다는 것에 두 번째 의미가 있다. 나는 이 방법을 〈잊혀진 황군〉을 만들며 획득했고, 〈윤복이의 일기〉에서 의식적으로 활용했다고 할 수 있다."[19]

이 세 영화[〈잊혀진 황군〉, 〈청춘의 비〉, 〈윤복이의 일기〉]를 만든 후, 우리가 알고 있던 오시마 나기사 감독이 더 이상 존재하지 않음을 알 수 있다. 그가 포착한 1960년대 한국의 이미지들은 그 역사적, 사회적, 그리고 개인적 상처들을 전면에 부각시킨다. 새로운 세대의 한국 예술가들과 비평가들에게 그들 나라의 상처투성이 이미지를 온전히 받아들이기는 쉽지 않은 일이다. 그 상황이 여전히 미결로 남아 있기 때문이다. 어떤 이들은 최근의 한국 영화와 미디어 텍스트들이 역사적 비극을 통해 '다소 전형적으로 낙인찍힌' 한국의 이미지들을 전경화하는 것이 아닌 차별화된 나라의 이미지들을 만들어내고 있다고 주장할 수도 있다. 그것들이 분명 큰 성공을 거두고 있는 것은 사실이지만, 나는 오시마가 '한국의 문제들'과 마주치는 과정을 통해 발견한 동-시대성들 그리고 그가 영화에서 추구해나간, 그리하여 관객들, 심지어 일본인들의 제한된 시각에서도 트랜스-시네마적 경험을 강렬하게 불러일으켰던 지점들을 높게 평가하여야 한다고 생각한다. 오시마가 자신의 경험을 통해 많은 것을 배웠다면, 우리 또한 그럴 수 있지 않을까.

---

19 大島渚,「あとがき」, pp. 40~41.

참고문헌

大島渚, 「あとがき」, 『日本の夜と霧: 大島渚作品集』, 東京: 現代思潮社, 1968.

大島渚, 『魔と残酷の発想』, 東京: 芳賀書店, 1966.

Nagisa Oshima, edited and with an introduction by Annette Michel-son, translated by Dawn Lawson, *Cinema, Censorship, and the State: The Writings of Nagisa Oshima*, Cambridge, Massachusetts: The MIT Press, 1992.

아시아영화제[1]의 등장

: 1950년대 미국의 냉전기 문화정책과 일본의 아시아 영화산업으로의 재-진입

이상준

> "FPA의 가장 중요한 목적과 임무는 영화를 통하여
> 공산주의의 침략으로부터 '자유 아시아'를 지켜내는 것입니다."
>
> —김관수[2]

아시아영화제의 등장과 아시아재단

1955년 4월, 한국영화문화협회(Korean Motion Picture Cultural Association, KMPCA)의 이사이자 대한영화제작자협회 회장인 김관수는 미국 샌프란시스코에 본부를 둔 민간단체 아시아재단(The Asia Foun-

---

* 이 논문은 *Historical Journal of Film, Radio, and Television*에 게재된 필자의 논문 "Creating an Anti-Communist Motion Picture Producers' Network in Asia: The Asia Foundation, Asia Pictures, and the Korean Motion Picture Cultural Association"(2017)과 Miyao Daisuke가 편집한 *Oxford Handbook of Japanese Cinema*(Oxford University Press, 2012)에 실린 필자의 챕터 "The Emergence of the Asian Film Festival: Cold War Asia and Japan's Re-entrance to the Regional Film Industry in the 1950s"의 일부 내용을 축약하고 보충했음을 밝힌다.

1 Asian Film Festival은 '아세아영화제' 혹은 '아시아영화제'로 혼용되어 사용된다. 이 글에서는 Southeast Asian Film festival은 '동남아시아영화제'로, Asian Film Festival은 '아시아영화제'로, Asia-Pacific Film Festival은 '아태영화제'로 통일해 사용하기로 한다.

2 「아시아영화제」, 『경향신문』, 1956. 6. 19.

dation, TAF)의 서울 사무국으로부터 한 통의 전화를 받았다. 서울 관훈동에 새롭게 지어진 아시아재단 사무실에 김관수가 도착하자 재단의 서울사무소 대표 필립 로(Philip Rowe)와 비서 메리 워커(Mary Walker)[3]는 그를 반갑게 맞이했다. 김관수는 로가 미국공보원(United States Information Service, USIS) 소속으로 미군정기 대한민국의 미디어 정책에 관여하고 있던 시기부터 밀접한 관계를 이어오고 있는 사이였다. 제2차 세계대전 종전 직후 USIS는, 미국의 냉전기 문화정책 연구자 니컬러스 J. 컬이 밝히고 있듯, 출판과 영화 및 개인적 친분 관계를 통해 아시아 각 지역의 오피니언 리더들과 네트워크를 형성하고 있었다. 김관수 역시 이 네트워크의 그물망 안에 위치하고 있던 지식인이었다.[4]

로는 김관수에게 아시아영화제작자연맹(Federation of Motion Picture Producer's Association of Asia, FPA)의 존재에 대해 알고 있는지를 물었고, 이 연맹의 연례행사이며 싱가포르에서 개최될 제2회 동남아시아영화제(Southeast Asian Film Festival, AFF)[5]에 참석할 것을 제안했다. (1954년 5월에 이 영화제가 일본 도쿄에서 처음 개최되었을 때, 대만은 대표단을 도쿄에 보냈던 반면 한국은 영화제에 초청받지 못했었다.) 아시아재단은 영화제 참가비와 항공료 및 숙박비를 포함한 여행 보조비를 세

---

3   1911년에 미국 필스버그에서 태어난 메리 워커는 캘리포니아에서 기독교 계열 여자고등학교의 교장으로 근무하던 중 1952년에 아시아재단에 합류하게 된다. 1952년에서 1954년까지 일본 도쿄 지부에 있었으며, 1955년에 로의 갑작스러운 사망으로 아시아재단 서울 지부의 대표로 취임한다. 이후 2007년에 사망할 때까지 파키스탄·아프가니스탄·이탈리아 등지에서 여성의 인권과 교육 업무를 맡았다. 워커의 삶에 대해서는 다음을 참조. Lee Iacovoni Sorenson, "In Memorium: Mary Walker Mag Hasse(1911-2007)," *The Forum: Newsletter of the Federation of American Women's Clubs Overseas Inc*(Winter 2007-2008), p. 2.

4   Nicholas J. Cull, *The Cold War and the United States Information Agency: American Propaganda and Public Diplomacy, 1945-1989*(Cambridge and New York: Cambridge University Press, 2008), p. 123.

5   동남아시아영화제는 이후 1956년 아시아영화제(Asian Film Festival)로 정체성에 변화를 가져오게 된다. 이 영화제는 1982년에는 호주와 뉴질랜드의 가맹으로 아시아-태평양영화제(아태영화제, Asia-Pacific Film Festival)로 탈바꿈한다. 이 글에서는 1956년 이전에 개최된 행사만 '동남아시아영화제'로 칭한다.

명에게 나누어주었다. 아시아재단이 전해준 '달러'와 함께 김관수·윤봉춘·이상철, 그리고 통역의 역할로 당시 아시아재단 서울 지부에서 근무하던 조동제가 함께 싱가포르로 떠났고, 이는 격심한 전쟁이 휴전된 이후 한국영화가 아시아 지역의 영화산업과 맺은 최초의 네트워크였다.[6]

하지만 여기에서 강조하고자 하는 바는 한국이 이 기구(아시아영화제작자연맹)와 영화제(동남아시아영화제)에 가맹한 일이 당시 회장국인 일본의 의지나 한국의 자발적 의도가 아니라 아시아재단의 적극적 제의에 의한 것이었다는 점이다. 역사학자 찰스 암스트롱은 냉전기 아시아에서의 문화적 장(cultural arena)이 "동아시아의 격심한 정치적 갈등의 장이었다"라고 논한 바 있다. 그는 미국의 문화가 아시아의 다른 어떤 나라의 그것과도 비교할 수 없는 수준으로 전후(戰後) 한국을 깊숙하게 관통하고 있었으며, 미국 정부와 그 문화 에이전시들 예컨대 기독교 단체들, 보이스카우트, 4-H클럽, 그리고 록펠러재단·포드재단·카네기재단 등의 사립 재단과 아시아재단 등이 아시아 지역에서 '영화적 장' 형성에 커다란 영향을 끼친 만큼 이에 대한 보다 진전된 검토가 필요하다고 강조했다.[7] 그렇다면 한 가지 질문이 제기된다. 아시아재단은 왜 제2차 세계대전 후 한국의 영화인들과 교류를 맺고 있었는가? 그리고 아시아재단과 동남아시아영화제는 어떤 관계였을까?

아시아재단의 역사는 1951년으로 거슬러 올라간다. 아시아재단은 미국 캘리포니아 주 샌프란시스코에서 '자유아시아위원회(The Committee for a Free Asia)'라는 이름으로 1951년 3월 12일에 출범했다.[8] 샌프란시스코를 중심으로 캘리포니아에 거점을 두고 있는 사업가, 대학교수,

---

6 Philip C. Rowe, "Visit in Hong Kong of Korean Observers for the Second Film Festival in South East Asia," April 19, 1955, Film Festivals(FMPPSEA) 2nd Singapore file, Box 15, Asia Foundation Records, Hoover Institution Archive, Stanford University.

7 Charles K. Armstrong, "The Cultural Cold War in Korea, 1945-1950," *The Journal of Asian Studies*, Vol. 62, No. 1(February 2003), p. 72.

8 Robert Blum, "The Work of The Asia Foundation," *Public Affairs*, Vol. 29, No. 1(1956), p. 47.

전직 정부 관료 등이 비정부·비영리 민간기구 형태로 설립했는데, 샌프란시스코에 본부를 두고 있는 윌버 앨리스(Wilbur-Ellis) 그룹 회장 브라이턴 윌버(Bryton Wilbur)를 초대 의장으로 하여 지역의 경제인들인 찰스 브라이스(Charles Blyth), J. D. 젤러바흐(J. D. Zellerbach), 캘리포니아주립대 총장 레이먼드 앨런(Raymond B. Allen), 포드재단 회장 폴 호프먼(Paul G. Hoffman), 미국영화제작자협회(Motion Picture Association of America, MPPA) 회장 에릭 존스턴(Eric Johnston)을 위시한 지역 유력 인사 22명이 위원회 멤버로 합류했다.[9] 아시아재단은, 1949년 중국 공산화 이후 중국 인민과의 교류를 위한 민간 조직을 표방했지만, 실제로는 미국중앙정보국(CIA) 부국장 프랭크 위스너(Frank Wisner)와 국장 앨런 덜레스(Allen Dulles)의 주도로 베를린에 본부를 둔 자유유럽위원회(The National Committee for a Free Europe)를 본떠 아시아를 대상으로 설립한 일종의 반공 조직이었다.[10] 설립 초기에는 비교적 소극적으로 아시아 지역의 반공 지식인들을 지원하고 반공 선전 라디오 방송인 자유아시아라디오(Radio Free Asia)[11]를 운영하는 것으로 사업이 제한되었지만, 유럽을 중심으로 활동하던 전직 전략사무국(Office of Strategic Services, OSS) 요원 로버트 블룸(Robert Blum)이 1954년에 회장으로 취임한 직후 현재의 명칭(아시아재단)으로 바뀌고 본격적인 사업에 돌입하게 된다.

1950년대 아시아재단은 아시아청소년연맹, 보이스카우트/걸스카우트, 농구와 야구 등 미국식 모더니티를 아시아 각국에 선보이는 기획들

---

9 "Background Memorandum," *Committee for a Free Asia Newsletter*, September 28, 1951, Committee for a Free Asia folder, Box 37, Alfred Kohlberg Collection, Hoover Institution Archive, Stanford University.

10 Elena Aronova, "The Congress for Cultural Freedom, Minerva, and the Quest for Instituting 'Science Studies' in the Age of Cold War," *Minerva*, Vol. 50(2012), p. 308.

11 Richard H. Cummings, *Radio Free Europe's Crusade for Freedom: Rallying Americans Behind Cold War Broadcasting, 1950-1960*(Jefferson, NC: McFarland and Company, 2010), p. 52.

〈사진 1〉 1955년 5월 14일부터 21일까지 싱가포르에서 개최된 제2회 동남아시아영화제

을 다양하게 전개했고, 아시아 지역 엘리트들을 미국 단기 연수나 유학을 시켜주는 프로그램, 미국의 영어 교사들을 아시아 각국으로 파견하는 프로젝트, 아시아 각국의 명문 대학에 영어 도서와 잡지들을 보급하는 캠페인 등을 적극적으로 펼쳐나갔다.[12] 한국에서의 활동 역시 이런 커다란 기획들의 연장선상에 있었다. 따라서 아시아재단은, 여타의 인도적 지원 기구와는 다르게, 주로 한국의 지식인들—작가, 사상가, 예술가 등—을 한국 사회의 추동력으로 간주하며 적극적으로 지원했다. 그리하여 아시아재단 산하 사회과학연구도서관(Korean Research Center)이 1956년에 설립되었고 관훈동 사무소는 지역의 대학생들과 학자들이 미국의 다양한 기관들이 기부한 영문 잡지 및 책들을 접할 수 있는 자체 도서관을 설립했다.[13] 아시아재단은 또한 『사상계』, 『여원』, 『현대문학』, 자유문학상을 포함한 여러 문학잡지와 문학상을 지원하고 공동 출자 했다. 로는 특히 영화의 역할에 지대한 관심을 가지고 있었는데, 이는 아마도 그가 미국공보원 재직 당시 영화-미디어 분과를 담당했던 경험 때문일 것이다. 하지만 로의 한국 영화산업에 대한 관심은 그의 개인적 호기심 차원에서만 해석될 수 없다. 사실 영화는 1950년대 아시아재단의 중요한 역점 사업의 한 분야였기 때문이다.

아시아재단은 블럼이 취임한 1954년부터 본격적으로 영화에 관심을 갖기 시작했다. 물론 이 배경에는 당시 중화인민공화국의 지원을 받

12　Cho Tong-jae and Park Tae-jin, *Partner For Change: 50 Years of The Asia Foundation in Korea*(The Asia Foundation, 2005), p. 13. 하지만 아시아재단이 야심차게 전개했던 아시아 지역에서의 영화사업에 대해서는 베일에 가려져 있다. 미국 CIA의 재정적 후원을 받은 아시아재단을 중심으로 하는 미국의 냉전기 문화정책이 1950년대 한국·홍콩·일본을 비롯한 아시아 전역의 영화산업과 이후 아시아 영화네트워크에 끼친 영향에 대해서는 국내, 아시아, 영미 학계 모두에서 거의 연구되어 있지 않다. 아시아재단의 아시아영화산업 전반에 대한 기초 연구는 기존에 출판되어 있는 필자의 논문을 참조. Sangjoon Lee, "The Asia Foundation's Motion Picture Project and the Cultural Cold War in Asia," *Film History: An International Journal*, Vol. 29, No. 2(Summer 2017), pp. 108~137.

13　Memorandom from Laurence G. Thompson, TAF representative, to Choi Yu, Minister of Education, March 21, 1958, 국가기록원 대통령 기록관(성남, 대한민국).

고 있던 홍콩과 인도네시아 내의 친중 영화인들 — 특히 홍콩의 창청영화사(長城電影製片有限公司)와 인도네시아의 영화감독 우스마르 이스마일(Usmar Ismail)과 영화제작자 자말루딘 말리크(Djamaluddin Malik) 등 — 그리고 일본 내 사회주의 계열 영화인들이 아시아의 영화산업을 주도하고 있다는 불안감이 작용했다고 볼 수 있다. 블룸은 영화산업에 밝은 인사들을 재단에 영입하기 시작하는데, 제2차 세계대전 중 AP(Associated Press)와 CBS의 종군기자로 중국·버마·인도 지역을 담당했고 일본어에 능통했으며 미 군정기 주한 미국대사관 1등서기관을 지낸 제임스 스튜어트(James L. Stewart)를 위시해서, 한국·일본·필리핀에서 공보부 영화 담당으로 근무했던 찰스 태너(Charles Tanner), 전직 할리우드 프로듀서이자 라디오 프로파간다 전문가 존 밀러(John Miller)를 채용하고, 이들에게 영화사업을 맡기게 된다. 블룸과 스튜어트가 부임하기 전에는 아시아 각국에 배급할 20~30분 내외의 교육용 다큐멘터리와 프로파간다 영화들을 제작하는 데 그쳤던 아시아재단의 영화사업 팀은 순식간에 장편 상업영화 제작 팀으로 전환된다. 블룸은 1955년에 기획된 아시아재단의 모든 사업 분야 중 가장 많은 예산을 영화사업에 책정했는데, 예를 들어 1953년에는 버마의 총리였던 우누(U-Nu)가 쓴 반공 희곡 「민중이 승리한다(The People Win Through)」를 동명의 장편 상업영화로 제작하는 프로젝트에 제작비 전액인 25만 달러를 지원했으며,[14] 이어 홍콩의 저널리스트였고 스튜어트와 함께 AP에서 일했던 장궈싱(張國興)을 파트너로 삼아 Asia Press(아주통신사)와 Asia Pictures(아주전영공사)를 공동으로 설립하고 재정적 지원을 했다. 아시아재단은 한국에서는 김관수를 통해 1956년 친정부·친미 단체인

---

14 Michael Charney, "U Nu, China and the 'Burmese' Cold War: Propaganda in Burma in the 1950s," in Zheng Yangwen, Hong Liu, and Michael Szonyi(eds.), *The Cold War in Asia: The Battle for Hearts and Minds*(Leiden and Boston: Brill 2010), pp. 50~53.

한국영화문화협회를 공동 출자 했다.[15]

1955년 동남아시아영화제에 참가한 김관수는 오영진과 함께 한국
영화문화협회 창립 멤버다. 이 협회는 운영비 전액과 영화 기자재 전체
가 아시아재단에서 지원되면서 발족했다. 한국 측 사업의 자문 및 운
영 지원은 당시 일본에 머무르고 있던 밀러가 담당했다. 35mm 미첼
(Mitchell) 카메라, 현상기, 조명 세트, 녹음 장비 역시 밀러가 로스앤젤
레스에서 직접 구입해 한국영화문화협회에 '기증'하는 방식으로 전달
되었다.[16] 아시아재단은 분명 1950년 중반 대한민국의 영화계 인사들에
게 미국으로 가는 가장 빠르고 확실한 관문의 하나였다. 그렇다면 미국
정부가 개입되지 않은 비영리 지원 단체인 아시아재단은 어떻게 예산을
확보했고, 그리고 어떤 목적을 지니고 이렇게 많은 사업을 아시아 각국
에서 동시다발적으로 진행할 수 있었을까?

아시아재단과 미국의 냉전기 문화정책

아시아재단은 언급했듯이 그 시작부터 미국 정부 특히 CIA가 자
금을 지원했던 단체다. 하지만 그러한 정부-민간 결속 관계는 1967년
퇴임한 CIA 요원이 좌파 성향의 잡지 『램파츠(Ramparts)』에 글을 기고
해 그 관계가 폭로되기 전까지는 공식적으로 인정되지 않았었다. 물론
인도네시아·인도·말레이시아 등에서는 아시아재단 사업의 초기 단계인
1950년대 초부터 아시아재단과 미국 정부 사이의 관계가 일부 밝혀지
거나 지역 지식인들의 의심을 지속적으로 받아왔었다. 『램파츠』의 보도

---

15 아시아재단의 홍콩에서의 활동에 대해서는 기존에 출판되어 있는 필자의 논문에 자세히 설명되어
있다. Sangjoon Lee, "Creating an Anti-Communist Motion Picture Producers' Network in
Asia: The Asia Foundation, Asia Pictures, and the Korean Motion Picture Cultural Associa-
tion," *Historical Journal of Film, Radio, and Television*, Vol. 37, No. 3(2017), pp. 517~538.

16 밀러가 한국 영화산업을 시찰하고 작성한 보고서는 1950년대 한국 영화산업에 대한 외부자의 시선
을 읽을 수 있는 중요한 자료다. Sangjoon Lee, "On John Miller's 'The Korean Film Industry':
The Asia Foundation, KMPCA, and Korean cinema, 1956," *Journal of Japanese and Korean
Cinema*, Vol. 7, No. 2(October 2015), pp. 95~112.

에 『뉴욕 타임스』가 게재한 기사 「아시아재단이 CIA 후원을 받다」는 아시아 전역은 물론 미국 내의 지식인 사회에까지 큰 충격을 불러왔다.[17] 민간이 인도주의적 지원을 목적으로 결성한 단체로 알려져 있던 아시아재단은 사실 처음부터 CIA에 의해 조직되고 운영되었음이 밝혀진 것이다. 곧, 아시아재단은 미국 정부의 냉전기 문화정책의 방향을 철저히 따라 설립되었다는 것이다. 아시아재단은, 록펠러재단·포드재단과 같이 재벌 가문에 의해 조직되고 아시아·유럽·남미·아프리카의 문화적 격전지에서 전방위적으로 활동한 다른 비정부 기관과는 달리, 오직 아시아 국가들—특히 인도네시아·말레이시아·일본·버마·태국·베트남·대만·한국·홍콩·필리핀 등—이 주 활동 무대였으며 주로 학문적 연구와 콘퍼런스 및 토론회를 후원하고 학술 및 예술 교류 프로그램을 운영했다. 여기에 투여된 CIA의 운영 보조금은 연간 8,800만 달러에 달했다.[18] 따라서 아시아재단이 1955년 김관수와 다른 두 명에게 싱가포르로 가는 여행 경비 지원으로 지급한 '달러'의 배후에는 미국 정부의 정치적 고려와 이익이 있었음이 명백하다.

미국 정부는 한국전쟁 이후 1950년대 중반에서 후반까지 자신들이 재정적으로 지원하는 에이전시들의 방대한 네트워크를 활용해 아시아 지역의 권위 있는 영화 관련 조직들을 형성함으로써 아시아 영화 제작자들을 통합하고 일본을 (미국 정부의) 대리인으로 내세우려고 했

---

17 Wallace Turner, "Asia Foundation got CIA Funds," *The New York Times*, March 22, 1967, p. 1. 또한 다음을 참조. Sol Stern, "A Short Account of International Student Politics and the Cold War with Particular Reference to the NSA, CIA, etc.," *Ramparts*, Vol. 5, No. 9(March 1967), pp. 29~39.

18 Victor Marchetti and John D. Marks, *The CIA and the Cult of Intelligence*(New York: Knops, 1974), p. 172. 『뉴욕 타임스』의 보도가 실린 지 불과 5일 후 워싱턴에서는 아시아재단을 더는 지원하지 않기로 하는 결정과 함께, "[아시아 재단의] 비밀 자금을 가능한 빠른 기회에 폐기하라"는 명령이 내려졌다. 그러면서 아시아재단이 "공개적인 미국 정부의 기금을 부분적으로 후원받는 사립 단체"로 계속 운영되는 방안이 제안되었다. Roland G. Simbulan, "Covert Operations and the CIA's Hidden History in the The Philippines," Lecture at the University of the The Philippines-Manila, Rital Hall, Padre Faura, Manila, August 18, 2000.

〈사진 2〉 아시아영화제작자연맹 로고

다. 이런 이유로, 김관수는 아시아에서 유일한 (수혜의) 수취인이 아니었다. 실제로 아시아재단과 다른 에이전시들은 아시아의 많은 영화계 인사를 지원했다. 위에 언급한 장궈싱이 그 대표적 인물이다. 그는 미국의 지원이 취하된 후 1962년에 공식적으로 영화사가 문을 닫기 전까지 좌파적 영화운동들에 대항하는 영화를 지속적으로 제작했다.[19] 인도네시아에서는 콜롬보계획(Colombo Plan)의 일환으로 기술협력국(Technical Cooperation Administration, TCA)의 프로그램하에서 인도네시아 정부의 영화 제작 유닛 자카르타 인도네시아국립영화스튜디오(Berita Film Indonesia)가 미국의 대외 활동 본부로부터 새로운 영화 장비 구입비의 명목으로 38만 달러를 받았다.[20] 이러한 한국, 홍콩, 인도네시아의 경우는 미국 정부가 냉전 국면 동안에 지역 정치에 개입하기 위해 시도했던 정책적 결과물들의 작은 조각에 불과할 것이다. 하지만 한 가지 질문이 여전히 해결되지 않은 채 남는다. FPA는 아시아재단, CIA, 혹은 워싱턴의 정책 입안자들에게 어느 정도로 그리고 어떠한 이유로 중요했던 것일까?

필자는 아시아재단의 역사 특히 이 재단이 후방에서 재정적으로 지원을 한 국제 영화제인 아시아영화제의 초기 행사들은 미국이 추동한 냉전 정치학에 기인하는 것이라고 주장한다. 이 냉전 정치학은 새로운 헤게모니 체제인 미국에 의해 관리되는 반공주의 블록, '자유 아시아'의 새로운 지도를 그리는 것이었다. FPA는 전후 아시아 지역에 설립된 최초의 지역 간 영화 조직이었으며 회원국들의 영화문화 모든 방면에 활발하게 개입했다. 필자는 아시아영화제가 영화의 공동 제작, 배우

19 Law Kar and Frank Bren, *Hong Kong Cinema: A Cross-Cultural View*(Scarecrow Press, 2004), pp. 154~155.
20 Krishna Sen, *Indonesian Cinema: Framing the New Order*(London and New Jersey: Zed Books Ltd, 1994), pp. 24~25. 또한 다음을 참조. Antonin Basch, "The Colombo Plan: A Case of Regional Economic Cooperation," *International Organization*, Vol. 9, No. 1(1955), pp. 1~18.

의 교환, 로케이션 촬영 인센티브의 제공, 최신 영화 기술의 습득, 각 회원국의 영화 제작 현황에 대한 평가 등을 통해 지역의 영화적 네트워크를 활성화하는 데 지대한 역할을 했다고 주장한다. 아시아영화제를 발생시키고 활성화한 문화적·경제적·정치적 논리(들)과 이 단체에 대한 일본의 개입은 역사 속에서 오랫동안 등한시되고 잊혀왔다. 특히 한때 '대동아공영권'의 식민 영토 아래에서 광대한 영화 네트워크를 조직하고 이득을 취했던 일본이 어떠한 이유로 태평양전쟁 종전 이후 8년이 지난 1953년, 게다가 한국전쟁의 휴전이 이루어진 지 불과 몇 달이 지나지 않아 갑자기 아시아의 영화산업에 재-진입했는가를 살펴볼 것이다. 그리고 일본이 동남아시아로 관심을 돌린 게 자신들의 의지뿐만 아니라 워싱턴의 정책 결정자들의 압력에 따른 사안이었음을 논할 것이다. 이는 일본의 경제부흥을 도와줄 원자재와 식량을 확보할 수 있는 시장을 획득하고 아시아 지역을 미국의 이익을 위한 '자유 아시아' 블록에 이데올로기적으로 묶어두기 위함이었다. 이러한 논리를 바탕으로, 영화산업은 일본의 여타 정치적이고 경제적인 부문들과 동시에 그 흐름에 합류했다. 일본영화는 이 아시아 지역의 조직을 이끌면서 최소한 1950년대에는 많은 신흥 독립국의 영화제작자들이 열망하는 영화 기술적 우월성과 합리적 스튜디오 시스템으로 다시 한 번 그 지위를 성공적으로 굳힐 수 있었다. 물론 일본 영화산업은 곧 새로운 지역 경쟁자들—1960년대의 홍콩, 한국, 대만—의 등장에 따른 지역 영화산업의 급속한 변화에 직면해야 했다.

아시아영화제의 등장

아시아 최초 지역적 규모의 영화 조직인 FPA는 일본의 영화제작자이자 다이에이(大映) 스튜디오 수장인 나가타 마사이치(永田雅一)의 열정적인 주도 아래 시작되었다. 그는 동남아시아 각국을 순회하며 필리핀·홍콩·인도네시아·말레이시아·싱가포르의 영화제작자들을 만났는데, 이 만남을 바탕으로 1953년 11월에 FPA가 공식적으로 창립되었다. 필리핀 마닐라에서 열린 회원국 대표 간 첫 회의를 통해 FPA의 연례행사로 국제 영화제를 개최하자는 의견이 나왔다. 모든 회원국의 동의하에 영화제의 준비가 시작되었고, 1954년 5월 8일 일본 도쿄에서 첫 영화제가 열렸다. FPA에 실질적 영향력을 행사하던 나가타는 영화제 기간 중인 5월 15일 기자회견 동안 자신감을 가득 표했다. 그는 '비록 유럽과 미국이 여전히 중요한 시장이기는 하나 (…) 이제 일본영화의 가치가 인정받고 있으며, 아시아 또한 일본영화에 크나큰 미래를 담지하고 있다고 할 수 있다'고 표명했다.[21] 실제로 아시아영화제는 1945년 태평양전쟁과 일본의 제국주의적 침략 전쟁이 끝난 이후 일본이 착수하고 주최한 첫 국제적 영화 행사였으며, 이 문화적 행사를 개최하는 것은 국내외에서 많은 이목을 집중시켰다. 영화사가 포섹 푸는 아시아영화제의 목적이 '칸영화제와 베니스영화제에 상당하는 아시아의 영화제가 되는 것, 영화제작자들이 경쟁하고 비즈니스를 하는 명성 높은 이벤트가 되는 것'이라고 정의했다.[22] 아시아영화제에 대한 그의 접근은 다른 아시아 영화사가들도 공유하는 것이지만, 이런 관점은 아시아 지역의 영화 프로듀서들에 의해 그리고 그들을 위해 만들어진 조직인 FPA의 존재를 간과하는 것이다.

---

21 "Big Five Film Companies Here Headed by Capable Leaders," *Nippon Times*, May 16, 1954, 7.
22 Poshek Fu, "The Shaw Brothers Diasporic Cinema," in Poshek Fu(ed.), *China Forever: The Shaw Brothers and Diasporic Cinema*(University of Illinois Press, 2008), p. 11.

EXECUTIVES OF THE FEDERATION
OF MOTION PICTURE PRODUCERS IN SOUTHEAST ASIA
AND THE FPA'S FILM FESTIVAL

Mr. RUN RUN SHAW
Vice-President of FPA

Mr. MASAICHI NAGATA
President of FPA

Mr. TAKEJIRO OHTANI
Chairman of the First Film Festival

Mr. MANUEL DE LEON
Director of FPA representing PHILIPPINES

Mr. BHANU YUGALA
Director of FPA representing THAILAND

Mr. RUNDE SHAW
Director of FPA representing HONGKONG

Mr. DJAMALUDIN MALIK
Director of FPA representing INDONESIA

Mr. SHUICHI YAMAZAKI
Director of FPA representing JAPAN

Mr. HO AH LOKE
Director of FPA representing MALAYA

Mr. IWAO MORI
Auditor of FPA

Mr. R. O. PESTONJI
Auditor of FPA

〈사진 3〉 아시아영화제 조직위원

아시아 최초의 국제 영화제는 1952년에 인도 봄베이에서 개최된 인디아국제영화제(International Film Festival of India, IFFI)로 알려져 있다. 하지만 아시아영화제는 국가에 기반을 두고 있지 않은 지역 간 연합체로 탄생한 영화제라는 점에서 기존의 영화제들과는 큰 차별점을 두고 있다.

처음부터 아시아영화제는 (최소한 첫 5년 동안은) 그 자체로 전통적 의미의 영화제가 아니었고, 베니스·칸·베를린과 같은 국가 단위의 영화제와는 달리 단일한 도시나 국가에서 열리는 것도 아니었다. 대신에 아시아영화제는 매년 개최국을 옮기고 한 국가가 2년 연속으로 영화제를 개최할 수 없도록 하는 순회 시스템을 채택했다. 이는 국제기구나 국제 협력 기구 등에서 주로 채택하는 시스템인데, 따라서 필자는 아시아영화제가 '자유 아시아'의 영화제작자 사이의 지역 연합 회담이었다고 주장한다. 아시아영화제 기간에는 각 회원국의 대표적 작품들의 상영, 2~3가지 대주제로 이루어지는 포럼, 영화 장비 및 기술 전시회, 그리고 영화제의 하이라이트라고 불리는 각 회원국의 '기라성 같은 스타들(Galaxy of Stars)'의 갈라 쇼가 함께 열렸다. 상영되는 영화들의 대중 공개는 처음부터 전혀 고려되지 않았으며, 설령 고려되었다 하더라도 일반 관객에게는 아주 제한된 수의 영화들만이 공개되었다. 이 영화제에서 스포트라이트를 독차지한 것은 영화 감독과 배우가 아니라 영화제작자들이었다. 아시아영화제는 이 시기 여타의 전후 영화제들과는 대조적으로, 실제적인 영화의 상영보다는 회원국들의 영화제작자 사이 원탁회의가 진행되는 포럼에 더 비중을 두었다. 아시아 영화계의 실력자들이 추구한 것은 자신들의 최근 영화들을 관객들에게 보여주는 것이 아니라 영화제를 통해 비즈니스 협상과 계약을 이루어내고, 다른 나라들의 영화 제작 관련 기술적 진전을 알아보는 것이었다. 이를 감안하면, 국제 영화제 연구자인 신디 웡이 아시아영화제는 주로 '아시아 각국의

영화산업을 위한 홍보 이벤트'였다고 주장하는 것은 옳다.[23]

나가타 마사이치와 전후 일본영화

일본의 영화학자 요모타 이누히코(四方田犬彦)는 나가타 마사이치를 '아이디어 맨'이라 호칭했다. 또한 도널드 리치(Donald Richie)와 조지프 앤더슨(Joseph Anderson)은 공저한 일본영화 연구의 고전 『일본영화: 예술과 산업(Japanese Film: Art and Industry)』(1959)에서 나가타 마사이치를 '비지니스맨의 비지니스맨'이라 불렀다. 쇼치쿠(松竹)영화사 수장 키도 시로(城戸四郎)는 나가타를 '말만 번드르르한 기회주의자'라고 경멸했다. 도쿄와 싱가포르에 이어 1956년 홍콩에서 개최된 제3회 아시아영화제의 공식 리셉션에서 싱가포르를 기반으로 하는 영화사 MP&GI(Motion Picture and General Investment)의 회장 로크 완토(Loke Wan-tho, 陸運濤)는 나가타 마사이치를 동남아시아의 '미스터 모션 픽처'라고 호명했다. 실제로 1950년대 중반, 나가카 마사이치는 아시아 영화계의 거물이었다. 1951년 다이에이의 중간 규모의 사극인 구로사와 아키라(黑澤明) 감독의 시대극〈라쇼몽(羅生門)〉(1950)이 베니스국제영화제에 출품되었고, 예상을 깨고 그랑프리인 황금사자상을 수상하자 일본은 물론이고 아시아 전체가 발칵 뒤집어졌다. 게다가 〈라쇼몽〉은 그 1년 뒤인 1952년에 '오스카' 트로피(아카데미 최우수외국어영화상)까지 거머쥐었는데, 이는 아시아 전체의 영화계를 극도로 흥분시키는 일대 사건이었다.[24] 〈라쇼몽〉의 예상치 못한 성공은 구로사와 아키라 감독을 국제적인 예술가로 격상시켰고 동시에 아시아 영화산업에서 나가타

---

23 Cindy Hing-Yuk Wong, "Film Festivals and the Global Projection of Hong Kong Cinema," in Gina Marchetti and Tan Se Ka(eds.), *Hong Kong Film, Hollywood and the New Global Cinema: No Film is an Island*(London and New York: Routledge, 2007), p. 181.

24 Sangjoon Lee, "It's Oscar Time in Asia!: the Rise and Demise of the Asian Film Festival, 1954~1972," in Jeffrey Ruoff(ed.), *Coming Soon to a Festival Near You: Programming Film Festivals*(St. Andrews University Press, 2012), pp. 174~176.

의 위치 역시 급속히 높아져갔다.

　나가타는 1953년에 새로 발족된 일본영화산업진흥회(Society for the Promotion of Japanese Film Industry)의 초대 회장으로 선출되었고, 그가 부여 받은 임무는 일본영화의 해외 판매를 촉진하는 것이었다. 실제로 일본영화는 마침내 1950년대 초반에 잃었던 모멘텀을 다시 찾게 되었다. 일본영화사 연구가 히로시 기타무라가 자신의 중요한 저서 『계몽을 스크리닝 하기: 할리우드와 패전국 일본의 문화적 재건』에서 기술하듯이, 1951년 12월 31일, 점령지의 영화 제작과 배급을 통제·감독하기 위해 약 7년 동안 미국이 운용하던 중앙영화배급사(Central Motion Picture Exchange, CMPE)가 운영을 중단했고, 그다음 날 "새로운 비즈니스의 날이 밝았다."[25] 점령 당국의 검열이 더는 없게 되면서 영화의 내용 역시 현저하게 다양해졌다. 오랜 경영 중단 끝에 니카츠(日活)영화사가 1953년 영화시장에 다시 들어왔으며 이제는 '여섯'이 된 메이저 스튜디오―도호(東宝), 쇼치쿠, 다이에이, 도에이, 신도호(新東宝), 니카츠― 사이의 경쟁이 격렬해졌다.[26]

　나가타의 1953년 동남아시아 순회는 일본 영화산업이 일본의 고위 영화제작자들에게 자신들의 전쟁 전의 영향력을 되찾는 과정으로써 그리고 이미 과밀화되고 경쟁적인 국내시장을 넘어 추가의 이익을 만들어낼 수 있는 외국시장에 대한 점증하는 필요라는 맥락 속에 같이 놓고 보아야 한다. 〈라쇼몽〉의 예상치 못한 성공 이후 1951년에서 1953년 사이에 일본의 영화 수출 규모는 엄청나게 증가했으며, 영화는 일본의 다양한 수출 품목 중에서 주목받는 대상이 되었다. 1953년 한 해에만도

25　Hiroshi Kitamura, *Screening Enlightenment: Hollywood and the Cultural Reconstruction of Defeated Japan* (Ithaca and London: Cornell University Press, 2010), p. 177.

26　니카츠의 시장 재-진입에 대한 좀 더 자세한 정보는 다음에서 찾을 수 있다. *Eiga Nenkan* (1955), pp. 313~315; Mark Schilling, *No Borders No Limits: Nikkatsu Action Cinema* (Farleigh, UK: FAB Press, 2007), pp. 12~29.

미화 백만 달러 규모에 총 675편이 주로 유럽의 영화시장을 포함하는 각국으로 수출되었다. 이는 1947년에 비해 30배가 넘는 규모였다. 다시 말해, 일본 영화산업은 제1회 아시아영화제가 시작될 무렵 '일본 수출 산업의 떠오르는 별'이 된 것이다.[27] 따라서 당시 국가의 달러 부족을 완화하기 위해 일본 영화산업이 새로운 미션을 떠맡았다고 할 수 있다. 더 많은 영화를 새로운 동남아시아 국가들과, 가능하면 인도를 포함하는 새로운 목적지들에 수출하는 것이었다. 1954년 5월 16일, 제1회 아시아 영화제가 종료된 직후, 일본의 영문 신문 『니폰 타임스(Nippon Times)』는 제7회 칸영화제에서 그랑프리(황금종려상)를 수상한 다이에이 영화사의〈지옥문(地獄門)〉(기누가사 데이노스케, 1953)의 소식과 함께 4페이지에 달하는 아시아영화제 특집 기사를 실었다.

> 동남아시아 지역은 여전히 미국영화가 거의 독점하다시피 하고 있다. 따라서 대부분의 지역 영화산업은 여전히 후진적 단계에 머물러 있는 것이 현실이다. 이들 영화산업과 교류를 하면서 이들보다 훨씬 앞서 있는 일본영화가 앞장서서 [영화산업을] 이끌게 된다면 일본 영화산업뿐 아니라 동남아시아 영화산업 전반에도 큰 도움이 될 것이다. 물론 일본영화의 수출에도 큰 도움이 될 수 있고 말이다.[28]

하지만 그런 야망에도 불구하고 일본 영화산업은 아시아에서 자신들의 문화적 생산물을 수출할 충분할 시장을 확보하는 데 부분적인 성공만을 거두었을 뿐이다. 한국은 일본영화의 수입을 금지하고 있었고, 대만은 일본영화에 보다 호의적이기는 했으나 영화 수입 사업 전체가 정부의 통제 아래 있었다. 인도네시아는 당시 정부에 의해 영화 수입 제

---

27 "Success Abroad Bring Boom to Movie Export," *Nippon Times*, May 16, 1954, p. 6.
28 "S. E. Asian Nations Take Part in Film Festival Here," *Nippon Times*, May 16, 1954, p. 5.

한 체계 속에 있었고, 필리핀은 영화산업이 상대적으로 양호한 상황이었지만 필리핀의 영화 관객들은 자국의 영화들을 제외하고는 미국영화를 선호했다. 게다가 필리핀인들은 전쟁의 기억으로 여전히 일본에 적대적이었다. 일본 영화산업과 협력해 자국의 제작 능력을 높이는 데 관심을 보였던 것은 홍콩과 싱가포르, 특히 동남아시아 영화계 두 거물인 런런쇼(Run Run Shaw, 샤오이푸邵逸夫)와 로크 완토였다. 1954년 아시아영화제 당시 런런쇼가 이끌던 쇼브라더스(Shaw Brothers, 邵氏電影公司) 영화사는 많은 일본의 장르영화들을 수입했으며 그것들을 자신들이 보유하고 있던 홍콩·말레이시아·싱가포르를 아우르는 방대한 극장 체인을 통해 배급했다. 일본의 영화 연감에 따르면, 1954년 총 740편의 장편영화가 수출되었으나 그중 90편만이 아시아로 그것도 주로 홍콩과 대만으로 수출되었다.[29] 즉 아시아는 여전히 전후 일본 영화산업의 잠재적 시장으로 남아 있을 뿐이었다. 이런 이유로 일본영화는 아시아영화제를 개최하고 FPA를 이끌면서 그 시장을 확장하고 다양화하려는 시도를 한 것이다.

이러한 목적에 더해, 일본의 동남아시아로의 영화시장 재-진입의 문제와 관련해 두 요인이 더 고찰되어야 한다. 첫 번째로, 그 재-진입은 나가타의 개인적 욕심이었다는 점이다. 나가타는 FPA와 영화제를 이끄는 것을 통해 여러 혜택을 누릴 수 있었다. 그는 국내 영화산업에서의 지위를 인정받았고 기술적으로 우위에 있는 영화들을 제작함으로써 서구뿐 아니라 아시아와도 관계를 맺을 수 있었다. 다이에이 영화사는 아시아에서 가장 근대화된 회사로서 공고하게 자리 잡았으며, 영화 장비와 최첨단 기술을 아시아 각국에 수출함으로써 이익을 획득했다.[30] 게다

29 *Eiga Nenkan*(1956), p. 55
30 "The Grand Opening of the Southeast Asian Film Festival," *Kinema Junpo*(May 1954), pp. 63~64.

가 다이에이는 FPA 멤버들과의 견고한 네트워크를 이용해 스튜디오의 더 많은 장르영화를 아시아 국가들에 수출할 수 있었다. 이는 아시아영화제에서 상영된 다이에이 영화들이 대부분 상업적인 장르영화에 편중되어 있었음을 통해 알 수 있다. 이를 통해 다이에이의 해외 특히 홍콩과 대만으로의 영화 수출은 1954년의 40편에서 1956년의 74편으로 급증했다.[31]

두 번째이자 더욱 중요한 것은, 일본의 동남아시아 재-진입이 1949년 중화인민공화국의 국가 선포와 궤를 같이해, 당시 급속히 팽창하고 있던 지역의 공산주의 연합에 대항하여 새롭게 형성된 '자유 아시아' 블록에서 기인한 정치적 선택이었다는 점이다. 일본 정부는 아시아극동경제위원회(Economic Commission for Asia and the Far East, ECA-FE)를 통한 워싱턴의 정책 입안자들에게서 지속적인 압력을 받았으며, 중국과 소련 대신에 제조업 생산품들을 전 세계로 수출하면서 이를 위한 원자재와 식재료를 획득하고자 아시아 특히 동남아시아로의 재-진입을 준비했다. '선의(good will)'의 메시지를 보내기 위해, 탈바꿈한 전-식민자의 이미지를 퍼트리는 데 가장 유력한 매체인 영화는 자발적으로든 혹은 반쯤 강제되어서든 이 정책에 동반했다. 이어지는 내용에서 필자는 1950년대 초반 지리적 환경을 강조함으로써 일본을 동남아 지역에 재-진입하게 만들었던 광범위한 요인들과 급변하는 지역적 질서의 지정학을 아시아영화제가 어떻게 스스로 받아들였는지에 관해 집중적으로 논의할 것이다.

새로운 지역 질서와 일본의 동남아시아로의 재-진입

FPA의 목적과 목표는, 이 글 서두에서 분명하게 밝혔듯, '동남아시

---

31 *Eiga Nenkan*, 1955, 1956, 1957 참조.

아의 국가들 혹은 지역들에서 영화산업을 진흥시키는 것, 영화의 예술적인 수준을 높이는 것, 그리고 이 지역에서 영화를 통해 문화의 전파와 교환을 보장하고 그렇게 함으로써 참가국들 사이의 친밀한 관계의 발전에 기여하는 것'이었다. 필자는 특히 이 진술을 강조하고자 하는데, 여기서 나타난 세 목적과 의도에 따르면 이 진술은 여타의 전후 유럽영화제들과는 근본적으로 구분되는 뚜렷하게 다른 지점들을 나타내기 때문이다. 아시아영화제는 실제로 1947년 발족한 또 다른 지역 경제 조직인 ECAFE와 여러모로 비슷한 듯 보인다. ECAFE는 유엔경제사회이사회(United Nations Economic and Social Council, ECOSOC)의 지역 위원회였다. 또한 ECAFE는 미국의 강력한 의지에 의지해 발족했으며, 미국 정부는 이전의 식민국과 신생 독립국 각각의 이해관계가 충돌하고, 어긋나거나 상응하는 이 '새로운' 지역에서의 헤게모니를 장악하기를 원했다. 따라서 동남아시아는 세계에서 미국의 새로운 역할을 만들어보려는 '실험실(laboratory)'이었다. ECAFE의 세 번째 세션과 이어지는 회의들에서 가장 시급한 어젠다 중의 하나는 ECAFE 국가들과 일본 사이의 무역 문제였다. 일본은 아시아 다른 국가들과의 무역 규모를 높이고 그렇게 함으로써 달러를 기본 통화로 사용하지 않는 지역들로부터의 자국 구매력을 높이고 또한 동시에 아시아 국가들이 복구와 발전 속도를 높일 수 있도록 그 국가들에 도움을 주어야 했다. 저명한 일본사 연구가 존 W. 다우어의 말에 따르면, 트루먼 행정부는 일본을 '아시아의 힘의 균형을 잡는 데서 핵심'으로 보았다.[32] 브루스 커밍스는 전후 미국 정치의 핵심 멤버들 특히 딘 애치슨(Dean Acheson), 조지 케넌(George Kennan), 존 포스터 덜레스(John Foster Dulles)가 일본을 '미국이 형성

---

32 John W. Dower, *Japan in War and Peace: Selected Essays* (New York: The New Press, 1993), p. 155.

한 세계체계' 속에 위치시키려고 했다고 주장했다.[33] 일본과 함께 그들 모두는 '자유 아시아' 블록, 아시아를 반공주의적으로 봉쇄하는 '거대한 초승달' 지역을 구축하기를 원했는데, 이는 결국 많든 적든 지배적인 미국의 영토화 되지 않은 식민지였다.

사실 정치학자 W. W. 로스토는 워싱턴에 이전의 아시아 정책을 바로잡을 것을 강하게 요구했다. 그는 아시아가 유럽보다 상황이 더 복잡하다고 주장했다. 유럽에서 미국은 서독의 난제만 해결하면 되었지만 아시아의 경우 로스토는 '한편에는 일본이 있고 다른 한편에는 동남아시아 전 지역이 있다. (…) 아시아에서 위협은 거의 현실이 되었다. 일본과 동남아시아 모두 자유 세계(Free World)에 대해 무감각할 수 있다'고 강조했다.[34] 사실, 1950년대 초반 아시아 지역에서 팽창하고 있던 공산주의 특히 중화인민공화국이 수립되고 인도네시아와 필리핀에서 공산주의의 인기가 오르고 있었던 것, 그리고 한국전쟁의 발발에 의해 위협을 받게 되면서, 미국 정부로서는 이 지역에 군사적 방어벽과 '자유 아시아' 블록 구축이 필요해졌다. 제1부총리당 중앙위원회 간부 회원 (First Vice-Premier of the Council of Ministers)을 지낸 라자르 카가노비치(Lazar Kaganovich)는 1954년에 '19세기가 자본주의의 세기였다면 20세기는 사회주의와 공산주의의 승리의 세기다'라고 선언했고, 소비에트의 영향은 중국에서 인도네시아로 급속하게 아시아 전역으로 퍼져나갔다.[35] 케넌으로 대표되는 트루먼 행정부는 일본의 요시다 내각에 동남아시아의 시장들과 관계를 맺도록 압박했다. 이는 일본의 사회학자 요시미 슌야가 '미국의 보호(aegis) 아래에 있는 동아시아 공영권'

---

33 Bruce Cumings, "Japan's Position in the World System," in Andrew Gordon(ed.), *Postwar Japan as History*(Berkley and Los Angeles: University of California Press, 1993), p. 34.

34 W. W. Rostow, *An American Policy in Asia*(MIT Press and John Wiley & Sons, Inc: New York and London, 1955), p. 5.

35 다음에서 인용. Zbigniew Brezezinski, "The Politics of Underdevelopment," *World Politics*, Vol. 9, No. 1(1956), p. 55.

340 한국영화, 세계와 마주치다

이라 부르는 바로 그것이었다.[36] 한국전쟁의 발발과 함께 일본 경제는 전례 없는 성장을 달성했고, 요시다 시게루(吉田茂)는 이를 '한국전쟁 [6·25전쟁]은 신이 주신 예상치 못한 선물이다'라고 말한 바 있다.[37] 일본은 1951년 미일평화조약에 맞추어 미국의 지원 그리고 환율 정책의 도움으로 지속적으로 번창하는 자국의 경제와 함께 1950년대 중반, 아시아의 선도적인 경제적 실세로 다시 전면에 등장했다. 하지만 중국시장을 잃어버린 일본은, 일본의 정치경제학자 아키라 수에히로가 지목하는 것처럼 자국의 생산품들을 수출하고 자신들의 '잃어버린' 식민지인 한국·대만·만주로부터 대부분을 공급받아온 원자재와 식량을 수입할 대안적 시장이 시급해졌다. 따라서 일본은 동남아시아와의 경제적 연계를 복구할 필요가 있었다.[38] 하지만 한 가지 근본적인 문제가 완전히 해결되지 않은 상태였다. 일본은 경제적 내셔널리즘과 '일본의 두 번째 침략'에 대한 경계심이 강하게 남아 있는 국가들과 거래해야만 했던 것이다. 수에히로는 일본이 이 같은 문제와 그에 대한 해법을 고려해 '배상금의 지급'과 '이 지역에 대한 미국의 경제적 원조'를 이용했다고 논했다. 요시다 내각은 일본과 미국의 경제협력을 통해 '동남아시아 개발 계획'을 큰 기대를 가지고 착수했다. 이 지역에 대한 미국의 광범위한 경제 원조 정책을 등에 업고 보상금 지급을 미끼로 일본은 마침내 1953년경 동남아시아에 재-진입할 수 있게 되었다.

나가타의 동남아시아 순회가 시작된 1953년에는 일본의 정부 관료, 의원, 기업가와 같은 '경제사절단'과 '선의의 친선사절단'이 본격적인 동남아시아 순회를 시작했다. 일례로, 1952년 8월 일본 국회의원들

---

36 Yoshimi Shunya, "America as Desire and Violence: Americanization in Postwar Japan and Asia during the Cold War," *Inter-Asian Cultural Studies*, Vol. 4, No. 3(2003), p. 442.

37 다음에서 인용: John W. Dower, *Japan in War and Peace*, p. 193.

38 Akira Suehiro, "The Road to Economic Re-entry: Japan's Policy toward Southeast Asian Development in the 1950s and 1960s," *Social Science Japan Journal*, Vol. 2, No. 1(1999), p. 87.

의 동남아시아 경제사절단이 인도·파키스탄·실론·태국·홍콩·타이완을 방문했다. 이들 국가와 일본의 경제를 묶는 끈을 더욱 강하게 하려는 목적에서였다. 이 모든 경제사절단을 따라 아시아문제연구학회(Asian Affairs Research Society)가 출범했고, 이 학회의 월간 저널인 『아시안 어페어스(Asian Affairs)』가 1953년 처음으로 발간되었다. 일본 정부와 나라 안의 다양한 경제인·정치인 및 조직들과 함께 나가타는 (적어도 표면적으로는) 일본의 문화사절단으로서 동남아시아 순회에 함께한 것이다. 기시 노부스케(岸信介) 총리는 아시아영화제가 '영화를 통한 일본과의 우호 관계를 촉진'하는 것뿐만 아니라 '세계 평화를 촉진하고 문화적 수준을 높이는 막중한 역할'을 수행한다고 강조했다.[39] 이와 함께 나가타는 외국 언론과의 인터뷰에서 '공동 제작, 로케이션 시설, 기술적 노하우, 장비들을 서로 공유하고 도우면서 가져다준 실제적인 성과는 말할 것도 없고, 국제적인 어메니티(amenity)와 선의의 풍부한 흐름이 있어왔다'라고 자랑스럽게 표했다.[40] 나가타가 말한 것은 사실 아시아영화제의 목적과 의의를 반복해 설명하는 것이었고, 이 영화제가 전형적인 '기러기 편대'식 모델(flying geese model)임을 밝히는 것이었다. 하지만 동남아시아 영화시장에 대한 일본의 높은 기대치는 결국 별 소득이 없는 것으로 드러났다. 나가타와 여러 일본 영화산업의 조력자는 아시아의 영화제작자들을 얕잡아보았고 결국 그 지역권의 복잡한 망을 읽어내는 데 실패했다. 아시아 각각의 실력자는 서로 다른 목적을 가지고 있었고, FPA는 점차 일본 영화산업이 예상치 못했던 방향으로 바꾸고 옮겨가게 되었다.

39 "Hong Kong's 'Back Door,' Yu Ming Cop High Honors at Asian Film Fest," *Variety*, April 19, 1960, p. 11.

40 다음에서 인용. *Asia-Pacific Film Festival 50th Anniversary Catalogue*(2005). Kuala Lumpur, Malaysia: Ministry of Culture.

1950년대 아시아 영화산업과 아시아영화제의 역할

아시아의 저개발국이나 신흥 독립국에서, (영화)산업을 현대화하고 시스템을 합리화하는 것은 사실상 당시 영화제작자 대부분의 캐치프레이즈였다. 최신식 스튜디오들을 짓는 것, 포드주의적 형태의 대량생산 조립 라인과 그것의 효율적인 경영 체계를 도입하고 현대적 기술을 획득하는 것은 모든 회원국의 궁극적인 꿈이었다. 하지만 대부분의 아시아 영화제작자들이 직면한 것은 정치적 불안정, 공산주의에 대한 공포와 합쳐진 내셔널리즘의 정서, 그리고 촬영용 생필름을 비롯해 새롭고 현대적인 영화 장비들을 미국으로부터 대여하거나 구매하는 것을 어렵게 만드는 외화 규제 정책이었다. 그 결과로 인도네시아 회원인 말리크와 이스마일은 인도네시아 공산당과 정부 모두로부터 다양한 이유로 버거운 압력에 시달려야 했으며, 결국 정부와의 계속되는 갈등으로 1957년 스튜디오를 폐쇄해야 했다. 한편, 필리핀영화도 깊은 침체에 빠져들기 시작했다. 장궈싱과 그의 아시안픽처스(Asia Pictures)는 미국 정부의 지원이 끊어지게 되자 1960년에 영화 제작을 중단하게 된다.[41] 그렇다면 누가 끝내 살아남은 것일까? 그것은 그들의 스튜디오를 확장해 '범-중화제국(Pan-Chinese Empire)'을 이룩한 홍콩의 런런쇼(Run Run Shaw)와 싱가포르의 로크 완토였다. '범-중화제국'은 홍콩·말레이시아·싱가포르·대만, 그리고 유럽과 미국의 주요 도시에 있는 차이나타운들은 말할 것도 없고 베트남·태국·인도네시아의 화교 공동체들을 포함하는 광대한 영토들의 영화 제작과 배급·상영의 전 단계를 지배했다. 홍콩영화사 연구자 뤄카(羅卡)에 따르면, 쇼브라더스는 '동남아시아에서 회사의 명성을 키워내기 위해 영화제를 활용했다.'[42] 그리하여

---

41 아시안픽처스에 대한 보다 깊은 논의는 다음을 참조. Charles Leary, "The Most Careful Arrangements for a Careful Fiction: A Short History of Asia Pictures," *Inter-Asian Cultural Studies*, Vol. 13, No. 4(2012).

42 Law Kar and Frank Bren, *Hong Kong Cinema*, p. 167.

1960년대의 아시아영화제는 홍콩 영화 스튜디오의 지역 영향력에 대한 자기 확신과 스튜디오들의 스타들의 마케팅 도구로 이용되었다. 동남아시아영화는 —아시아영화제가 처음에 그 지역에서 시작했음에도 불구하고— 거의 눈에 띄지 않았고, 아시아영화제는 이제 우리가 '동아시아'라고 부르는 국가들—영국과 일본에 의해 각각 형성된 '극동'과 '대동아'라는 두 이전(以前) 브랜드를 효과적으로 대체하는 타협적인 지역 질서— 사이의 전장이 되었다.[43]

1960년대에 일본 영화산업은 아시아영화제에 대한 흥미를 완전히 잃었다. 제7회 아시아영화제는 1960년 4월 일본 도쿄에서 열렸다. 홍콩 리한샹(李翰祥) 감독의 작품인 쇼브라더스의 출품작 〈후문(後門, Back Door)〉(1960)이 27개 후보작 중 최우수상을 수상했다. 이는 1958년 이후 쇼브라더스의 세 번째 연이은 수상이었다. 미국의 영화산업 주간지 『버라이어티』의 한 리포터는 "일본이 이해에 상대적으로 한 발 물러서야만 했다는 사실은 저개발 국가들의 영화가 산업화되고 있음을 보여준다. (…) 아시아영화들이 보다 경쟁력 있게 되었다"라고 썼다.[44] 일본은 1960년대 동안 계속해서 아시아영화제에 참가했고 1960년대 말까지 회장국 지위를 유지했지만 소극적 리더에 그칠 뿐이었다.[45] 1950년대 동

---

43 한국이 아시아영화제를 처음 주최한 것은 1962년 5월이었다. 박정희 정권의 불안정한 출범은 중앙정부로부터 국제적 문화 행사의 유치를 서두르게 했고, 아시아영화제는 그중 하나의 선택이었다. 5·16을 기념하기 위해 영화제의 개막식은 5월 16일에 박정희 대통령의 축사와 함께 시작되었다. 이 영화제에서 한국의 영화감독이자 제작자인 신상옥은 〈사랑방 손님과 어머니〉로 대상을 수상하게 된다. 신상옥은 대상과 함께 부상으로 35mm 미첼 카메라를 받았다. 한국영화가 국제 영화제에서 거둔 성과로는 1957년 제4회 아시아영화제에서〈시집가는 날〉(이병일, 1956)이 특별희극상을 받은 후 처음이었고, 박정희 대통령 개인은 물론 온 국민은 신상옥 감독의 승전보에 흥분했다. 신상옥은 아시아영화제가 개최되기 불과 몇 달 전, 1962년 제1회 대종상영화제에서도 〈연산군〉(1961)으로 최우수작품상·남우주연상·여우조연상 등 총 8개 부문을 휩쓸었기에, 새 정부(박정희 정부)에 신상옥은 한국 영화산업의 미래를 이끌어갈 가장 유능한 '영화 기업인'으로 각인되었다.

44 *Variety*, 1960, p. 11.

45 1960년대 아시아영화제의 역사에 대해서는 필자의 논문인 "It's Oscar Time in Asia!: the Rise and Demise of the Asian Film Festival, 1954-1972"에 더 자세히 기술되어 있다.

안 아시아에서 가장 강력하고 영향력 있는 영화 스튜디오였던 다이에 이는 1971년에 결국 파산을 선고했다. FPA를 태동시켰던 나가타는 이듬해 다이에이 스튜디오를 떠났다. 나가타의 사임과 다이에이의 파산과 함께 일본은 1972년 FPA 위원회에서 완전하게 물러났다. 일본이 FPA를 떠난 이해에 아시아영화제가 서울에서 비경쟁 이벤트로 개최되었다. 일본은 영화들만을 보냈고 영화산업계의 인사는 단 한 명도 참석하지 않았다. 영화제 기간 홍콩, 대만, 그리고 심지어 한국의 영화 프로듀서와 제작자들까지도 영화제의 중단을 심각하게 검토했다. 하지만 아시아영화제는 살아남았고 그때 이후로 지금까지 개최되고 있다.[46]

아시아영화제는 1982년에 다시 한 번 명칭을 바꾸었다. 호주와 뉴질랜드가 각각 1976년과 1977년에 FPA에 합류했고, 아시아영화제는 그 정체성을 다시 한 번 바꾸어야 했고, 그에 맞춰 아태영화제(Asia-Pacific Film Festival, APFF)가 되었다. 하지만 아시아의 영화시장은 완전히 변했고, 아시아영화는 새로운 영화제들의 시대에 진입했다. 홍콩국제영화제의 발족이 있었던 1977년 이후 계속 이 지역에서 아시아영화제의 중요성은 급격하게 감소했다. 부산국제영화제와 상하이국제영화제는 2000년대 초반 이후 자신들의 중요성을 성공적으로 증명했다. 그리고 비록 아시아영화제가 (놀랍게도) 여전히 그 연례행사를 치러오고는 있지만 어떤 지역 미디어나 영화계 인사도 아시아영화제에 대해 더는 관심을 가지지 않는다. 동남아시아영화제에서 아시아영화제로, 그리고 아태영화제로 정체성의 또 다른 변화에 이르기까지 지역의 헤게모니와 정치적 이해관계가 충돌하고, 협상하고, 변화를 거치며 살아남은 아시아영화제는, 1954년부터 시작된 아시아에서 가장 최초로 시작된 영화제 중

---

46 아태영화제(Asia-Pacific Film Festival)는 2007년에 호주 브리스번에서 시작된 아시아태평양스크린 어워즈(Asia Pacific Screen Awards)와는 연관이 없다. 아태영화제는 2014년에 방콕에서 개최될 예정이었지만 직전에 행사가 취소되었고 이후 아태영화제는 아직 개최되고 있지 않다.

하나임에도 불구하고 지역 영화산업과 문화, 그리고 영화산업에 대한 최초의 약속과 영향력을 상실한 채 그 존재만이 남아 부유하고 있다.

참고문헌

「아시아영화제」, 『경향신문』, 1956. 6. 19.

"Big Five Film Companies Here Headed by Capable Leaders," *Nippon Times*, May 16, 1954.

"Background Memorandum," *Committee for a Free Asia Newsletter*, September 28, 1951, Committee for a Free Asia folder, Box 37, Alfred Kohlberg Collection, Hoover Institution Archive, Stanford University.

"Hong Kong's 'Back Door,' Yu Ming Cop High Honors at Asian Film Fest," *Variety*, April 19, 1960.

"S. E. Asian Nations Take Part in Film Festival Here," *Nippon Times*, May 16, 1954.

"Success Abroad Bring Boom to Movie Export," *Nippon Times*, May 16, 1954.

"The Grand Opening of the Southeast Asian Film Festival," *Kinema Junpo*, May 1954, pp. 63~64.

Asia-Pacific Film Festival 50th Anniversary Catalogue(2005). Kuala Lumpur, Malaysia: Ministry of Culture.

Eiga Nenkan, 1955, 1956, 1957.

Akira Suehiro, "The Road to Economic Re-entry: Japan's Policy toward Southeast Asian Development in the 1950s and 1960s," *Social Science Japan Journal*, Vol. 2, No. 1(1999), p. 85~105.

Antonin Basch, "The Colombo Plan: A Case of Regional Economic Cooperation," *International Organization*, Vol. 9, No. 1, 1955, pp. 1~18.

Bruce Cumings, "Japan's Position in the World System," in Andrew
　　Gordon(ed.), *Postwar Japan as History*, Berkley and Los Angeles:
　　University of California Press, 1993, p. 34~63.

Charles K. Armstrong, "The Cultural Cold War in Korea, 1945-1950,"
　　The Journal of Asian Studies, Vol. 62, No. 1(February 2003), p.
　　71~99.

Charles Leary, "The Most Careful Arrangements for a Careful Fiction: A
　　Short History of Asia Pictures," *Inter-Asian Cultural Studies*, Vol.
　　13, No. 4(2012), pp. 548~558.

Cho Tong-jae and Park Tae-jin, *Partner For Change: 50 Years of The
　　Asia Foundation in Korea*(The Asia Foundation, 2005).

Cindy Hing-Yuk Wong, "Film Festivals and the Global Projection of
　　Hong Kong Cinema," in Gina Marchetti and Tan Se Ka(eds.), *Hong
　　Kong Film, Hollywood and the New Global Cinema: No Film is an
　　Island*, London and New York: Routledge, 2007, p. 177~192.

Elena Aronova, "The Congress for Cultural Freedom, Minerva, and the
　　Quest for Instituting 'Science Studies' in the Age of Cold War,"
　　Minerva, Vol. 50(2012), pp. 307~337.

Hiroshi Kitamura, *Screening Enlightenment: Hollywood and the Cul-
　　tural Reconstruction of Defeated Japan*, Ithaca and London: Cor-
　　nell University Press, 2010.

John W. Dower, *Japan in War and Peace: Selected Essays*, New York:
　　The New Press, 1993.

Krishna Sen, *Indonesian Cinema: Framing the New Order*, London
　　and New Jersey: Zed Books Ltd, 1994.

Law Kar and Frank Bren, *Hong Kong Cinema: A Cross-Cultural View*,
　　Scarecrow Press, 2004.

Lee Iacovoni Sorenson, "In Memorium: Mary Walker Mag

Hasse(1911-2007)," *The Forum: Newsletter of the Federation of American Women's Clubs Overseas Inc*(Winter 2007-2008), pp. 1~2.

Mark Schilling, *No Borders No Limits: Nikkatsu Action Cinema,* Farleigh, UK: FAB Press, 2007.

Memorandom from Laurence G. Thompson, TAF representative, to Choi Yu, Minister of Education, March 21, 1958, 국가기록원 대통령 기록관(성남, 대한민국).

Michael Charney, "U Nu, China and the 'Burmese' Cold War: Propaganda in Burma in the 1950s," in Zheng Yangwen, Hong Liu, and Michael Szonyi(eds.), *The Cold War in Asia: The Battle for Hearts and Minds*, Leiden and Boston: Brill 2010, pp. 41~58.

Nicholas J. Cull, *The Cold War and the United States Information Agency: American Propaganda and Public Diplomacy, 1945-1989*, Cambridge and New York: Cambridge University Press, 2008.

Philip C. Rowe, "Visit in Hong Kong of Korean Observers for the Second Film Festival in South East Asia," April 19, 1955, Film Festivals(FMPPSEA) 2nd Singapore file, Box 15, Asia Foundation Records, Hoover Institution Archive, Stanford University.

Poshek Fu, "The Shaw Brothers Diasporic Cinema," in Poshek Fu(ed.), *China Forever: The Shaw Brothers and Diasporic Cinema*, University of Illinois Press, 2008, pp. 1~35.

Richard H. Cummings, *Radio Free Europe's Crusade for Freedom: Rallying Americans Behind Cold War Broadcasting, 1950-1960*, Jefferson, NC: McFarland and Company, 2010.

Robert Blum, "The Work of The Asia Foundation," *Public Affairs*, Vol. 29, No. 1(1956), pp. 46~56.

Roland G. Simbulan, "Covert Operations and the CIA's Hidden History in the The Philippines," Lecture at the University of the The Philippines-Manila, Rital Hall, Padre Faura, Manila, August 18, 2000.

Sangjoon Lee, "Creating an Anti-Communist Motion Picture Producers' Network in Asia: The Asia Foundation, Asia Pictures, and the Korean Motion Picture Cultural Association," *Historical Journal of Film, Radio, and Television*, Vol. 37, No. 3(2017), pp. 517~538.

_____, "It's Oscar Time in Asia!: the Rise and Demise of the Asian Film Festival, 1954-1972," in Jeffrey Ruoff(ed.), *Coming Soon to a Festival Near You: Programming Film Festivals*, St. Andrews University Press, 2012, pp. 174~176.

_____, "On John Miller's 'The Korean Film Industry': The Asia Foundation, KMPCA, and Korean cinema, 1956," *Journal of Japanese and Korean Cinema*, Vol. 7, No. 2(October 2015), pp. 95~112.

_____, "The Asia Foundation's Motion Picture Project and the Cultural Cold War in Asia," *Film History: An International Journal*, Vol. 29, No. 2(Summer 2017), pp. 108~137.

Sol Stern, "A Short Account of International Student Politics and the Cold War with Particular Reference to the NSA, CIA, etc," *Ramparts*, Vol. 5, No. 9(March 1967), pp. 29~39.

Victor Marchetti and John D. Marks, *The CIA and the Cult of Intelligence*, New York: Knops, 1974.

W. W. Rostow, *An American Policy in Asia*, MIT Press and John Wiley & Sons, Inc: New York and London, 1955.

Wallace Turner, "Asia Foundation got CIA Funds," *The New York Times*, March 22, 1967.

Yoshimi Shunya, "America as Desire and Violence: Americanization in Postwar Japan and Asia during the Cold War," *Inter-Asian Cultur-*

al Studies, Vol. 4, No. 3(2003), pp. 443~450.

Zbigniew Brezezinski, "The Politics of Underdevelopment," *World Politics*, Vol. 9, No. 1(1956), pp. 55~75.

지은이·옮긴이 소개(가나다순)

강진석

독일 베를린자유대학교 영상인류학과 석사과정. 성균관대 영상학과에서 학사학위를, 한국예술종합학교 영상이론과에서 석사학위를 취득했다. 아시아 영상문화연구 및 영상인류학을 공부하는 한편, 『망명 삼부작』(연출 김소영) 등 다큐멘터리 영화 프로듀서로 활동했다. 『에로틱 그로테스크 넌센스』(2014)를 공역했다.

김소영

현재 한국예술종합학교 영상이론과 교수. 서강대 영문과, 한국영화아카데미 1기. 뉴욕대 Cinema Studies 박사과정 수료. 비서구 근대성, 한국 영화, 아시아영화, 탈식민, 젠더, 이주를 이론과 비평, 영화 만들기를 통해 탐구해오고 있다. 세계예술아카데미 회원(독일), 트랜스: 아시아영상문화연구소 소장, 인터아시아 문화연구 편집진. 듀크대, 버클리대, UC Irvine에서 한국영화를 가르치고, 싱가포르국립대 Asia Research Institute의 연구원을 지냈다. 주요 저서로는 『근대성의 유령들: 판타스틱 한국영화』(2000), 『근대의 원초경: 보이지 않는 영화를 보다』(2010), 『파국의 지도: 한국이라는 영화적 사태』(2014) 등이 있고, 편저로는 『트랜스: 아시아 영상문화』(2006), *Electronic Elsewhere: Media, Technology and the Experience of Social Space*(2010) 등이 있다.

김정구

현재 이화여자대학교 중어중문학과 조교수. 한국예술종합학교 영상이론과 및 서강대 중국문화학과에서 중국영화와 문화연구에 대해 수년간 강의를 했다. 서울대, 한국예술종합학교, 베이징대에서 중어중문학, 영화이론, 비교문학을 공부하고, 런던대 골드스미스(Goldsmiths, University of London) 미디어 & 커뮤니케이션학과에서 박사학위를 취득했다. 중국영화 및 동아시아영화, 전 지구화 시대의 (트랜스) 내셔널 시네마, 다큐멘터리, 영상 매체에서의 재현과 윤리 문제 등에 관심을 갖고 있다. 주요 논문으로는 「새로운 사상과 새로운 매체의 만남」(『영화운동의 역사』, 2002), 「1930년대 상하이 영화의 근대성 연구」(『영화진흥위원회 우수논문 공모 선정 논문집』, 2004), 「面对死亡的态度」(『光影之隙』, 2011), "(In)visible Death: On a Shot in Two Films, Jia Zhangke's Dong and Still Life"(*Nang 2: Scars and Death*, 2017), 「중국 영화연구의 역사와 전망」(『중국현대문학』, 2017) 등이 있다.

롭 윌슨(Rob Wilson)

현재 미국 UCSC(University of California, Santa Cruz) 문학부 교수. 여성주의, 동아시아, 영화 등을 가르치고 있다. 초국적 흐름이 확연해진 글로벌리제이션 시대의 태동과 그 전개 및 영향, 포스트-식민주의 시대의 아시아/태평양 문학작품과 영화를 비롯한 문화상품들에 대해 학문적 관심을 두고서 연구하는 학자이며, 시 문학 잡지의 창립 멤버이자, 직접 시를 쓰기도 하는 시인이기도 하다. 주요 저서로는 *Global/Local: Cultural Production and the Transnational Imaginary*(1996), *The Worlding Project: Doing Cultural Studies in the Era of Globalization*(2007, 이상 공편), 시집 *Waking in Seoul*(1988) 등이 있다.

마크 모리스(Mark Morris)

현재 케임브리지 트리니티칼리지 펠로. 일본 문학과 영화, 일본 내 소수자의 문화적 재현, 한국사와 한국영화를 연구해왔다. 런던 한국문화원에서 영화 상영회를 공동 기획 하고 있으며, 런던한국영화제의 어드바이저로도 활동하고 있다.

박제철

현재 연세대학교, 한국예술종합학교, 중앙대학교 강사. 서울대 전기공학부에서 학사학위를, 중앙대 첨단영상대학원에서 석사학위를, 미국 서던캘리포니아대 영화/TV학과에서 박사학위를 취득했다. 현대 동아시아영화의 미학과 정치학, 영화/뉴미디어 이론, 비판이론을 중심으로 연구하고 있다. 싱가포르국립대 영어영문학과에서 조교수를 지냈다. 주요 논문으로 "Envisioning a Community of Survivors: Kore-eda Hirokazu's *Distance* and *Air Doll*", "Korean Shamanic Experience in the Age of Digital Intermediality: Park Chan-kyong's *Manshin*"(2017) 등이, 주요 공역서로는 조운 콥젝의 『여자가 없다고 상상해봐: 윤리와 승화』(2015) 등이 있다.

배주연

현재 한국예술종합학교 영상이론과 강사. 노팅엄대 영화과에서 박사학위를 취득했다. 동아시아영화에서의 경계의 문제와 젠더 문제를 중심으로 연구를 이어가고 있으며, 현재 서울국제여성영화제 프로그래머를 맡고 있다. 주요 논문과 저서로는 「한국 영화에 나타난 성차화된 다문화주의」과 *Korean Screen Cultures*(공저, 2016), 『단편영화를 말하다』(공저, 2010) 등이 있다.

사이토 아야코(斉藤綾子)

현재 일본 메이지가쿠인대학교 교수. UCLA 영화과에서 박사학위를 취득했다. 정신분석 및 페미니즘 영화이론을 중심으로 멜로드라마, 전후(戰後) 일본영화 등을 연구해오고 있다. 도쿄 국립현대미술관 국립영화센터 초빙 큐레이터, 한국 서울국제여성영화제 프로그램 어드바이저 등을 지냈다. 『신영화이론집성 1·2(「新」映画理論集成)』(1998·1999), 『남성 유대, 아시아영화(男たちの絆, アジア映画』(2004), 『영화와 신체/성(映画と身体/性)』(2006), 『여배우 와카오 아야코(映画女優 若尾文子)』(2003/2016), *Occupation and Memory: The Representation of Woman's Body in Postwar Japanese Cinema*(2014) 등을 편집 및 공저했다.

안민화

한국예술종합학교 겸임교수. 메이지가쿠인대에서 영상예술학, 코넬대에서 동아시아학, 비교문학으로 석사학위를, 미네소타대에서 동아시아학으로 박사학위를 취득했다. 동아시아의 식민주의 및 냉전의 문화를 국가주의의 틀을 넘어설 수 있는 문화 담론과 실천 등으로 모색하기 위해, 한국과 일본 간의 비교연구를 해오고 있다. 최근에는 (신)자유주의 및 (포스트)냉전주의와 생태비판주의 및 (포스트)휴머니즘 담론 간의 관계가 어떠한 방식으로 영화문화에 재현되었는지 연구 진행 중이다. 이와 관련해 UC샌디에이고에서 박사후연구원을 지낸 바 있다. 주요 저서로는 『트랜스: 아시아 영상문화』(공저, 2006) 등이 있고, "Broken Motherhood, National Allegories, and Transnational Female Hysteria in Postwar Japanese and Korean Melodrama: A Cross-reading of a Hollywood Case"(*Inter-Asia Cultural Studies*, 2018), 「"탈점령"의 급진적 동시대성으로써의 재일조선 영화인집단의 합작다큐멘터리: 미군정 문화영화의 자유주의 리얼리즘을 넘어서」(『대중서사』 제24권 1호, 2018), "(De)colonializing Cold War Military Landscape and Ecopolitcal Film in South Korea and beyond"(*Korea Journal*, 2018) 등이 출간 예정이다.

이상준

현재 싱가포르 난양공과대학교 커뮤니케이션학과 영화 전공 조교수. 미국 캘리포니아주립대(UCLA)와 뉴욕대에서 Cinema Studies 석사학위와 박사학위를 취득하고, 미시간대(University of Michigan, Ann Arbor) 영상예술학과(Screen Arts and Cultures)와 단국대 공연예술학부에서 교수 생활을 했다. 아시아재단의 냉전기 영화정책, 아시아영화제, 1960년대 아시아 합작영화, 영미권의 초기 아시아영화학에 관한 연구가 *Film History, Historical Journal of Film, Radio and Television, Journal of Korean Studies,* 『*Journal of Japanese and Korean Cinema*』, 『*Transnational Cinemas* 등의 저널에 게재되었다. *Hallyu 2.0: The Korean Wave in the Age of Social Media*(2015)의 편집자이며, *Rediscovering Korean Cinema*(미시간대학교출판부, 2019 출판 예정)를 편집하고 있다.

정승훈

현재 뉴욕대학교 아부다비캠퍼스 영화학 조교수. 다양한 영화를 바탕으로 인터페이스를 비롯한 이론적 이슈들을 탐구하고 있고, 다문화, 테러, 비체, 재앙 등의 주제를 중심으로 생명정치, 정신분석, 윤리철학에 기반을 둔 글로벌 시네마 연구를 진행 중이다.『씨네 21』 영화평론상 및 Society for Cinema & Media Studies 학위논문상을 수상했고, 저서로

Cinematic Interfaces: Film theory After New Media(2013)가, 공역서로 자크 데리다의 『문학의 행위』(2013)가 있다. *The Global Auteur: The Politics of Authorship in 21st Century Cinema*(2016)을 공동 편집 했고, *Studies in the Humanities* 특집호 "Global East Asian Cinema: Abjection and Agency"를 편집 중(2018 간행 예정)이다.

제인 박(Jane Chi Hyun Park)

현재 시드니대학교 교수. UC Irvine에서 석사학위를, 텍사스대에서 박사학위를 취득했다. 영화 및 대중 미디어, 디아스포라와 트랜스내셔널리즘, 소수자 재현 등에 관심을 갖고 있다. 주요 논문과 저서로 "Deracializing Asian Australia? Cosmetic Surgery and the Question of Race in Australian Television"(2016), *Yellow Future: Oriental Style in Hollywood Cinema*(2010) 등이 있다.

크리스 베리(Chris Berry, 裴开瑞)

현재 영국 킹스칼리지런던 영화학부 교수. 1980년대 중국전영진출구유한공사(中國電影進出口有限公司) 베이징사무소에서 일했으며, 이후 미국 UCLA에서 영화연구 전공으로 석박사 과정을 밟으며 연구자의 길을 걷기 시작한다. 주요 학문적 관심사는 중국 다큐멘터리영화 및 극영화와 중국과 인접 국가 영화들 사이 초국적 교섭 관계에 대한 고찰이며, 이와 함께 동아시아의 퀴어 스크린 컬처에 큰 관심을 가지고 다수의 연구 성과를 내놓고 있다. 주요 저술 및 편집서로는 *Mobile Cultures: New Media in Queer Asia*(2003), *Cultural Studies and Cultural Industries in Northeast Asia: What a Difference a Region Makes*(2009), *The New Chinese Documentary Film Movement: For the Public*

Record(2010, 이상 공편) 등이 있다.

하승우

현재 한국예술종합학교 영상이론과 조교수. 런던대 골드스미스칼리지에서 박사학위를 취득했다. 한국영화사를 중심으로 연구해오고 있으며, 영화 이론에도 관심을 가져 왔다. 이와 관련하여 현재 『문화/과학』 편집위원으로 활동 중이다. 주요 논문으로 「비교영화연구의 방법과 과제」, 「영화연구에서 알튀세르 이론의 복원가능성 검토」 등이 있다.

황미요조

현재 한국예술종합학교 영상이론과 강사. 서울의 한국예술종합학교 영상원과 인도 벵갈루르의 CSCS, 뉴욕의 컬럼비아대학원에서 영화이론, 문화연구, 동아시아학, 비교문학을 공부했고, 서울대 비교문학 협동과정 박사과정을 수료했다. 아시아 여러 지역 영화에서 관찰되는 여성 재현과 젠더적인 관객 현상에 관심을 가지고 연구하고 있다.

한국영화사총서 1

한국영화, 세계와 마주치다

한국과 세계의 극단적 협상, 위협적 미래

1판 1쇄 2018년 3월 30일

엮은이 김소영
지은이 김소영 김정구 롭 윌슨 마크 모리스 박제철 사이토 아야코 안민화 이상준
　　　　정승훈 제인 박 크리스 베리 하승우
옮긴이 강진석 배주연 황미요조

펴낸이 김수기
편집 김주원 강정원 백지윤 ｜ 좌세훈
디자인 김보통 / **제작** 이명혜

펴낸곳 현실문화연구
등록 1999년 4월 23일 / 제25100-2015-000091호
주소 서울시 은평구 통일로 684 서울혁신파크 1동 403호
전화 02-393-1125 / **팩스** 02-393-1128 / **전자우편** hyunsilbook@daum.net
ⓗ hyunsilbook.blog.me　ⓕ hyunsilbook　ⓣ hyunsilbook

ISBN 978-89-6564-210-7 (94680)
　　　　978-89-6564-209-1 (세트)

이 도서의 국립중앙도서관 출판예정도서목록(CIP)은
서지정보유통지원시스템 홈페이지(http://seoji.nl.go.kr)와
국가자료공동목록시스템(http://www.nl.go.kr/kolisnet)에서 이용하실 수 있습니다.
(CIP제어번호: 2018005194)